思想的・睿智的・獨見的

經典名著文庫

策劃　楊榮川

五南圖書出版公司 印行

經典名著文庫

學術評議者簡介（依姓氏筆畫排序）

- 丘為君　美國俄亥俄州立大學歷史研究所博士
- 吳惠林　美國芝加哥大學經濟系訪問研究、臺灣大學經濟系博士
- 宋鎮照　美國佛羅里達大學社會學博士
- 林玉体　美國愛荷華大學哲學博士
- 邱燮友　國立臺灣師範大學國文研究所文學碩士
- 洪漢鼎　德國杜塞爾多夫大學榮譽博士
- 孫效智　德國慕尼黑哲學院哲學博士
- 秦夢群　美國麥迪遜威斯康辛大學博士
- 高明士　日本東京大學歷史學博士
- 高宣揚　巴黎第一大學哲學系博士
- 張光宇　美國加州大學柏克萊校區語言學博士
- 張炳陽　國立臺灣大學哲學研究所博士
- 陳秀蓉　國立臺灣大學理學院心理學研究所臨床心理學組博士
- 陳思賢　美國約翰霍普金斯大學政治學博士
- 陳清秀　美國喬治城大學訪問研究、臺灣大學法學博士
- 陳鼓應　國立臺灣大學哲學研究所
- 曾永義　國家文學博士、中央研究院院士
- 黃光國　美國夏威夷大學社會心理學博士
- 黃光雄　國家教育學博士
- 黃昆輝　美國北科羅拉多州立大學博士
- 黃政傑　美國麥迪遜威斯康辛大學博士
- 楊維哲　美國普林斯頓大學數學博士
- 葉海煙　私立輔仁大學哲學研究所博士
- 葉國良　國立臺灣大學中文所博士
- 廖達琪　美國密西根大學政治學博士
- 劉滄龍　德國柏林洪堡大學哲學博士
- 黎建球　私立輔仁大學哲學研究所博士
- 盧美貴　國立臺灣師範大學教育學博士
- 薛化元　國立臺灣大學歷史學系博士
- 謝宗林　美國聖路易華盛頓大學經濟研究所博士候選人
- 簡成熙　國立高雄師範大學教育研究所博士
- 顏厥安　德國慕尼黑大學法學博士

經典名著文庫069

法哲學原理

Grundlinien der Philosophie des Rechts

黑格爾（G. W. F. Hegel）著
范揚、張企泰 譯

經典永恆・名著常在

五十週年的獻禮・「經典名著文庫」出版緣起

總策劃 楊榮川

五南，五十年了。半個世紀，人生旅程的一大半，我們走過來了。不敢說有多大成就，至少沒有凋零。

五南忝爲學術出版的一員，在大專教材、學術專著、知識讀本出版已逾壹萬參仟種之後，面對著當今圖書界媚俗的追逐、淺碟化的內容以及碎片化的資訊圖景當中，我們思索著：邁向百年的未來歷程裡，我們能爲知識界、文化學術界做些什麼？在速食文化的生態下，有什麼值得讓人雋永品味的？

歷代經典・當今名著，經過時間的洗禮，千錘百鍊，流傳至今，光芒耀人；不僅使我們能領悟前人的智慧，同時也增深加廣我們思考的深度與視野。十九世紀唯意志論開創者叔本華，在其〈論閱讀和書籍〉文中指出：「對任何時代所謂的暢銷書要持謹愼的態度。」他覺得讀書應該精挑細選，把時間用來閱讀那些「古今中外的偉大人物的著作」，閱讀那些「站在人類之巔的著作及享受不朽聲譽的人們的作品」。閱讀就要「讀原著」，是他的體悟。他甚至認爲，閱讀經典原著，勝過於親炙教誨。他說：

> 「一個人的著作是這個人的思想菁華。所以，儘管一個人具有偉大的思想能力，但閱讀這個人的著作總會比與這個人的交往獲得更多的內容。就最重要的方面而言，閱讀這些著作的確可以取代，甚至遠遠超過與這個人的近身交往。」

爲什麼？原因正在於這些著作正是他思想的完整呈現，是他所有的思考、研究和學習的結果；而與這個人的交往卻是片斷的、支離的、隨機的。何況，想與之交談，如今時空，只能徒呼負負，空留神往而已。

三十歲就當芝加哥大學校長、四十六歲榮任名譽校長的赫欽斯（Robert M. Hutchins, 1899-1977），是力倡人文教育的大師。「教育要教眞理」，是其名言，強調「經典就是人文教育最佳的方式」。他認爲：

> 「西方學術思想傳遞下來的永恆學識，即那些不因時代變遷而有所減損其價值

的古代經典及現代名著，乃是眞正的文化菁華所在。」

這些經典在一定程度上代表西方文明發展的軌跡，故而他爲大學擬訂了從柏拉圖的《理想國》，以至愛因斯坦的《相對論》，構成著名的「大學百本經典名著課程」。成爲大學通識教育課程的典範。

歷代經典‧當今名著，超越了時空，價值永恆。五南跟業界一樣，過去已偶有引進，但都未系統化的完整舖陳。我們決心投入巨資，有計畫的系統梳選，成立「經典名著文庫」，希望收入古今中外思想性的、充滿睿智與獨見的經典、名著，包括：

- 歷經千百年的時間洗禮，依然耀明的著作。遠溯二千三百年前，亞里斯多德的《尼各馬科倫理學》、柏拉圖的《理想國》，還有奧古斯丁的《懺悔錄》。
- 聲震寰宇、澤流遐裔的著作。西方哲學不用說，東方哲學中，我國的孔孟、老莊哲學，古印度毗耶娑（Vyāsa）的《薄伽梵歌》、日本鈴木大拙的《禪與心理分析》，都不缺漏。
- 成就一家之言，獨領風騷之名著。諸如伽森狄（Pierre Gassendi）與笛卡兒論戰的《對笛卡兒沉思錄的詰難》、達爾文（Darwin）的《物種起源》、米塞斯（Mises）的《人的行爲》，以至當今印度獲得諾貝爾經濟學獎阿馬蒂亞‧

森（Amartya Sen）的《貧困與饑荒》，及法國當代的哲學家及漢學家余蓮（François Jullien）的《功效論》。

梳選的書目已超過七百種，初期計劃首爲三百種。先從思想性的經典開始，漸次及於專業性的論著。「江山代有才人出，各領風騷數百年」，這是一項理想性的、永續性的巨大出版工程。不在意讀者的眾寡，只考慮它的學術價值，力求完整展現先哲思想的軌跡。雖然不符合商業經營模式的考量，但只要能爲知識界開啓一片智慧之窗，營造一座百花綻放的世界文明公園，任君遨遊、取菁吸蜜、嘉惠學子，於願足矣！

最後，要感謝學界的支持與熱心參與。擔任「學術評議」的專家，義務的提供建言；各書「導讀」的撰寫者，不計代價地導引讀者進入堂奧；而著譯者日以繼夜，伏案疾書，更是辛苦，感謝你們。也期待熱心文化傳承的智者參與耕耘，共同經營這座「世界文明公園」。如能得到廣大讀者的共鳴與滋潤，那麼經典永恆，名著常在。就不是夢想了！

二〇一七年八月一日　於

五南圖書出版公司

導讀

顏厥安、王照宇

因爲我發現了最崇高的智慧，領會了它深邃的奧祕，
我就像神那樣無與倫比，像神那樣披上晦暗的外衣，
我曾長久地探求眞諦，漂游在洶湧的思想海洋裡，
在那兒我找到了表達的語言，就緊抓到底。

——馬克思，〈黑格爾諷刺短詩〉，一八三七[1]

Absolute Knowledge..., Absolute Mind... which, to me, is "to *be* free" rather than merely "to *have* freedom".

——Letter from Raya Dunayevskaya to Herbert Marcuse, February 12, 1955[2]

Gründe im Streit um das professionelle Selbstverständnis der Philosophie sind auch Gründe für und gegen eine bestimmte »Lesart« der Geschichte der Philosophie.

——Jürgen Habermas, "Vorwort" zu *Auch eine Geschichte der Philosophie* (2019: 11)

壹、序論

一、詮釋爭議

以「密納瓦女神的貓頭鷹要等到夜幕低垂時才展翅飛翔」一語而聞名於世的黑格爾，大概是世界哲學史裡爭議最大的一位哲學家。對其哲學評價從備受推崇到毫無價值，對其政治思想定位從極左到極右；同樣在左派陣營內，認爲馬克思理論深層只是翻轉過的黑格爾，到馬克思已經徹底揚棄黑格爾。各種南轅北轍的詮釋，共同打造了過去近兩百年繽紛燦爛的黑格爾理論影響史（Wirkungsgeschichte）。

可能主要因爲分析哲學的創立迷思[3]，也就是羅素（B. Russell）與摩爾（G.E. Moore）對康德以及黑格爾等德國觀念論的否定；以及從Karl Popper以來，對黑格爾政治哲學鼓吹助長國家主義、專制體制以及極權主義的指控[4]，英美哲學圈似乎長年帶有對黑格爾哲學與政治理論的排斥。

不過這個狀況在過去二、三十年已經有所轉變。主要以英語世界哲學圈爲讀者設定的*Leiter Reports: A Philosophy Blog*，曾在二〇〇九年發出「誰是現代（Modern Era, 1600-）最重要哲學家？」的專業民調徵詢[5]，黑格爾竟然可以在此意見調查中排名第八名。排在黑格爾之前的第一到七名是：康德、休謨、笛卡爾、維根斯坦、洛克、佛列格（G. Frege），以及密爾（J.S. Mill）。考慮到這是在分析哲學爲主之學圈的調查，黑格爾沒有跌出前二十名榜外已經頗爲意外，沒想到還可擠入前十名。[6]主導其事的Brian Leiter教授除了專精法哲學外，主要是德國哲學（尼采與馬克思）的研究者，應該很清楚歐美兩大哲學圈對於哲學家重要性判斷的「專業偏見」，因此他在與讀者互動中也提到，如果能在廣泛包括德國與法國讀者群的blog上也做個類似調查，應該會有有趣的結果。[7]

即使如此，黑格爾與分析哲學界的關係仍是曖昧的。雖然Tom Brooks在二〇〇七年的書中已經指出，「有關黑格爾政治哲學是保守派還是自由派的爭議已經結束。如今絕大多數評論者認爲，黑格爾的觀點在政治上是介於極端保守主義與自由主義之間的溫和派」[8]，分析哲學內部也早就重新繼受發展了與康德、黑格爾、現象學等歐陸哲學之積極關係[9]，Robert A. Stern在二〇一六年還是發表了一篇〈Why Hegel Now (Again) - and in What Form?〉的文章[10]，回顧檢討分析了黑格爾哲學與分析哲學關係的「樂觀論」（兩者可相互結合、彼此充實）、「悲觀論」（兩者有內在無法化解的觀點矛盾，主要在自然主義的問題），以及可能可找出的「附條件樂觀論」（qualified optimism），可見分析哲學界與黑格爾哲學的互斥緊張關係仍持續存在。[11]

暫時擱置這些無法「解決」的爭議，欲了解黑格爾的哲學思想，即使僅是「導讀」，終究還是要建立在比較紮實的學術研究基礎之上。麻煩的是，二戰之後所謂當代的黑格爾研究方法與典範也非常分歧。如果參考美國黑格爾研究重要學者Robert Pippin爲一位德國學者Michael Quante著作《精神之眞實性：黑格爾研究》（Quante 2011）所寫的序言，Pippin認爲當代黑格爾研究大致有三種典範方向。[12]第一種也許可稱爲「文本忠實」派，認爲應盡可能忠實地依照黑格爾的著作文本、時代特色，與書信等相關文件來對其哲學進行詮釋。第二種可稱爲「理論分究」派，認爲應該將黑格爾的哲學放在當代各個分殊化的哲學問題中進行探討。第三種當然就是前兩種的綜合，在嚴謹的文本考察基礎上，進行當代哲學問題的深入研究。

以漢語世界目前的黑格爾研究狀況來看，可能沒有能力，實際上也不太需要跳入前述的典範爭議。既然嚴謹考據的黑格爾歷史批判全集已經接近完成編纂[13]，其漢語翻譯也在不斷進行中[14]，漢語世界的黑格爾研究大概也一定只能在第三種典範的道路上前進。

黑格爾留下的卷帙浩繁著作中，《法哲學原理》應該可算是影響力最大的幾部著作之一。[15]此書內容豐厚複雜，研究文獻汗牛充棟，在有限的篇幅下，本篇導讀只能嘗試以精簡方式讓讀者掌握本書思想的重點梗概。以下先從思想史的線索著手。

二、思想史脈絡中的黑格爾法哲學

格奧爾格・威廉・弗里德里希・黑格爾（Georg Wilhelm Friedrich Hegel），一七七〇年八月二十七日出生於斯圖加特（Stuttgart），一八三一年十一月十四日於柏林逝世，是康德與馬克思之外，影響力最大的德國哲學家[16]，其一八二〇年出版的《法哲學原理》（即本書）則被Michael Oakeshott認爲是西方政治思想史的三大傳統中，「理性意志論」的代表作。[17]

黑格爾哲學思想與他之前的康德以及之後的馬克思有著千絲萬縷的關係。Richard Kroner認爲，從康德到黑格爾的哲學發展，有著內在、實質與邏輯的必然性。[18]然而黑格爾與馬克思的思想關係，更是錯綜複雜。自從恩格斯在〈路德維希・費爾巴哈與德國古典哲學的終結〉中，爲黑格爾的辯證法解套，提出唯物辯證法（die materialistische Dialektik）概念後，黑格爾哲學似乎就成了馬克思思想與馬克思主義的哲學基礎，只需要導正頭腳顛倒，讓腳重新站立在地上即可。然而不滿二十歲就已經表達了對黑格爾思想的不滿，寫了諷刺詩來諷刺；二十五歲就撰寫了〈黑格爾法哲學批判〉以及〈黑格爾法哲學批判導言〉的馬克思，其一生著作思想的哲學基礎，是否那麼合適以黑格爾哲學爲底子，實在也頗可爭議。【19】

黑格爾哲學體系與理論概念之深邃，相關思想史爭議之複雜，當然遠超出前述簡略的描繪。筆者也無力在此對這些哲學問題給出定論。但是康德—黑格爾—馬克思這條思想史線索，確實給予了這個導讀一組重要的理論探索起點：眞理、自由，與歷史。

非常簡要地說（在「導論」中，一切只能簡要），因爲科學的興起，現代哲學已經開始走上不直接研究眞實（reality; *Wirklichkeit*）以提供知識，而改以探討眞理（truth; *Wahrheit*）的邏輯性質以及認知眞理的條件結構問題。康德對此提供的回答是，透過感官，我們無法直接接觸眞實，而只能針對世界的表象，以先驗的普遍範疇來產生認識，並建構出知識。對我們來說，眞實的對象只能停留在認知無法觸及的彼岸，以「物自身」（thing in itself; *Ding an sich*）的理論概念來理解。

康德哲學留下的問題很多，以本文關切之點來看，黑格爾至少要面對下列幾個問題：

(1)康德的「時間」，是使得世界表象得以有序地呈現爲感官經驗的先驗條件，這種時間，沒有方向性，更沒有歷史性。缺少歷史性的時間，所支撐出來的經驗，沒有「目的」也缺少「意義」。

(2)康德哲學裡的範疇，是普世相同的理性建構能力，這固然提供了自然科學普遍有效性基礎，因爲其所針對的是機械論的自然宇宙（包括「生命」），但是也因此無從掌握文明的差異性與歷史文化經驗的累積性。

(3)因爲物自身（對象）與理性建構範疇，分屬兩個不同領域，因此後者的架構，並不能反映對象本身的理性結構。在康德的哲學裡，物自身是黑暗的彼岸，我們不僅不知道它是什麼（也不能妄想去知道），嚴格講，我們也不確定除了表象呈現外，物自身與我們是否還有其他的關係。

(4)知識的內容雖然是主體建構的，但是是主體先驗理性能力運作所依據的原則，並非經由個別或集體主體的實踐所獲致，因爲所有的實踐都是偶緣的（contingent）。

(5)由實踐的偶緣性，亦可理解，康德的「空間」也僅只是支撐感官經驗的先驗形式條件。空間既非在地（location），甚至也不提供「位置」（place, Ort）。我們每一個人在世上的存在，「占有空間」，但是沒有位置。

(6)在康德哲學觀點下，人類雖然可意識到自己的意志不受因果法則拘束的自由，但是此等意識所得獲致的道德行動法則，只是無經驗內容指涉的形式誡命（所謂categorical imperative），人們的純粹道德自由意志將隔絕於感官所認識的世界之外。更關鍵的是，沒有位置的人，沒有意義的生命，缺少目的的歷史，爲何需要道德、倫理、價值，或規範？

由前述康德哲學引發的問題，可以看出欲處理這些問題的黑格爾哲學（或一切「後康德」（post-Kantian）哲學與理論研究），無可避免會往歷史性、文化性、實踐性，以及克服道德意志與眞實／世界分裂的趨勢發展。但是這種轉向說來簡單，眞的要實現在思想與理論當中卻非常困難。青年馬克思與恩格斯在《德意志意識型態》（一八四五—一八四六）中寫道：

> 「全部人類歷史的第一個前提，當然是許多活生生的個人的存在。因此，第一個需要確認的事實就是這些個人的身體組織以及由此而來的：他們對自然其餘部分的關係。……由於人們生產了自己的生活資料，所以也就間接地生產出他們的物質生活本身。……因而，個人是什麼，取決於他們的生產所需的物質條件。」（Marx & Engels 1973: 20-21；孫善豪教授精彩的漢語譯文及手稿版本考證，參見Marx & Engels 2016，此段翻譯參見該譯本頁一○—一一）。

中年的黑格爾則在《美學演講》（一八一八—）中指出：

> 「人是動物，但即使在他的動物功能上，人也不會像動物一般停留在一個自在（Ansich），而是意識、認知，並提升了這些功能（例如，消化），將其轉變爲自我意識的科學。正是通過這些手段，人克服了在己存有之直接性的邊界，因此正是因爲他知道自己是動物，所以他不再是動物，並給予了自己作爲『精神』的知識。」（Hegel 1986i: 112）。

前後兩段馬克思與黑格爾的引言，很有趣地呈現了這兩位後康德時期偉大哲學家的思想對比。他們都同樣由生物/動物這一層面出發，馬克思走往了生產關係/唯物主義的方向，黑格爾則走出了自我意識與精神哲學的觀念論大道。黑格爾認爲，任何一種哲學本質上都是觀念論，或者以觀念論爲原則。所謂觀念論，就是認爲有限對象僅是觀念的，不承認其爲眞實的存有物。水或物質，也都僅是思想（Gedanken），是普遍的、觀念的，而非「東西」（Ding）。

黑馬兩位先生的哲學思想，誰對誰錯，何者勝出，這是不可能有定論的。馬庫色（Herbert Marcuse）曾經對德國觀念論給過一個概括的歷史定位，他指出德國觀念論是法國大革命的理論，這並不是說，康德、費希特、謝林與黑格爾等人的著作是對革命提出解釋，而是說他們的哲學很大部分是**對此革命的回應，企求重組國家與社會，促使社會與政治體制能呼應個體的自由與利益**。

如果在個體的層面上，我們可以引用查爾斯・泰勒（Charles Taylor），以「**自我詮釋的動物**」（self-interpreting animal）來理解黑格爾的精神性動物之說法，那麼在集體的層次上，也許可以藉由馬克思「論費爾巴哈論綱」第一條提到的，唯心論（＝觀念論）的**實踐能動性**爲起點，來理解黑格爾哲學對歷史與政治之批判性社會理論的開啓作用。而在此哲學思想的影響史（*Wirkungsgeschichte*, history of impacts）裡，黑格爾的法（權）或政治哲學，當然扮演了關鍵的角色。

貳、黑格爾法哲學的材料範圍

如一般所認知，黑格爾的法哲學是其「精神哲學」的一部分，「精神哲學」又是《哲學全書》（Enzyklopädie der philosophischen Wissenschaften im Grundrisse）的第三部分。[20]《哲學全書》呈顯了黑格爾整個哲學體系[21]，包含了「邏輯」、「自然哲學」與「精神哲學」三大部分。其中精神哲學又分爲「主觀精神」、「客觀精神」與「絕對精神」。主觀精神探討人類（個體）精神／心靈的一般性結構。「絕對精神」以主觀以及客觀精神爲途徑，探討人們以概念、體驗與想像，在全體性當中追求統一、和諧與和解。絕對精神包括藝術、宗教與哲學三個領域。

概括地說，客觀精神的部分就是法哲學，其中包括抽象法、道德與倫理三部分。以現在的用語來表達，黑格爾的法哲學就是其道德哲學、倫理學、法哲學、社會哲學與政治哲學的綜合。[22]用較爲歐洲或德語的說法，也可說是實踐哲學。

本書《法哲學原理》（全名：《法的哲學之綱要或自然法與國家科學之概論》）[23]，是黑格爾一八二〇年至一八二一年，爲了讓他在柏林大學法哲學課程學生有個聽課指引，而付梓出版的教科書。因爲這是黑格爾生前唯一正式出版的法哲學著作，因此此書就成爲了解黑格爾法政哲學或實踐哲學的最重要文本。

然而圍繞著此一著作與黑格爾法政思想這個主題，長年以來一直有一些難以解決的問題。其中最重大的就是黑格爾哲學與馬克思理論的關係，此爭議已經獨立演變發展爲百家爭鳴的狀態，本文前面已有浮面觸及，此處不多論。

另外一個重大的爭議則是，黑格爾的法政思想，到底是保守的國家哲學，甚至導向法西斯主義與極權主義〔由同時代的叔本華，到十九世紀中葉德國自由改革派，一直到卡爾·波普（Karl Popper）〕，還是其實黑格爾是個延續啓蒙運動人文思想的自由派與進步派（即使不是西歐的自由主義）？

這個問題固然不如黑馬關係那麼複雜，但是百餘年來持續產生完全相反的見解，也可顯示詮釋黑格爾法政哲學的棘手。此一議題固然主要還是《法哲學原理》的詮釋爭議，但也與下面這個更爲專業的黑格爾研究議題相關：黑格爾法政思想的主要材料「範圍」問題。

Ilting教授曾經在一九七〇年代初期指出，歷來認爲表述黑格爾政治哲學的作品主要有三項（群）：(1)《法哲學原理》（即本書）；(2)三篇不同時期的政治評論著作〈德國憲法論〉、〈符騰堡邦階層議會會議之考察〉、〈論英國改革法案〉；(3)耶拿時期的一些著作，包括〈自然法論文〉[24]、《倫理之體系》與《精神現象學》等。

Ilting的這個整理也不見得完整，不過他主要想談的是到彼時爲止，學界普遍忽略了「法哲學」課程的課程筆記，而Ilting的主要貢獻之一，就是在七〇年代初期率先開始將幾份已知的法哲學課程筆記手稿整理出版。後來在八〇年代初期，又發現了幾份原本以爲遺失的筆記，Ilting以及其他的黑格爾著作研究者分別將其整理出版，而一直到近二十年左右，都陸續還有多份筆記出版。到目前爲止，依筆者所查到的相關資料，這些材料包括[25]：

	上課地點	年分	筆記者/作者	出版	黑格爾全集中編輯收錄[26]
I.	海德堡	一八一七年至一八一八	Peter Wannenmann	有Claudia Becker等人、以及Karl Heinz Ilting編輯的兩個版本。[27]	GW 26.1 (2014)
II.	柏林	一八一八年至一八一九	Carl Gustav Homeyer	Karl Heinz Ilting編輯的版本。[28]	GW 26.1 (2014)

	上課地點	年分	筆記者／作者	出版	黑格爾全集中編輯收錄[26]
III.	柏林	一八一九年至一八二〇	(1)不詳 (2)Johann Rudolf Ringier	(1)Dieter Henrich編輯的版本。[29] (2)Ringier筆記為Emil Angehrn、Martin Bondeli及Hoo Nam Seelmann編輯的版本。[30]	GW 26.1 (2014)
IV.	柏林	一八二〇六至十月	Hegel 送交官方審查通過後出版	本書《法哲學原理》	GW 14.1 (2009)
V.	柏林	一八二一年至一八二二	不詳	Hansgeorg Hoppe編輯的版本。[31]	GW 26.2 (2015)
VI.	柏林	一八二二年至一八二三	(1)Heinrich Gustav Hotho (2)Karl Wilhelm Ludwig Heyse	(1)Hotho筆記為Karl Heinz Ilting編輯的版本。[32] (2)Heyse筆記為Erich Schilbach編輯的版本。[33]	GW 26.2 (2015)
VII.	柏林	一八二四年至一八二五	Karl Gustav von Griesheim	Karl Heinz Ilting編輯的版本。[34]	GW 26.3 (2015)
VIII.	柏林	一八三一年十一月	David Friedrich Strauß; 因Hegel生病過世而中斷	Karl Heinz Ilting編輯的版本。[35]	GW 26.3 (2015)

不計入耶拿時期[36]，從海德堡到柏林，黑格爾一共講授過八次「法哲學」（七次完整課程＋一次不完整；都在冬季學期，相當於台灣的第一學期），每一次講授都有留下演講課程筆記或正式出版的教科書。這些材料的編輯出版，對黑格爾法政思想研究有相當重大的影響。牽涉的各種問題很多，我們下面僅先整理幾個重點：

(1)現在談到黑格爾法政哲學，已經不是只有一部主要著作《法哲學原理》，而是一共至少九份法哲學著作材料可供參考。

(2)前面提到的，有關黑格爾法政理論到底是保守派，還是自由進步派之爭議，目前比較廣泛的認爲是後者。其實Ilting七〇年代整理出版四份筆記後（Hegel/Ilting 1973），這個爭議也大致可以結束。但是在印第安那大學找到的一八一九／一八二〇年筆記（Hegel/Henrich 1983），因爲在年代上直接銜接後來正式出版的《法哲學原理》，因此意義更爲重大。

(3)這些資料顯示，黑格爾正式出版的《法哲學原理》，確實受到一八一九年八月德意志諸邦「卡爾斯巴德決議」（Karlsbader Beschlüsse）設立的言論審查制度影響（Siep 1997: XIV; Ilting 1977: 79），而調整了著作中的表達方式，以致當中有不少地方使得黑格爾看起來像是一個支持專制普魯士國家的國家哲學家。然而在之前與之後的法哲學課程筆記內容，都可顯示黑格爾一直是個重視「個人自由」與「個體權利」的自由進步派。

(4)當然，黑格爾不是革命基進派，也不是民主派。但是十九世紀初歐洲延續法國大革命的進步派，主要就是自由派，而不是自由民主思想，因爲當時連英國的民主改革都還沒開始。然而黑格爾強調「人」爲本位，而非英國人、法國人，或貴族、教士，因此是人文主義的普遍主義思想。當時的普魯士甚至比英國或奧地利更不專制。

⑸在實質內容差異方面，先提一個關鍵處。在《法哲學原理》的〈前言〉（Vorrede）有一個著名的「雙重語句」（Doppelsatz），就是本書翻譯爲：「凡是合乎理性的東西都是現實的；凡是現實的東西都是合乎理性的。」（Was vernünftig ist, das ist wirklich; und was wirklich ist, das ist vernünftig.）。但是在一八一九／一八二〇年的筆記中，這句話的表述是：「凡是合乎理性的，將成爲現實的；凡是現實的，將成爲合乎理性的。」（Was vernünftig ist, wird wirklich, und das Wirkliche wird vernünftig.）[37]，而在更早於海德堡時期的一八一七／一八一八筆記當中，黑格爾則在第一三四節討論「作爲憲法基礎的民族精神」（Der Volksgeist als die Grundlage der Verfassung）的段落中，有著類似的表述方式：「凡是合乎理性的，必會出現」（Was vernünftig ist, muß geschehen）[38]。亦即原本廣泛被理解爲「黑格爾法哲學提供現狀合理化依據」的語句，在稍早不需要接受言論檢查的表述中，則明顯帶有歷史哲學與實踐哲學的面向，亦即現實與理性的關係，不是靜態的相互證成，而是動態發展的關係。如果我們了解黑格爾的理性是與主體能動性相關連，就更清楚這個雙重語句的意義。[39]其後黑格爾並在《哲學全書》一八二七年第二版時，在第六節就本書前言當中所提到的「理性」與「現實」的關係，做了更爲充分的說明（Hegel 1986e: 47-49），即並不是所有存在於世界上的東西，都是黑格爾此處所指的「現實」，而是眞正符合理念的，才會成爲眞正能確實存在的事物（而不是指偶然出現的事物）。此亦可參考本書第二七〇節「補充」當中所述：「一個壞的國家是

一個僅僅實存著（existiert）的國家，一個病軀也是實存著的東西，但它沒有眞實的實在性（hat keine wahrhafte Realität）。一隻被砍下來的手看來依舊像一隻手，而且實存著（existiert），但畢竟不是現實的（doch ohne wirklich zu sein）。眞實的現實性就是必然性（die wahrhafte Wirklichkeit ist Notwendigkeit），凡是現實的東西（wirklich），在其自身中是必然的（in sich notwendig）。」【40】

除了因爲課程筆記出版引導的詮釋問題外，還有一個也相當重要的專業問題是，黑格爾的法政哲學思想，是否至少從耶拿時期開始就大致確立了基本原則，一直到中晚年都沒有改變，只是調整了、豐富了分析表述的架構與方式；還是在耶拿時期曾經經歷過一次重大的改變，因此年輕時的黑格爾與後來成熟期的法政思想，有相當根本的差異。Manfred Riedel是採後說的重要學者，他認爲最重要的差異在於，年輕的黑格爾原本抱持古典實踐哲學的思想，認爲個體不過是整體的表現，自然法顯示的是自然秩序本有的原理法則，因此在耶拿前期的著作中，例如〈自然法論文〉，對十七世紀之後的現代自然法論採取高度批判的立場。然而大約在一八〇五／一八〇六年左右，黑格爾的思想產生重大改變，認爲個體的自由與權利才是符合理性的原理，因此自然法顯示的是個人固有的權利。這一轉變也才使得黑格爾成熟期的法政思想確定帶有自由進步派的特色。作爲一篇導讀，當然不需要對這個爭議做出學術判斷，不過倒是可以指出，而這一討論脈絡也與《法哲學原理》此書的書名有關。

參、法哲學原理的標題、序言與導論

《法哲學原理》的完整標題《法的哲學之綱要或自然法與國家科學之概論》包含了兩個部分「法的哲學」以及「自然法與國家科學」。依照Riedel的看法，自然法與國家科學在古典實踐哲學傳統中是相互結合的，既有政治秩序是個人的本質天性，自然法就是既有政治秩序賦予施加在人們的法則。研究這一門學問在古典傳統中就是「政治學」（德文表達就是Politik）。但是十七世紀開始的現代自然法，將「自然狀態」與「公民狀態／市民社會／國家」分開並互相對立，自然法變成「非政治秩序」之自然狀態下的法則與個體權利。黑格爾固然接受了現代自然法論的哲學變革，切斷了古典思想中自然法／自然法則」與規範性法則的關係，但是他認爲兩個領域的對立是必須要加以克服的。而黑格爾克服此一對立的哲學關鍵，就是將「精神」與「自然」對立，而發展出的精神哲學。

在本書〈導論〉第四節黑格爾指出，法的基礎是**精神的事物**（das Geistige），它的地位與出發點是**自由的意志**，因此自由構成了法的實體與規定性，法體系則是實現了自由的王國。由此可看到「自由」在黑格爾法哲學當中的關鍵地位。但是對於精神的事物，應該要如何研究呢？

在〈序言〉裡黑格爾提到，大家都同意，對於自然界，哲學應該依照自然本有風貌，如其所是的去認識它，並運用概念來把握現存於自然界的現實理性。但是對於法以及倫理世界的事物，似乎就認爲可以背離公共承認及有效的事物，而依照主觀情感任意地主張。黑格爾批評這種主張，他認爲，對於倫理世界的哲學研究，仍舊是透過理性的概念去了解把握現實既有倫理事物中**普遍被承認與有效**（*Allgemein-Anerkannten und Gültigen*）的原則，而不是企圖教導世界應該如何的抽象應然法則。就這點而言，也可以說黑格爾認爲要研究倫理世界的實然。但是這種實然，是精神的事物，與自然界的自然事物不同。

簡單地說，自然界的事物，有理性的原理，但是沒有自由的意志。精神的事物，是自由的意志自己創生的事物，透過歷史的實踐累積，蘊含了可透過理性思想與概念，加以掌握的對象。黑格爾認爲，在現代世界裡，研究這個對象的學問，既不是研究源自政治社群固有本質的古典自然法，或古典政治學（以亞里斯多德爲代表）；也不是探尋與政治狀態對立之自然狀態下的自然權利／自然法則（以霍布斯爲代表），而是研究能使個人自由在此歷史條件下獲得實現的法權體制原理。黑格爾將其稱爲「法的哲學」（Philosophie des Rechts）。

不過「法的哲學」只是本書德文標題的前半，也就是「法的哲學之綱要」，但是後半部分的「自然法與國家科學之概論」，即使確定要脫離古典傳統，仍然有重要的意義。就國家科學部分，黑格爾在〈序言〉就指出本書是以國家學爲內容，是把「國家作爲其自身是一種理性的東西來理解和敘述的嘗試」，意義比較清楚。較爲複雜的是黑格爾法政哲學與自然法論的關係。黑格爾當然不是現代意義的法實證主義者（legal positivism），雖然他和同時代的邊沁都批判了現代自然法理論（有時稱爲自然權利論更爲適當），他拒絕在哲學內提出應然主張的態度，似乎也與法實證主義有共通之處。不過黑格爾也與現代自然法論[41]共享了重要的理論基礎，也就是個體的自由與意志。黑格爾認爲現代自然法論的缺點，並不在於翻轉了古典自然法論「社群優於個人」原則以及放棄了自然秩序目的論；而在於其理論的兩個重點，自然狀態論與社會契約論，都不夠徹底。

這個批判如果放在前面已經提到的「自然」與「精神」之對立，或者「必然性」與「自由」之對立的理論脈絡中，就可以有清楚的了解。黑格爾認爲，由自然狀態之本能慾望與驅力，以及由此推生的社會契約，仍然未能脫離自然領域的延伸作用，因此無法構成倫理世界的眞正基礎。在此點上，黑格爾抓住了康德哲學的要點，將自然與因果必然性連結，而與自由相互對立。自由是意志的本質，但是這個意志必須是理性的意志，而不是受慾望驅力推動的恣意意志（Willkür），因爲後者仍未眞正脫離自然。黑格爾也完全了解康德哲學在處理法權問題上的不足，因此將精神事物與自由的「實現」（Verwirklichung）問題結合。黑格爾在批判當中，將現代自然法論的基本論旨徹底化，並以精神哲學爲基礎，發展出可客觀實現自由的理性法權體制之理論，難怪Norberto Bobbio要將黑格爾的法哲學同時視爲自然法論的解消（Auflösung）與貫徹完成（Vollendung）。

除了有名的〈序言〉，一般認爲《法哲學原理》一共有三大部分：〈抽象法〉、〈道德〉，以及〈倫理〉（*Sittlichkeit*, ethical life）[42]。但是實際上在抽象法之前，還有個〈導論〉（Einleitung, 第一節到第三三節），其內容也非常重要。除了界定說明「法哲學」的意義與研究方法外，黑格爾在〈導論〉中也說明了他的意志哲學。我們嘗試以圖一來呈現這個意志哲學（第五節到第七節）。

這個意志哲學分析的特點是：純粹空無的反思意志必須介入（engaging; *Setzen*）到經驗世界中，自我才取得定在（Dasein），又同時維繫著對這種特殊性的反思。

如前所述，在康德哲學當中，主體認知時間，但是沒有歷史；身處空間，但是沒有位置。在黑格爾的分析裡，意志是在投身入世，取得特殊的定在（位置與其他特殊性），卻又同時與之區別的

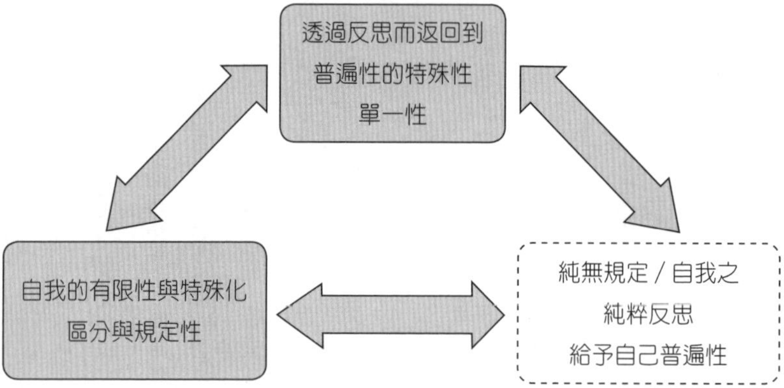

圖一：意志的三個環節與統一

過程裡，實現了自由以及個體性。完全抽象反思的自我是與世隔絕的，雖然有無限的可能性，但是沒有任何的現實性。停留在右下角虛線的區塊，雖然不被任何特殊內容所限制，但是也談不上有任何自由。意志唯有決意（Entschluß）介入外在世界，讓自我受到某種特殊性的侷限，反而才開始實現自由（左下角灰底實線區塊）。意志對於自我在現實世界特殊化的持續反思，才產生了眞正的「我」（區分出「自我」的單一性）。從理論哲學來講，自我就是思維，就是將對象變成思想，變成思維裡「我的」東西。但是從實踐哲學來說，自由必須與因果律「對抗」，才浮現眞正的自由。介入現實世界的自由意志，會將現實世界區劃出一塊「屬於我」的部分，尤其是我的目的與我的行爲。「我的」與「不是我的」之區隔，也建立了責任論的基礎。

黑格爾的自由意志哲學，是其「自然／精神」哲學的延伸，也是掌握他法政哲學的重要關鍵。以當代的心靈哲學分類來考察，黑格爾的精神哲學不是任何種類的化約論

[43]；但是應可歸屬於**相容論**（Compatibilism），亦即自由意志與因果決定論相容。從上述意志哲學的分析來看，黑格爾的理論更帶有超越相容論的，具備實踐能動性的層面。這一層次的意義，在他的法哲學當中也有不少的展現。

肆、抽象法

〈導論〉之後的第一部分是〈抽象法〉（das abstrakte Recht），其下又主要分爲「所有權」、「契約」與「不法」三個部分。〈抽象法〉主要處理的是屬於「私法」（private law）的部分，但是不包括身分法。在「不法」的部分，則同時處理了一部分犯罪的問題。

在英美當代的分析法理學處理「法理學總論」（General Jurisprudence）文獻中，尤其是分析法實證主義，是幾乎完全看不到對黑格爾的研究引用。但是如果考察英美當代法理學屬於「議題」（topics）或「制度」（institutions）的研究，黑格爾的理論則仍舊被廣泛考察與援引。其中有關「所有權」的理論就是一個黑格爾身影經常出現的領域。[44]

德文當中的Eigentum，既是所有權，同時也是「財產」的意思。黑格爾此處討論的財產，是由個體出發的私人或私有財產。延續羅馬法之私法的傳統，首先要處理的問題，其實是「人」。在羅馬法當中，尚有自由人與奴隸的區分；但是在現代世界或現代社會的理性觀點下，奴隸制應該被廢除，所有人都是平等的自由人[45]。不過漢語「人」這個表述方式，在黑格爾理論中，有好幾個相關的概念：主體（das Subjekt）；人或人間（der Mensch）；人（die Person）；人格（die Persönlichkeit）。此處的翻譯與本文的使用，大致上仍參照本書兩位譯者的翻譯方式[46]，是不是可以或應該採用其他更理想的翻譯方式，在此暫不多做更多的討論。

在財產的部分最重要的一個概念，是「人」。如果用法學界常用的概念來思考，最接近「人」概念的，應該是「自然人」（die natürliche Person）或「權利主體」（das Rechtssubjekt）。但是我們當然要謹慎避免，僅僅用法教義學（Rechtsdogmatik）的方式來理解哲學概念。黑格爾哲學意義的「人」，是主體透過形式普遍性來指涉自身，占有/擁有自然界之東西（物），以及與其他「人」交往（透過契約）。這是作爲主體的「一般人」（Mensch），脫離無自我意識之自然對象狀態（奴隸處於此狀態），開始邁向自爲（für sich; for itself）自由的第一層次。

一、財產

對黑格爾來說，意識如何在歷史中漸次擺脫自然的羈絆而走向自由的精神，是一個最關鍵的哲學問題。如同前述，人是動物，但是他知道自己是動物，所以就開始不再是動物。馬克思在這個點上，走向了物質生活的生產與再生產的方向。黑格爾則讓精神，在意識到自己仍舊是個動物，是自然的一部分的情況下，創造了一個可以使精神「客觀化/客體化」的制度環節：財產。

財產或所有權，就是精神在不需要界定自己道德與倫理地位的情況下，直接（unmittelbar）與自然外在（äußerliche）事物建立起自我指涉關係的體制。

(1)人們的自然慾望與衝動，需要被滿足，也給了人某種特殊性。但是如果就直接地完成滿足，人就還是動物，雖然有感性直觀，但是沒有自覺與自由，人仍舊是自然的一部分。唯有與自然「對立」，精神將自然視爲外在，自由的可能性才開始出現。

(2)但是這種對立，精神並不需要返回自身的實體，而只需要與外在保持一種分際（Unterschied），將特定部分的自然，建立爲財產。這需要外在表彰的占有，與意志意願的投射。因此這種自爲（für sich）的自由（因爲不需要返回），就可以在外在特定的財產上建立起自由的定在（Dasein）。透過財產權的建立，人獲得了第一次的自由之實現。

(3)這種界分之成立，主體只需要形式性、抽象性的關係。主體自己也是形式，也就是人（Person）。人格（Persönlichkeit）也只是一種權利能力，一種與外在事物建立關係，加以掌控的權限。財產的內容，可以是任何可受到支配（占有）的對象客體，也可以是精神對象（智慧財產）。財產的多寡或是否平均，無關緊要。財產的增減，也不影響主體的實質。

(4)外在的對象客體，就其在自然固有實存的特性而言，是無法直接構成財產內容（標的）。物質客體必須轉變爲「物」（Sache），才能成爲財產。這種轉變，當然也不會是自然性質的轉變，而是精神透過思想（Gedanke），將特定的外在事物標示或思考認知爲「物」。

(5)財產的成立，不能只是個人主觀的想像，而必須獲得他人的承認（第五十一節）。奴隸就是不被承認有人格地位，反而被視爲可成爲權利客體之「物」的地位。此處黑格爾引用了他自己在《精神現象學》與《哲學全書》中，有關爭取承認之抗爭與主奴辯證的理論（第五十七節）。

透過簡要的說明可以看到，黑格爾又再次以精神與自然，或自由與自然的相互依存辯證關係，作爲構成財產權理論的基礎。不論是自然之客體，或主體的精神發展，都透過財產權的建立，獲得了層升（aufgehoben）。它們既揚棄了原有的性質（純粹自然屬性，以及純粹無內容之意志），又在提昇後保存了自身（物與人格）。

黑格爾的所有權/財產理論，是一套非常精采的哲學闡述，而且與自由主義的財產理論基本方向是一致的，即私有財產是個人自由的基礎。不過自由主義的大趨勢過度肯定了私有財產的正面功能，進而認爲國家正當性的主要基礎就在於私有財產之保障。黑格爾雖然在這一部分不處理財產的平均與分配問題，但是他對所有權的哲學分析，毋寧更指出了財產制度的侷限性。也唯有在這個基礎上，我們才能了解，爲何客觀精神還需要好幾個階段的辯證層升。抽象的法權也無從直接與國家產生關連，而必須讓原有的國家概念分裂爲市民社會與國家。

二、契約理論

黑格爾的契約理論，是其財產論的延伸，也是往「不法」論以及犯罪與刑罰論過渡的必要體制階段。掌握契約理論的關鍵，仍然是從先前的自由/意志論以及財產理論出發，因爲黑格爾的法哲學，就是一部闡述個人自由如何在客觀精神（以今天的用語，也可說是客觀制度）中逐步實現的過程。

如前所述，透過財產權的建立，個體脫離純屬自然的動物狀態，開始發展建立起精神領域的意義，出現了形式意義的人格與初步的相互承認，自由也在外在物取得了定在（Dasein）。然而至少有兩個層次的問題，需要進一步的發展。首先，外在物的實在，終究是個自然界的東西（thing;

Ding），持續受到自然界法則或因果關係的拘束，因此自由在這個外在化與客觀化的環節當中，仍需要持續地辯證發展。亦即，既是自由的，卻又不自由。這就牽涉到第二個層次。

如果人格只是持續擁有某物的所有權，卻不使用它，或者進行交易，那這個「人格—物」的法權關係，將會退化爲只是事實上的占有，甚至恢復爲動物與東西的非倫理性的、自然界的關係。因此黑格爾在第七十三節提出一個非常有趣的分析：

「我不但能夠轉讓作爲外在物的所有權（第六十五節），而且在概念上，我必然把它作爲所有權來轉讓，以便我的意志作爲定在的東西，對我變成客觀的。」

依照我國民法第七百六十五條的規定：「所有人，於法令限制之範圍內，得自由使用、收益、處分其所有物，並排除他人之干涉。」這是對私有財產權最基本的表述，表達了「所有權人」對「所有物」的使用處分之「自由」。世界各國的法律規定大抵一致，學法律的人當然也將其理解爲一種「自由權」。

但是黑格爾卻反而指出，所有權人不但「能夠」轉讓（相當於前述法條當中的「得」），而且在「概念」上「必然」要轉讓。這個「必然」在德文原文裡用的是muß（相當於英文的must）；在Houlgate的英譯本，則用compel來表達。

這一陳述乍看令人費解，但是如果放置於「自由的實現」的法哲學考察當中，其法理意義反而簡單明瞭：如果不使用處分（包括自我消費、使用、交易等方式）所有物，人就終止了其社會存有，也無法落實自由。所有權必須透過一次又一次，甚至可以說無止盡，不斷地使用或轉讓，才能眞正實踐自由。

這個陳述並不是一個經驗命題，也不是提出一個規範性的義務要求或主張。從語句上來看，黑格爾提到「在概念上」，似乎更像是一個分析命題。但是其德文原文是durch den Begriff，字面意義是「透過概念」，因此這也不像是個分析命題的陳述。此處黑格爾使用的方法，就是「哲思」（Spekulation, speculation）。哲思並不是玄思冥想，依照康德的說法，當理論所欲認識的對象，並非經驗直接給定的對象，此時所用的方法就是哲思。黑格爾大致延續了這個哲思概念，只是加上了對原本看似差異的對象之統一作用。以當前慣用的表述方式來說，哲思就是對研究對象的理論建構。尤其當所欲探索的對象，很難由經驗直接給定，例如把自然界的一個「東西」，描述爲法權意義下的「物」，或經濟分析下的「商品」，都需要經由理論建構，也就是黑格爾的「哲思」方法。因此黑格爾所使用的方法，與現在一般人文社會科學所運用的方法，並沒有什麼不同。【47】

將財產權理論建構爲必須轉讓，黑格爾並不是要把法權體制化約爲其他東西，甚至終局地轉化爲物質生活再生產的反映。黑格爾法權哲學所要「哲思地闡述」的是，人們的自由，必須建立在「所有權相互尊重／交往」的「客觀精神」基礎之上，才得以開展。而且這個開展，需要人們「透過」財產權這個「概念」，客觀地看到了自己自由意志「外化」（Entäußerung）的實在性。此處「外化」一語雙關，既是外化，也是「轉讓」的意思。人們客觀地看到並運用了財產權的轉讓交易，才具體把握了自身的「意志自由」。

沒有錯，這個理論建構一方面是《法哲學原理》後面「市民社會」論的基礎，因爲置身於政治經濟學理論傳統之中，也與馬克思的理論一貫相傳。不過先讓我們看看黑格爾契約理論比較屬於法學／法哲學理論的部分。

就消極層面來說，黑格爾強調，婚姻與國家的概念，不屬於契約概念。更詳盡的婚姻與國家理論，當然要看後面倫理生活的部分。此處黑格爾特別強調，把契約關係以及一般私有財產關係混雜到國家關係當中，對國家法以及現實世界的實踐，造成很大的混亂。過去之所以會這樣做，是因爲（主要是）貴族爲了對抗君主與國家，因此主張他們的政治權利與義務是屬於個人直接所屬的權利或特權，把政治義務看作是來自於契約關係的意志結合，但是私有財產與契約，與倫理生活或國家，分屬性質上完全不同的兩個領域。（第七十五節）

就積極面而言，契約是兩個原本分別之個別意志的結合，兩個獨立人格分別由「任性」出發，透過契約創造了新的「同一意志」的定在。契約是一種「中介」（Vermittlung）的作用，中介原本相互絕對區分的獨立所有人達到意志的共同性與同一性。（第七十四節）但是因爲只是雙方當事人設定的共同意志，因此尚無法成爲自在自爲的普遍意志。（第七十五節）

此處主要的分析對象是「雙務契約」，或者黑格爾稱爲「實在」的契約。非常有趣的是，黑格爾認爲：

> 當事人每一方所保持的是他用以訂立契約而同時予以放棄的同一個所有權，所以那個永恆同一的東西，作爲在契約中自在地存在的所有權，與外在物是有區別的，外在物因交換而

> 其所有人變更了。上述永恆同一的東西就是價值。契約的對象儘管在性質上和外型上千差萬別，在價值上卻是彼此相等的。價值是物的普遍物。（第七十七節）

這一節的最後一兩句話，初看可能還以爲出自馬克思手筆，因爲已經高度類似馬克思對於商品交易之等價物的分析。黑格爾認爲，交換／交易的契約，是兩個外在性質不同，但「價值」卻相等之物的相互交易。因此每個當事人既放棄了某物的所有權，獲得另一物的所有權，但是又同時始終不間斷地擁有對「同一價值」之「自在」所有權（an sich Eigentum）。

就政治經濟學而言，黑格爾此處對價值的分析當然太過簡易，比不上馬克思的分析。不過黑格爾想要闡述的，就僅是法律體制的理論基礎，而不是政治經濟學。而且是以個人自由以及私有財產爲基礎的法律體制，因此當然也不會有馬克思的政治經濟學批判。就此點而言，黑格爾提出的是一種非常自由主義觀點的政治哲學（也許可說是德國或普魯士的自由主義），因爲其個人的權利起點，並非抽象的人權，而是私有財產之法權。

三、黑格爾的不法與刑罰理論

一如國家哲學，黑格爾的犯罪與刑罰理論也曾受到不少的批判、貶低與拒斥。黑格爾的犯罪與刑罰理論，來自於其「不法」（Unrecht）的理論，而不法理論，又奠立在抽象法的財產法權與契約理論上。這一套不法與犯罪的理論，如果掌握清楚其基本要素，就不難理解黑格爾理論要旨。請先參考下圖。

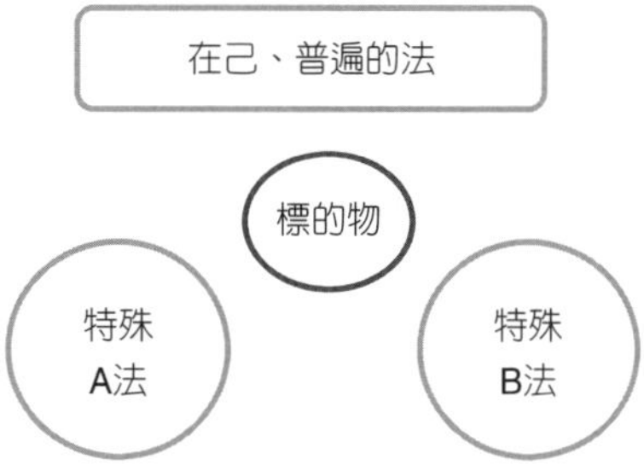

黑格爾這套理論有四個基本要素：兩位相對立的法權主體，一個標的物，以及在己客觀存在的法。之所以要由抽象法權、所有權，透過契約，來往不法的理論過渡，是因爲要透過契約關係，引進另外一個在法權向度下的「他者」。這個他者，不是在自然狀態下，純粹偶然性遇見的他者，而是在形式法權架構下，具有相互承認法權地位的另一權利主體。也正是因爲如此，這兩位主體彼此並不從事生死對抗，而是在相互承認的法權架構下互動。

第一種「不法」狀態，是A與B彼此對同一標的，基於不同的「權利基礎」（**Rechtsgrund**，本書翻譯爲「權原」）主張，而產生的「權利衝突」。（第八十四節）

在這種狀態下，雙方都認爲自己擁有合法權利，但是視對方爲不法。雖然自認爲自己是合法的，但是這種主張在還沒有獲得確認前，只是相互對立的特殊利益與觀點，個別的意志還沒有從利益的直接性中釋放，還無法以普遍意志爲目的，權利也不具備被承認的現實性，因此法，只能顯現爲一個「應然」（**Sollen**，應該）。這種不法是一種「民事」的不法。（第八十五及第八十六節）

第二種不法情況是「詐欺」（見下圖），在這組關係中，B雖然在表象上，看起來似乎尊重了A的法權，使得被詐欺者A還以爲B對他所做的是合法的。但實際上B是以假的法權地位，訴諸法的表象，來對A提出純粹主觀的要求（例如賣假的名牌包包給A，然後向A索取價金）。（第八十七節）

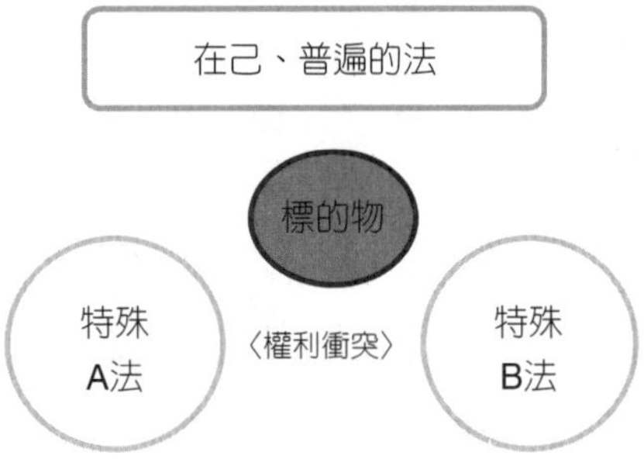

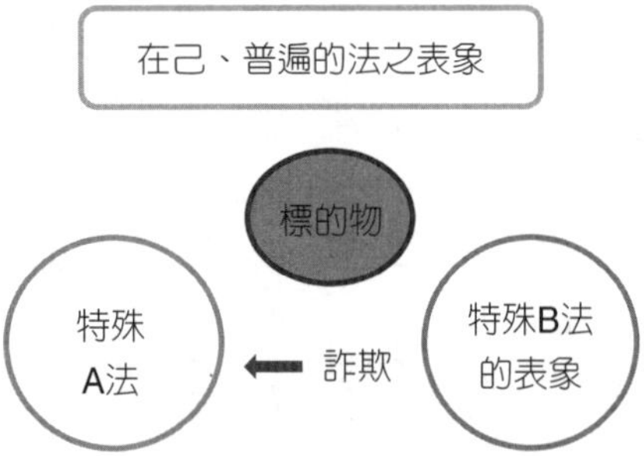

第三個不法層次才是犯罪。黑格爾認爲，犯罪是透過強制與暴力進行的。在犯罪中，犯罪者B不但不尊重、不在乎客觀法秩序，甚至積極破壞法秩序，以暴力強制A。A的自由意志是不可能被強制的，但是作爲生物，人的身體可以置於他人的暴力支配之下。而且因爲取得外在物的所有權，人的意志也在物當中反映，也因此可受到強制。

（第九十節）請參考下圖。

在犯罪的這種不法階段，開始引進了強制與暴力。此處有一個理解上的要點：原本在法權的領域內，只有理性主體的自由，而沒有暴力與強制。因此在法的領域內實施暴力與強制，並不是自然界的自然暴力，而是原本預設尊重法權秩序的自由主體，經由自己的決意，使用暴力與強制，對客觀法以及其他主體的法權，進行攻擊。

在法權秩序下的自由，是透過財產權標的物所展現於特定「定在」的

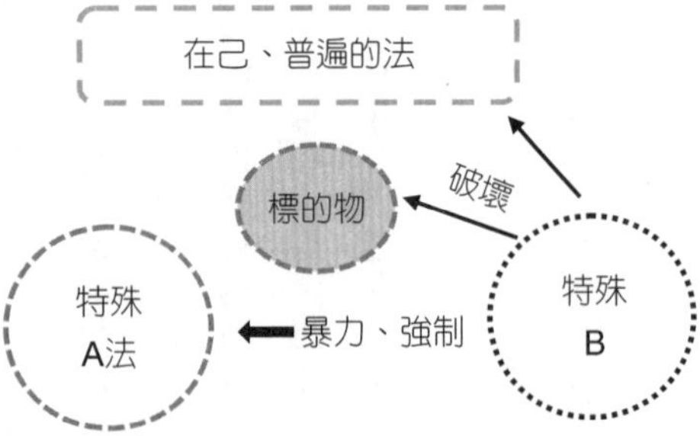

外在自由，也因此成爲犯罪行爲暴力所可施加的對象。而要維護防禦此等攻擊，也必須運用暴力，來取消第一種暴力。因此黑格爾說，「抽象法是強制法」（第九十四節），強制的概念本身，就包含了自己破壞自己，強制要被強制所揚棄，這第二種的強制是必然的，也是合法的。（第九十三節）

由此導向了黑格爾的「刑罰」（Strafe）理論。關鍵在於，刑罰並不是國家體制對犯罪者施加的「惡害」（Übel），而是犯罪者本身，於實施犯罪行爲時，就已經蘊含其中，犯罪者必須去面對的強制。如前面的說明與圖示所顯示，犯罪者並不是在自然狀態下，可任意實施暴力的個體，而是在法權秩序下，自己的偶然任性，對其它法權的攻擊。因此犯罪者仍然是法權人格，在理性上，他仍然尊重法權秩序。

在黑格爾的分析下，對外在事物或財產的侵害，是一種「惡害」，是對財產的損害（Schaden），因此民事法律關係下，要給予賠償（Ersatz）。（第九十八節）犯罪行爲也有對「定在」的侵犯，因此可以透過對質與量的區分，來界定刑罰的輕重，而避免不分青紅皀白的過重處罰。（第九十六節）

眞正的關鍵在於，刑罰並不是對犯罪者施加的惡害，而是法秩序針對犯罪者特殊意志的破壞，揚棄該犯罪行爲，以重建法權秩序。如果不施加以刑罰，犯罪者特殊意志的外化，反而會造就出有效的（das sonst gelten würde）狀態。（第九十九節）

黑格爾在第九十九節的附釋中也批評了當時各種的預防論、威嚇論等以惡害觀念爲核心的刑罰理論，認爲這些理論反而把一些瑣碎的心理狀態或作用，混進了犯罪的主觀層面。黑格爾並不反對這些處遇措施，但是他認爲不能以那些措施的作用後果，來理解刑罰。因爲刑罰要對抗的，並不是犯罪產生的惡害，也不是要透過刑事處遇來產出「善」（Gutes）。刑罰處理的不是「善與惡」的問題，而是「不法」（Unrecht），以及「正義」（Gerechtigkeit），所有的處遇措施都要以刑罰自在且自爲是「公正的」（das Strafen an und für sich gerecht sei）爲論證的前提。

伍、道德

Habermas曾經在一篇著名的文章〈Treffen Hegels Einwände gegen Kant auch auf die Diskursethik zu?〉[48]當中，整理了黑格爾對康德倫理學批判的四大要點：形式主義；道德證成的抽象普遍主義；淪爲純粹無力的應然；信念的恐怖主義。哈伯瑪斯將黑格爾法哲學理論中，「道德」部分與「倫理生活」對比比較，並且認爲黑格爾的道德理論，是對康德倫理學的批判，這些都是學術界常見對「道德」部分的討論方式。不過如果回歸黑格爾文本，與其往後與倫理生活部分比較，不如先從抽象法延續下來閱讀，且暫時擱置黑格爾對康德倫理學的批判，嘗試掌握一下黑格爾在「法哲學」當中，如何探討分析「道德」。

從筆者身爲法學家的角度來看，黑格爾這一部分的討論，雖然大標題是道德，但性質上仍是高度法哲學的。因爲「道德的觀點，從它的形態上看，就是主觀意志的法」（第一〇七節）[49]，亦即黑格爾是從法權的角度來分析考察道德，這種考察進路，是由前面抽象法的部分一路延續下來，其中最重要的關鍵，就是主觀事物的客觀化或客體化。我們在前面「導論」部分，已經簡要闡述了「意志」的幾個不同環節，這個意志哲學分析的特點是：純粹空無的反思意志必須介入（engaging; *Setzen*）到經驗世界中，自我才取得定在（Dasein），又同時維繫著對這種特殊性的反思。

經歷抽象法，發展進入「道德」的部分，黑格爾指出：

> 道德的觀點是這樣一種意志的觀點，這種意志不僅是自在地而且是自爲地無限地（前節）。意志的這種在自身中的反思和它的自爲地存在的同一性，相反於意志的自在存在和直接性以及意志在這一階段發展起來的各種規定性，而把人規定爲主體。（第一〇五節）【50】

這段話初看很難理解，但是如果順著黑格爾論述的理路，把握幾個關鍵概念，就可看出其重點意旨。簡要地說，導論處理的是「**意志哲學**」，道德處理的是「**主體哲學**」。意志哲學的重點，是由「自在」狀態出發，透過反思與決意，實現了自身的自由意志。但是經歷了抽象法權，取得外在化定在的自由意志，已經無法滿足僅由「自在」出發，而是投身於「自爲」（für sich, for itself）的無限性（*für sich unendlich*）。

「自在」（*an sich*, in itself）與「自爲」是兩個在黑格爾哲學中經常出現，卻不太容易了解的概念。此處我們可以先把「自在」理解爲，不涉及其他事物，純就自身而論的考察或存有。「自爲」則是捲入其他事物，透過關聯性而展開「實現」（actualize）的考察或存有。這組概念也與「無限性」

（*Unendlichkeit*, infinity）以及「有限性」（*Endlichkeit*, finity）密切相關。黑格爾認爲，如果無限性只是把有限性排除在外，彼此相互成爲他者，那麼無限性反而會被有限性所限制，而侷限爲壞的無限性。這是智性或理智（*Verstand*, understanding）透過設立界線所掌握的無限性。透過理性哲思所把握的眞實無限性，並不把有限性排除，而是將其包含進來成爲無限性的環節（*Moment*）。黑格爾認爲康德將現象與物自身（*Ding an sich*）二分所樹立的二元論形上學，就是一種壞的無限性。[51]

眞實無限性，則是一種終將返回原點，將對立、互斥的它者加以提升（*aufgehoben*）的「**成爲**」（*Werden*, becoming）過程。放在目前的文本脈絡裡，就是自由意志，經歷法權人格，而層升爲自由主體的動態結構。

黑格爾在第一〇六節的「附釋」裡，對這一動態結構有簡明的分析。他一開始就指出重點：「所以，第二個領域即道德是完全表述自由的概念的實在方面的」（此段話的後半，也許譯成「完全是在闡述自由概念的實在面向」更爲清楚）[52]。黑格爾的法哲學是探討自由（概念與理念）的哲學，此點無庸置疑。但是爲何作爲法權哲學第二部分之道德哲學，反而是處理自由概念的**實在**層面（*die reale Seite*; the real aspect）的呢？黑格爾在第一〇八節不是又說，「所以道德的觀點是關係的觀點、**應然**的觀點或要求的觀點」嗎？應然的，怎會同時是實在的呢？

關鍵就在於，黑格爾的道德哲學，是道德**主體**的哲學，而不是道德**規範**（要求）的哲學。黑格爾是在進行對「道德」此一（精神）對象領域的**哲學分析**，而**不是**對一些道德規範進行理論證立（justify）。如果用當代流行的說法，這比較像是一種「後設倫理學」（meta-ethics）的研究。但是因爲當代後設倫理學主要集中在對道德概念、命題等進行語言分析，因此又與黑格爾的道德形上學分析不同。

在黑格爾的分析下，自由概念必須透過主體，才取得實現或現實化（actualization）的管道，說的更清楚一點，就是透過主體的行爲（*Handlung*），因此主體哲學的要點，就在於它是「**行爲哲學**」。自由意志的辯證昇華，經歷了**外在**定在的**抽象**法權，意志開始反思探索自身，此刻**意識**（*Bewußtsein*）開始登場（第一〇八節），並繼而在主觀意志下，展開行爲之施行。我們唯有放在這個行爲哲學或行爲理論的角度，而不是道德規範的角度，才能掌握黑格爾道德哲學的要旨。

前面提到的「自爲無限地」（*für sich unendlich*），即是指意志轉變爲自由主體，其主體性透過行爲對世界的介入，所獲致之新自由開展的境域。此處黑格爾開始談「主觀意志」，在第一〇七節提到，「道德的觀點，從它的形態上看就是主觀意志的法」。就一般直覺的觀點，意志當然是主觀的，爲何還要強調**主觀**意志呢？

意志一開始就是自由的，但這僅是純粹反思的、缺少規定性（內容）的普遍性，也可說是純粹的形式性與抽象性（接近空洞性），此等意志缺少**型態**（*Gestalt*, shape），說的白話一點，此等意志就像是四處流竄、沒有主見的意念。抽象法權，只是藉由外在物，讓意念有了一些可投射的客體對象，其本身仍然是抽象空洞的「人格」（相當於民法的權利主體）。唯有到達「道德」這個層次，意念才開始嘗試穩固下來形成自身的型態。這個自身的型態，就是主觀意志，因爲意志開始依據法權，承認某些事物是**他自己的東西**（*etwas, insofern es das Seinige...ist*; something...as...its own）（第一〇七

節）。（或者用第一人稱，稱爲我自己的東西，das Meinige，第一一五節）[53]

這個轉折是非常重要的，因爲此處「他自己的東西」，並不是如財產權般是「**『他的』**東西」，而是透過自身的規定性與行爲，並依據法權，承認自身的主體性附著在特定的外在事物或過程當中。這些事物並不需要是主體的財產，事態發生的過程之因果關係，也服從於獨立於主體之外的因果法則。道德領域的法權，就是架接起從意念到意志，到行爲，乃至於到結果，這樣一組可以說明主體之責任的客觀觀念架構。對黑格爾來說，所有眞實的事物都是具體的，自由的概念，也必須找到其具體的形態，透過實在的層面，也就是行爲與世界的連結，才能繼續往概念的現實化，也就是自由的理念前進。

所以黑格爾對康德道德哲學的批判，也許重點並不在於康德的定言令式（categorical imperative）缺少**規範內容**，而是康德未能了解，主體唯有透過行爲介入世界，並且對行爲及其結果扛起責任，亦即透過**行爲的內容**（*Inhalt*），主體才眞正成爲道德主體。

如果用本文作者一開始的分析來說，黑格爾的**實踐主體**，突破了康德認知主體只有空間，沒有位置；只有時間，缺少歷史，的困境，而在**眞實的歷史社會某一當下**，**註記了**（register）**他的位置與歲月經歷**。道德實踐都是具體的、當下的、受到限制的，因此也是眞實的自由實現。

黑格爾的道德行爲論架構的不少要素，對了解刑法犯罪行爲論的法律人來說，都是相當熟悉的概念。道德行爲論，在一個一般性的意義下，與犯罪行爲論的基本要素是一致的，也可以說這就是一般行爲理論。所以黑格爾在第一〇八節的附釋中也指出，道德事物並非一開始就與不道德的東西相對立，因爲兩者都是成立在意志主觀性的基礎之上。

從第一〇九節開始，黑格爾展開對道德行爲論更精密的要素分析。依照道德這一篇的分章來看，包括第一章「故意與責任」；第二章「意圖與福利」；第三章「善和良心」，以及最後一部分第四章「從道德向倫理的過渡」。我們認爲，掌握了前述道德主體論與道德行爲論的要旨後，讀者已經比較容易進而了解後面這些章節的內容，因此以下將僅做較爲概略的說明。

第一個重要的要素，並非始自故意，而是第一〇九節以下開始闡述的「內容」（*Inhalt*）與「目的」（*Zweck*）。如果我們暫時跳開有點繁複的哲學語言，這一要素談的，就是主觀意志，也就是道德（行爲）主體，對於可能行爲的想像與規劃。在日常生活的許多情況下，我們往往只是習以爲常的地在進行一些舉止活動，例如打開電腦、收拾書桌等。但是當涉及其他人的意志時（第一一二節，也可以說是涉及其他人的權利利益時），舉止活動就成爲行爲，意志就必須意識到此一狀況，而展開從最初主觀的想像，發展到具體的規劃內容，以及行爲所欲達到的目的。這一過程，是一個**主觀與客觀層面逐漸合致**的過程（參考第一一二節）。

黑格爾將目的闡述爲行爲的必然要素，可能會引起刑法學內所謂「目的行爲論」的討論。此處無法討論此一議題，不過初步可以說，黑格爾所欲分析的層次，與犯罪行爲的目的行爲論，並不是同一個層次的問題，因爲後者要處理構成要件明確、該當、過失犯等純屬刑法學內部的問題，但是黑格爾此處闡述的，是道德主體如何透過行爲，而逐漸將主觀性客觀化，並因此在法權（但並非專屬刑法）意義上（也就是客觀精神）建構出責任、福利與良知等概念。

也正是依循此一發展，我們可以看到，黑格爾的道德概念，是依附於法權概念來發展的。道德並不提供法權證立基礎，反而內在於法權結構才得以開展。而此一開展的最初步驟，就是發展出「責任」（*Schuld*）的概念。

道德部分的第一章「故意與責任」，篇幅並不大，但卻是現代法學「客觀歸責論」（*die objektive Zurechnungslehre*）最早的經典分析文本。如果不讓細節的討論在此處過度蔓延，黑格爾主要指出了行爲者對他所欲介入世界所擁有的表象（觀念）（*Vorstellung*, idea）與現象界之間有落差（第一一七節），亦即行爲主體的主觀認識與客觀世界的發展有所落差。行爲主體一開始擁有自爲的無限性（一種無拘無束的自由意念），但是一旦設立起目的，他就轉化爲有限的意志（受目的拘束的意念），相對應的現象世界對之就呈顯爲偶然的（*zufällig*, contingent），亦即實際將會發生的狀況，就有可能與主體原本的設想不同。（第一一七節）

黑格爾此處對「自由」與「必然性」（因果）之間辯證結構的分析，與康德哲學帶出的自由與因果關係對立的二元論，有相當大的差異。在康德的哲學裡，自由的能力是人們得以認識因果關係的理論前提，如果人不是自由的，也無法認識客觀世界的因果規律。但是自由並無法獲得存有論證成，而是主體的一項任務。黑格爾則從行爲者——亦即實踐而非認識——的角度出發指出，行爲目的的設定，既開啓了實踐的自由（自爲無限性），但也因繼之而來之行爲設想，而自我受限於特定的（行動發展後果）視角，其他的現象對這個視角而言則成爲偶然性。（第一一七節）

說的直白一些，在康德哲學裡，是認識主體之自由與因果關係的對立。在黑格爾這邊，則是行爲主體之**實踐認識**與**偶然性**的角力。對黑格爾來說，偶然性才是問題，必然性不是。

所以黑格爾說：「移置於外部定在中、並按其外部的必然聯繫而向一切方面發展起來的行爲，有多種多樣的後果。」（第一一八節），「但是意志的法，在意志的行動中僅僅以意志在它的目的中所知道的這些假定以及包含在故意中的東西爲限，承認是它的行爲，而應對這一行爲負責。行動只有作爲意志的過錯才能歸責於我。這是認識的法。」（第一一七節）

自然科學的認識，是假設其他條件不變的前提下，抽象地成立特定的自然科學法則，因此在此等條件下具備可預測性。但是行爲主體在具體行爲環境中的認識，是「知道有許多無法知悉的因素也在作用」的條件下，具體實踐（付諸行爲）特定的行爲規劃，以追求特定目的之達成。黑格爾區分行動（*Tat*, deed）與行爲（*Handlung*, action），前者是一切舉止活動，後者則是以「目的」爲導向，以「故意」爲範圍，行動只有在意志的責任範圍內可被歸責。這個觀念非常類似於刑法學當中對故意的界定：明知並有意使其發生，也就是「知」與「欲」。黑格爾把這種歸責的法權稱之爲「認識的法」。（第一一七節）

行爲人是以行爲投身於外在複雜的世界中，並由之產生各種的後果（*Folgen*, consequences）。這些後果如果是以「行爲目的爲其靈魂的形態」，亦即這些出現的事態是在目的的範圍內，那麼就可以認定爲屬於該行爲，是該行爲的後果。但是一旦在外在世界啓動了變動，外在性就聽命於外界的力量，而將許多不屬於行爲的部分與之連結，導向遙遠生疏的後果。只有前一種後果包含在行爲者的故意之中，後一種則無，因此行爲者只對前一種後果負責。（第一一八節）

例如縱火者A意圖燒毀B的某棟房子H，即使A僅以火柴在H的某一點點火，但是燒毀H本就是A的目的，而如果依照正常物理性質該著火點確實會引發大火而焚毀H，那麼H的燒毀就是A縱火行爲的後果，可歸責於A。但是如果趕來救火的B在救火過程中受傷，B的受傷不在A的行爲目的之中，B也不一定會在火災過程中受傷，因此B的受傷不可歸責於A。[54]

在此處也就要往後銜接第二章「意圖和福利」以及第三章「善和良心」。單看兩章的標題，一開始可能不清楚到底要講什麼，但是這都是前述「道德行爲論」分析的延續。概略地說，意圖與良心屬於主觀層面，福利與善，則偏向於客觀層面。當然我們也應注意，黑格爾的分析一直都是主觀與客觀以及普遍與特殊的交織辯證。

延續前面的討論，我們可以依照不同觀點，將啓動外在世界變化的行爲，區分爲各種可能的小單位（也就是黑格爾說的單一性），例如拿出一盒火柴，從當中取出一支火柴，用這隻火柴去摩擦點火，等等。但是行爲的內容（規定性），並不是這些細瑣的小單位，而是相互聯繫的普遍內容。如果純就外在世界的自然因果過程，我們完全看不到任何行爲，唯有考察具備思維能力的行爲主體，我們才能賦予界定這些自然過程的行爲意義。行爲者之故意（點火）在普遍層面的指向（燒毀房舍），就是行爲的意圖（*Absicht*, intention）（第一一九及第一二〇節）。[55]

一個重要的轉折分析出現在第一二一節。黑格爾指出，行爲的普遍性質固然是以普遍性的簡單形式來界定（此處也可說是將其內容化約爲特定類型），例如縱火、殺人、傷害等。但是對每一個行爲主體來說，這些行爲都是透過其反思設立的目的，而與具體情況相結合的特殊內容，例如對房舍H的縱火或欲焚毀H。正是這種包含在具體行爲當中的特殊內容，構成了主體的主觀自由，主體也因此擁有了透過行爲來尋求**滿足**（*Befriedigung*, satisfaction）的權利（第一二一節），而「這種內容的滿足就構成無論是它一般的和特殊的規定上的福利或幸福」（第一二三節），「主觀自由的法，是劃分古代和近代的轉折點和中心點」（第一二四節附釋）。

首先要注意的是，此處的行爲分析重點在指出「自由行爲」的一般性結構，還沒有觸及法或非法、善與惡的層次，舉出的行爲類型之所以都是非法的、惡的類型，一方面是因爲黑格爾也是以這一類型爲例，更深層的意義在於，善與惡可以說同樣源自於自由的主體（請參考第一三九節）。

如同前述，黑格爾與康德理論的差異，主要並不在道德規範的內容是否形式、空洞，而在於在自由主體的**實踐行爲內容不可能是空洞的**，主體必須透過與客觀性或外在性的結合，才能實現（actualize）自由的理念。此處涉及兩位大哲學家最根本的哲學觀念與方法的差異。如果引用較爲肯定黑格爾的阿培爾（Apel）的說法：「黑格爾是第一個成功以他的『客觀精神』概念，揭示並描述了自然與（內在）道德之間領域獨特現象的哲學家，該領域之後成爲可由人文科學（human sciences）或詮釋社會學（interpretive sociology）加以研究之對象領域。」[56]

阿培爾也指出，在康德的哲學架構下，人們無法透過概念適當掌握理性與歷史的關係，因此在他的一些「小著作」（*kleine Schriften*）中，康德並沒有嚴格遵循他自己的二元論體系。[57]

順著這個理論來了解黑格爾的行爲哲學，可以看出黑格爾側重的，並非以「認識論」（epistemology）角度，來考察（自由）**認識主體**如何認知外在經驗現象，而是以「倫理學」（ethics）角度，來分析（自在且自爲）行爲主體如何投身介入到外在眞實世界，以有限的認識與無窮的偶然性博奕，才能展現出自由主體的尊嚴。而此處的倫理學，概念上指的當然不是現代的道德哲學，而是古典意義，指向「倫理生活」（*die Sittlichkeit*, the ethical life）內在本質的倫理學。而更因爲是在現代世界條件上來思考，必須以個體的自由權利爲基礎前提，因此黑格爾在抽象法與道德兩個環節之後，也將倫理生活或倫理整合在客觀精神的法權體制架構下來論述。

不過在正式進入第三大部分「倫理」之前，還有幾個概念有待說明。首先是「福利」（*Wohl*, welfare）（第一二三節）。這個概念是依循著前述「滿足」的概念所必然產生的對象標的，其意義非常類似在法學領域經常談到的「利益」（interest）。在第一二三節中黑格爾也提到，「凡是人對某事物作爲自己的東西感覺興趣（*sich interessieren*, interests them）或應感覺興趣，他就願意爲它進行活動」。所以福利就是行爲結果可以爲行爲人所帶來的好處或利益，也可說是足以滿足行爲人之興趣需求（即，作爲自己的東西）的標的對象。因此福利是特殊的、現下的，以及主觀的。

一般而言，是在功效主義、後果論，或享樂主義（Hedonism）的傳統下，才特別關注個體的福利問題。康德是享樂主義的批判者，認爲純粹的義務，而非福利、功效或任何的「善」，才是倫理學的眞正基礎。黑格爾則嘗試解析福利概念，以說明這兩大傳統的兩個基本範疇，善與義務，在他的哲學觀點下的關係。這就是第三章「善和良心」的主旨。

在第一二九節中，黑格爾提出了一種對「善」之理念非常原創而精采的界定。初看中譯可能一時還是不清楚其意義，其關鍵在於善的理念是「意志的概念」與「特殊意志的概念」的統一，亦即抽象形式主體與具體實質主體的統一，在這個統一中，抽象法權與福利，以及「知的主體性」與「外在定在的偶然性」，四個要素的獨立性被取消（揚棄），但是它們的本質仍包含並維持在善的理念內。

這四個要素並不是任意挑選出來做爲例示的，而是**必要的四個要素**。因爲從抽象法權開始，具有「知」能力的主體，在偶然性的環境內，透過行爲，由形式到實質，逐步獲致了「福利」的滿足。這樣的一個實現過程，被統合在善的理念當中，也因此黑格爾說「善就是被實現了的自由，世界的絕對最終目的」（*die realisierte Freiheit, der absolute Endzweck der Welt*）。這樣的善的概念，其實也是爲通往「倫理」奠基鋪路（參考第一四二節）。

善仍然必須以福利爲基礎，只不過在善的理念中，個別特殊的福利，必須層昇爲普遍的福利，這個層昇，必須以法權架構爲附著，「福利沒有法就不是善。同樣地，法沒有福利也不是善」（第一三〇節）。但是在主觀意志的這個階段——主觀意志是「道德」這一部分的關鍵——善仍舊僅是一種抽象理念，主觀意志尚未被接納於善，也未被設定爲符合善的東西。說的清楚一些，黑格爾認爲，如果停留在「個體行爲」層次，個別以抽象法權（所有權/契約）獲致滿足的福利，並無法眞正交織出善，善仍僅是抽象理念，而與個別個體持續處於分裂狀態。

也正是因爲善與特殊主體的持續分裂，「所以善最初被規定爲普遍抽象的本質性，即義務；正因爲這種普遍抽象的規定的緣故，所以就應當爲義務而盡義務。」（第一三三節）黑格爾認爲，只要還停留在個體行爲者主觀意志的視角，也就是「道德」的觀點，就只能關照到個別的福利。即使發展出普遍福利的觀念，而產生對善的理念之初步掌握，善仍舊只是缺少內容的「普遍抽象本質性」，也就是還不知道會如何具體實現，也仍有待於積極去實現的空泛想望。

有趣之點在於，原本善與義務分別是兩大競爭立場完善論（perfectionism）與義務論（deontology）的核心概念，黑格爾的哲學分析卻指出，正是因爲主觀意志與善相互分離，各自停留在特殊性與普遍抽象性，善對主觀意志發出的召喚，導致行爲者之意識「向不受制約的東西，即義務這一較高領域過渡」（第一三五節）。此處所謂不受制約的東西，就是無條件的事物（*das Unbedingte*, the unconditioned），也就是康德的「定言令式」（categorical imperative）。在這個過程中，也出現了道德的自我意識（*moralisches Selbstbewußtsein*）。

第一三五節可以說是黑格爾對康德道德形式主義批判（在法權哲學裡）最重要的一段陳述，但是要掌握其要旨，也必須從頭（至少從「道德」）開始一路走下來，才能看出重點不在於「無內容 vs. 有內容」，「形式主義 vs. 實質」，甚至不在於「道德 vs. 倫理」，而在於「主觀意志」與善的分裂，所產生的，相較於個別主觀意志層次較高，但仍虛懸在這個斷裂中主體的道德自我意識。也正是在這種自我意識中，產出了良心（*Gewissen*）。

良心並不是一般意義的道德良知，似乎是道德主體秉持著某種確定眞實的道德信念，以對抗外在世界的誘惑或壓迫。黑格爾分析的良知，是在善停留在抽象本質，因此特殊性的部分，只好落在主觀性（*Subjektivität*, 主體性），「這一主觀性當它達到了在自身中被反思著的普遍性時，就是它內部的絕對自我確信，是特殊性的設定者，規定者和決定者，也就是他的良心。」（第一三六節）

因爲善的抽象性，以及無條件義務的無內容性，反倒使得道德主觀自我意識取得了一種「自我確信」，亦即一種**自我授權**，授與自己判斷決定什麼是法權，什麼是義務的**絕對權利**（*die absolute Berechtigung*, the absolute title）（第一三七節附釋），而且自我意識認爲這是一種「認識」（*zu wissen*, to know），「除了它這樣地認識到善的以外，對其餘一切概不承認，同時它肯定，它這樣地認識和希求的東西，才眞正是權利和義務」（第一三七節附釋）。

對黑格爾來說，權利和義務的內涵，是「作爲意志規定的自在自爲的理性的東西」，本質上不是個人的特殊所有物，也無法以感受或感官感覺的形式來表達，因此自以爲神聖不可褻瀆的良心，反而是一種相當**危險**的心態狀態，因爲當良心取得做出**判斷的權力**（*die urteilende Macht*, the power to judge），它只會以自身爲根據來規定什麼是善；而這種純然意念想像的、應然性質的善，也只能依靠這種權力來獲取現實性。因此實質上，良心將會把權利、義務和定在等一切規定性都給蒸發了（*verflüchtigt*, evaporate）。（第一三八節）

一般自由派的見解，常認爲黑格爾基於國家主義的立場，所以主張「國家不能承認作爲主觀認識而具有它獨特形式的良心」（第一三七節附釋），但是如果更清楚掌握文本，可看出黑格爾所批判檢討的良心，是一種自以爲是的「**權力**」形式，在沒有進入倫理生活前，這種虛懸於抽象善與具體特殊福利之間的良心，反而是一種破壞法權與義務之客觀內容的威脅。

陸、倫理

一、黑格爾的「倫理」概念

㈠倫理與道德的區分：德國觀念論中的「倫理」概念

本書的第一四二節至第三六〇節，黑格爾處理他所稱「倫理」（Sittlichkeit）的相關議題。

在德國觀念論的發展當中，「倫理性」（Sittlichkeit）或「倫理的」（sittlich）的用語，原本大致上與「道德」（Moral）、「道德性」（Moralität）或「道德的」（moralisch）意義類似，並無明顯的區分，例如康德在《道德形上學基礎》、《道德形上學》等著作當中，就是以Sitten來指稱他要討論的道德規範，漢語學界也大致上以「道德」來翻譯康德幾個主要著作當中的Sitten一詞。

至於黑格爾，對於此處的倫理與道德這兩個用語，在其思想發展的初期，如同先前的學者，並沒有清楚的區分，但根據Habermas的研究，從法蘭克福時期的《基督教精神及其命運》（Der Geist des Christentums und sein Schicksal, 1798-1800）開始，黑格爾將這兩個用語，進行比較清楚的區分（Habermas 1988: 40）。另根據Wood的研究，此一用語上的區分，靈感可能是來自於「前室友」Friedrich Wilhelm Joseph Schelling（謝林）於一七九五至一七九六年的著作手稿〈自然法的新演繹〉（Neue Deduktion des Naturrechts）（Wood 2017a: 133）[58]。其後於耶拿時期，包括於《信仰與知識》（Glauben und Wissen）、《費希特與謝林哲學體系的差別》（Differenz des Fichteschen und Schellingschen Systems der Philosophie）的內容當中，尤其是透過〈自然法論文〉（Naturrechtsaufsatz,

1802/1803）的論述，將原本在康德及費希特實踐哲學當中，所區分的法律與道德（Recht/Moral）、或是合法性與道德性（Legalität/Moralität），透過一個更高層的概念「倫理」，來加以綜合（Schnädelbach 2000: 55）[59]；此一想法，也繼續延伸至《精神現象學》的相關章節（Siep 2008: 418-431）、乃至其後的《哲學全書》，並清楚地表現於本書先分別討論抽象法及道德之後，再對倫理進行討論的敘述架構。

㈡倫理是自由的理念：抽象法與道德的統一、或是自我意識及倫理存有的統一

本書第一四二節至第一五七節，黑格爾就倫理的概念，進行界定及討論。首先在進入「倫理」的正式討論之前，於本書第三十三節，黑格爾於體系安排上，將倫理界定爲抽象法及道德的統一，也就是說自由的實現或現實化，不是只需要外在的資源利用及其規範（抽象法當中所討論的所有權、契約等）、也不僅止於處理行動者的內在心理狀態及其規範（故意、意圖等），而於第一四一節的補充當中則進一步指出：「因爲〔抽象〕法欠缺主觀性的環節，而道德則僅具有主觀性的環節，所以法和道德本身都缺乏現實性」，而爲了使兩者均具備現實性（使其「實現」），黑格爾透過倫理此一範疇來達成。

此處值得注意的是，雖然在本書當中，倫理跟抽象法及道德是並列的三個範疇，但如學者所指出，倫理「才眞正對應黑格爾對客觀精神的定義」，抽象法及道德並非倫理的個別層面，而僅是倫理的「抽象」環節，而只有在倫理當中，抽象法及道德才能夠具體的、或是現實地存在（Kervégan

2018: 333）。

在第一四二節，黑格爾將倫理界定為「活的善」，也是「自由的理念」。之所以是「活的」（lebendig）善（可以理解為「具體的」善，與此相對，於第一四四節則將道德稱為「抽象的善」），是因為倫理規範或制度，唯有透過具體的主體根據該等規範或制度規劃行動，才能具備現實性（Kervégan 2018: 200）。而此處所指倫理是自由的理念，則是指自我意識及倫理存有（sittliches Sein）的統一（Hegel/Ilting 1973, Band 4: 395-396），亦即，透過倫理此一範疇，讓人們的意識（或意志），能在具體世界當中實現，這才是眞的自由，而不只是思維上或是概念上的自由。而之所以說是自由的理念，可參考黑格爾在邏輯學著作中對於「理念」的界定：「概念與客觀性的統一」，亦即倫理讓自由能夠在客觀世界中實現[60]，以及參考第一四四節所述「倫理就是成為現存世界和自我意識本性的那種自由的概念」，亦可參考《哲學全書》第三八五節中所指出，在客觀精神裡「自由作為現存的必然性」（die Freiheit als vorhandene Notwendigkeit）的說明（Hegel 1986f: 32）。

㈢倫理性實體（die sittliche Substanz）與個人

於第一四四節至第一四七節，黑格爾討論倫理與個人的關係。黑格爾首先在第一四四節指出，倫理有「固定的內容」，並且「超出主觀意見和偏好而存在」，並在同節「補充」中指出，倫理有客觀及主觀的環節；其後則在第一四六節中指出，從客觀的環節來看，倫理所體現的法律（Gesetze）和權力（Gewalten）是與個人的意識或看法分離的，具有最高的獨立性（Selbständigkeit），也就是具有「實體性」（Substantialität，第一四五節「補充」），並在第一四四節「補充」中，引述希臘悲劇Antigone當中的說法：「誰也不知道法律是從什麼地方來的；法律是永恆的」[61]。

而因爲倫理固然是客觀上存在的，但也必需包含具體的個人或個別成員，因此在本書第一四六節指出，此一主體面向的內容，就是成員對於此一倫理實體的「現實的自我意識」（wirkliches Selbstbewußtsein），且倫理性的法律或權威，相較於自然物體如日、月、山、河等，由於具有主體的加入形成發展、所以反而具有更高的權威性，或是具有「倫理力量」（die sittlichen Mächte）（第一四五節，亦請參見Hegel/Ilting 1973, Band 3: 484）。個別的人在這樣的理論下，與作爲倫理的關係只是一種「偶性的東西（ein Akzidentelles，或可譯爲偶然事物）與它發生關係」[62]，「個人存在與否，對客觀倫理來說是無所謂的，唯有客觀倫理才是永恆的，並且是調整個人生活的力量」（第一四五節「補充」）；此亦可參考第一五六節「補充」當中所述：「精神具有現實性，現實性的偶性是個人」、「考察倫理時永遠只有兩種可能，或者從實體性出發，或者原子式地進行探討。……後一種觀點是沒有精神的（geistlos），因爲它只能做到集合並列（Zusammensetzung），但是精神不是單一的東西，而是單一物和普遍物的統一」。[63]

㈣黑格爾的義務論（Pflichtlehre）與德行論（Tugentlehre）

雖然前面已經提到，黑格爾從青年時期，就持續批判以康德實踐哲學爲主要代表的倫理學義務論，不過這並不代表黑格爾輕忽「義務」在實踐哲學當中的地位。於第一四八節至第一五〇節，黑格爾討論他自己的（而不是康德的）【64】「倫理學義務論」（ethische Pflichtlehre）。此處的倫理學義務論，指的是基於具體的人與人之間的關係、制度，所產生的義務，或是第一五〇節所述「按其所處的地位的義務」（die Pflichten der Verhältnisse, denen es angehört，或可譯爲按其處的關係的義務）。亦即，原本被認爲是具有拘束人類行動的義務，在這種義務觀點之下，反而是一種「解放」，因爲義務所限制的並不是自由，限制的「只是自由的抽象，即不自由（Unfreiheit）」，人在這種義務當中，擺脫了「對赤裸裸的自然衝動的依附狀態」，而「在義務中，個人得到解放而達到了實體性的自由」（第一百四十九節）。

在這種經由倫理產生義務的觀點下，所反映出的個人性格，黑格爾稱之爲「德」（Tugend，或可譯爲德行），而個人將此做爲其義務，黑格爾稱之爲「正直」（Rechtschaffenheit）。不過黑格爾並不全然正面地看待這種「德」或「正直」在當代社會中的地位，而會將這種看法，與古代神話中的英雄（例如Hercules）相聯結，因黑格爾在本書中，已指出古代生活與現代生活的諸多區別，因此黑格爾此處雖有提出他的德行論，但這個觀點，仍非黑格爾對於當代倫理生活的理想（Wood 1990: 225）。

(五)風尚（風俗Sitte）、習慣（Gewohnheit）作爲「第二自然」（zweite Natur）

在一般的想法當中，人類社會的制度或規範，是基於人與人之間互動的產物，這些東西會隨著人的想法或是外在環境的改變，而有所變化；但是自然現象或是自然規律，則基本上是不會改變的，也因此會在哲學史的討論中，有所謂「自由與自然」、或「自由與必然性」的區分，而似乎較多人會比較傾向認爲，自由的領域（人的思考、行動或互動），與自然或必然性的領域，有著嚴格的區分，兩者彼此無涉。

而作爲自然哲學傑出研究者的黑格爾，在討論精神哲學或討論法哲學時，當然也有意識到這個議題。在第一五一節提到「倫理性的東西就表現爲這些個人的普遍行爲方式，即表現爲風尚[65]，對倫理事物的習慣（Gewohnheit），成爲取代最初純粹自然意志的第二天性[66]」並在同節的「補充」中指出「風尚是屬於自由精神方面的規律，正如自然界有自己的規律」。也就是說，透過這個源自於亞里斯多德的「第二自然」概念（Schnädelbach 2000: 179），讓我們得以將風俗、習慣這種社會規範或體制，一方面可以視其爲如同自然的外在對象予以考察；另一方面，這類事物具有與自然現象類似的特徵，即無法透過個人的力量改變，而且會一開始就對於個人產生影響，不是說一個人可以自由地決定，是否受其規範或受其影響。[67]

㈥倫理不是單純對人施加義務，也不是集體主義，而是透過與他人相遇、共存而實現（Verwirklichung）自由

在第一五二節至第一五七節，黑格爾初步總結他對於倫理此一概念的討論。延續前面的討論，第一五二節中，黑格爾指出原先個別的人所具有的意志及良心，在倫理的領域當中就「消失」。之所以消失，並不是因爲人在倫理領域當中就沒有意志或「沒良心」，而是因爲在倫理當中，個人的尊嚴或

目的，都已經建立在倫理這種具有普遍性的事物，人（主體）和實體（倫理）的嚴格區別也消失，所以意志及良心這種基於單純個人或主體性思考，所產生的概念，也就在倫理此一領域當中消失，或是說融合進倫理當中。此一觀點，亦可參考第一五三節所述，個人的自由權利「只有在個人屬於倫理性的現實時，才能得到實現」，以及該節「附釋」當中「個人只有成爲良好國家的公民，才能獲得自己的權利」的說明。

而關於義務的議題，第一五五節指出，由於在倫理當中「普遍意志跟特殊意志這種同一」，「義務和權利也就合而爲一」，亦即「享有多少權利，也就負多少義務」；而相對於此，在抽象法的領域，則是「我有權利，別人有相應的義務」；在道德領域，則是我對於自己的知識、意志、福利有權利，但並未有與其一致的義務，因而黑格爾認爲應該（soll）有這樣的義務。

根據前面簡略的敘述，我們對於黑格爾所述「倫理」此一概念，可以得出幾個初步結論。首先，倫理此一概念，並非在於提出一種集體高於個體、個體應無條件服從集體的集體主義，而是清楚地了解個體無法獨自實現其意志、或實現其自由，需要成爲群體當中的成員才能夠實現（此一面向，在黑格爾討論市民社會時，可以更清楚了解），因此是一種基於個體要實現其自由，所產生的群體組織或群體規範。用Honneth的說法就是，自由只會在彼此承認的主體相遇（sich begegnen）的情況下出現，而此一相遇，是以彼此都會將各自的行動實施，視爲實現他人行動目標，作爲前提或條件（Honneth 2013: 222）[68]。此外，倫理此一概念，並非單純要求個體應盡其義務，而是如同當前民主法治國家的法律，一方面要求保障、實現個人權利，但另一方面也要求作爲社群成員，也負擔相應的義務。

在這樣的觀點之下，黑格爾進一步在其後的本書內容中，論述三個倫理當中的領域：家庭、市民社會及國家，並說明個別的領域當中，如何能眞實地（而非抽象地）實現自由。

二、家庭

(一)家庭的概念：自然倫理與愛

在第一五八至一八一節，黑格爾討論「家庭」。首先他將家庭界定爲「精神的直接實體性」（第一五八節），此處可以參照在第一五七節的界定，也就是家庭是未透過其他的中介（unmittelbar直接）的精神、或是「自然倫理」（natürlich sittlich）的精神（Vieweg 2012: 251）。亦即，家庭固然表面上是一種人類活動或是人造的規範或制度，但這個領域會直接處理人作爲一種「自然」界的生物，需要與其他人共同進行的、與生物本能相關的行動（生育、照料後代等）；而之所以說是「直接」的，是因爲相較於其他兩個倫理的領域（市民社會、國家），家庭其實有相當大程度的「自然性」[69]，也就是家庭此種「倫理」，具備了更多同時立於「自然」與「倫理」之間的特徵[70]。而此處的「實體性」，可參考前述關於「倫理性實體」的討論，此處不重複。

黑格爾進一步指出，對於家庭此一制度或規範，是以「愛」（Liebe）來加以定義（「規定」）[71]，也就是「精神對自身統一的感覺」，也就是一個人意識到與另一個他人的統一，[72]因此在家庭中，個人就不再只是一個單純的個人，而是成員（Mitglied）。而第一五九節處理的是家庭中的「權利」議題，指出在家庭解體，成員成爲獨立個體時，成員間的關係才會以權利的形式出現。

㈡婚姻：婚姻的性質、以及黑格爾的生理性別觀

在第一六一節至第一六九節，黑格爾討論家庭的第一個環節「婚姻」（Ehe）的相關議題。首先，在第一六一節補充、以及第一六八節附釋當中指出，婚姻的性質，既非民事契約（bürgerlicher Kontrakt）[73]、亦非單純的自然衝動或是性關係（Geschlechtsverhältnis）、也非僅只於基於「愛」這種具有偶然性的東西，而是同時包含這幾種因素或目的的制度。因此，黑格爾對婚姻所下的精確定義是：「婚姻是具有法的意義的倫理性的愛」（die rechtlich sittliche Liebe），亦即婚姻基於愛而產生，且具有穩定性、具有制度及規範上的意義。

其次，婚姻「本質上是一夫一妻制（Monogamie）」，因爲這是人格間「全心全意的相互委身」（gegenseitige ungeteilte Hingebung，彼此完全的忠誠），因此具有「直接排他的單一性」（第一六七節）；而且婚姻和「蓄妾」（Konkubinat）不同，蓄妾只是滿足自然衝動（Befriedigung des Naturtriebes），而婚姻則是神聖且原則上不能離異的，但因婚姻也包含「感覺」的環節，並不穩定，所以在制度上可以准許離婚，但「盡量使這一離異的可能性難以實現」（第一六三節「補充」，並請參考第一七六節「補充」當中的相關討論）。

此外，對於黑格爾而言，婚姻固然是出於個人的主體性（主觀性），所以似乎應該以自由戀愛爲婚姻的基礎，但是黑格爾對於自由戀愛或是受父母安排的婚姻，何者較爲優越，態度反而十分「保

守」。在第一六三節中，黑格爾基於倫理此一概念的規範性及必然性，認爲人們有「締結婚姻的客觀使命和倫理上的義務」（die objektive Bestimmung, somit die sittliche Pflicht, ist, in den Stand der Ehe zu treten，此一看法在今日來看會令人感到訝異），而關於如何達成此一使命或義務，通常會有的兩種做法，一種是「先依父母安排，再產生彼此的愛慕（Neigung）」，另一種則是「先出現愛慕，再締結婚姻」，而因爲第一種方式「在實際結婚中，（婚姻的）決斷和愛慕這兩方面就合而爲一」，因此此種方式「更合乎倫理的道路」（此一看法在今日來看也會令人感到訝異）。

在此處的討論中，黑格爾有許多敘述（主要在第一六六及第一六七節），或許是受到其所處時代實際狀況的限制[74]，有許多基於生理性別的劃分所產生的一些男女有別（不只有「別」，而往往是有明顯的優劣之分）的觀點，例如黑格爾於第一百六十五節稱之爲「兩性的自然規定」（die *natürliche* Bestimmtheit der beiden Geschlechter）的一些敘述，以今日的眼光來看，實在是令人難以認同或理解，例如「女子則在家庭中獲得她的實體性的規定，她的倫理性的情緒就在於守家禮（Pietät）」、婦女「天生不配（sind sie nicht gemacht）研究較高深的科學、哲學和從事某些藝術創作」、「植物則近乎女子的性格，因爲她們的舒展比較安靜，且其舒展是以模糊的感覺上的一致爲原則的」，甚至是「如果婦女領導政府，國家將陷於危殆，因爲她們不是按普遍物的要求而是按偶然的偏好和意見行事的」等等。這些看法，在現在看來顯然與事實完全不符，禁不起任何最基本的檢驗，而這也是我們在閱讀本書時所需要留意的地方。

(三)家庭財富：財富的來源與歸屬

在第一七〇到第一七二節，黑格爾討論家庭的第二個環節「家庭財富」（das Vermögen der Familie，家庭財產）。之所以要討論這個主題，是因爲黑格爾理解人需要財產或所有物，才能夠眞正成爲一個人（第一六九節），而家庭作爲一個群體（「倫理性的東西」ein Sittliches，參見第一七〇節），自然也需要自身的財產，而且透過此種屬於群體的財產，才能將自私轉化爲對共同體的關心。而或許是受到所處時代現實狀況的限制，黑格爾在第一七一節中，將生理男性定位爲謀生、管理家庭財富的主要角色，也因此會認爲「家庭的任何一個成員都沒有特殊所有物（besonderes Eigentum；個別的所有物），而只有成員對於共有物享有權利（sein Recht an das Gemeinsame hat）。」

在第一七二節除了討論通過婚姻組成新的家庭此一概念，認爲這個新家庭成爲一個「自爲的獨立體」，而非一任何一方原生家庭的一部分，此種當代核心家庭的概念，成爲本書討論「家庭」的內容中一個引人矚目的部分，也就是對於黑格爾而言，家庭是指當代以「倫理性的愛」（sittliche Liebe）爲基礎的資產階級（市民）的小家庭（bürgerliche Kleinfamilie）[75]，而非較大範圍、主要以「自然血統」（natürliche Blutsverwandtschaft）的親族爲討論的對象（第一七二節）。

(四)父母子女關係、家庭解體與繼承法

在本書第一七三至一八一節討論「家庭」的第三個環節「子女教育和家庭解體」。關於子女教育，或是父母與子女的關係，認爲子女是父母的愛所展現出的「實存」（Existenz）和「對象」

（Gegenstand），亦即原本父母之間的愛只是感覺，但在子女身上才「見到他們結合的整體」（第一七三節）。而相較於以往羅馬法中對於子女是父母的奴隸或財產的觀點（第一七五節「附釋」、第一八〇節「附釋」及「補充」），黑格爾並在第一七四節及一七五節當中指出，子女是「**自在地**自由的」（an sich Freie：本身、本來就是自由的）、「不是物體（Sachen），既不屬於別人，有不屬於父母」，因此子女有「權利」「被扶養和受教育」，且「其費用由家庭財產來負擔」，而父母對子女的要求「僅以一般性的照顧家庭爲基礎，並以此爲限」（als Dienste gründet und beschränkt sich auf das Gemeinsame der Familiensorge überhaupt）。

而關於家庭的「解體」（Auflösung），指的包括：⑴子女的成年，「具有法律人格」（als rechtliche Personen），能擁有財產並能另組家庭（第一七七節）；⑵「父母特別是父親的死亡所引起的自然解體」（第一七八節）。就父母死亡而引發的繼承法以及遺囑內容（包括當代法律的「遺贈」）等議題，黑格爾認爲，家庭解體後的財產成爲無主物（herrenloses Gut），而通常由近親作爲「先佔有者」取得所有權（第一七八節「附釋」），而遺囑雖然可反映死亡者的意志，但黑格爾反對讓死亡者可以任意（Willkür）訂立遺囑內容處理財產（第一八〇節及該節「附釋」），因爲此一方式無非是在破壞家庭本身所具有的倫理，「引起卑鄙的鑽營和同樣卑鄙的順從」（第一七九節「附釋」），或是讓家庭成員以外之人取得財產。黑格爾基於在本書中作爲主導理念之一的人的平等（在此指的是家庭成員間的平等），指出「倫理的型態將由於財產自由及平等繼承權而得到維持」（durch die Freiheit des Vermögens und die Gleichheit des Erbrechts wird ebensowohl die sittliche Gestaltung erhalten），否則家庭就無法維持（第一八〇節「附釋」）。

(五)黑格爾的家庭與生理性別觀：當代的意義

黑格爾在本書當中所表達的家庭、性別、以及當前被認爲屬於「親屬法」及「繼承法」的相關論述，除了明顯過時的生理性別分工、以及婚姻締結的一些概念外，大致上就是一個當代法律最主流的異性戀資產階級核心家庭觀念。而黑格爾的這種家庭觀或是性別觀，對於今日我們對於的家庭制度的討論，有什麼樣的（正面）意義？

黑格爾的家庭理論，是以生理上的一夫一妻的異性戀爲討論對象[76]，這一點從本書的文本內容來看應無疑問。不過也有學者透過對於黑格爾的一些其他的文本（主要是邏輯學）的內容，認爲如果依照黑格爾整體的思想，無需將家庭限制於生理男性與生理女性的結合，而子女的撫養方式也不必然是要透過生理男性與生理女性所組成的家庭，才能達成此一任務（Nicolacopoulos & Vassilacopoulos 2011: 177-194）[77]；而近來亦陸續有文獻透過例如黑格爾的承認（Anerkennung）概念（而非僅止於他的「自由」概念），認爲黑格爾的理論，對於同性婚姻上的相關討論，可以有正面的貢獻及支持，雖然黑格爾本身對於同性婚姻，可能抱持負面的態度（Kain 2015: 232-235; 239）。

另外值得一提的是，黑格爾本人在一八一七／一八海德堡大學的授課內容當中，明確指出「養育子女不會是婚姻在本質上、唯一的目的（daß die Kinderzeugung nicht wesentlicher, alleiniger Zweck der Ehe sein kann）」（Hegel/Ilting 1983: 101; Knowles 2002: 251）。因此如果再參考黑格爾在本書當中，將愛（而非生養子女、維持宗族財產、滿足生理慾望等等）做爲家庭的基礎此一論點，我們應該可以說，有關黑格爾對於家庭或婚姻的看法，如果眞的要仔細探究，也許並不見得只能單純透過本書的字面解讀，就得以理解全貌。一個較爲合理的做法可能是，一方面當然要對於本書當中明顯與事實不符的生理性別相關論述，要保持警覺及批判的態度，但另一方面，也不需要因爲有那些論述，就完全拒斥黑格爾的思想，而可以參考例如Simone de Beauvoir或是Luce Irigaray等不同理論取向的重要女性主義學者，透過對於黑格爾理論的梳理，在相關議題上發揮重大而正面的作用[78]。

三、市民社會

本書第一八二到二五六節，討論「市民社會」（die bürgerliche Gesellschaft）。黑格爾指的是透過當前我們所說，透過市場經濟，來滿足成員們不同需求，所需具備的制度或規範。

(一)市民社會的概念、黑格爾經濟學思想的來源、及「特殊性的領域」

依學者的研究，黑格爾是在（政治、法律）思想史當中，首次將「市民社會」此一私人間自主進行經濟生活的概念或領域，獨立出以往的國家概念，來進行系統性討論的學者（Schnädelbach 2000: 263），而「市民社會」此一用語，首次出現在黑格爾著作當中的時間，則是在海德堡時期一八一七年至一八一八年的「自然法與國家科學」課程當中（Kervégan 2018: 144-145; Hegel/Ilting 1983: 108; Jaeschke 2016: 355）。

此一概念主要的思想來源，根據研究，主要爲英國學者以及一部分法國學者的著作，此可參考如馬克思於《政治經濟學批判》當中所述，黑格爾將此一物質生活關係（materielle Lebensverhältnisse）的總和，「依照十八世紀英國及法國人的先例，概括在『市民社會』此一名稱下」、「對於市民社會的剖析，則是在政治經濟學（politische Ökonomie）當中尋求」（Riedel 1962: 135），此處亦可參考Lukács在《青年黑格爾》一書當中，指出黑格爾是「唯一認眞研究英國工業革命的德國思想家」（Riedel 1969: 78）；不過就此議題，Beiser（2005: 243）則指出，當時德語世界自一七九〇年代起，已有許多對於相關議題的討論，黑格爾只能算是其中較有代表性的一位學者。

不過，將「市民社會」此一領域獨立出以往通稱的「國家」範圍的相關想法，或是將當前所稱的經濟學或經濟領域，納入整體政治或法律體制的思考，並非在本書當中才出現。黑格爾在一八〇二年〈自然法論文〉當中，就已經明確指出「政治經濟學」（politische Ökonomie）這個學科領域（Habermas 1984: 50-51; Horstmann 1997: 191-192），並描述如下：「依照身體需求、勞動及積累的普遍相互依賴體系」（das System der allgemeinen gegenseitigen Abhängigkeit in Ansehung der physischen Bedürfnisse und der Arbeit und Anhäufung für dieselben）（Hegel 1986a: 482）；而黑格爾自青年時期，就已開始接觸此等領域（主要是蘇格蘭啓蒙運動）相關學者（包括David Hume、James Steuart、Adam Smith、Adam Ferguson等人）的著作（Dickey 1987: 192-199; Riedel 1962: 152; Waszek 1988: 101-118），而這批學者，同時也與近代經濟學的理論發展及相關的道德哲學思想（如功效主義）或社會哲學有密切的關係，因此透過對於這批文獻的閱讀，黑格爾也因此對於以Adam Smith爲代表的當代經濟學的一些基本想法，相較於同時代大多數的德語世界學者，有著更爲深刻的理解。[79]

此處另一個需要處理的議題，是此處的「市民」概念。本書所採用的「市民」（Bürger）或「市民的」（bürgerlich）的用語，雖然原本確實有包含城市居民（Stadtbürger）的意義（Kervégan 2018: 121-122），但根據黑格爾在本書第一九〇節「附釋」的清楚說明：「在法中的對象是人（Person），從道德的觀點說是主體，在家庭中是家庭成員，在一般市民社會中是市民Bürger〔即bourgeois（有產者）〕」，亦即此處的Bürger指的是bourgeois，而相對的概念則是citoyens（公民）（Hegel/Ilting 1983: 108, 317）。藉著此一用語的釐清，應可對於我們在翻譯或理解黑格爾此一概念、或是對於「市民社會」的理解上，有相當程度的幫助。[80]

根據黑格爾透過對於（英語世界爲主的）政治經濟學思想及文獻的梳理，在其本身思考脈絡下，「市民」當中「市」的主要意義，已如前述，並非如同當前漢語的日常用法當中，較常被使用作爲（作爲鄉村的相對概念的）「城市」的「市」，而是「（自由經濟）市場」的「市」。[81]亦即，本書當中所討論的市民社會，是關於成員之間經濟關係（Emundts & Horstmann 2002: 102; Wood 2017b: 61）的討論，因此會比當前我們所當前一般所稱的「社會」，所指涉的範圍要小，也因此並不適合直接引述黑格爾的市民社會理論，來討論當前相關學科當中，例如關於「國家與社會的關係」之類的主題，而比較適合拿來討論例如「國家與市場的關係」或類似的主體（參見本書第二五八節「附釋」）。

而另一個有關的議題，就是黑格爾的「市民社會」概念，與當前英語世界所討論的civil society、或是漢語「公民社會」此一概念之間的關係。如同前述，黑格爾的市民社會討論的主要是經濟或市場，但當前英語世界的civil society、或是漢語世界當中的「公民社會」，基本上討論的範圍已經不僅止於經濟生活，而反而會將主要的探討範圍，放在政治領域或是公民參與公共事務等議題。因此，當前在英語世界中主要討論的civil society，大致上應可以視討論的主題或脈絡，譯爲市民社會或公民社會，而與黑格爾在本書當中的市民社會，有所差異。就此議題，亦可參考Habermas的精要說明：「但是『公民社會』（Zivilgesellschaft）這個表述連結著一個與自由放任傳統（liberale Tradition）下的『市民社會』（bürgerliche Gesellschaft）不同的涵義，黑格爾把後者視爲『需求的體系』，也就是社會勞動和商品交換的市場經濟體系。而今日稱之爲公民社會的，不再是馬克思和馬克思主義那裡包含了根據私法所建構（privatrechtlich konstituiert），並通過勞動市場、資本市場和商品市場所調控的經濟。更明確的說法是，構成公民社會制度性核心的，是一些非國家的、非經濟的自願性聯繫和結社，它們使公共領域的溝通結構繫於生活世界的社會構成要素之中」（Habermas 1998: 443）。

除了前述的幾個基本議題外，黑格爾在本書第一八一節、該節「補充」以及第一八二節當中，將市民社會定義爲「特殊性（Besonderheit）的領域」。之所以說是「特殊性」，是指「每個人都以自身爲目的」、「但是，如果他不同別人發生關係，他就不能達到他的全部目的」、「但是特殊目的同他人的關係就取得了普遍的形式，並且在滿足他人福利的同時，滿足自己」（第一八二節「補充」）；並且在第一八三節更明確指出透過「利己的目的」（der selbstsüchtige Zweck）所達到的相互依賴，個人的「生活、福利和權利」都與眾人的交織在一起，因此個別成員固然保有自身的特殊性，但也爲了滿足自身的需求，必須與他人發生關係，也因此有了普遍性的形式。

黑格爾並稱這種基於自利所產生的制度，可以看成「外部的國家」（der äußere Staat），也就是「需要和理智的國家」（Not-und Verstandesstaat），此處所稱的「需要」及「理智」，黑格爾採取的應是席勒（Friedrich Schiller）於《美育書簡》（Über die ästhetische Erziehung des Menschen）第三封信當中的用語，指的是在市民社會當中，透過理智（Verstand）、也就是理性地（rational）計算來規劃行動，並且以此滿足生活當中所需求，或是取得所需要的、必要的（notwendig）手段或工具，來滿足需求（Hegel/Ilting 1983: 317）[82]。

其後，黑格爾在第一八四節「補充」當中，透過納稅的例子，即納稅雖然就個人來說損害了特殊性，亦即與個人是敵對的，但沒有稅捐收入的國家，即使個人的特殊性增加，也不會因而顯得優越，甚至最終對個人有害，來說明這種既保有個人的特殊性，但又同時具有普遍性的具體情況。

根據黑格爾此等段論落的論述，我們可以明顯發現，他應是有受到當代經濟學分工理論、以及透過理性自利人（出於某種「自私」）的彼此互動，達成整體利益理論的影響[83]，形成他對於市民社會的看法。而相關的論述，也可以讓我們更能理解黑格爾發展「倫理」此一概念，確實有具體的意義，而並非是抽象、與現實無關（甚或與現實背離）的單純概念建構。

於第一八八節，黑格爾指出，市民社會可分成三個環節：「需要的體系」、「司法」以及「警察和同業公會」。

㈡需要（需求）的體系：勞動與分工、黑格爾的經濟學

在第一八九節至第二〇八節，黑格爾討論市民社會的第一個環節：需要的體系（das System der Bedürfnisse，或可譯為「需求的體系」），並將此一環節，分成三個部分敘述：需要及其滿足的方式（第一九〇節至第一九五節）、勞動的方式（第一九六節至第一九八節）、以及財富（第一九九節至第二〇八節）。

在第一八九節當中，黑格爾指出，個人的個別需求，可以透過兩種方式滿足（「達到它的客觀性」），一個透過外在物、另一個則是透過活動和勞動。也就是說，人如果要滿足自己的需要，可以透過自己勞動來獲得，或者是透過（他人的、外在於自己的）物來獲得，或者根據第一八八節的說法：「通過個人的勞動以及通過其他一切人的勞動與需要的滿足，使需要得到中介，個人得到滿足」。而在第一八九節的附釋當中，黑格爾則直接針對「政治經濟學」（此處黑格爾的用語是Staatsökonomie，直譯為國家經濟學，與前面討論過的〈自然法論文〉當中的用語不同）進行討論[84]，認為此一學科「從上述需要和勞動的觀點出發」，並「按照群眾關係和群眾運動（Verhältnis und die Bewegung der Massen）的質與量的規定性以及它們的複雜性（Verwicklung，或譯為「糾葛」或「彼此關聯」）來闡明這些關係和運動的一門科學」，此處指的是當代經濟學當中，對於多數人（「群眾」）的行動方式（「運動的質與量的規定性」）以及行動者之間彼此互動關係，所進行的研究。而在此處，黑格爾也提出了三位他認為具有代表性的學者：Adam Smith、Jean Baptiste Say以及David Ricardo，這三位學者，即使在目前的經濟學主流教科書當中，都仍然是會出現的人物，如此也可看

出黑格爾此處所關心的主題範圍，與青年時期以蘇格蘭啓蒙運動哲學爲主的範圍，可能已稍有不同，此處更接近當前所稱的經濟學範圍，而這也跟當時「政治經濟學」此一學門的主要關懷一致[85]。

另外，黑格爾在本書中明確讚許此一學科領域：「這門科學使思想感到榮幸」（eine Wissenschaft, die dem Gedanken Ehre macht），因爲對於吃、喝、穿等人類普遍需求，本來大多數人可能會認爲完全繫於偶然的情況，但此一學科將「表面上分散的和渾沌的局面」當中的「必然性」或「普遍規定」，作爲研究對象，也就是在這些「無數個別事實中」，「找出事物簡單的原理」（第一八九節「附釋」與「補充」）。

而關於「需求的體系」的第一個環節「需要及其滿足的方式」，黑格爾首先指出，人與動物不同，動物滿足需要的方式是有限的，但人的需要以及滿足需要的方式是具有「殊多性」（Vervielfältigung，或可譯爲「多樣化」），而且具有不同的面向，也因此最終需要滿足的不是（純粹的物質或生存）「需要」、而是「意見」（Meinung），判斷的標準變成「趣味和用途」（Geschmack und Nützlichkeit；或譯「品味和效用」）。黑格爾並藉此指出，需要或需求，既然已不是單純生存上、物質上的需要，從而可能是抽象的，甚至會變成「某種完全無窮無盡和無限度前進的東西」，並指出「需要並不是直接從有需要的人那裡產生出來的，它倒是那些企圖從中或的利潤的人所製造出來的」（第一九一節「附釋」），此一看法，也應可與當前對於消費社會、商品拜物教或是行銷學的相關討論，有所連結。

而關於「需要的體系」的第二個環節「勞動的方式」，黑格爾在第一九六節延續前面的討論，指出既然需求是「特異化的」（partikularisiert，或譯「特殊化的」），勞動或是滿足需求的手段自然也就會跟著特殊化，讓加工產生的物資能合乎不同的目的。在此情況下，透過教育可以是讓人具有從事現代勞動的技能（第一九七節），不過在第一九八節，黑格爾如同他在耶拿時期就已提出的想法，指出分工細緻化，讓人們彼此的互相依賴更爲緊密，但也使勞動越來越機械化，「最後人就可以走開，而讓機器來代替他」。

而關於「需要的體系」的第三個環節「財富」，其中最主要鋪陳的是黑格爾關於「等級」（Stand）的相關討論。而此處需要先釐清的是，此處的等級與當前一般在馬克思主義的脈絡下，所討論的「階級」有所不同。此處的等級，指的基本上是個別人所屬的職業屬性或勞動分工（Arbeitsteilung）所做的區分[86]，雖然職業類別確實跟從業者的資產有關，但本書關於等級的討論，並不是以資產的種類或數量，來做爲最主要的區別因素；另外，雖然本書譯本將其翻譯爲「等級」，但也並不蘊含收入或生產效率高低的差異。而黑格爾認爲，屬於某個等級（職業屬性或職業團體），主要來自於資本及技能的差異，並因而使財富的分配產生不平等，甚至市民社會內的彼此競爭，會加大這個差異（「保持自然狀態的殘餘」，第二〇〇節「附釋」），因此市民社會內部會產生不同的職業團體，「個別的人則分別屬於這些體系」而「形成等級的差別」（zu einem Unterschiede der Stände ausbildet），並指出「國家的第一個基礎是家庭，那麼第二個基礎就是等級」（第二〇一節及「附釋」），[87]而此處黑格爾之所以引入關於等級的討論，是將當時（英語世界的）政治經濟學當中，對於勞動分工的概念，與黑格爾青年時期所推崇的希臘城邦概念（在此主要爲柏拉圖的理論，參見蕭高彥 2020: 463-469），所加以綜合產生的討論（Caboret 1999: 58-59）。

黑格爾在本書中，將等級分爲三類（第二〇一節至第二〇七節）：「實體性的或直接的等級」、「反思的或形式的等級」以及「普遍的等級」。「實體性的或直接的等級」指的是農業從業者，「以它所耕種土地的自然產物爲它的財富」，而且土地可以「成爲它的專屬私有物」；而「反思的或形式的等級」指的是產業等級（der Stand des Gewerbes），是以對自然產物的加工製造爲其職業，此一等級的成員包含「手工業等級」、「工業等級」以及「商業等級」；而值得一提的是，黑格爾認爲產業等及的成員「都依靠自己」，所以會有「自尊感」（Selbstgefühl，直譯爲「自我感覺」），而這種感覺「跟建立法治狀態此一要求」有著緊密的聯繫（第二〇四節）。至於普遍等級，指的是以社會狀態的普遍利益爲其職業[88]，黑格爾認爲因此等級的成員需要處理的是普遍利益，因此可免予參加直接勞動，而透過擁有私產或國家給予待遇，藉此來使得私人利益，透過對於普遍者的勞動當中，能夠滿足（第二〇五節）。

關於黑格爾的「等級」概念，於其著作當中，首次出現此一議題，是在一八〇二／一八〇三年的《倫理體系》當中（Waszek 1988: 172），將等級區分爲三種，分別是「絕對的等級」（der absolute Stand，亦可譯爲普遍的等級[89]）、「正直的等級」（der Stand der Rechtschaffenheit）、以及「原始倫理的等級（der Stand der rohen Sittlichkeit）」（Hegel 2002: 58-62）；而在同時期的著作〈自然法論文〉當中，則將等級區分爲「自由」（Stand der Freien）與「非自由」（Stand der nicht Freien）兩大等級，並且在非自由等級當中，再區分爲兩個等級，其一包含手工業及商業，其二則爲農業，所以實際上也是三個等級[90]。雖然其後在體系發展的過程中，中有一些觀點上的變化，但最後出現在本書當中的三個等級區分，仍是大致上對應前述二部耶拿時期著作當中的敘述[91]。

這種關於等級的區分方式，據學者的考證，除前面已提到與柏拉圖理論的關聯外，亦有可能與當時的實證法有關，即一七九四年「普魯士一般邦法典」（Allgemeines Landrecht für die Preußischen Staaten）[92]當中，一部分的內容就是處理產業或職業別爲區分（對於農民等級Bauerstand、市民等級Bürgerstand、貴族等級Adelstand均有規範）下的實證法規定（Peperzak 2000: 449-450; Waszek 1988: 171-172; Herzog 2013: 73）[93]；另外需要說明的是，此種將等級分爲前述三種等級（農民、市民、貴族）的想法，在歐洲中世紀的實證法規範當中，已經採取這樣的區分[94]。而除了前述可能來自於當時實證法的影響外，另一個思想來源，是前面提到過，對青年黑格爾思想有重大影響的學者James Steuart，於著作中也是採取類似的區分方式（Caboret 1999: 60-69）；至於Adam Smith，則是將等級或階級，以收入來源作爲區分，與黑格爾此處的說法有所不同，因此黑格爾的等級理論，應與Smith的著作較無關聯（Waszek 1988: 176-179）。

㈢司法：保障私有財產的制度

市民社會的第三個環節「司法」（Rechtspflege），黑格爾敘述了對於私有財產進行保障的制度（第二〇九節至第二二九節）。此處首先可能會引人注意的議題是，司法爲何是放在「市民社會」而非「國家」的範圍當中，如同目前絕大多數民主法治國家憲政體制的三權分立架構，把「司法」與

「立法」及「行政」三者並列？[95]對於此議題，主要的原因應在於，黑格爾將司法權的功能，定位在處理市民社會當中的「私權」紛爭或是對於私權的保護[96]，誠如蕭高彥教授所指出：「交換關係產生的爭議，則通過司法體系來解決」（蕭高彥 2013: 301），且黑格爾對於司法權的權限範圍，不包含司法權可以挑戰立法或行政權（例如當前民主憲政國家中，有對於行政行爲的合法性進行審理的行政訴訟制度，以及對於立法者所訂立的法律，可進行違憲審查的制度）[97]，也因此會有這種將司法定位在「市民社會」而非「國家」的安排。

不過在此需要注意的是，在本書第二八七節當中，黑格爾認爲「行政權」（Regierungsgewalt）包括「審判權及警察權」（die richterlichen und polizeilichen Gewalten），[98]並認爲這兩者雖然和市民社會中的特殊物有更直接的關係，但也是透過這些目的，「來實現普遍利益」。所以黑格爾對於司法權的定位，如果要放在國家或政治組織當中來看，就是定位爲行政權的一部分，並且處理的是市民社會當中的「私權」爭議，而並非如同今日在權力分立的觀念下，將司法視爲一個獨立於行政權及立法權的國家權力，可以處理包括行政權及立法權在內的公權力行爲的爭議。不過黑格爾也沒有因此就認爲，司法就要聽從行政權或行政權首長的命令，黑格爾認爲法律或法院，至少就私權爭執事項，不應該因爲當事人的身分，而有不一樣的待遇，就此可參考本書第二二一節「補充」當中所述：「在近代，國王必須承認法院就私人事件（Privatsachen）對它自身有管轄權，而且在自由的國家裡，國王敗訴，事屬常見」。

本書將司法區分爲「作爲法律的法」（第二一一節至第二一四節）、「法律的定在」（第二一五節至第二一八節）以及「法院」（第二一九節至第二二九節）三個環節來討論。而在進入「作爲法律的法」的討論之前，本書第二〇九節指出，本來只有與自身發生關聯的勞動與需求（「在自身中的反思」，Reflexion in sich），但在市民社會當中，一方面是人有了「教養」（受教育）、另一方面抽象法成了「法律」（das Gesetz，實證法），所以勞動與需求的關聯性變得具體，而教養就是可以讓人理解人的普遍性：「人之所以爲人，正因爲他是人的緣故，而並不是因爲他是猶太人、天主教徒、基督教徒、德國人、義大利人等等不一」（第二一〇節）。

在討論司法的第一個環節「作爲法律的法」（das Recht als Gesetz）時，黑格爾處理的是法（das Recht）成爲「法律」或「實證法」（Gesetz）的議題。此處黑格爾首先指出，法透過「公布」（bekannt）而成爲「法律」（Gesetz）或是「實證法」（positives Recht），而黑格爾顯然有注意到當時在各國之間對於法律或實證法的各種不同的形成方式，因此進一步提出的他對於法典化、法典編纂等，今日在法學討論中，仍然是重要議題的相關看法。

關於法典化以及法典編纂，首先黑格爾指出，雖然英國的法律包含許多不成文法規（ungeschriebene Gesetze），但實際上仍是成文的，且要獲得對於這些法律的知識，需要閱讀多本書籍才能獲得相關的知識，所以，在這種情況下，法官常常實際上是立法者，所以黑格爾會認爲「英國的司法或在它的立法事業中，都存在驚人的混亂（ungeheure Verwirrung）」。

此外，黑格爾指出「否定一個文明民族和它的法學界具有編纂法典（ein Gesetzbuch zu machen）的能力，這是對一個民族和它的法學界莫大的侮辱」（第二一一節「附釋」），此段文字所針對的是德國歷史法學派的代表性學者Friedrich Carl von Savigny（薩維尼）的論點[99]，Savigny就此議題的主張大致上是，法律應根據民族精神（Volksgeist），亦即應該根據自身的獨特性或是自身的風俗，來形成該民族的法律（林端，1993：160-163，Wieacker 2004: 362-370）；而黑格爾雖然對於法國大革命或啓蒙運動的態度，並非全然正面[100]，但至少在本書討論法典化或是法典編纂的部分，黑格爾是贊成拿破崙法典及該法典所代表的啓蒙運動進步精神，並反對前述德國歷史法學派的相關論點[101]。

至於黑格爾對於法典本身的看法，首先，法典不能僅僅是一種「匯編」（Sammlung），否則就會是「畸形的、模糊的殘缺的（Unförmigkeit, Unbestimmtheit und Lückenhaftigkeit）」，此處的「模糊」（Unbestimmtheit）亦可譯爲不確定性、而「殘缺」（Lückenhaftigkeit）一詞，在今日的法學脈絡當中，則更適合譯爲「有（法律）漏洞」，也就是說，在這種單純彙編的法典編排下，由於欠缺體系性、原則性的思考，因此自然會出現諸如法律的不確定性、或是產生各式各樣的法律漏洞。而相對於前述的那種匯編式的法典，黑格爾心目中「眞正的（eigentlich）法典」，是「從思維上來把握並表達法的各種原則的普遍性（Rechtsprinzipien in ihrer Allgemeinheit）和他們的規定性的」（第二一一節「附釋」）；而這種透過體系化所進行的法典編纂，黑格爾則指出「體系化（Systematisieren），即提高到普遍物（das Erheben ins Allgemeine）」，「正是我們時代無限迫切的要求」（第二一一節「補充」）。亦即，黑格爾心目中好的或眞正的法典，是透過具有普遍性的原則、原理或理念，所導引出具體的立法內容，並以此避免前述單純的「匯編」，所可能帶來的負面後果。

至於司法的第二個環節「法律的定在」（das Dasein des Gesetzes），黑格爾處理的是法典內容及其改善的議題。首先黑格爾指出，法律必須爲人所知曉，方能有拘束力（第二一五節），但由於法律本身的內容必然是有限的，如何以有限的內容，應對新的需求，就需要對於法律進行修訂。而黑格爾對此明確指出，「所謂私法的完整性是永久不斷地對完整性的接近（das Perennieren der Annäherung）而已」（第二一六節「附釋」），亦即隨著時代及具體環境的變化，法律內容本來就有可能因爲需求而有所改變，所以自然也不容易以特定的內容，直接認定就是所謂完整的或是完美的法律。

司法的第三個環節「法院」（das Gericht），主要討論今日所稱訴訟法及法院組織（Gerichtsverfassung，第二二五節「附釋」）[102]的相關議題。首先在第二一九節到第二二四節，黑格爾延續本書在第三章「不法」當中對於犯罪的討論，指出市民社會的成員，一方面有權利向法院起訴，但同時也有義務到庭陳述，而透過法律程序，一方面使當事人有機會主張「證據方法和法律理由」（Beweismittel und Rechtsgründe）[103]，同時也使法官了解案情。而黑格爾並正確地指出，這種程序法或訴訟法上的步驟「本身就是權利」（sind selbst Rechte），也因此需要就這些權利，在法律上有所規定（第二二二節及該節「附釋」）。但由於此等程序上的權利如遭濫用，可能會反而使程序上的要求，成爲「製造不法的工具」（Werkzeuge des Unrechts），所以本書第二二三節也提出，法院應要求當事人於訴訟前，先進行調解（Versuche des Vergleichs，或可譯爲「試行和解」）的看法[104]，並在同節「附釋」當中，就「衡平」（Billigkeit）[105]此一概念作較詳細的討論，認爲衡平的概念雖然是對於形式法的背離，但「平衡法院」（Billigkeitsgerichtshof，或可譯爲「衡平法院」），可以「不堅持法律程序上的種種手續，尤其是法定的客觀證據方法（die objektiven Beweismittel）」，而就個案（über den einzelnen Fall）進行判斷。[106]

此外，黑格爾基於前述法律應予公布的想法，指出審判應該是公開的，因爲「法院的目的是法，作爲一種普遍性，它就應該讓普遍的人聞悉其事」，不過審判者或法官們在進行「審議」（Deliberation，此一用語參考我國目前法律規定用語，應可譯爲「評議」[107]）時，則因進行評議時，是先讓個別審判者表達意見，因此評議的內容不應公開（第二二四節「附釋」）[108]，而且「公民才能信服法院的判決確實表達了法」（第二二四節「補充」）。而在實際的法庭活動當中，黑格爾區分了事實認定、及法律適用（「使事件歸屬於法律之下」Subsumtion des Falles unter das Gesetz，或可譯爲「將個案涵攝於法律之下」）[109]兩個部分（第二二五節），並指出法律適用「主要是專職法官的一個獨特職能」（eigentümliches Geschäft des juristischen Richters，第二二六節）。而關於事實的認定，或是本書第二二七節所說的「對事件的品定（Qualifizierung，或可譯爲「定性」）」，黑格爾則提到對於證據的證明力，無法完全嚴格規定，並指出對於事實的認定是「每一個受過普通教育的人都能做的事」，所以爲了避免法官的主觀信念可能產生的問題，由非法律專家所參與審判的陪審制（Geschworenengericht），至少對寫作本書時的黑格爾而言，是一個較爲可行的做法（第二二七節「補充」、第二二八節「附釋」）[110]。

由本書當中「司法」相關段落當中，對於法律及司法體制的討論，我們可以發現，黑格爾雖然並非實證法相關領域的學者，但他對於當時德語世界實證法學的掌握，其實是相當細膩而準確的，所使用的相關的用語，也是眞正法學界的專業用語，而並非通常法律專業外的人士，對於法律規定的泛泛評論，而這些相關的規範及用語，許多到今日仍在當前的歐洲國家的法典中，持續使用。

㈣警察和同業公會

關於「市民社會」的第三個環節「警察與同業公會」，黑格爾分別於第二三一節至第二四九節，討論「警察」（die Polizei）；而在第二五〇節至第二五六節，討論「同業公會」（Korporation）。

而之所以需要討論這兩個制度或組織，黑格爾在二二九節及該節「補充」中指出，市民社會中的法，原本「僅與所有權的保護有關」，但由於市民社會包含「需要的體系」，所以福利也是「本質的規定」（eine wesentliche Bestimmung），法也因此是促進福利的重要工具（「好的法律可以使國家昌盛，而自由所有制是國家繁榮的基本條件」），而個人的特殊性或特殊福利，就透過警察和同業公會來實現。亦即，對人人身及財產的侵害，透過司法來「消滅」（wird getilgt），而對於個別成員的特殊（個別）福利，則透過警察和同業公會實現（第二三〇節）。

在本書所使用的警察一詞，與目前一般所熟知的警察意義有所不同。此處的警察意義較為廣泛，基本上指的是維持社會及交易秩序的行政管理，亦即，在當時通行的「警察」概念，大致上就是當前所稱的公共行政[三]，而不僅僅是當前一般所認為的維護治安的公務機關或人員。

關於警察（公共行政）的詳細論述，首先黑格爾在第二三一節至第二三五節指出，公共行政的業務，一開始會涉及防止犯罪或侵害，但由於犯罪或侵害的態樣或實際的發生狀況，存在各種可能性，也會隨著實際的狀況（例如平時或戰時）而有所不同，因此不容易就各式項劃定界線，也需要給予公共行政較爲廣泛的行動範圍。而黑格爾在第二三六節也進一步討論當代經濟行政的相關議題，例如商品價格、品質的管制，以及對外貿易的生產調整等等；而同節的「補充」當中，則強調公共行政的範圍廣泛，雖然個人本來就有權依自身決定，來進行生活，但也爲了不讓個人的任意，危害公益（「產業自由究不得危害普遍福利」die Gewerbefreiheit darf nicht von der Art sein, daß das allgemeine Beste in Gefahr kommt），因此警察（公共行政）的範圍，包括「照顧路燈、搭橋、日常必需品價格的規定和衛生保健」（第二三六節「補充」）。黑格爾並正確地指出，在市民社會中，個別成員已經不見得能夠僅透過家庭而賴以維生，所以「個人就成爲市民社會的子女，市民社會對他提出要求，他對市民社會也可以主張權利」（第二三八節），從而對市民社會有權進行強制教育、強制種痘（die Pocken impfen）（第二三九節），此一觀點自然與以往將個人視爲血緣宗族一部分，並因而與其他血緣宗族以外的人有所區別的想法，有所差異，而這也是黑格爾正確地觀察到當時整體社會的進展，因此人與人之間組織的方式及相關規範，也必須有所改變。

在第二四〇節至第二四五節，黑格爾處理個人財富、貧困及「賤民」（Pöbel）的議題[112]，首先黑格爾理解個人揮霍可能造成（對自己及對他人）的嚴重後果，因此贊成所謂禁治產制度；此外關於貧窮的議題，雖然有出於慈善等主觀目的而來，對於貧困者的援助，不過由於這種援助的偶然性，因此需要透過公共機構來處理，而讓由個人來處理的範圍減少。而由於分工的細緻化，此一「勞動階級（diese Arbeit gebundenen Klasse）[113]的依賴性及匱乏（Abhängigkeit und Not），也愈益增長」，因此會有一群人沒有能力感受、享受「更廣泛的自由」，「特別是市民社會的精神利益（geistige Vorteile）」，而當人喪失了「自食其力」（durch eigene Tätigkeit und Arbeit zu bestehen）的感情時，就會產生「賤民」。需注意的是，黑格爾所說的賤民，不是單純涉及其財產狀態，而更是涉及於其內心想法，是「對富人、對社會、對政府等等的內心反抗」、「不以自食其力爲榮，而以懇擾求乞維生並作爲他的權利」，不過黑格爾了解這並非出於這群人本身的問題，「這種不法是強加於這個或那個階級的」，所以「怎樣解決貧困」，是現代社會的重要問題（第二四一節及該節「補充」），並於第二四五節提到由富有者或是公共財產，對貧困者接濟的議題，而就此等段落的論述，學者並指出已具有當前人們所稱「社會國」的思考（Siep 2017a: 520; Siep 1991: 300-302）。

雖然有貧困的問題，但市民社會同樣也存在著生產過剩的問題，所以黑格爾於第二四六至第二四七節提到對外（海外）貿易，正確地指出「這是一種採用契約制度的法律關係」、「這種交易是文化聯絡的最強大手段（größte Bildungsmittel，直譯爲「最大的教育手段」），商業也透過它而獲得世界史的意義（welthistorische Bedeutung）」，並指出「河流不是天然疆界」、「河流和湖海是聯繫人群的（die Menschen verbinden）」，[114]並且讚揚對於航海、海外貿易的優越性：「奮發有爲的大民族，它們都是向海洋進取的」（wie alle großen, in sich strebenden Nationen sich zum Meere drängen）。而對外貿易的進一步發展，就成了「殖民事業」（Kolonisation），黑格爾指出，殖民地的出現主要是出於人口增加所產生的結果，但他也認爲，「殖民地的解放本身經證明對本國有莫大利益，這正同奴隸解放對主人有莫大利益一樣」（第二四八節「補充」）。

於第二五〇節至第二五六節，黑格爾討論「同業公會」的議題。首先需要說明的，是關於此處「同業公會」的德文原文爲Korporation，與英語當中通常被翻譯爲「公司」的Corporation十分相似，因此關於此一用語的來源，以及與英語Corporation的關係爲何，就值得進行梳理及釐清。依學者研究，德語世界Korporation一詞的來源，來自於英語當中的Corporation，此一用語原先在英語世界當中，大致上指的就是法人（juristic Person; Körperschaft），而在當時英語世界，Corporation指的除包括當時受特許成立的如東印度公司、英格蘭銀行等商業組織外，也包括今日較不會讓人聯想到corporation一詞的工匠職業團體（Handwerker-Korporationen）。其後在十八世紀中期的法語世界，則是由重農學派（Physiocratie）學者以及狄德羅（Denis Diderot）等學者引入此用語，來表達職業團體的意義，並在大約十八世紀末期，出現於法語世界的官方文件當中（Oexle 1982: 17-19; Biggeleben 2006: 26-28）。而在同一時期的德語世界，也如同法語世界，將此一用語所表達的職業團體概念，用於德語世界的實證法當中，主要即爲前面所提到的一七九四年「普魯士一般邦法典」（Niji 2014，並參見Vieweg 2016: 36-38以及Biggeleben 2006: 28所引述該法典之內容）。

此外，此一概念與前面提到的「等級」（Stand）概念有關，也就是以職業屬性作爲人際結合的依據（「依據他的特殊技能成爲同業公會的成員」，第二五一節），所以同業公會在公權力的監督下，可以照顧其本身的利益，但也要關心其成員並給予教育培養。亦即，在市民社會這種職業分工的社會當中，同業公會是「成員的第二個家庭」，個人也因參與同業公會而取得其尊嚴（Ehre，獲得榮譽）（第二五三節），所以「婚姻的神聖性和同業公會的尊嚴性是市民社會的無組織分子所圍繞著轉的兩個環節（Heiligkeit der Ehe und die Ehre in der Korporation sind die zwei Momente, um welche sich die Desorganisation der bürgerlichen Gesellschaft dreht.）」（第二五五節「附釋」），也就是說，在市民社會當中，同業公會作爲社會經濟分工的職業團體，是如同家庭一樣重要的認同歸屬。

四、國家

㈠黑格爾的國家概念：與市民社會的區分，「具體自由的現實」，以及政教關係

於本書第二五七節至第三六〇節，黑格爾討論「倫理」的第三個環節「國家」（der Staat）。在第二五七節至第二五九節，主要涉及的是國家與市民社會的區別，以及對於國家理念的討論，而這幾節的內容，也與本書「（內部）國家法」當中，第二六〇節至第二六九節的敘述相關，因此在此一併討論。

本書第二五七節及第二五八節，黑格爾首先指出，國家是「倫理理念的現實」（die Wirklichkeit der sittlichen Idee），即國家是倫理理念的眞實存在物、而非抽象的想法。而值得注意的是，此處指出國家是「直接（unmittelbar）存在於風俗習慣中（die Sitte）」、並「間接（mittelbar）存在於單個人的自我意識（Selbstbewußtsein des Einzelnen）和他的知識和活動（Wissen und Tätigkeit）中」。也就是說，國家（或由國家所造成的影響）本來就會存在於個人的內心、並表現在個人的行動當中，而並非外在地強加於個人、也並非基於個人的自由選擇而來。換言之，黑格爾在本書當中所討論的國家，並非是先透過理念的創造後、才開始存在的東西，也不是單純由哲學家所創造出的國家理念，而

是本來就存在於個人的內心、以及存在於整體的風俗習慣，而且符合理性的事物。

而一看法，涉及黑格爾本身對於哲學、或是歷史發展的看法（Schnädelbach 2000: 300），亦即在本書「前言」當中的相關敘述：「作為哲學著作，它必須絕對避免把國家依其所應然（wie er sein soll）來構成它」、「本書所能傳授的，不可能把國家從其應該怎樣的角度來教，而是**在於說明對國家這一倫理世界應該怎樣來認識**」，以及「哲學的任務在於理解存在的東西」（Das was ist zu be-greifen, ist die Aufgabe der Philosophie）等等，[115]所以「妄想一種哲學可以超出它那個時代」是愚蠢（töricht）的。亦即，黑格爾的法哲學或實踐哲學，並非僅在於創造出超越時空條件的一種純粹的規範性理論，而是透過對於現存狀態及其歷史發展的了解，尋求或找出符合理性的事物；換言之，黑格爾於本書當中的論述，雖然表面上以描述性的內容為主（或是宣稱其主要為描述性的），但實際上仍是具有相當強的規範性成分[116]，只是這種規範性，是基於對於現狀及對於歷史發展的描述出發（而非透過單純的概念創造），並且透過其歷史哲學，指出符合理性的事物，終究會成為眞實或現實，而此種眞實性或現實性，除了是一種描述性的事實表述，同時也是具有規範性的目標（亦請參見本文第「貳」部分關於黑格爾討論「理性」與「現實」的相關內容）[117]。

而依照前述的想法，黑格爾如同其已在耶拿時期〈自然法論文〉所發展出對於契約論政治哲學的批判（包括以盧梭及霍布斯為代表的所謂「經驗自然法論」以及以康德及費希特為代表的「形式自然法」的批判），在第二五八節「附釋」當中指出，盧梭在《社會契約論》當中的理論（黑格爾指出，費希特的理論也是如此），雖然是以意志（die Willen）為原則，但「僅僅是特定形式的單個人意志

（in bestimmter Form des einzelnen Willens）」，即使是盧梭所理解的普遍意志，也並非「意志中絕對合乎理性的東西」，而只是一種「共同的東西」，在這樣的看法下，人們所結合成立的國家是一種契約，但由於契約的訂立與否、或是其內容如何，是基於人的任意，因此黑格爾明確反對以契約論的方式，來理解個人與國家的關係，不過黑格爾在此處對於盧梭的批評，是否盡然合理，在思想史上仍有值得討論之處（魏楚陽 2017: 589-590）。

在這樣的基礎上，本書第二五八節提出一個說法：「成爲國家成員是單個人的最高義務（höchste Pflicht）」、或是在同節「補充」當中所提到，國家是「神自身在地上的行進」（der Gang Gottes in der Welt）或是「現實的神」（wirklicher Gott）[118]，此等說法，可能會被認爲涉及集權主義、集體主義甚或神權政體之類的思想。不過如果我們理解黑格爾對於國家與市民社會及家庭之間的關係，應可以比較清楚理解黑格爾的眞正想法，亦即如該節「附釋」當中指出，由於在市民社會當中，個別的人們只根據各自的需求或目的來行動，雖然有司法、警察（公共行政）及同業公會等制度，來協調人與人的行動，但終究有所不足，甚至可能因爲追求個別的私利，而使整體甚或自身的利益受損（參見第二五八節「附釋」：「如果把國家與市民社會混淆起來，而把它的使命規定爲保證和保護所有權和個人自由，那麼單個人本身的利益就成爲這些人結合的最後目的。由此產生的結果是，成爲國家成員是任意的事。但是國家對個人的關係，完全不是這樣。」），因此，需要透過另一個組織或制度[119]，也就是國家，來確保整體的（或是「普遍的」）利益，而此種整體的利益，也仍然可以滿足或包含個別私人的利益。就此種觀點，亦可參考第二七〇節一開頭所提到：「國家的目的就是普遍利益本身，而這種普遍利益又包含著特殊的利益，它是特殊利益的實體」，也可見於第二六〇節「補充」當中指出：「現代國家的本質在於，普遍物是與特殊性的完全自由和私人福利相結合的」，以及第二七〇節「補充」當中所指出：「整體的利益是在特殊目的中成爲實在的。現實性始終是普遍性與特殊性的統一，其中普遍性支分爲特殊性，雖然這些特殊性看來是獨立的，其實它們都包含在整體中，並且只有在整體中才得到維持。」

而前述黑格爾這種看法，是在當前主流法律體制的論述當中，對於公共利益的想法，或是當前主流經濟學論述當中，對於公共財、外部性等概念看法，或是例如在群體遭逢重大災害（例如嚴重的傳染病），民主法治國家爲確保多數人或集體福祉，而會對於部分成員的行動有所限制，並因而產生對整體群體成員正面的結果，都可以了解此種想法，並不必然導向集體主義或是獨裁體制，而反而在實際的制度設計及運作當中，與民主法治理念中保障個人自由及利益的原則相符合。

在第二六〇節第一句，黑格爾指出「國家是具體自由的現實」（Der Staat ist die Wirklichkeit der konkreten Freiheit），此處的「具體自由」，之所以稱具體，而且在國家當中可以「實現」或「現實化」，是因爲「個人的單一性及其特殊利益不但獲得它們的完全發展，以及它們的權利獲得明白承認（如在家庭和市民社會的領域中那樣）」，亦即，在家庭及市民社會中已經存在的權利或利益，在國家的制度當中都還會存在或被承認，而且透過國家對於集體或整體利益的重視，讓個人的利益可以與他人或整體的利益，彼此調和或整合，並且能夠更進一步、長期（long-term）實現個人的自由及利益（Siep 2017a: 520），並因此實現整體的利益。[120]如同在此節的「補充」所做的進一步說明：「家庭和市民社會的利益必須集中於國家；但是，目的的普遍性如果沒有特殊性自己的知識和意志——特殊性的權利必須予以保持——就不能向前邁進。所以普遍物必須予以促進，但是另一方面主觀性也必須得到充分而活潑的發展。只有在這兩個環節都保持著它們的力量時，國家才能被看作一個肢體健全的和眞正有組織的國家。」

而在第二六七節至第二六九節，黑格爾處理了「政治情緒」（politische Gesinnung，或可譯爲「政治認知」【121】）或是「愛國心」（Patriotismus）的譯題。黑格爾在第二六七節指出，國家的客觀面向就是國家制度（此處國家制度原文爲「憲法」Verfassung），而主觀的面向則是政治認知或愛國心（第二六八節）。這種愛國心，黑格爾認爲，並非如同通常的看法，需要將其連結至「非常犧牲和行動」（außerordentliche Aufopferungen und Handlungen），而大致上就是一種「信任」（Vertrauen）或是一種認知或慣習，亦即由於個人的利益，可以透過國家來保護或實現，因此國家就不再是一個與個人相對立的事物，而因此愛國其實就是愛自己或是保護自己的利益，也就因而形成了合理的愛國心或合理愛國主義【122】。

在第二七〇節，黑格爾以大篇幅的「附釋」以及「補充」，來處理政教關係（國家對宗教關係）的議題。黑格爾的在此的主要論點，首先是黑格爾支持政教分離，也就是宗教不應高於世俗的國家或政治體制，宗教也不是世俗國家體制的基礎。因爲宗教雖然表面上處理的是「無限性的領域」、國家處理的是「塵世的領域」，因此國家似乎是劣於宗教的；但由於宗教本身也與國家一樣，存在著差別與有限性（黑格爾以上帝的三位一體概念爲例，說明上帝的規定有三個，而三者的統一才是精神），而且國家如果是符合理性的國家，那麼「一個合乎理性的國家自身是無限的」，也就是說，國家本身與神，有著類似的無限性或是完整性，因此不見得有誰優誰劣的問題。而宗教之所以不適合做爲世俗政體的統治依據，爲核心的因素是因爲宗教「一切都具有主觀性的形式」，而神這種「普遍理念」，「在這種感情中是不確定的東西」，因此「在國家中一切是固定的安全的這一事實，構成了反對任性和獨斷意見的堡壘。因此，宗教本身不應成爲統治者」；也因此「只有通過教會的分立，國家才能成爲其所規定的東西」。黑格爾並以歐洲宗教對於科學家的迫害歷史，包括對於伽利略、哥白尼、布魯諾（Giordano Bruno）等人的宗教迫害，來支持其論點。

而在這樣的基礎上，黑格爾進一步主張宗教寬容，國家並應保障教會組織，甚至要求人人都加入教會：「在人的內心深處保證國家完整統一的因素，所以國家更應要求它的所有公民都加入教會（von allen seinen Angehörigen zu fordern, daß sie sich zu einer Kirchengemeinde halten），並且不論哪一個教會（übrigens zu irgendeiner），因爲其內容既然是與觀念的深處相關，所以不是國家所能干預的。一個組織完善的國家，從而是個強國，在這方面可以表示更寬大些（liberaler），對觸及國家的一切細枝末節可以完全不問，甚至可以容忍那些根據宗教理由而竟不承認對國家負有直接義務的教會」。亦即，宗教信仰會讓民眾對國家具有忠誠，宗教在此意義上，也因而是國家的基礎[123]（但此處的基礎，不是政教合一或是國家應服從於宗教的意義）。而透過黑格爾此處關於國家與宗教關係的論述，我們可以發現，在當時經過多次與宗教相關戰爭後的歐洲，政教關係開始呈現出接近今日多數民主憲政國家的大致樣貌，也就是政教分離的世俗國家而非宗教國家（Siep 2010: 113），而在此種政教分離體制下，國家保障了宗教或信仰自由，讓各種教義不同的宗教，在世俗國家中有著廣泛的活動空間，但宗教的教義、組織或行動，仍不能違背世俗國家的法律規範。

㈡國家法：沒有獨立司法的君主立憲制

本書對於「國家法」（直譯爲「內部國家法」das innere Staatsrecht）的相關討論，雖然在編排上是從第二六〇節開始至第三二九節，不過如同前述，在第二六〇節至第二七一節的內容，大致上仍是處理「國家」的基本議題，因此本文將該等段落與本書第二五七節至第二五九節的內容，在前一個段落中，合併進行討論，以下將直接進行關於第二七二節至第三二九節的討論。

1. 內部國家制度本身：王權、行政權及立法權

黑格爾關於國家體制的論述，首先黑格爾在第二七二節至第二七三節當中，處理了權力分立的議題，黑格爾反對以權力彼此獨立、限制、或是彼此抗衡，作爲權力分立的理念（Houlgate 2019: 198），並認爲「如果各種權力，例如通稱的行政權和立法權，各自獨立，馬上就會使國家毀滅」（第二七二節「附釋」）。

而如同前面在討論「市民社會」當中的「司法」時已有提到，黑格爾並不認爲司法是國家三種權力當中的一種，而是把司法歸入行政權當中。而黑格爾自身的想法，則是出現在本書第二七三節，將國家區分爲三種「實體性的差別」，分別爲立法權（die gesetzgebende Gewalt）、行政權（die Regierungsgewalt）及王權（die fürstliche Gewalt），此與當前吾人所熟知的三權分立內容，有相當的差異，

而黑格爾並透過其在邏輯學當中所發展出關於「理念」（Idee）的想法，也就是理念所包含的三個環節：普遍性（Allgemeinheit）、特殊性（Besonderheit）和單一性〔Einzelheit：需要注意的是，漢語世界對於黑格爾邏輯學當中Einzelheit的翻譯，通常是譯爲「個體性」，而與本書所採「單一性」翻譯方式有所不同，參見Hegel（1998: 340）〕，來進行這三種國家權力彼此間關係的論述。[124]

在第二七五節至第二八六節，黑格爾進行對於「王權」的討論。首先，黑格爾將王權視爲前述「理念」三個環節當中的「單一性」環節，亦即「包含整體的國家所具有的三個環節」，而王權本身的特殊原則，固然是「絕對的自我規定」（第二七五節），但並不意味著君主可以恣意而爲，「毋寧說它是受諮議的內容而受束縛的」，並且「他除了簽署之外，更沒有別的事可做。可是這個簽署是重要的，這是不可逾越的頂峰」（第二七九節「補充」），並且「要求君主具有客觀特質是不正確的。君主只要說一聲『是』」（第二八〇節「附釋」）。而關於君主的產生，黑格爾則認爲「世襲權和繼承權構成正統性的根據，這不僅是一種實定法的根據，而且也是包含在理念中的根據」（第二八一節「附釋」），這種制度雖然表面上看起來，跟原始社會的家長制類似，但由於黑格爾所說的「現代國家」[125]當中的事務劃分，是一種「有機的關係」[126]，而並非機械式的關係，各個部門（肢體）之間都會跟其他部分發生關係，「在完成自己的職能時，也同時保存了其他的肢體」，所以王位世襲制在近代國家，黑格爾認爲反而是一種適當的制度（第二八六節「附釋」）。在這種對於世襲制有正面看法的前提下，黑格爾反對「君主選舉制」（Wahlreich），[127]認爲這種制度「倒不如說是各種制度中最壞的一種」，因爲這種方式「使國家權力仰仗私人意志的恩賜，結果，各種特殊的國家權力變成了私有財產」（第二八一節「附釋」）。

所以，黑格爾的王權論述，固然有其因當時具體時空狀況，在今日來看存在著相當保守的層面，尤其是黑格爾透過其邏輯學當中的敘述，其實不見得能夠得出王權存在的必然性或正當性，透過普遍選舉產生國家元首，仍然可順利納入其在此所運用的邏輯學架構當中，因此被認爲此處存在著「概念錯誤」（Begriffsfehler）[128]，但由於黑格爾限縮王權的實質範圍，甚至將王權描述爲一種象徵性的權力的觀點，則仍或多或少有其進步的意義。

此處黑格爾也敘述他對於君主立憲制（而非民主制）、以及對於君主主權（而非國民主權）的贊成態度。在第二七三節「附釋」當中指出「國家成長爲君主立憲制乃現代的成就」（Die Ausbildung des Staats zur konstitutionellen Monarchie ist das Werk der neueren Welt），此處黑格爾並批評了以往以人數的多寡，進行對於政治體制進行分類（君主制、貴族制、民主制）的討論，認爲這只是一種由數量上的差別所做的分類，因此「完全是膚淺的，並不表示事物的概念」。不過黑格爾對在此處於這三種制度，仍透過對於孟德斯鳩（Montesquieu）的著作內容，進行相關的討論。而在第二七八節「附釋」當中，黑格爾也表達同樣的看法：「主權卻正是在立憲的情況下，即在法制的統治下，構成特殊的領域和職能的理想性環節」。

另如同前述，黑格爾並未贊成當前吾人所理解的民主制，但他明確認爲，國家或法律應該保障個人的主觀（主體）自由，而這種保障，則是要透過制度的演進來達成，因此，在君主制以及民主制的選擇上，黑格爾明確指出，「我們就不會提出這種無意義的問題：君主制與民主制相比，哪一種形式好些？我們只應該這樣說，一切國家制度的形式，如果不能在自身中容忍自由主觀性的原則，也不知道去適應成長著的理性，都是片面性的。」而關於制度演進的「歷史制約性」，亦可參考第二七四節的相關討論。

而關於國家「主權者」是何人的問題，於本書首次出版的時代，固然已經因爲法國大革命以及美國的獨立運動，而使得國民主權（全體國民爲主權者，而非君主個人爲主權者）的看法逐步爲人所熟知。不過關於主權者的概念，如同前面於討論君主立憲時已有提到，黑格爾並不採取一般認爲主權者（在國家內部）不受限制的看法，他明確指出主權（者）仍受到憲法的限制：「主權卻正是在立憲的情況下，即在法制的統治下，構成特殊的領域和職能的理想性環節」（第二七八節「附釋」），此一觀點具有現實的意義，值得吾人注意[129]。而在本書第二七九節「附釋」當中，黑格爾針對國民主權的說法，指出「把君主的主權和人民的主權對立起來是一種混亂思想」，認爲兩者之間並非對立的關係，而他之所以贊成君主主權，是因爲國民主權思想的基礎是「關於人民的荒唐觀念」，「如果沒有自己的君主，沒有那種正是與君主必然而直接地聯繫著的整體的劃分，人民就是一群無定形的東西，他們不再是一個國家，不再具有只存在於內部定形的整體中的任何一個規定，就是說，沒有主權，沒有政府，沒有法庭，沒有官府，沒有等級，什麼都沒有。」這種看法在今日看來，顯然是與現實狀況不符，而這可能也與當時現代民主體制開始成形時，因出現不盡完善的現象，而使得學者可能會對於民主制度，有所疑慮。另外，在第二八五節當中，黑格爾討論王權當中「君主良心」此一環節，以及第二八六節「附釋」當中所提到的「一般公共自由」與「王位世襲制」的彼此保障，學者指出此一議題，可透過當前憲政制度中的憲法法院（Verfassungsgericht）來加以處理，但黑格爾基於其權力分立理論以及對於王權的重視，自然是不會認同這種方式（Schnädelbach 2000: 315）。

於第二八七節至第二九七節，黑格爾討論「行政權」。黑格爾對於行政權的看法是，這是一個將特殊個案涵攝於普遍規定的國家權力（第二七三節所述「各個特殊領域和各別事件從屬於普遍物的權力」），也因此可以用「理念」中的「特殊性」環節來加以描述。而如同前面討論「司法」時所提到，黑格爾將行政權分成司法權（「審判權」）和「警察權」兩大領域（第二八七節），也就是在其所述的國家組織中，並沒有當前民主法治國家所要求的司法獨立。而擔任行政權的人員，「並不由自然人格和出生來決定」（第二九一節），而人員的選取，則是國王的特權（第二九二節），且要維持行政權的人員，不受私利影響的獨立性，因此國家需要提供行政人員必要的資源，「獲得生活資料，保證他的特殊需要得到滿足」（第二九四節），並且要對於這些人員「進行直接的倫理教育和思想教育」，以期能順利完成職務（第二九六節）。另外值得注意的是，由於行政處理的是整體利益的事務，因此黑格爾認爲「擔任公職不是一種契約關係」（第二九四節「附釋」），且國家官吏在黑格爾的等級理論當中（參見前述「市民社會」當中所討論的等級理論），被黑格爾稱之爲「中間等級」，是「國家在法制和知識方面的主要支柱」（第二九七節）。

在本書第二九八節至第三二○節，黑格爾論述他對於「立法權」的看法。首先指出法律本身應具備普遍性（第二九八節），而關於法律與國家的關係，黑格爾則是認爲「國家制度本身是立法權賴以建立的、公認的、堅固的基礎，所以它不應當由立法權產生」（第二九八節「附釋」），黑格爾並以英國爲例，認爲行政官員也應是立法者（第三〇〇節「附釋」），此一觀點也與前面提到，黑格爾反對國家權力彼此間獨立或對立的論述一致，不過由於黑格爾認爲大臣是由君主來進行選任，因此在立法權當中，也會有所謂「國王的人馬」存在，而並非完全由民眾所選出的議員擔任。

而黑格爾在立法權的討論中，再次處理在前面討論「市民社會」時所提到的「等級」概念，指出「各等級作爲一種中介機關，處於政府與分爲特殊領域和特殊個人的人民這兩個方面之間。各等級的使命要求它們既忠實於國家和政府的意願和主張，又忠實於特殊集團和單個人的利益。」（第三〇二節）亦即在立法者的組成上，以職業作爲區分的基礎，在立法中反應自身所處團體的利益。[130]而如同前述，這一方面有當時實證法的依據，另一方面也可能與當時黑格爾所接觸的經濟學文獻，對於勞動分工的看法有關。而黑格爾或許是參考了當時英國所採取的兩院制議會制度（第三一二節，亦請參見Schnädelbach1 997: 272; Kervégan 2018: 245），並配合等級制度的設計，黑格爾贊成的是透過等及或是職業團體（而非民眾的普選），即「職業等級」（Berufstände），作爲產生議員的方式（Kervégan 2018: 247），黑格爾並指出這種方式，是「按照市民社會的本性，議員由市民社會中各種同業公會選派出來的（第三〇八節），而且這種選派方式又不致遭到抽象和原子式觀念的破壞」（第三一一節）。

亦即，黑格爾在本書當中所表述的議會結構，是兩院制的議會，其中的上議院，是由可透過繼承取得議員資格的貴族所組成，下議院則是由同業公會所選出的議員所組成。此處另外需要注意的是，農民在此種制度設計下，並無自身在議會中的代表，至多能透過不用參與選舉就能擔任議員的貴族，在議會中被代表；而同業公會由於是作爲個別行業中雇主的組織，因此受雇者（勞工）並非同業公會的成員，自然也就沒有選舉權或參政權（Beiser 2005: 256-258）。

此外，黑格爾並認爲，單純一人一票（而不是以職業團體劃分）來進行選舉的制度，「特別是在大國裡，由於選民眾多，一票的作用無足輕重，所以不可避免地要有人對自己的投票抱漠不關心的態度，而且有投票權的人雖然讚揚這種權利並對其推崇備至，但卻不去投票。這樣一來，這種制度就會造成和它本身的規定相反的結果，而選舉就會被少數人、被某一黨派所操縱，從而被那種正好應當加以消除的特殊的偶然的利益所操縱。」（第三一一節「附釋」），此一現象，即使在今日的民主國家，也是經常在各國的選舉制度或是政黨制度當中，進行處理或檢討的議題。

第三一五節至第三二〇節，黑格爾在立法權的最後一部分論述，處理公共輿論或是言論自由、新聞自由的議題。黑格爾就公共輿論（öffentliche Meinung），認爲「既值得重視，又不值一顧」（第三一八節），主要的原因在於，人人都可透過公共輿論，對於公共事務發表意見，並總是「一支巨大的力量」（第三一六節「附釋」），但黑格爾也認識到，由於通常並沒有辦法容易分辨在公共輿論當中的內容，何者是「認眞的東西（Ernst）」（第三一七節「附釋」），也就是往往無法辨別其眞僞，甚至也無法區分發表者是否是基於私利的動機，而以「公共」輿論之名進行發表。不過雖然公共輿論有前述的致命性缺點，黑格爾還是贊成出版自由及言論自由，不過對於損害個人名譽、誹謗、侮辱政府首長或官吏、「特別是君主本人」，黑格爾認爲這都是「不同程度的犯罪和犯過」（或可譯爲「不同程度的重罪和輕罪」）【131】，應該要予以處罰（第三一九節「附釋」），而此一想法，也仍然出現在目前一些國家的法律規定當中。

2. 對外主權：各國彼此間的獨立自主，以及戰爭的法律相關議題

本書第三二一至第三二九節，處理「對外主權」（die Souveränität gegen außen）的議題。此部分大致上是由國內法的角度（而非國際法的角度），討論國家的對外關係。首先國家如同個人，是具有個體性的，也因而具有排他性（第三二一節）。因此國家之間都是「獨立自主的」（第三二二節），從而是一種「否定的關係」，也就是與其他的國家存在彼此排斥的關係，因此國家與國家之間的關係，就沒有什麼必然的方式或安排，存在多種可能性（第三二三節）。而當國與國之間有爭議時，會涉及到戰爭（第三二四節），此處黑格爾並指出，康德所提出的「永久和平」的理念，是以國際間組成聯盟作爲基礎，但「縱使一批國家組成一個家庭，作爲個體性，這種結合必然會產生一個對立面和創造一個敵人」，因此「當事物的本性要求時，戰爭還是會發生的；種子又一次發芽了，在嚴肅的歷史重演面前，饒舌空談終於成爲啞口無言。」（第三二四節「補充」）[132]。而一旦遇到戰爭的相關事務，個人「爲國家的個體性而犧牲是一切人的實體性的關係，從而也是一切人的普遍義務」（第三二五節），而從這種觀點出發，黑格爾進一步討論常備軍作爲一個獨立的等級，指出「軍人等級是負責保衛國家的普遍性的等級」（第三二七節），其存在是「一種必然性」（第三二六節），黑格爾並於第三二八節，進一步處理軍人所具備的「英勇」相關議題，而在第三二九節，則是討論國王在戰爭或是國際關係上的角色，指出「只有王權才有權直接統率武裝力量，透過使節等等維持與其他國家

的關係，宣戰媾和以及締結條約」。

㈢國際法：國家承認、國際戰爭與戰爭法

黑格爾於本書第三三〇節至第三四〇節，討論關於國際法（das äußere Staatsrecht，直譯爲「外部國家法」，大約即今日人們所稱的國際公法）的一些議題。首先，黑格爾指出在國際法的討論當中，「國際法中自在自爲的東西保存著應然的形式」（第三三〇節），此處指的是國際法固然已經有其完整的內容，但由於各個國家都是主權國家，誰都不從屬於誰，即使有簽訂條約（第三三〇節「補充」），實際上也沒有可行的執法單位，因此仍然只是一種「應然的形式」（Form des Sollens）。而在第三三一節處理到國家的承認問題，指出國家需要它國的承認，但也同時承認它國，就如同「不與他人發生關係的個人不是一個現實的人」，但此處黑格爾也引述拿破崙的說法：「法蘭西共和國不需要承認，正如太陽不需要承認一樣」（Die französische Republik bedarf keiner Anerkennung, sowenig wie die Sonne anerkannt zu werden braucht.），說明重點還是實際上是否存在，「事物實存的力量（die Stärke der Existenz）；這種力量已經保證了承認」（第三三一節「補充」）。[133]而在第三三三節，黑格爾則區分了他所稱的「國際法」以及「實定條約的特殊內容」，認爲國際法基於條約（契約）應遵守的基本原則，但由於國家之間仍存在自然狀態，因此如同前述，仍處在「應然」當中，而國際爭端也因此只能進行個案調停或仲裁，但這仍是偶然的，也因此黑格爾在此再次提到的康德永久和平論中，建立國際組織以消弭紛爭的論點。不過黑格爾認爲，國與國之間的爭端，透過戰爭加以解決是無

法避免的，也因此衍生出戰爭賠償計算的議題（第三三四節至第三三五節），而關於黑格爾的戰爭概念，值得注意的是，在本書第三二四節以及該節「附釋」中，黑格爾明確指出，戰爭並不必然是負面的事物，「戰爭不應看成一種絕對罪惡（absolutes Übel）和純粹外在的偶然性（bloß äußerliche Zufälligkeit）」，而個人「有義務接受危險和犧牲，無論生命財產方面，或是意見和一切天然屬於日常生活的方面，以保存這種實體性的個體性，即國家的獨立和主權（die Unabhängigkeit und Souveränität des Staats）。」而在第三三八節及地第三三九節，則分別就戰爭的進行方式的文明化，以及戰俘、國際慣例、「歐洲的國際法」等議題，進行討論[134]，並於導引出本書在其後各節關於「世界精神」或是「世界歷史」的討論。

(四)世界歷史：自由在歷史上的逐步實現

本書對於世界歷史（die Weltgeschichte）的敘述十分簡要，其核心的意義，可用「自由在歷史上的逐步實現」來理解[135]，而較爲詳細而具體的內容，需要透過對於黑格爾關於歷史哲學的相關討論，才能窺其全貌，此處僅能就本書當中有敘述的部分，進行討論。[136]

黑格爾在此處首先引用席勒的說法「作爲世界法庭的世界歷史（in der Weltgeschichte, als dem Weltgerichte）」（第三四〇節）[137]，表達透過歷史的發展結果，可以判斷哪些國家或民族的發展，或是其「國家制度和生活狀況」（第三四四節）是較適合或是較優越的，也就是歷史做爲裁判（「世界歷史是一個裁判」）的意義（第三四一節）。而黑格爾在此處的論述，肯定了民族間會因各自的發展階段不同，而有不同時期優勝劣敗的結果，甚至認爲所謂文明民族與所謂野蠻民族間的戰爭或爭端，「是爭取一種特定價值的承認的鬥爭，這一鬥爭給這些戰爭和爭端以世界歷史的意義（Kämpfe des Anerkennens in Beziehung auf einen bestimmten Gehalt sind, den Zug aus, der ihnen eine Bedeutung für die Weltgeschichte gibt.）」（第三五一節），此處的敘述，雖然可能被認爲帶有帝國主義或殖民主義的色彩，但如果參考當前國際上對於普世價值、普世人權、以及普遍性法律制度（例如關於人權保障的國際公約）的相關討論，此處的敘述也並不必然全是負面的意義。

黑格爾於本書最後，將世界歷史分成四個王國或四個階段：⑴東方王國（das orientalische Reich），此王國中是採取家長制或是神權統治，個別的人毫無權利，而等級劃分則是依據「世襲種姓」（natürliche Festigkeit von Kasten）（第三五五節）；⑵希臘王國（das griechische Reich），此王國中在制度上最大的特徵是「出現了個人的個體性這一原則」，但希臘王國仍是以分裂的城邦形式出現，因此黑格爾稱之爲「一批特殊的民族精神」（第三五六節），在這個階段，人並無法達到自由或自主，所以「專做奴隸等級的事」；⑶羅馬王國（das römische Reich），在此一階段，個人雖然有私人的自我意識，但也同樣受限於「抽象的普遍性」，而這兩者構成了「兩個極端」，而在這樣的分裂當中，表面上固然一切都成爲私人、一切都是平等，但如此就造成了「倫理生活的毀滅」（Tod des sittlichen Lebens），而這種普遍性並不包含個人的自由，因爲其抽象性，因此人們雖然具有「形式上的權利」，但也只能夠在普遍性的名下，進行活動（第三五六節）；⑷日耳曼王國（das germanische Reich）（第三五八至第三六〇節），在此一階段，其內在是「一切矛盾的調和和解決」（第三五九節），而起初會表現爲「塵世（世俗）王國」和「彼岸世界（理智的王國）」、即世俗國家和宗教國家的對立，而這種對立會透過「殘酷爭鬥」後達成和解，也就是「事實的王國蛻去了它的野蠻性和不法任性，至於眞理的王國則蛻去了彼岸性色彩和它的偶然權力」，[138]也因此「這種調和把國家展示爲理性的形象和現實」，而對於黑格爾及其哲學體系而言，日耳曼王國已達成此種歷史的目標（第三六○節），即透過理性法達成自由的實現[139]。

陸、結語

以上導讀的內容，是對於本書的一個十分初步的介紹，因作者能力上的限制，只能主要透過一些對於德語世界以及英語世界的新近文獻的解讀，就本書的相關內容，做十分初步的介紹。希望能對於漢語世界，就黑格爾法政哲學相關議題有興趣的讀者，能提供一些入門的相關資訊，並希望能對於讀者在實際閱讀本書內容上，有一定程度的幫助。

◆本篇注釋◆

[1] “Weil ich das Höchste entdeckt und die Tiefe sinnend gefunden,; Bin ich grob, wie ein Gott, hüll‘ mich in Dunkel, wie er.; Lange forscht‘ ich und trieb auf dem wogenden Meer der Gedanken,; Und da fand ich das Wort, halt‘ am Gefundenen fest.” (Marx 1975)，中譯文請參考Marx（1995）。

[2] Dunayevskaya et al. (2012: 5).

[3] 根據研究，這個分析哲學創立迷思的說法，是來自於Gerrard, S. (1997). “Desire and Desirability: Bradley, Russell, and Moore Versus Mill.” *Early Analytic Philosophy: Frege, Russell, Wittgenstein*, 37-74.，參見Beaney（2013）。

[4] Houlgate (2005: 181-182)；關於Popper對黑格爾的批評，主要請參考，Popper (2013: Chapter 12.)。

[5] https://leiterreports.typepad.com/blog/2009/05/the-20-most-important-philosophers-of-the-modern-era.html (LR: 2020/7/6)

[6] 同樣網站二〇〇九年也做了一份「誰是歷史上最重要哲學家？」的專業徵詢，獲得將近九〇〇份回覆，黑格爾排名十一。請參考：https://leiterreports.typepad.com/blog/2009/05/the-20-most-important-philosophers-of-all-time.html (LR: 2020/7/6)。二〇一七年，同樣的意見徵詢再做一次，這次有一一六〇份回饋，黑格爾降為第十七名。https://leiterreports.typepad.com/blog/2017/04/the-most-important-western-philosophers-of-all-time.html (LR: 2020/7/6)。

[7] 這些優秀的歐美哲學家大概不太關心，或者也不太在乎，在兩大學圈之外的「他者」哲學或相關學術社群的觀點。黑格爾本人也是以某種歐洲／日耳曼中心主義在看世界史。因為涉及相當複雜的議題與討論，此處就不對此多著墨。我只能大約推估，如果以西歐北美以外的學圈來徵詢，黑格爾、馬克思與尼采的重要性排名，不論在整個哲學史或現代哲學，應該都會超過Frege（含）以後的所有分析哲學家。

[8] Brooks (2007: 1).

[9] Beaney (2013: 4-5).

[10] Stern (2016).

[11] 有關黑格爾與分析哲學近年來的關係發展，請參考Redding（2007）。

[12] 請參考Pippin（2011）。Pippin的敘述比較詳密，也沒有賦予三大典範特定標題，因此以下的說明是筆者為了簡要而做的綜述。

[13] 這是指由Felix Meiner出版，分為「著作／草稿」與「演講錄」兩大部分的Historisch-Kritischen Ausgabe “G. W.F. Hegel: Gesammelte Werke”，主編為Prof. Dr. Walter Jaeschke。請參考：https://www.ruhr-uni-bochum.de/philosophy/hegeledition_de/index.html的說明。

[14] 以前述Felix Meiner出版社所出版的版本為依據，所進行的漢語黑格爾全集翻譯，是由位於北京的商務印書館進行，目前並已有數本著作翻譯完成並出版。另外，由Suhrkamp出版社所出版的二十冊（另加一冊索引，合計二十一冊）著作集的漢語翻譯，則是由位於北京的人民出版社進行，目前也已有數本著作翻譯完成並出版。

[15] 關於本書的譯者范揚教授及張企泰教授，對於黑格爾漢語翻譯著作有所涉獵的讀者，應該會熟悉這兩位學者的姓名，但以往這兩位學者的生平資料，則較不為人所熟知。在台灣，因范揚教授的《行政法總論》持續出版至一九七三年（台五版，由台北的臺灣商務印書館出版），范教授也因此較為台灣法學界所熟知（陳新民 2005: 217）。而在二〇二一年，位於北京的商務印書館，將這兩位學者的部分著作，重新整理出版（參見范揚著、蘇苗罕編（2021）、以及張企泰著、劉穎編（2021）），在這二本重新由學者編輯出版的著作選集中，編者對於這兩位學者的生平及著作，有較完整的整理及介紹。根據蘇苗罕（2021）的整理，范揚教授出生於一八九九年，於一九一六年赴日留學，於一九二八年於東京帝國大學法學院法律科畢業，返國後先後任教於浙江警官學校、中央大學、安徽大學、中山大學、同濟大學、復旦大學等校，於一九六二年逝世於上海，其著作及譯作涵蓋公法、私法及法理學等領域，代表性著作包括《行政法總論》、《警察行政法》、《繼承法要義》等，代表性譯作為本書《法哲學原理》。而根據劉穎（2021）的整理，張企泰教授出生於一九〇七年，於一九三三年取得巴黎大學法學博士學位，返國後除擔任公職及律師外，並先後任教於西南聯大、中央大學、同濟大學、光華大學、震旦大學、復旦大學等校，於一九六二年逝世，其著作及譯作領域也十分廣泛，涵蓋公法、私法、法理學、法律史等領域，並以民法及國際法（包含國際公法及國際私法）為主要研究及發表領域，代表性著作包括《中國民事訴訟法論》及《中國民法物權論》等，代表性譯作除本書《法哲學原理》外，亦譯有查士丁尼《法學總論》等著作。本書出版者五南圖書出版股份有限公司，亦根據前述資料，增修本書的「譯者簡介」，併此說明。

【16】美國當代權威黑格爾研究者Stephen Houlgate甚至認為，在思想的深度與精緻度上，只有柏拉圖、亞里斯多德與康德，可與黑格爾相提並論。請參考Houlgate（2011: 1）。

【17】另外兩大傳統，一個是「理性／自然」論，代表作是柏拉圖的「理想國」。第二是「意志／人造」論，代表作是霍布斯的「利維坦」。因此也可說黑格爾的法哲學原理是三大經典之一。

【18】參見Kroner (1961: V): "Ich bin nach wie vor überzeugt, daß die Entwicklung von Kant bis Hegel einer inneren, sachlichen, logischen Notwendigkeit folgte."

【19】阿圖塞就強烈懷疑此點，並以認識論的斷裂來說明青年馬克思與成熟馬克思之間的理論差異。另一方面，至遲自盧卡奇（Georg Lukács）於一九二三年出版《歷史與階級意識》後，將黑格爾思想馬克思化的趨勢也出現了。

【20】對於法哲學（Rechtsphilosophie, Philosophie des Rechts）此一學科範疇，在黑格爾哲學體系的地位，文獻中一直有十分不同的解讀方式。根據Brooks（2007: 4-8）的研究，以及Brooks & Stein（2017）的後續討論，就此議題可以大致上區分為兩種立場。第一種是體系性解讀（systematic reading），此種看法主要是根據著黑格爾本身的著作，將法哲學作為精神哲學（Philosopie des Geistes）中的一個環節；第二種則是非體系性解讀（non-systematic reading），此種解讀認為不需要於透過黑格爾哲學體系，才能對其法哲學有較好的理解。而黑格爾的哲學體系存在某些難以克服的缺點，如果採取體系性的解讀，經常會讓黑格爾體系的缺陷，影響到對法哲學的理解，加上雖然黑格爾的法哲學內容，也會直接連結到邏輯學、形上學或例如歷史哲學等內容，但這一類的連結，可能不見得有什麼內在的因素可以加以支持。因此，雖然體系性的解讀，有黑格爾著作本身的編排或體系加以支持，而似乎更容易受到採納，不過非體系性的解讀，卻也受到許多著名黑格爾研究學者的青睞。

【21】此著作有一八一七、一八二七、一八三〇三個版本。

【22】此處可參考黑格爾在一八三〇年版《哲學全書》第四八六節，黑格爾指出他在此所稱的法（Recht）：「不僅限於法學當中的法，還包含所有（aller）對於自由進行規定的定在。」（Hegel 1986f: 304）亦請參見Jaeschke（2016: 338）對於黑格爾著作中狹義的法（主要指法哲學當中的「抽象法」）以及廣義的法的區分。

【23】"Grundlinien der Philosophie des Rechts oder Naturrecht und Staatswissenschaft im Grundrisse."

【24】此文之完整標題為〈論自然法的科學研究方式，它在實踐哲學中的位置，以及與實證法學的關係〉（Über die

wissenschaftlichen Behandlungsarten des Naturrechts, seine Stelle in der praktischen Philosophie und sein Verhältnis zu den positiven Rechtswissenschaften）（Hegel 1986a: 434-530），關於此文相關討論，參見顏厥安（1999），以及Wang（2008: 117-157）。

【25】下表主要參考Klenner（1986）、Hoppe（2005: 18-21）、Vieweg（2012: 526）、以及Grotsch（2019: 1509-1511）。

【26】這些筆記除了有個別在不同出版社出版的，以及一部分曾被編入Meiner出版社所出版的黑格爾課堂筆記或手稿選集外，目前最新且較完整蒐集整理的筆記版本，是編入Meiner出版社所出版的黑格爾全集（G.W.F. Hegel: Gesammelte Werke，一般簡稱為GW）第二部分上課筆記（Vorlesungsnachschriften）中，列為全集第二十六卷，分為四冊出版：第一冊（GW 26.1）為一八一七至一八二〇年之筆記，由Dirk Felgenhauer編輯；第二冊（GW 26.2）及第三冊（GW 26.3）為一八二二至一八三一年之筆記，由Klaus Grotsch編輯；第四冊《附錄》（GW 26.4）則包含編輯報告（Klaus Grotsch執筆）及相關的文獻、注釋等，該冊並甫於二〇一九年十二月中旬出版。詳細的討論與介紹，參見Grotsch（2019）。

【27】Hegel/Becker et al. (1983); Hegel/Ilting (1983).

【28】Hegel/llting (1973), Band 1.

【29】Hegel/Henrich (1983).

【30】Hegel/Angehrn et al. (2000).

【31】Hegel/Hoppe (2005).

【32】Hegel/Ilting (1973 Band 3: 87-841).

【33】Hegel/Schilbach (1999).

【34】Hegel/Ilting (1973 Band 4: 76-752).

【35】Hegel/Ilting (1973 Band 4: 917-925).

【36】黑格爾於耶拿時期開過五次法哲學課程，當時的課程名稱主要為「自然法」（Jus Naturae），但並不確定是否該五次課程均有開課成功，參見Grotsch（2019: 1513）以及Siep（1997: XIV）。

【37】請參考Hegel/Henrich（1983: 51）。事實上根據也相當可信的資料顯示，黑格爾甚至曾經跟朋友說，所有合乎理

性的，必須存有（Alles was vernünftig ist, muß sein），參見Jaeschke（2016: 254）。

【38】Hegel/Ilting（1983: 157）。關於黑格爾「理性（必然）可以實現」的相關討論，以及此一看法與康德哲學的關聯，參見魏楚陽（2012: 136-139）。

【39】事實上在這個雙重語句之前，黑格爾在談的是柏拉圖政治哲學的問題，以及即使有缺點，仍無礙於顯示出柏拉圖的天才。

【40】關於黑格爾對於理性、存在與現實的關係，Pippin指出，黑格爾的基本立場是對於康德式計畫（Kantian porject）的保存並大幅改造（greatly transforming），就此可參見Pippin（1989: 176）的進一步討論。

【41】主要代表是霍布斯與盧梭：在德語圈也包括康德與費希特。耶拿時期的青年黑格爾將前者稱為經驗主義自然法，將後者稱為形式主義自然法。

【42】亦可譯為倫理生活或倫理性。

【43】亦即將心靈／精神化約為物質之功能，或將自然或物質領域化約為心靈／精神領域之作用。

【44】可參考Peter Benson, Alan Brudner等人的著作。

【45】黑格爾（主要）在《精神現象學》當中提出的主奴辯證，一直是黑格爾哲學裡最受到熱烈討論的主題之一。這一哲學論述與真實世界的奴隸制或者專制統治下之被奴役狀態的關係，以及黑格爾本人對奴隸體制、黑人與非洲的態度，也一直廣受討論爭議。在最近新一波反種族主義浪潮下，這一層面的反省特別具有重要性。對於黑格爾與「奴隸」這個概念以及奴隸制的關係，需要另文探討。Susan Buck-Morss於二〇〇〇年發表的文章，給予此問題一個非常豐富的新方向，請參考Buck-Morss（2000）。

【46】本書所附的「譯名對照表」是不理想的。不夠周延完整，是最大的缺點。

【47】如果要談不同，主要在於黑格爾方法的「哲學性」，亦即哲思的每一個理論建構，都同時帶有對自身「思想」性質的辯證反思。

【48】Habermas (1986).

【49】“Der moralische Standpunkt ist daher in seiner Gestalt das Recht des subjektiven Willens.”

【50】“Der moralische Standpunkt ist der Standpunkt des Willens, insofern er nicht bloß *an sich,* sondern *für sich unendlich* ist (vorh. §). Diese Reflexion des Willens in sich und seine für sich seiende Identität gegen das Ansichsein und die

Unmittelbarkeit und die darin sich entwickelnden Bestimmtheiten bestimmt die *Person* zum *Subjekte*.”

[51] 請參考黑格爾在《邏輯學》中的說法：“das Endliche als das hiesige Dasein, das Unendliche aber, zwar das *Ansich* des Endlichen, doch als ein Jenseits in die trübe, unerreichbare Ferne, *außerhalb* welcher jenes sich befinde und dableibe.” (Hegel 1986c: 153)。

[52] 德文原文，“Die zweite Sphäre, die Moralität, stellt daher im ganzen die reale Seite des Begriffs der Freiheit, ...”，請參考Houlgate的英譯，“The second sphere, morality, therefore throughout portrays the real aspect of the concept of freedom, ...”(109)。中國有新近譯本，將本段翻譯為「這第二個領域，道德法，所以完整地表達了自由這個概念的實在方面」，似乎並不更理想，因為不宜把Moralität翻譯成「道德『法』」，且im ganzen，並不是「完整地」的意思。

[53] 中譯本有時沒有這麼謹慎，只譯為我的東西，請參考本書第一一五節。僅就字面而言，這也不能說是不正確的翻譯。

[54] 這是本文作者為了簡明闡述黑格爾理論所提出的個案分析，並非黑格爾自己的舉例。在法學上當然也可以提出許多不同的判斷，不過此處暫不多論。

[55] 尤其法律人應注意，黑格爾的理論分析，固然對刑法的犯罪行為論有重大貢獻，但是其概念使用與法學專業用語方式還是有相當大的差異。例如此處的「意圖」意義就有所不同。

[56] Apel (2004: 58)：德文原文，請參考Apel（1988: 80）。

[57] Apel (2004: 56; 1988: 78)。此處二元論是指「本體／現象」或「自由／因果」的對立。

[58] 關於黑格爾、謝林與賀德林（Johann Christian Friedrich Hölderlin，德語世界的代表性詩人之一）於杜賓根神學院時期的室友關係，參見蔡慶樺（2019: 72-82）以及Pinkard（2001: 21-38），而當時此三人共同受到法國大革命的影響以及康德政治哲學的影響，在各自著作及思想當中的發展（包括謝林的〈自然法的新演繹〉），參見Nauen（1971: 12-14）。

[59] 不過在〈自然法論文〉當中，倫理性或「絕對的倫理總體性」（die absolute sittliche Totalität），「不外乎就是一個民族」（nichts anderes als ein Volk ist）（Hegel 1986a: 481），黑格爾在此時是以希臘城邦（pólis）概念，作為其「倫理性」的原型，因此相對於在《法哲學原理》當中的「倫理」概念，耶拿時期黑格爾的倫理概念，

並未納入啓蒙運動之後的道德哲學或政治哲學中的「主體性」的概念；而於耶拿時期後期，則逐步將側重行動者主體性的道德性概念，納入其精神哲學的討論當中，相關討論，參見Schnädelbach（2000: 245-246）以及Kervégan（2018: 190-191）。

[60] 參見Wood（1990: 199），Wood並指出，相對於「道德」，倫理是「活的」（living）或是「自我運動的」（self-moving）。

[61] 關於黑格爾對於希臘悲劇的在著作中的諸多討論，以及此等論述在當代實踐哲學的意義，參見顏厥安（2001）。

[62] 此處涉及「實體」（Substanz）或「實體性」（Substantialität）與「偶性（偶然性）」（Akzidentalität.）的關係，也就是整體與構成整體的個別事物的關係，可參考《哲學全書》第一五〇至第一五一節的敘述（Hegel 1986e: 294-297）。

[63] 此亦可參考黑格爾在授課當中指出，倫理為「實體性及主體性的統一」（Einheit von Substantialität und Subjektivität）的看法，參見Hegel/Ilting（1973, Band 4: 410）。

[64] Honneth (2001: 86).

[65] 或可譯為風俗，另我國民法第七十二條：「法律行為，有背於公共秩序或善良風俗者，無效。」當中的「善良風俗」，外國立法例主要為德國民法典第一百三十八條以及瑞士債務法第二十條中的「gute Sitte」，參見王澤鑑（1994: 52）。

[66] 此處的「第二天性」（zweite Natur）或可譯為「第二自然」。

[67] 關於「第二自然」，黑格爾在《哲學全書》第四〇九到四一〇節討論「習慣」時，有更為詳盡的論述（Hegel 1986f: 182-191），另外關於黑格爾的「第二自然」概念作為社會批判基礎的相關討論，參見Menke（2018: 119-148）。

[68] 關於此一觀點的詳細討論，參見Honneth（2010）以及Honneth（2001: 79-86）。

[69] 關於黑格爾對於生理性別的社會分工，所立基的兩性「自然」差異討論，可以追溯至耶拿時期的自然哲學，而其後的自然哲學發展，也仍然有在處理此一層面的相關議題。關於生理性別議題在黑格爾自然哲學以及精神哲學（或法哲學）的互動及發展，參見Stone（2010: 216-220）。

[70] 參見Schnädelbach（2000: 252-253）：此處也涉及前面提到的「第二自然」概念，參見Honneth（2001: 94）。

[71] 在耶拿時期的著作中，黑格爾首次透過對於愛的討論，使用「承認」（Anerkennung）的概念，認為在愛的關係中，「未開化的自然自我」「被承認」，而此一看法與黑格爾於早期神學著作當中，將愛視為一種社會整合的力量，有所不同，參見Honneth（2003: 63-65）的相關討論；另關於愛、承認與家庭等概念在耶拿時期的發展及彼此之間的關係，參見Siep（2014: 97-104）。

[72] 此處可參考在第一六三節附釋中「由於雙方人格的同一化，家庭成為一個人（wodurch die Familie eine Person ist）」，以及第一六二節「婚姻的客觀出發點則是當事人雙方自願同意組成為一個人（eine Person auszumachen）」的敘述。

[7] 此處主要指的是康德在《道德形上學》（Metaphysik der Sitten）的觀點，參見Amengual（2017: 182）。

[74] 此為主流的解釋方式，參見Hutchings & Pulkkinen（2010: 14）及所引述的相關文獻。

[75] 參見Blasche（1974: 322）、Honneth（2001: 94）以及Amengual（2017: 171）。此亦可參見第一七二節「補充」：「夫婦與子女組成真正的核心（bilden den eigentlichen Kern）」。而本書當中所述此種當前所稱核心家庭的概念，大致上是當時歐洲逐漸形成的主流家庭型態，參見Stone（2012: 144-145）。

[76] 參見第一六八節：「婚姻是由於本身無限獨特的這兩性人格（Persönlichkeit der beiden Geschlechter）的自由委身而產生」。

[77] 類似觀點，透過黑格爾將家庭視為一種親密的社會領域的看法，指出將家庭視為生理上兩性伴侶的結合，「幾乎沒有思辨上的基礎」（kaum spekulative Gründe），參見Amengual（2017: 181）。

[78] 雖然黑格爾在本書當中的論述，在字面上很容易被認為是某種基於傳統生理性別分工的刻板印象、或是因長期性別宰制結果，所產生的內容，但在《精神現象學》當中關於主奴辯證等議題的討論，卻是當代女性主義經典，由Simone de Beauvoir所著的《第二性》（*Le Deuxième Sexe*）的重要理論來源之一，就此參見Mills（1996: 2-4）以及Miller（2017: 110-111）。而當代另一位重要的女性主義學者Luce Irigaray，亦在其多部著作中，引述黑格爾的哲學看法，做為其理論的主要基礎之一，參見Hutchings & Pulkkinen（2010: 5）。

[79] 對於青年時期黑格爾的思想發展，影響最大的蘇格蘭啓蒙運動學者為James Steuart，黑格爾在當時也針對Steuart的《政治經濟學原理研究》（An Inquiry into the Principles of Political Economy，1767）寫過一篇評論（但該文

已佚失），參見Caboret（1999: 57）、Ritter（1956: 218）以及Waszek（1988: 22）。但隨著黑格爾對於政治經濟學領域的涉獵增加，Adam Smith的相關討論，也逐步出現在黑格爾的著作當中。黑格爾首次在著作中明確引用Adam Smith的作品，是在耶拿時期的一八〇三至一八〇四年關於「精神哲學」講稿當中，引述Smith的分工理論（Waszek 1988: 128-129），相關內容即為眾人所熟知，關於Smith在《國富論》當中所談的生產大頭針，因分工可形成的產量大量增加的著名段落。不過黑格爾認為，這種勞動分工所造就的產量提高，「勞動的價值就依同樣的比例（in demselben Verhältnisse）遭到貶損」，且因為在這種分工狀態下，個別勞動者只能從事小部分範圍的特定工作，「變成機器勞動（Maschinenarbeit），個人的技能就變得越無窮地受限，而且工廠勞動者的意識（Bewußtsein der Fabrikarbeiter）被貶損至最低的愚鈍程度（wird zur letzten Stumpfheit herabgesetzt）」（Hegel 1986h: 230）。另外，Harris根據Adam Smith《國富論》英文版及德文譯本出版的時間及地點，推斷黑格爾在伯恩時期已經取得並閱讀此書（Harris 1983: 126）；不過Waszek（1988: 112-115）則認為，依當時的通常狀況以及相關文獻內容，即使黑格爾確實曾購買或取得此書，也是到比較後期才真正閱讀此書的內容。

[80] 就此議題，Jaeschke（2016: 355）指出市民社會一詞，在現代自然法論開始發展時，例如於Thomas Hobbes的著作中，是指與自然狀態對立的文明狀態（societas oder status civilis）。

[81] 而在德語世界當中的「民法」當中的「民」，也是譯自「bürgerlich」此字，主要的規範範圍即為私人間的財產利益相關事務，例如當前的德國民法典即稱之為Bürgerliches Gesetzbuch（簡稱為BGB），而奧地利民法典稱之為Allgemeines bürgerliches Gesetzbuch（簡稱為ABGB）。

[82] 亦有學者認為黑格爾此處的用語，來自於費希特的著作，參見Kervégan（2018: 145）。

[83] Rosenzweig（2010: 392）指出，此處的一些想法來自於Adam Smith；而Waszek（1988: 146-157）則透過許多段落敘述的對照後指出，相關的敘述主要來自於Adam Smith以及James Steuart。

[84] 黑格爾在晚年的《哲學史演講錄》內簡短提到Adam Smith的段落中，也是以Staatsökonomie來稱呼此一學科，參見Hegel（1986g: 285）。

[85] 在古希臘用語當中，oikonomia指的是討論家戶（oikos、家計）管理（nemein）的學科（Leshem 2016: 225），也因此在近代經濟學的發展初期，會加上「政治」一語，來表達此一學科著重討論「群體」生活當中物質生活的學科，而非指「國家」或其他政治體制或組織，參見Schnädelbach（2000: 271）。

[86] 參見Rosenzweig（2010: 168），雖然Rosenzweig敘述的是《倫理體系》當中的等級理論，但《倫理體系》內關於等級的討論內容，大致上也延續到本書當中。

[87] 此處的Stand，在英語世界中有文獻譯為class，也有文獻譯為estate。Peperzak指出，黑格爾在本書中，並未嚴格區分Stand與Klasse，將兩者彼此混用，而關於黑格爾著作當中，Stand與Klasse兩個類似的概念，彼此之間的關係及概念發展，參見Peperzak（2000: 448-450）。此外值得注意的是，黑格爾本身在紐倫堡時期對中學生講授的的哲學全書（Philosophische Enzyklopädie für die Oberklasse）中，於第一九八節進行關於等級的討論時，有用到Klasse此一詞彙來解釋Stände：「一個國家中不同的等級存在著十分具體的差異，個別的人們將自身依其進行分級。」（Die verschiedenen Stände eines Staates sind überhaupt konkrete Unterschiede, nach welchen sich die Individuen in Klassen teilen）（Hegel 1986b : 63），不過因該節的討論十分簡要，因此並不容易以該處的討論，而明確推論黑格爾當時對這兩個用語的看法。

[88] 黑格爾在本書第三〇三節中，明確指出普遍等級就是「在政府中供職的等級」。

[89] 英語世界當中，通常譯為「the universal class」，參見Waszek（1988: 172）。

[90] 參見Hegel（1986a: 489-490），並請參考Horstmann（1997: 195）以及Schnädelbach（2000: 49-51）。

[91] Rosenzweig（2010: 393-395）亦指出黑格爾在一八二〇年對於等級的看法（即在本書的看法），在一八〇二年的作品中就已出現。

[92] 關於「普魯士一般邦法典」的精要介紹，參見Wieacker（2004: 312-318），而關於該法典當中以及德語世界法律史發展中，以此三個等級為中心的等級制度討論，參見Eisenhardt（2008: Rn. 215）；而關於黑格爾寫作本書前後直到二十世紀初期，德語世界等級制度後續發展的扼要說明，參見Stolleis（2012: 8-10）。

[93] Rosenzweig（2010: 168-170）即是以貴族、市民及農民三個等級，來討論黑格爾於《倫理體系》當中的三個等級。

[94] 關於歐洲自十六世紀以降的實證法中，對於等級秩序（die ständliche Ordnung）的討論，除了黑格爾在著作當中所提到的三個等級（貴族、市民、農民）之外，還有一個重要的群體即猶太人（die Juden），參見Eisenhardt（2008: Rn. 213-222）；而這些等級的概念在中世紀的發展，參見Eisenhardt（2008: Rn. 35-46）。

[95] 例如在紐倫堡時期的著作中，黑格爾指出國家的權力包括立法、司法及行政權（gesetzgebende, richterliche und

exekutive Gewalt），不過黑格爾認為這三權只是國家「抽象的環節」（die abstrakten Momente），參見Hegel（1986b: 63）；相關議題，亦請參考本書第二七三節，將國家區分為「立法權」、「行政權」以及「王權」的討論。

【96】此可參考本書第二〇八節所述：「所有權法（Recht des Eigentums）……已達到它的有效的現實性（in seiner geltenden Wirklichkeit），因為有司法保護著所有權（Schutz des Eigentums）。」

【97】Schnädelbach (2017: 269).

【98】就此並請參考Peperzak（2001: 455-457）的相關討論。

【99】參見Schnädelbach（2000: 283-284）、Loick（2017: 116-117）、Kervégan（2018: 64-68）以及Siep（1997: 10-11）。

【100】參見Habermas（1963）的綜合性討論。而黑格爾前後看法的不同，可能跟當時所經歷的三個重大的政治事件有關，就此可參考Löwith（1995: 260-261）的說明：「黑格爾經歷過三個重大政治事件，青年時期是法國大革命、成年時期是拿破崙對世界的統治（Napoleons Weltherrschaft）、而最後是普魯士解放戰爭。」

【101】就此亦可參考黑格爾於一八一九／一八二〇年授課筆記中，對於拿破崙法典的排斥者，所做的描述：「多數對於拿破崙法典進行反對的書寫及叫嚷，其實知道什麼是對其危險的。拿破崙法典包含財產自由的主要原則，以及將所有源自於封建時代的東西，都加以清除的原則。」（Ein großer Teil derer, die gegen den Code Napoleon geschrieben und geschrien haben, haben wohl gewußt, was ihnen gefährlich ist. Der Code Napoleon enthält jene großen Prinzipien der Freiheit des Eigentums und der Beseitigung alles dessen, was aus der Feudalzeit herrührt.），參見Hegel/Henrich（1983: 172-173）以及Kervégan（2018: 66）。

【102】目前德國的「法院組織法」，其名稱即為Gerichtsverfassungsgesetz，簡稱為GVG。

【103】此等用語仍為目前我國的法律條文、法院判決及法學教科書所使用，例如行政訴訟法第一百零五條第二項：「訴狀內宜記載適用程序上有關事項、證據方法及其他準備言詞辯論之事項；其經訴願程序者，並附具決定書。」

【104】類似的安排方式，可參考我國民事訴訟法第四百零三條，規定某些類型的訴訟，應先經法院調解。而此處「試行和解」的類似條文文字，可參考我國民事訴訟法第三百七十七條第一項之規定：「法院不問訴訟程度如何，得隨時試行和解。受命法官或受託法官亦得為之。」

【105】本書第二二三節「附釋」當中所稱的「公平」，其德文原文為Billigkeit，於當前的法律用語當中，此一用語通常譯作「衡平」，就此可參考我國仲裁法第三十一條：「仲裁庭經當事人明示合意者，得適用衡平原則為判斷」，以及德國民事訴訟法第一千零五十一條第三項：「仲裁庭僅得於當事人明示授權時，依衡平原則進行判斷。授權於仲裁庭做成判斷前均得提出。」（Das Schiedsgericht hat nur dann nach Billigkeit zu entscheiden, wenn die Parteien es ausdrücklich dazu ermächtigt haben. Die Ermächtigung kann bis zur Entscheidung des Schiedsgerichts erteilt werden.）的用語。而關於此一「衡平」Billigkeit概念，在比較法制（主要為民事實體法）的重要討論，參見王澤鑑（1996: 17-64）。

【106】此處黑格爾對於衡平原則或是衡平法院的討論，是反對康德在《道德形上學》當中的看法（Grotsch 2017: 403）。康德認為（Kant 1990: 71-72），衡平原則或是衡平法院，是在沒有具體法律的依據下，做成對特定當事人有利的裁判，這種方式其實是沒辦法經由法律的途徑加以彌補，而只能是「良心法院」（Gewissensgericht）或是「天上法院」（forum poli，即Gerichtshof des Himmels之意）的作法；而就康德對於衡平原則的相關討論，以及在思想史、羅馬法及英國法中，衡平原則的發展概述，參見Höffe（1999: 58-60）。

【107】關於此處Deliberation此一用語，於當前我國的法律用語當中，所對應者為「評議」，即多位裁判者共同審理某一案件時，共同決定案件的裁判結果，參見我國法院組織法第一百零六條至第一百十條之規定。而關於此一用語的制度來源、以及在比較法制上的討論（主要為法語世界），參見藍瀛芳（2014: 1-7）。而在目前德國實證法當中，則大致上是使用Beratung此一語詞來表達此一概念，參見德國法院組織法（Gerichtsverfassungsgesetz）第一百九十二條至第一百九十七條的規定內容。

【108】此一安排與目前我國的制度相同，參見我國法院組織法第一百零三條：「裁判之評議，於裁判確定前均不公開。」

【109】此處使用的Subsumtion，在當前法學用語當中，一般譯為「涵攝」，即將特定案例事實，歸屬於法規範的構成要件之下，以得出特定法律效果的推論過程，參見王鵬翔（2005: 3）、以及Rüthers/Fischer/Birk（2018: 417）。

【110】就黑格爾對於陪審制的討論，以及在黑格爾法哲學相關著作及歷年授課筆記中，所呈現的看法，參見Schild（2014: 208-222）。而關於黑格爾寫作本書前後，當時德語世界受到拿破崙影響，在學說上以及實務上，對於陪審制的態度及其後的發展，參見鄭文中（2012: 61-74）以及許恒達（2008: 177-178）。

【111】Hardimon（1994: 195）認為本書的Polizei是一個公共行政的體系（the system of public administration），而

Schnädelbach（2011: 141）亦指出此處的Polizei應理解為今日的公共行政（öffentliche Verwaltung）。而關於當時歐陸的「警察」相關概念，參見Stolleis（2016: 38-43）以及Riedel（1962: 161），就此議題，深入的思想史及法制史發展對照討論，參見江玉林（2008）。而黑格爾在耶拿時期一八〇五年至一八〇六年精神哲學的授課內容中，已於討論普遍等級（der Stand der Allgemeinheit）時，就當時通行的「警察」概念，進行論述，指出此一概念由Politia此一用語而來，處理公共的生活及行政（das öffentliche Leben und Regieren）等事項（Hegel 1987: 247-248），而黑格爾並在柏林時期的授課內容中，則指出Polizei此一概念來源Politia，起初指的就是「國家的整體活動」（die ganze Betähtigung des Staats）（Hegel/Ilting 1973 Band 4: 587），就此亦參見Schnädelbach（2000: 287-288）的相關討論。

【112】關於Pöbel的用語，是由馬丁．路德（Martin Luther）由拉丁文中的populus加以德語化而來，此一用語其後也由馬克思及恩格斯沿用，參見Schnaedelbach（2000: 365）以及Ruda（2011: 27-30; 247-262）。

【113】值得注意的是，此處黑格爾使用Klasse而非Stand。

【114】黑格爾於此處的說法，可能與費希特《封閉的商業國》（Der geschlossene Handelsstaat, 1800）當中反對貿易的看法有關，參見Grotsch（2017: 411），亦請參考Siep（2017: 517）所指出，黑格爾在《法哲學原理》當中對於自由貿易的正面看法，是反對費希特於《封閉的商業國》一書中的論點。

【115】就此亦可參考Pippin（2017: 67）的說法：「此書並不表現出對於單純最佳可能體制的思考，而是對於個別的當代制度如私有財產、道德個人主義、市民的或浪漫主義的家庭、市場經濟以及代議制國家，所進行的一種不尋常的思考。」

【116】劉創馥教授將黑格爾客觀精神或法權哲學著作當中的規範性，稱之為「後設規範性」或「二階規範性」（second-order normativity），值得參考，參見劉創馥（2020: 179-185）。

【117】就此議題，尤其是關於黑格爾歷史哲學中「隱密的康德主義」（der geheime Kantianismus），參見Hostrmann（2004）的精彩討論，而關於黑格爾「倫理」（Sittlichkeit）概念所具備的規範性，參見Honneth（2014）。

【118】就黑格爾在相關著作及授課內容中「神化國家」（göttlicher Staat）的整理及相關討論，參見Siep（2015: 6-8），並請參考Jaeschke（2017: 249-250）的相關討論。

【119】黑格爾在本書中直接使用「制度」（Institution）此一用語，參見例如第二五八節「補充」當中所述：「在談到

國家理念時，不應注意到特殊國家或特殊制度（besondere Institutionen）」，以及第二六三節當中所述，精神顯現為「前面仔細研究過那些制度（die im Vorherigen betrachteten Institutionen）」等段落。關於黑格爾法哲學當中的制度論（institutionalism）議題，參見Henrich（1983: 31）以及Kervégan（2018: 281）。

[120] 就此一議題，亦可參考黑格爾在《哲學全書》的「客觀精神」章節當中的討論，參見Houlgate（2019: 187-188）。

[121] 就黑格爾此處politische Gesinnung的漢語翻譯議題，參見蕭高彥（2013: 313）。

[122] 關於黑格爾的合理愛國主義，在思想史脈絡以及與當代社群主義間關係的深入論述，參見蕭高彥（2013: 312-324）。

[123] 參見Siep（2017b: 215）以及Jaeschke（2017: 251-252）。

[124] 關於黑格爾對於「概念」（Begriff）的三個環節，主要可參考其《哲學全書》第一六三節的說明，參見Hegel（1986e: 311-313）。

[125] 此一「現代國家」（die modernen Staaten）為黑格爾在本書第二六〇節當中所採用的用語，關於黑格爾著作當中「現代國家」的內涵，參見Siep（2017b）以及Schnädelbach（2000: 341-344）的相關討論。

[126] 關於黑格爾對於此種有機論（Organismus）及其對於權力分立關係的全面性研究，參見Siep（1986: 256-267）。

[127] 此處應是指神聖羅馬帝國的君主選舉制度，參見Kervégan（2018: 267）。

[128] 此為VittorioHösle的用語，相關討論，參見Schnädelbach（2000: 312-313）以及Schnädelbach（1997: 267-268）。

[129] 就當代法律制度中主權者、國會與憲法規範的關係，以及牽涉及到我國憲政實際爭議的討論（司法院釋字第四九九號解釋所處理的「國民大會代表延任案」），參見顏厥安（2000）。

[130] 關於黑格爾在本書寫作之前，其他討論政治制度的作品中，關於代表制的討論，如一八〇二年定稿但未發表的〈論德國憲法〉（Die Verfassung Deutschlands），以及一八一七年的〈評一八一五和一八一六年符騰堡王國邦等級議會的討論〉（Verhandlungen in der Versammlung der Landstände des Königreichs Württemberg im Jahr 1815 und 1816），參見Kervégan（2018: 236-240）。

【131】此處的「犯罪和犯過」vergehen und verbrechen，參考目前的德國刑法典（Strafgesetzbuch）第十二條的內容，應較適合譯為「重罪和輕罪」。

【132】關於黑格爾此處對於康德「永久和平」看法的批評，Höffe則是認為以目前國際上對於人權以及普世價值的重視，以及國際間的關係更為「法律化」（Verrechtlichung）的趨勢，康德的想法會比黑格爾的想法更為清楚顯現在當前的世界當中，參見Höffe（2011: 237）。

【133】關於當代國際法當中「國家承認」的相關議題以及兩種主要的理論「構成說」及「宣告說」，參見姜皇池（2021: 484-500）以及趙彥清（2022: 293-296）。

【134】關於戰爭手段「文明化」（Zivilisierung）在黑格爾著作以及康德著作的討論，參見Siep（1995: 369）。

【135】類似的說法，參考Vieweg（2012: 499）所述：「世界史作為自由概念的發展」（die Weltgeschichte als Entwicklung des Begriffs der Freiheit）。

【136】此處關於世界歷史的敘述雖然篇幅不大，但誠如Vieweg所指出，並不能將此處的討論，理解為單純的「附錄」（Appendix）或「附件」（Attachment），參見Vieweg（2012: 500）。

【137】參見Grotsch（2017: 426-427）以及Ottmann（1997: 292）。

【138】此種發展過程，其核心即為對於「個別人格」（individuelle Persönlichkeit：第三五五節）或是「個人的個體性這一原則」（das Prinzip persönlicher Individualität：第三五六節）的解放，參見Siep（1995: 371）。

【139】就此可參考Siep（1995: 364）的說法，即對於黑格爾而言，歷史在世界史的意義上，只能被把握為「朝向理性法秩序的合目的性發展」（zweckmäßige Entwicklung zur vernünftigen Rechtsordnung）。

◆參考文獻◆

【1】王澤鑑，一九九四，〈勞動契約上之單身條款、基本人權與公序良俗〉，收於王澤鑑，《民法學說與判例研究（第七冊）》，頁三六—五五，台北：作者自版。

【2】王澤鑑，一九九六，〈舉重明輕、衡平原則與類推適用〉，收於王澤鑑，《民法學說與判例研究（第八冊）》，頁一—九八，台北：作者自版。

【3】王鵬翔，二〇〇五，〈論涵攝的邏輯結構—兼評Larenz的類型理論〉，《成大法學》第九期，頁一—四五，台南：國立成功大學法律學系。

【4】江玉林，二〇〇八，〈歐洲近代初期「警察」與「警察學」的考古〉，收於林山田教授紀念論文集編輯委員會編，《刑與思——林山田教授紀念論文集》，頁九—一三，台北：元照。

【5】林端，一九九三，〈由薩維尼的歷史法學派到韋伯的法律社會學—兼論法律解釋學、法律史和法律社會學的關係〉，收於林端，《韋伯論中國傳統法律—韋伯比較社會學的批判》（二〇〇三），頁一五三—一九二，台北：三民。

【6】范揚，二〇二一，《范揚集》，蘇苗罕（編），北京：商務。

【7】姜皇池，二〇二一，《國際公法導論》，修訂四版，台北：新學林。

【8】許恒達，二〇〇八，〈「實體真實發現主義」之知識形構與概念考古—以中世紀至現代初期之德國刑事程序發展史為中心〉，《政大法學評論》第一〇一期，頁一三七—一九二，台北：國立政治大學法學院。

【9】張企泰，二〇二一，《張企泰集》，劉穎（編），北京：商務。

【10】陳新民，二〇〇五，〈行政法學的拓荒者—淺介我國早年的行政法教科書〉，收於陳新民，《公法學劄記》，頁二一七—二三八，台北：新學林。

【11】趙彥清，二〇二二，《國際公法》，台北：元照。

【12】蔡慶樺，二〇一九，《萊茵河哲學咖啡館：康德、黑格爾、馬克思、韋伯、海德格、高達美、鄂蘭……的心靈地圖》，台北：聯經。

[13] 劉創馥，二〇二〇，《黑格爾新釋》，二版，台北：國立臺灣大學出版中心。
[14] 劉穎，二〇二一，〈編後記〉，收於張企泰著，劉穎編，《張企泰集》，頁八八三—八九〇，北京：商務。
[15] 鄭文中，二〇一一，〈德國法制中人民參與刑事審判之歷史觀察〉，《國家發展研究》第一一卷一期，頁四三—九四，台北：國立臺灣大學國家發展研究所。
[16] 魏楚陽，二〇一二，〈內在自由與外在權利的辯證：黑格爾論康德的權利國家觀〉，《政治科學論叢》第五一期，頁一二九—一六〇，台北：國立臺灣大學政治學系。
[17] 魏楚陽，二〇一七，〈論黑格爾對盧梭普遍意志概念的批評〉，《人文及社會科學集刊》第二十九卷第四期，頁五六三—五九八，台北：中央研究院人文社會科學研究中心。
[18] 蕭高彥，二〇一三，《西方共和主義思想史論》，台北：聯經。
[19] 蕭高彥，二〇二〇，《探索政治現代性：從馬基維利到嚴復》，台北：聯經。
[20] 藍瀛芳，二〇一四，〈仲裁評議問題的探討〉，《仲裁》第一〇〇期（二〇一四年七月），頁二一—三三，台北：中華民國仲裁協會。
[21] 顏厥安，一九九九，〈否定性與絕對倫理—由黑格爾之自然法論文談現代社會之危機〉，收於顏厥安，《幕垂鴞翔：法理學與政治思想論文集》（二〇〇五），頁三—三九，台北：元照。
[22] 顏厥安，二〇〇〇，〈國民主權與憲政國家〉，收於顏厥安，《憲邦異式：憲政法理學論文集》（二〇〇五），頁一—五三，台北：元照。
[23] 顏厥安，二〇〇一，〈命運與倫理—由青年黑格爾的悲劇概念反思幾個實踐哲學問題〉，收於顏厥安，《幕垂鴞翔：法理學與政治思想論文集》（二〇〇五），頁四一—八六，台北：元照。
[24] 蘇苗罕，二〇二一，〈編後記〉，收於范揚著，蘇苗罕編，《范揚集》，頁八七六—八八一，北京：商務。
[25] Amengual, Gabriel, 2017. "Die Familie, §§ 158-181," in Ludwig Siep (Hrsg.),*G. W. F. Hegel, Grundlinien der Philosophie des Rechts* (2017): 169-188. Berlin / Boston: Walter de Gruyter.
[26] Apel, Karl-Otto, 1988. "Kant, Hegel und das aktuelle Problem der normativen Grundlagen von Moral und Recht," in Karl-Otto Apel, *Diskurs und Verantwortung. Das Problem des Übergangs zur postkoventionellen Moral* (1988): 69-102. Frankfurt am Main: Suhrkamp.

〔27〕Apel, Karl-Otto, 2004."Kant, Hegel, and the Contemporary Question concerning the Normative Foundations of Morality and Right," in Robert B. Pippin &Otfried Höffe (ed.), *Hegel on Ethics and Politics* (2004): 49-77.Cambridge University Press, 2004.

〔28〕Beaney, Michael, 2013. "What is Analytic Philosophy?" in Michael Beaney (ed), The Oxford Handbook of the History of Analytic Philosophy (2013): 3-29.Oxford University Press..

〔29〕Beiser, Frederick, 2005. *Hegel*. New York: Routledge.

〔30〕Biggeleben, Christof, 2006. *Das «Bollwerk des Bürgertums»: Die Berliner Kaufmannschaft 1870-1920*. München: C. H. Beck.

〔31〕Blasche, Siegfried, 1974. "Natürliche Sittlichkeit und bürgerliche Gesellschaft. Hegels Konstruktion der Familie als sittliche Intimität im entsittlichen Leben,"in Manfred Riedel (Hrsg.), *Materialien zu Hegels Rechtsphilosophie. Band 2* (1974): 312-337. Frankfurt am Main: Suhrkamp.

〔32〕Brooks, Thom, 2007. *Hegel's Political Philosophy: A Systematic Reading of the Philosophy of Right*. Edinburgh: Edinburgh University Press.

〔33〕Brooks, Thom & Sebastian Stein, 2017. "Introduction," in Thom Brooks and Sebastian Stein (ed.), *Hegel's Political Philosophy: On the Normative Significance of Method and System* (2017):1-24. Oxford: Oxford University Press.

〔34〕Buck-Morss, Susan, 2000. "Hegel and Haiti," *Critical Inquiry* 26(4): 821-865.

〔35〕Caboret, Dominique, 1999. "The market economy and social classes in James Steuart and G.W.F.Hegel," in Ramón Tortajada (ed.), *The Economics of James Steuart* (1999): 57-75. London & New York: Routledge.

〔36〕Dickey, Laurence, 1987. *Hegel: Religion, Economics, and the Politics of Spirit, 1770-1807*. Cambridge: Cambridge University Press.

〔37〕Dunayevskaya, Raya, Herbert Marcuse & Eric Fromm, 2012.*The Dunayevskaya-Marcuse-Fromm Correspondence, 1954–1978. Dialogues on Hegel, Marx, and Critical Theory*. Edited by Kevin B. Anderson Russell Rockwell. Lanham et al.: Lexington Books.

〔38〕Eisenhardt, Ulrich, 2008. *Deutsche Rechtsgeschichte*. 5. Auflage. München: C. H. Beck.

[39] Emundts, Dina & Rolf-Peter Horstmann, 2002. *Hegel: Eine Einführung*. Stuttgart: Reclam.

[40] Grotsch, Klaus, 2017. "Anmerkungen," in Georg Wilhelm Friedrich Hegel, *Grundlinien der Philosophie des Rechts* (2017): 339-428. Hamburg: Meiner.

[41] Grotsch, Klaus, 2019. "Editorischer Bericht," in Georg Wilhelm Friedrich Hegel, *Vorlesungen über die Philosophie des Rechts IV. Anhang* (Gesammelte Werke 26,4) (2019): 1509-1640. Hamburg: Meiner.

[42] Habermas, Jürgen, 1962. "Hegels Kritik der Französischen Revolution," in Jürgen Habermas, *Theorie und Praxis. Sozialphilosophische Studien* (1963): 128-147. Frankfurt am Main: Suhrkamp.

[43] Habermas, Jürgen, 1986. "Treffen Hegels Einwände gegen Kant auch auf die Diskursethik zu?" in Jürgen Habermas, *Erläuterungen zur Diskursethik* (1994): 9-29. Frankfurt am Main: Suhrkamp.

[44] Habermas, Jürgen, 1988. *Der philosophische Diskurs der Moderne: Zwölf Vorlesungen*. Frankfurt am Main: Suhrkamp.

[45] Habermas, Jürgen, 1998. *Faktizität und Geltung: Beiträge zur Diskurstheorie des Rechts und des demokratischen Rechtsstaats*. Frankfurt am Main: Suhrkamp.

[46] Habermas, Jürgen, 2019. *Auch eine Geschichte der Philosophie - Band 1: Die okzidentale Konstellation von Glauben und Wissen*. Berlin: Suhrkamp.

[47] Hardimon, Michael, 1994. *Hegel's Social Philosophy: The Project of Reconciliation*. Cambridge: Cambridge University Press.

[48] Harris, H. S., 1984. *Hegel's Development: Night Thoughts (Jena 1801-1806)*. Oxford: Oxford University Press

[49] Hegel, Georg Wilhelm Friedrich, 1986a. *Jenaer Schriften 1801-1807*. Eva Moldenhauer & Karl Markus Michel (Hrsg.). Frankfurt am Main: Suhrkamp.

[50] Hegel, Georg Wilhelm Friedrich, 1986b. *Nürnberger und Heidelberger Schriften*. Eva Moldenhauer & Karl Markus Michel (Hrsg.). Frankfurt am Main: Suhrkamp..

[51] Hegel, Georg Wilhelm Friedrich, 1986c. *Wissenschaft der Logik I.*. Eva Moldenhauer & Karl Markus Michel (Hrsg.). Frankfurt am Main: Suhrkamp.

[52] Hegel, Georg Wilhelm Friedrich, 1986d. *Grundlinien der Philosophie des Rechts*. Eva Moldenhauer & Karl Markus Michel (Hrsg.). Frankfurt am Main: Suhrkamp.

[53] Hegel, Georg Wilhelm F., 1986e. *Enzyklopädie der philosophischen Wissenschaften I*. Eva Moldenhauer & Karl Markus Michel (Hrsg.). Frankfurt am Main: Suhrkamp.

[54] Hegel, Georg Wilhelm F., 1986f. *Enzyklopädie der philosophischen Wissenschaften III*. Eva Moldenhauer & Karl Markus Michel (Hrsg.). Frankfurt am Main: Suhrkamp.

[55] Hegel, Georg Wilhelm F., 1986g. *Vorlesungen über die Geschichte der Philosophie III*. Eva Moldenhauer & Karl Markus Michel (Hrsg.). Frankfurt am Main: Suhrkamp.

[56] Hegel, Georg Wilhelm Friedrich, 1986h. *Jenaer Systementwürfe I. Das System der spekulativen Philosophie. Fragmente aus Vorlesungsmanuskripten zur Philosophie der Natur und des Geistes.* Klaus Düsing & Heinz Kimmerle (Hrsg.). Hamburg: Meiner.

[57] Hegel, Georg Wilhelm Friedrich, 1986i. *Vorlesungen über die Ästhethik I*. Eva Moldenhauer & Karl Markus Michel (Hrsg.). Frankfurt am Main: Suhrkamp.

[58] Hegel, Georg Wilhelm Friedrich, 1987. *Jenaer Systementwürfe III.Naturphilosophie und Philosophiedes Geistes.* Rolf-Peter Horstmann (Hrsg.). Hamburg: Meiner.

[59] Hegel, Georg Wilhelm Friedrich, 1998，《小邏輯》（*System der Philosophie. Erster Teil. Die Logik*），賀麟譯，台北：商務。

[60] Hegel, Georg Wilhelm Friedrich, 2002. *System der Sittlichkeit.* Hamburg: Meiner.

[61] Hegel, Georg Wilhelm Friedrich, Emil Angehrn, Martin Bondeli & Hoo Nam Seelmann (Hrsg.), 2000. *Vorlesungen über die Philosophie des Rechts Berlin 1819/20. Nachgeschrieben von Johann Rudolf Ringier*. Hamburg: Meiner.

[62] Hegel, Georg Wilhelm Friedrich, Claudia Becker, W. Bousiepen & Annemarie Gethmann-Siefert (Hrsg.), 1983. *Vorlesungen über Naturrecht und Staatswissenschaft (Heidelberg 1817/18, mit Nachträgen aus der Berliner Vorlesung 1818/19, nachgeschrieben Peter Wannenmann)*. Hamburg: Felix Meiner Verlag, 1983.

[63] Hegel, Georg Wilhelm Friedrich, Dieter Henrich (Hrsg.), 1983. *Hegel - Philosophie des Rechts. Die Vorlesung von*

1819/20. Frankfurt am Main: Suhrkamp.

[64] Hegel, Georg Wilhelm Friedrich, Karl-Heinz Ilting (Hrsg.), 1973. *Vorlesungen über Rechtsphilosophie 1818-1831: Edition und Kommentar* (4 Bände). Stuttgart: frommann-holzboog.

[65] Hegel, Georg Wilhelm Friedrich, Karl Heinz Ilting (Hrsg.), 1983. *Hegel, Georg Wilhelm Friedrich: Die Philosophie des Rechts: Die Mitschrift Wannenmann (Heidelberg 1817/18) und Homeyer (Berlin 1818/19)*. Stuttgart: Klett Cotta.

[66] Hegel, Georg Wilhelm Friedrich, Hansgeorg Hoppe (Hrsg.), 2005. *Die Philosophie des Rechts: Vorlesung von 1821/22*. Frankfurt am Main: Suhrkamp.

[67] Hegel, Georg Wilhelm Friedrich, Erich Schilbach (Hrsg.), 1999, *Philosophie des Rechts: Nachschrift der Vorlesung von 1822/23 von Karl Wilhelm Ludwig Heyse*. Frankfurt am Main: Peter Lang.

[68] Herzog, Lisa, 2013. *Inventing the Market: Smith, Hegel, and Political Theory*. Oxford: Oxford University Press.

[69] Henrich, Dieter, 1961."Karl Marx als Schüler Hegels," in Dieter Henrich, *Hegel im Kontxt. Mit einem Nachwort zur Neuauflage*(2010): 188-208. Berlin: Suhrkamp.

[70] Henrich, Dieter, 1983."Vernunft in Verwirklichung," in Georg Wilhelm Friedrich Hegel, Dieter Henrich (Hrsg.), *Hegel - Philosophie des Rechts. Die Vorlesung von 1819/20* (1983): 9-39. Frankfurt am Main: Suhrkamp..

[71] Höffe, Otfried, 1999. "Der kategorische Rechtsimperativ. „Einleitung in die Rechtslehre"," in Otfried Höffe (Hrsg.), *Immanuel Kant, Metaphysische Anfangsgründe der Rechtslehre* (1999): 41-62. Berlin / Boston: Walter de Gruyter.

[72] Höffe, Otfried, 2011. "Geschichtsphilosophie nach Kant: Schiller, Hegel, Nietzsche," in Otfried Höffe (Hrsg.), *Immanuel Kant: Schriften zur Geschichtsphilosophie* (2011): 229-242.Berlin / Boston: Walter de Gruyter.

[73] Honneth, Axel, 2001. *Leiden an Unbestimmtheit*. Stuttgart: Reclam.

[74] Honneth, Axel, 2003. *Kampf um Anerkennung. Zur moralische Grammatik sozialer Konflikt* (erweiterte Ausgabe). Frankfurt am Main: Suhrkamp.

[75] Honneth, Axel, 2010. "Das Reich der verwirklichen Freiheit. Hegels Idee einer »Rechtsphilosophie«," in Axel Honneth, *Das Ich in Wir. Studien zur Anerkennungstheorie* (2010): 33-48. Berlin: Suhrkamp.

[76] Honneth, Axel, 2013. *Das Recht der Freiheit: Grundriß einer demokratischen Sittlichkeit*. Berlin: Suhrkamp.

〔77〕Honneth, Axel, 2014. "Die Normativität der Sittlichkeit: Hegels Lehre als Alternative zur Ethik Kants."*Deutsche Zeitschrift für Philosophie* 52(5): 787-800.

〔78〕Hoppe Hansgeorg, 2005. "Editorischer Notiz," in Georg Wilhelm Friedrich Hegel, Hansgeorg Hoppe (Hrsg.), *Die Philosophie des Rechts: Vorlesung von 1821/22* (2005): 14-27. Frankfurt am Main: Suhrkamp.

〔79〕Horstmann, Rolf-Peter, 1997. "Hegels Theorie der bürgerlichen Gesellschaft," in Ludwig Siep (Hrsg.),*G. W. F. Hegel, Grundlinien der Philosophie des Rechts* (2017): 189-208. Berlin / Boston: Walter de Gruyter.

〔80〕Horstmann, Rolf-Peter, 2004. "Der geheime Kantianismus in Hegels Geschichtsphilosophie," in Rolf-Peter Horstmann, *Die Grenzen der Vernunft:Eine Untersuchungen zu Zielen und Motiven des Deutschen Idealismus* (3. Auflage, 2004): 171-188. Frankfurt am Main: Klostermann.

〔81〕Houlgate, Stephen,2005. *An Introduction to Hegel: Freedom, truth, and history*. Second Edition. Oxford: Blackwell.

〔82〕Houlgate, Stephen, 2011. "G.W.F. Hegel: An Introduction to His Life and Thought," in Stephen Houlgate & Michael Baur (ed.), *A Companion to Hegel* (2011): 1-20. West Sussex: Wiley-Blackwell.

〔83〕Houlgate, Stephen, 2019. "Hegel's Idea of the State," in Marina F. Bykova (ed.), *Hegel's Philosophy of Spirit: A Critical Guide* (2019): 186-204. Cambridge: Cambridge University Press.

〔84〕Hutchings, Kimberly & Tuija Pulkkinen, 2010."Introduction: Reading Hegel," in Kimberly Hutchings & Tuija Pulkkinen (ed.), *Hegel's Philosophy and Feminist Thought: Beyond Antigone?* (2010): 1-15. London: Palgrave Macmillan.

〔85〕Ilting, Karl Heinz, 1977. "Hegels Begriff des Staates und die Kritik des jungen Marx," in Karl Heinz Ilting (Hrsg.: Paolo Becchi & Hansgeorg Hoppe), *Aufsätze über Hegel* (2006): 71-99. Frankfurt am Main: Humanities Online.

〔86〕Jaeschke, Walter, 2016. *Hegel-Handbuch: Leben – Werk – Schule*. 3. Auflage. Stuttgart: J. B. Metzler.

〔87〕Jaeschke, Walter, 2017. "Staat und Religion (§ 270),"in Ludwig Siep (Hrsg.), *G. W. F. Hegel, Grundlinien der Philosophie des Rechts* (2017): 247-260. Berlin / Boston: Walter de Gruyter..

〔88〕Kain, Philip J., 2015."Hegel, Recognition, and Same-Sex Marriage," *Journal of Social Philosophy* 46: 226-241.

〔89〕Kant, Immanuel, 1990. *Die Metaphysik der Sitten* (1797). Hans Ebeling (Hrsg.). Stuttgart: Reclam.

【90】Kervégan, Jean-François, 2018. *The Actual and the Rational: Hegel and Objective Spirit*, translated by Daniela Ginsburg & Martin Shuster. Chicago & London: University of Chicago Press.

【91】Klenner, Hermann, 1986. “Rezension: G.W.F. Hegel, Vorlesungen über Naturrecht und Staatswissenschaft (Heidelberg 1817/18, mit Nachträgen aus der Berliner Vorlesung 1818/19, nachgeschrieben Peter Wannenmann). Hrsg. Von Claudia Becker (u.a.), mit einer Einleitung von Otto Pöggeler. Hamburg: Felix Meiner Verlag, 1983, 301S, DM98,-“ in *Archiv für Rechts- und Sozialphilosophie*, Bd. LXXII/2, 280-283.

【92】Kroner, Richard, 1961. *Von Kant bis Hegel.* 2. Auflage. Zwei Bände in einem Band. Tübingen: J.C.B. Mohr.

【93】Leshem, Dotan. 2016. “Retrospectives: What Did the Ancient Greeks Mean by Oikonomia?” *Journal of Economic Perspectives* 30 (1): 225-38.

【94】Löwith, Karl, 1995. *Von Hegel zu Nietzsche. Der revolutionäre Bruch im Denken des neunzehnten Jahrhunderts* (1950). Hamburg: Meiner.

【95】Loick, Daniel, 2017. *Juridismus - Konturen einer kritischen Theorie des Rechts*. Berlin: Suhrkamp.

【96】Marx, Karl, 1975. “Hegel. Epigramme I.” (1837) in *Marx/Engels Gesamtausgabe (MEGA)*. Abteilung I, Band 1 (1975): 644. Berlin: Dietz.

【97】Marx, Karl, 1995，〈黑格爾諷刺短詩〉（一八三七），收於中共中央馬克思恩格斯列寧斯大林著作編譯局（編譯），《馬克思恩格斯全集》（一版），第一卷，頁七三五，北京：人民出版社。

【98】Marx, Karl & Friedrich Engels, 1975. “Die deutsche Ideologie,” (1845-1846) in *Marx-Engels-Werke (MEW)*, Band 3: 9-532. Berlin: Dietz.

【99】Marx, Karl & Friedrich Engels, 2016，《德意志意識型態Ｉ．費爾巴哈原始手稿》（一八四五－一八四六），孫善豪譯註，台北：聯經。

【100】Menke, Christoph, 2018. *Autonomie und Befreiung. Studien zu Hegel*. Berlin: Suhrkamp.

【101】Miller, Elaine P., 2017. “Feminist Engagements with Nineteenth-Century German Philosophy,” in Ann Garry, Serene J. Khader & Alison Stone (ed.), *The Routledge Companion to Feminist Philosophy* (2017): 107-119. New York: Routledge.

〔102〕Mills, Patricia Jagentowicz, 1996. "Introduction," in Patricia Jagentowicz Mills (ed.), *Feminist Interpretations of G.W.F. Hegel* (1996): 1-24. University Park, PA: Pennsylvania State University Press.

〔103〕Nauen, Franz Gabriel, 1971. *Revolution, Idealism and Human Freedom: Schelling Hölderlin and Hegel and the Crisis of Early German Idealism*. The Hague: Martinus Nijhoff.

〔104〕Nicolacopoulos, Toula & George Vassilacopoulos. 2011. *Hegel and the Logical Structure of Love: An Essay on Sexualities, Family and the Law*(1999). Melbourne: re.press.

〔105〕Niji, Yoshihiro, 2014. "Hegels Lehre von der Korporation," in *Hegel-Jahrbuch* 2014(1): 288-295.

〔106〕Oexle, Otto Gerhard, 1982. "Die mittelalterliche Zunft als Forschungsproblem. Ein Beitrag zur Wissenschaftsgeschichte der Moderne," in *Blätter für deutsche Landesgeschichte,* Band 118: 1-44.

〔107〕Ottmann, Henning. 1997. "Die Weltgeschichte (§§341-360)."in Ludwig Siep (Hrsg.), *G. W. F. Hegel, Grundlinien der Philosophie des Rechts* (2017): 281-297. Berlin / Boston: Walter de Gruyter.

〔108〕Peperzak, Adriaan T., 2001. *Modern Freedom: Hegel's Legal, Moral, and Political Philosophy*. Dordrecht: Kluwer Academic Publishers.

〔109〕Pinkard, Terry, 2001. *Hegel: A Biography*. Cambridge: Cambridge University Press.

〔110〕Pippin, Robert B.,1989. *Hegel's Idealism: The Satisfactions of Self Consciousness.* Cambridge: Cambridge University Press.

〔111〕Pippin, Robert B., 2011."Vorwort," in Michael Quante, *Die Wirklichkeit des Geistes: Studien zu Hegel* (2011): 15-18. Berlin: Suhrkamp.

〔112〕Pippin, Robert B., 2017."In What Sense is Hegel's Philosophy of Right "Based" on His Science of Logic? Remarks on the Logic of Justice," in Thom Brooks & Sebastian Stein (ed.), *Hegel's Political Philosophy: On the Normative Significance of Method and System*: 67-81.Oxford: Oxford University Press.

〔113〕Popper, Karl, 2013. *The Open Society and its Enemies*. New One Volume Edition. Introduction by Alan Ryan. Princeton & Oxford: Princeton University Press.

〔114〕Quante, Michael, 2011. *Die Wirklichkeit des Geistes: Studien zu Hegel*. Berlin: Suhrkamp.

[115] Redding, Paul, 2007. "Introduction: Analytic Philosophy and the Fall and Rise of the Kant–Hegel Tradition," in Paul Redding, *Analytic Philosophy and the Return of Hegelian Thought* (2007): 1-20. Cambridge: Cambridge University Press.

[116] Riedel, Manfred, 1962."Der Begriff der »bürgerlichen Gesellschaft« und das Problem seines geschichtlichen Ursprungs," in Manfred Riedel, *Studien zu Hegels Rechtsphilosophie* (1969): 135-166. Frankfurt am Main: Suhrkamp.

[117] Riedel, Manfred, 1969."Die Rezeption der Nationalökonomie," in Mnfred Riedel (Hrsg.), *Studien zu Hegels Rechtsphilosophie* (1969): 75-99. Frankfurt am Main: Suhrkamp.

[118] Ritter, Joachim, 1956. "Hegels und die französiche Revolution," in Joachim Ritter, *Metaphysik und Politik (Erweitere Neuausgabe)* (2018): 183-255. Berlin: Suhrkamp.

[119] Rosenzweig, Franz 2010. *Hegel und der Staat* (1920). Frank Lachmann (Hrsg.). Berlin: Suhrkamp.

[120] Ruda, Frank, 2011. *Hegels Pöbel: Eine Untersuchung der Grundlinien der Philosophie des Rechts*. Konstanz: Konstanz University Press.

[121] Rüthers, Bernd, Christian Fischer & Axel Birk, 2018. *Rechtstheorie: mit juristischer Methodenlehre*. 10. Auflage. München: C. H. Beck.

[122] Schild, Wolfgang, 2014."Geschworenengericht und Strafrechtsinstitution," in Kurt Seelmann & Benno Zabel (Hrsg.), *Autonomie und Normativität. Zu Hegels Rechtsphilosophie* (2014): 207-226. Tübingen: Mohr Siebeck.

[123] Schnädelbach, Herbert, 1997. "Die Verfassung der Freiheit (§§272-340)," in Ludwig Siep (Hrsg.), *G. W. F. Hegel, Grundlinien der Philosophie des Rechts* (2017): 261-279. Berlin / Boston: Walter de Gruyter.

[124] Schnädelbach, Herbert, 2000. *Hegels praktische Philosophie. Ein Kommentar der Texte in der Reihenfolge ihrer Entstehung*. Frankfurt am Main: Suhrkamp.

[125] Schnädelbach, Herbert, 2011. *Georg Wilhelm Friedrich Hegel zur Einführung*. Hamburg: Junius.

[126] Siep, Ludwig, 1986. "Hegels Theorie der Gewaltenteilung," in Ludwig Siep, *Praktische Philosophie im Deutschen Idealismus* (1992): 240-269. Frankfurt am Main: Suhrkamp.

[127] Siep, Ludwig, 1991. "Verfassung, Grundrechte und soziales Wohl in Hegels Philosophie des Rechts," in Ludwig Siep,

Praktische Philosophie im Deutschen Idealismus (1992): 285-306. Frankfurt am Main: Suhrkamp.

[128] Siep, Ludwig, 1995. "Das Recht als Ziel der Geschichte. Überlegungen im Anschluß an Kant und Hegel, " in Christel Fricke, Peter König & Thomas Petersen (Hrsg.), *Das Recht der Vernunft: Kant und Hegel über Denken, Erkennen und Handeln. Hans-Friedrich Fulda zum 65. Geburtstag* (1995): 355-379. Stuttgart: frommann-holzboog.

[129] Siep, Ludwig, 1997. "Vorwort," in Ludwig Siep (hrsg.),*G. W. F. Hegel, Grundlinien der Philosophie des Rechts* (2017): VIII-XIV. Berlin / Boston: Walter de Gruyter.

[130] Siep, Ludwig, 2008. "Moralischer und Sittlicher Geist in Hegels Phänomenologie," in Klaus Vieweg & Wolfgang Welsch (Hrsg.), *Hegels Phänomenologie des Geistes. Ein kooperativer Kommentar zu einem Schlüsselwek der Moderne* (2008): 415-438. Berlin: Suhrkamp.

[131] Siep, Ludwig, 2010. "Ist Hegels Staat ein christlicher Staat?" in Ludwig Siep, *Aktualität und Grenzen der praktischen Philosophie Hegels. Aufsätze 1997-2009* (2010): 93-114.München: Wilhelm Fink.

[132] Siep, Ludwig, 2014. *Anerkennung als Prinzip der praktischen Philosophie. Untersuchung zu Hegels Jenaer Philosophie des Geistes*. Hamburg: Meiner.

[133] Siep, Ludwig, 2015. *Der Staat als irdischer Gott: Genese und Relevanz einer Hegelschen Idee*. Tübingen: Mohr Siebeck.

[134] Siep, Ludwig, 2017a. "Hegel's Liberal, Social, and 'Ethical' State," in Dean Moyar (ed.), *The Oxford Handbook of Hegel* (2017): 453-474. Oxford: Oxford University Press.

[135] Siep, Ludwig, 2017b. "How Modern is the Hegelian State?" in David James (ed.), *Hegel's Elements of the Philosophy of Right: A Critical Guide* (2017): 197-218. Cambridge: Cambridge University Press.

[136] Stern, Robert A., 2016. "Why Hegel Now (Again) - and in What Form?" *Royal Institute of Philosophy Supplements*, 78: 187-210.

[137] Stolleis, Michael, 2012，《德意志公法史（卷三）》（*Geschichte des öffentlichen Rechts in Deutschland. Dritter Band*. 1999），王韻茹譯，台北：元照。

[138] Stolleis, Michael, 2016，《德意志公法史導論》（*Öffentliches Recht in Deutschland. Eine Einführung in seine*

Geschichte. 2014），王韻茹，李君韜譯，台北：元照。

【139】Stone, Alison, 2010. "Matter and Form: Hegel, Organicism, and the Difference between Women and Men," in Kimberly Hutchings & Tuija Pulkkinen (ed.), *Hegel's Philosophy and Feminist Thought: Beyond Antigone?* (2010): 211–232. London: Palgrave Macmillan 2010.

【140】Stone, Alison, 2012. "Gender, the Family, and the Organic State in Hegel's Political Thought," in Thom Brooks (ed.), *Hegel's Philosophy of Right* (2012): 143-164. Chichester: Wiley-Blackwell.

【141】Vieweg, Klaus, 2012. *Das Denken der Freiheit – Hegels Grundlinien der Philosophie des Rechts*. München: Wilhelm Fink.

【142】Vieweg, Klaus, 2016. "Zur logischen Grundlegung des Begriffs der Korporation in Hegels Rechtsphilosophie," in Steffen Herrmann & Sven Ellmers (Hrsg.), *Korporation und Sittlichkeit: Zur Aktualität von Hegels Theorie der bürgerlichen Gesellschaft* (2016): 29-43. Paderborn: Wilhelm Fink.

【143】Wang, Chao-Yu, 2008. *Rechtswissenschaft zwischen deontologischer und utilitaristischer Ethik. Die Gleichursprünglichkeit von Effizienz und Gerechtigkeit im Rechtsdenken nach Hegel*. Baden-Baden: Nomos.

【144】Waszek, Norbert, 1988. *The Scottish Enlightenment and Hegel's Account of "Civil Society."* Dordrecht: Kluwer Academic Publishers.

【145】Wieacker, Franz, 2004，《近代私法史》（*Privatrechtsgeschichte der Neuzeit*. 1967），陳愛娥，黃建輝譯，台北：五南

【146】Wood, Allen W., 1990. *Hegel's Ethical Thought*. Cambridge: Cambridge University Press.

【147】Wood, Allen W., 2017a. "Hegel's Critique of Morality," in Ludwig Siep (Hrsg.), *G. W. F. Hegel, Grundlinien der Philosophie des Rechts* (2017): 131-147. Berlin / Boston: Walter de Gruyter.

【148】Wood, Allen W., 2017b. "Hegel on Morality," in David James (ed.), *Hegel's Elements of the Philosophy of Right: A Critical Guide* (2017): 58-76. Cambridge: Cambridge University Press.

序言

我的職務是擔任講授法**哲學**，需要發給聽眾講授提綱，我把這部綱要出版，其直接動機就在於此。我以前寫過一部《**哲學全書**》（海德爾堡，一八一七年），作爲我當時講授之用；本教科書便是對於在那部書中已包含的關於同一哲學部門的基本概念所做更爲詳盡、尤其是更有系統的闡述。

本綱要是準備出版的，它將呈現於廣大公眾面前；這驅使我在這裡對各項**附釋**做進一步的闡述；這些附釋當初只是些簡短的論述，以指出與我的論點相近似或分歧的各種觀念以及從其中所得出的進一步結論等等，在講授中我還會予以應有的說明的。這裡之所以要做進一步闡述，爲的是使正文中比較抽象的內容或能更臻明確；同時也爲的是能更廣泛地考慮到當前流行的一些淺顯的觀念。因此產生了許多比講授提綱的目的和體裁通常所要求的更爲詳盡的附釋。然而，一部適當的講授提綱是以某一門科學被認爲業已圈定的範圍爲對象的，它的特點，除了好比散見各處的一些小小補充以外，主要在於概括和編列屬於某一種歷來被承認和熟悉的內容的那些本質的環節，同時在於其所採取的形式具有久已形成的那些規則和格式。但是，我們恐怕不能以這種體例來期待一部哲學綱要，因爲，人們總以爲哲學所完成的作品乃是一種暫時性的東西，就像沛內羅沛的織品那樣是需要每天從頭做的。

用不著說，本綱要首先是在起指導作用的方法上與普通的講授提綱各有不同，本書的前提是：從一個論題進展到另一論題以及進行科學論證的那種哲學方法，即整套思辨的認識方法，跟其他任何認識方法有本質上的區別。只有洞察這種區別的必然性，才能把哲學從其現在所陷入的那可恥的頹廢中挽救出來。人們完全認識到，舊時邏輯的種種形式和規則，以及下定義、做分類和進行推理的種種形式和規則，包含理智認識的各種規則在內，對思辨的科學說來都不中用了；或者應該說，人們不是認識到這一點，而多半只是感覺到這一點，於是他們把這些規則作爲單純的枷鎖拋棄了，以便從心情、幻想和偶然直覺出發，恣意談論。但是，因爲反思和思想聯繫終於必然出現，於是在不知不覺中竟仍採用遭到蔑視的那種通常推論和演繹方法。關於思辨認識的本性，我在我的《邏輯學》[1]中已予詳盡闡述；所以在本綱要中我僅僅對進展和方法隨時略加說明而已。由於對象具體，且其本身具有各色各樣的性狀，就無法在所有每個細節上證明並指出邏輯推演，所以從略。一方面，在對科學方法已經熟悉的前提下，再談方法可能是多餘的；另一方面，整體以及它各部分的形成都是依存於邏輯精神的，此亦不言而喻。我希望對本書主要從這方面予以理解和評估。其實本書所關涉的是科學，而在科學中內容和形式在本質上是結合的。

誠然，我們可以從那些似乎最徹底了解事物的人那裡聽到，形式是某種外表的東西，對事物說來實屬無關重要，只有事物才是重要的；其次，我們可以說，著作家特別是哲學家的任務是發現眞理，闡述眞理，傳播眞理和正確的概念。但是，如果考量一下這種任務在實際上通常是怎樣進行的，首先我們會發現，老是原來的一盤冷飯，一炒再炒，重新端出，以饗大眾。這種工作的確對於世道教化和人心警醒，不無裨益，但是毋寧應該把它看成是多此一舉——「他們有摩西和先知的話可以聽從」[2]。尤其我們有不少機會，對在這種工作上表達出來的腔調和驕矜感到驚異，好像世界上還單單缺少這樣一批熱心傳播眞理的人，好像炒冷飯帶來了新的前所未聞的眞理，而在「今日之下」尤其應該拳拳服膺似的。但是，我們也會看到，從一方面提出的這類眞理卻被其他方面提供的同樣眞理所排擠和沖掉。在這些紛至沓來的眞理中，究竟什麼是不新不舊、恆久不變的，應該怎樣從那些形式靡定、反覆無常的考量中提取恆久不變的東西，又應該怎樣對它加以識別和證明——除了透過科學，還有其他什麼辦法呢？

不言而喻，自從法律、公共道德和宗教被公開表述和承認，就有了關於法，倫理和國家的眞理。但是，如果能思維的精神不滿足於用這樣便利的方法取得眞理，那麼眞理還需要什麼呢？它還需要被理解，並使本身已是合理的內容獲得合理的形式，從而對自由思維說來顯得有根有據。這種自由思維不死抱住現成的東西，不問這種現成的東西是得到國家或公意這類外部實證的權威支持，或是得到內心情感的權威以及精神直接贊同的證言支持都好。相反地，這種自由思維是從其自身出發，因而就要求知道在內心深處自己與眞理是一致的。

天眞心靈所抱持的態度是簡單的，它十分信賴並堅持大眾所接受的眞理，且把它的行爲方式和一生固定的地位建立在這種鞏固的基礎之上。這種簡單態度馬上會遭到想像上的困難，那就是怎樣從那些無限分歧的意見中區別和發現公認而有效的東西；這種困惑會很容易被看作對待事物正確而眞正的認眞態度。其實以這種困惑自傲的人是見樹不見林，他們的這種困惑和困難不過是他們自己製造出來的。的確這種困惑和困難毋寧說是一個證據，證明他們不是希求公認而有效的東西，而是希求某種其他的東西來作爲法和倫理的實體。因爲，如果他們眞是爲了公認而有效的東西，而不是爲了意見和存在的空虛性和特殊性，他們就會堅持實體性的法，即倫理和國家的命令，並據以調整他們的生活。可是進一步的困難卻來自這一方面，即人是能思維的，他要在思維中尋求他的自由以及倫理的基礎。但是這種法無論怎樣崇高、怎樣神聖，如果他僅僅把這個（意見）當作思維，而且思維只有背離公認而有效的東西並且能夠發明某種特殊物的時候才覺得自己是自由的，那麼這種法反而變成不法了。

目前有一種觀念，以爲思維的自由和一般精神的自由只有背離，甚至敵視公眾承認的東西，才能得到證明，這種觀念可能在對國家的關係上最爲深固，因此，特別是關於國家的哲學看來本質上具有發現並提供另一種理論、一種新的特殊理論的任務。如果我們看到這種觀念和依據這種觀念所做的事，就該認爲，似乎世界上從未有過國家和國家制度，現在也還沒有，但是現在——這個現在是永遠繼續下去的——似乎應該從頭開始，而倫理世界正等待著這種現在的設計、探討和提供理由。關於自然界我們承認：哲學應該照它的本來面貌去認識它；而哲人之石所隱藏著的地方，就在自然界本身某處；自然界本身是合理的；知識所應研究而用概念來把握的，就是現存於自然界中的現實理性；它不是呈現在表面上的各種形態和偶然性，而是自然界的永恆和諧，即自然界的內在規律和本質。與此相反，倫理世界、國家（這是在自我意識的要素中實現了的理性）不應該享有如下的福分：事實上正是理性在那種要素中達到力量和權力，並在其中主張自己而成爲它的內在東西（參閱本序言的補充——譯者）。據說精神世界毋寧受偶然和任性的擺布，它是被上帝遺棄的，所以按照精神世界的這種無神論說來，眞的東西是處於精神世界之外的，但同時因爲那裡也應該有理性存在，結果眞的東西僅僅成爲一個待決的問題。但是這裡就包含著每個思維向前進取的權利，不，應該說義務，雖然這不是爲了尋求哲人之石，因爲，我們同時代人的推究哲理，這種尋求已可省去，而且每個人確信，已把這塊石頭掌握在手裡了，正像站起來走一樣，毫不費力。當然，生活在國家的這種現實中並且在其中感到其知識和意志已得到滿足的人——這種人很多，甚至比我們所想像和知道的還要多，因爲所有的人根本上都是這樣的——或者至少那些有意識地在國家中找到滿足的人，現在就會譏笑這種進取和確信，而且把它們看作有時是好笑的、有時倒是正經的、或者是愉快的、或者是危險的，總之是無謂的遊戲。那種空虛反思的忙迫活動及其所受到的嘉許和歡迎，本來就是這麼一回事，可以聽其在自身中按照自己的方式去發展；可是事實上，正是哲學本身由於那種忙迫活動，卻遭到了種種侮蔑和輕視。最惡劣的一種侮蔑就是上面所說的每一個人都確信，他能毫不費力的對一般哲學加以判斷並進行論爭。人們從來沒有對任何其他藝術和科學表示過這樣極端的侮蔑，以爲他們不費吹灰之力就可把它掌握。

事實上，我們所見到的在國家問題上最自負的那新時代哲學[3]所發表的言論，的確使高興發表意見的每一個人有權確信他可以不費吹灰之力，自己製造出這種哲學來，從而證明自己掌握了哲學。不僅如此，這種自許自封的哲學明白表示，眞的東西本身是不可能被認識的；關於倫理的對象，主要關於國家、政府和國家制度，據說各人從他的心情、情緒和靈感發出的東西就是眞理。爲了適合特別是青年的胃口還有什麼應談而沒有談到的呢？當然青年是樂意聽這套話的。「上帝對所親愛者在其安然睡覺中將這給予之」[4]——這話無疑的曾經被他們應用到科學方面來了，因此，每個「安然睡覺」的人都把自己算在「所親愛者」之內，其實在他睡覺中所得到的那些概念，當然就是一些睡覺的貨色。自封爲哲學家的那批膚淺人物的頭目弗里斯[5]，在一次已成爲惡名昭彰的公開慶祝會上[6]，在一篇以國家和國家制度爲論題的演說中，恬不知恥地說出了下列觀念：「在眞正的共同精神占統治地位的民族中，一切公共事務的執行，其生命力來自下面的人民；借友誼的神聖鏈條牢不可破地結合著的生氣勃勃的社會，將致力於國民教育和爲人民服務的每一件工作」，云云。這就是膚淺思想的要義，它不把科學建立在思想和概念的發展上，而把它建立在直接知覺和偶然想像上，同時，它把倫理自身的豐富組織即國家，以及國家的合乎理性的建築結構——這種結構透過公共生活的各個領域和它們權能的明確劃分，並依賴全部支柱、拱頂和扶壁所藉以保持的嚴密尺寸，才從各部分的和諧中產生出整體的力量——卻把這種已完成的建築融解於「心情、友誼和靈感」的麵糊之中。依照這種見解，倫理世界應該屬於私見和任性的主觀偶然性。如果更按照伊壁鳩魯的說法，那麼全世界都應該這樣的了——當然，事實並不如此。如果用簡單的家常療法，而把數千年來理性和它的理智作品都歸屬於感情，那麼，在能思維的概念的指導下的一切理性洞察和認識上的努力，當然都可省掉。關於這一點，歌德著作中的靡斐斯特——一個崇高的權威——大致這樣說，[7]我在別處也引用過：

「儘管蔑視理智，蔑視科學，
蔑視人間最高貴的才能——
這樣你就委身於惡魔，
結果必致淪喪。」

諸如此類的見解馬上又披起虔敬這種外衣；其實，這種胡鬧爲謀獲得權威，有哪一件可利用的東西而它沒有利用過呢？憑著皈依宗教和聖經，它就以爲獲得了最高權能來蔑視倫理秩序和規律的客觀性，因爲，的確正是虔敬才把在世界中條理分明地組織成爲有機王國的眞理，裹在較簡單的感情直覺之中。但是，如果虔敬是眞正的虔敬的話，那麼，當它離開內心生活而進入理念所展開和理念所揭示的華富那樣一種光明之境，並且本著對上帝的禮拜而對自在自爲地存在的、凌駕於感情主觀形式之上的眞理和規律表示崇敬的時候，它馬上會放棄這一感情領域中的形式。

這裡值得注意的是：這種膚淺性所自矜的那種辯才顯露出違忤良心的特殊形式。首先，這就是說，當這種膚淺性最缺乏精神的時候，它就最常談到精神，當它的談論最枯燥乏味、鄙俗不堪的時候，它就最常用生命和賦予生命等語，當它表示空虛傲慢這種極端自私的時候，它就最常提起人民這個詞。但是貼在額骨上的標誌卻是憎惡規律。法和倫理以及法和倫理的現實世界是透過思想而被領會的，它們透過思想才取得合理性的形式，即取得普遍性和規定性，這一形式就是規律；至於給自己保留肆意妄爲的那種感情，把法的東西歸結爲主觀信念的那種良心，的確有理由把這種規律看作它的最大敵人。它感覺到法（作爲一種義務和一種規律）的形式，是一種死的、冷冰冰的文字，是一種枷鎖。其實，它在規律中認識不到它本身，因而也認識不到自己在其中是自由的，因爲規律是事物的理性，而理性是不容許感情在它自己的特異性中得到溫暖的。因此，正像本書後面一處[8]所提到的，規律主要是識別所謂人民的假兄弟假朋友的暗號。

任性的詭辯竊取了哲學的美名，居然使廣大公眾誤認爲這種行徑就是哲學，因之，在哲學中再談到國家的本性，就成爲是一件幾乎恥辱的事；那些正派的人一聽到講國家哲學就感到不耐煩，這實在難怪他們。至於政府終於注意到這種哲學，那更是不足爲奇。因爲，不用說，我們不像希臘人那樣把哲學當作私人藝術來研究，哲學具有公眾的即與公眾有關的存在，它主要是或者純粹是為國家服務的。各國政府對那些獻身於哲學這門專業的學者們表示信任，它們把哲學的發展和內容完全託付他們。不過往往——如果你願意這樣說的話——這不是什麼信任，而是對學問本身漫不經心，至於哲學的教席只是因為傳統關係而被保存下來（據我所知，例如在法國，至少形而上學的講座已被廢止了）。然而政府的這種信任往往得到惡報；或者在另一種情況，即如果你願意側重漫不經心這一方面，那麼，你也可以把所產生的一切透徹認識的淪喪這種後果看作對這種漫不經心的懲罰。乍看起來，膚淺性似乎至少與外部的秩序和安寧極相協調，因為它不考慮觸及甚或臆測事物的實體。因此，假如國家對更深刻的教育和洞察沒有需要，也不要求科學來滿足這種需要，那麼這種膚淺性至少首先不會遭到警察的干涉。然而，當膚淺性考慮到倫理性的東西以及一般的法和義務的時候，它自然而然會從構成這一領域中膚淺東西的那些基本原則，即我們在柏拉圖那裡確切見到的詭辯學派的那些基本原則出發。這些原則是把法的東西安置在**主觀目的和私見**之上，安置在**主觀感情和私人信念**之上的。從這些原則出發，其結果不僅使內心倫理和公正良心毀滅，使私人之間愛情和權利毀滅，而且使公共秩序和國家法律毀滅。諸如此類的現象，對政府說來，不能不具有意義，且其意義恐怕不會因名位之故而受到削弱，這種名位依靠所授予的信任和它職位上的權威，要求國家對腐蝕性的東西，即腐蝕各種成就的實體性的泉源即普遍基本原則的那些東西，甚至對反抗國家的那些言行（似乎國家罪有應得），予以保證，聽其發展。古時的詼諧語說，「**如果神對某一個人授以職務，同時它對他授以理智**」，當然今天再也不會有人十分認眞的如此主張的了。

由於種種情況，政府方面已對哲學工作的方式和方法重新加以重視；在這種重視中，保護和支持的要素殊屬不容忽視，看來哲學研究在其他許多方面都需要這種保護和支持。其實，在各種實證科學專業的著作中，同時在虔敬的宗教著作以及其他一般文學作品中，我們都可以讀到，不僅對哲學表示著前述的侮蔑，那些同時證明自己在思想修養上完全落後並且對哲學完全生疏的人，把哲學問題看作在他們那兒早已解決了，而且明目張膽地謾罵哲學，宣布哲學的內容即對神的概念認識、對自然本性和精神本性的概念認識、對眞理的認識爲一種愚蠢的，甚且罪惡的僭越，而理性再一次理性、無限次數重複的理性，則遭到非難、蔑視、詛咒。至少在這些著作中可以看出，從事自以爲科學工作的一大部分人對於概念的要求，深感窘困，但又不能規避。我可以說，如果人們眼看諸如此類的現象，他們都會產生大致這樣的想法，即從這些現象看來，傳統早已威信掃地，亦不足以保證對哲學研究的容忍和保證哲學研究的公然存在。[9]當今流行的對哲學的叫囂和傲慢，演出一齣奇怪的把戲，一方面，它們根據這門科學被貶低而陷入於上述那種膚淺性而自以爲有權利；另一方面，它們本身卻又生根於對它恩將仇報的那個要素中。其實，那種自許自封的哲學思想，在把對眞理的認識宣布爲一種愚蠢的嘗試時，也就把一切思想和一切素材都拉平了，正像羅馬皇帝的專制政治把貴族和奴隸、德行和罪惡、名譽和恥辱、知識和無知等同起來，彼此不分。因此，眞的東西的概念、倫理性東西的規律，也無非就是私見和主觀信念；最惡劣罪犯的基本原理，作爲信念，與倫理性的規律在價值上視同一律；同時，任何貧乏特異的客體，以及任何乾燥無味的材料，也與構成所有能思維的人的興趣和倫理世界的紐帶的那些東西，在價值上視同一律。

這種哲學工作如果作爲書本上的知識，本來可以關起門來繼續進行，然而現在人們使它與現實發生更密切的聯繫——而在現實中，權利義務的原則是需要認眞對待的問題，並且現實是生活在它對這些原則的意識的光芒中的——因此它與現實發生了公開齟齬，這種情況對科學來說是一種幸運——事實上，如我們已指出的，這是事物的必然性。正是哲學對現實所處的這種地位引起了誤會；因此我回復到從前所說過的[10]，即哲學是探究理性東西的，正因爲如此，它是了解現在的東西和現實的東西的，而不是提供某種彼岸的東西，神才知道彼岸的東西在哪裡，或者也可以說（其實我們都能說出），這種彼岸的東西就是在片面空虛的推論那種錯誤裡面。我在後面提到[11]，甚至柏拉圖的理想國（已成爲一個成語，指空虛理想而言）本質上也無非是對希臘倫理本性的解釋。柏拉圖那時已意識到更深刻的原則正在突破而侵入希臘的倫理，這種原則還只能作爲一種尚未實現的渴望，從而只能作爲一種敗壞的東西在希臘的倫理中直接出現。爲謀對抗計，柏拉圖不得不求助於這種渴望本身。但是這種援助必須來自上面，於是柏拉圖開始只能到希臘倫理的特殊外部形式中去尋找，他心想借助這種形式可以克服那種敗壞的東西，殊不知這樣做，他最沉重地損害了倫理深處的衝動，即自由無限的人格。但是柏拉圖理念中特殊的東西所繞著轉的原則，正是當時迫在眉睫的世界變革所繞著轉的樞軸，這就顯出他的偉大天才。

凡是合乎理性的東西都是現實的；

凡是現實的東西都是合乎理性的。

每一個天眞意識都像哲學一樣懷著這種信念。哲學正是從這一信念出發來考量不論是精神世界或是自然世界的。如果反思、感情或主觀意識的任何形態把現在看作空虛的東西，於是就超脫現在，以爲這樣便可知道更好的東西，那麼，這種主觀意識是存在於眞空中的，又因爲它只有在現在中才是現實的，所以它本身是完全空虛的。如果相反的把理念僅僅看作一個理念，即意見中的觀念或表象，那麼哲學就提出了與此不同的見解，除了理念以外沒有什麼東西是現實的。所以最關緊要的是，在有時間性的瞬即消逝的假象中，去認識內在的實體和現在事物中的永久東西。其實，由於理性的東西（與理念同義）在它的現實中同時達到外部實存，所以它顯現出無限豐富的形式、現象和形態。它把它的核心用各色皮囊裹起來，開始時意識在皮囊裡安家，而概念則首先貫穿這層皮囊以便發現內部的脈搏，同時感覺到在各種外部形態中脈搏仍在跳動。但是，透過本質在外界中的映現所形成的無限繁複的情況，即這些無限的材料及其調整，並不是哲學的對象。如果哲學糾纏在裡面，那是管閒事了；對這種閒事提些好意見，也大可不必；柏拉圖大可不必向乳母介紹，絕不要放著孩子不動，而要抱在手上常常搖擺。費希特同樣可以不必爲了改進護照警察工作，而設計得那麼完善，不僅要求把嫌疑者行爲相貌的特殊標誌記在護照上，而且要求把他的像畫在上面。在諸如此類的瑣碎闡述中我們再也看不到一點哲學的痕跡，哲學盡不妨放棄這種過度智慧，何況它對於這些無窮盡的對象應該採取寬大的態度。這樣一來，哲學科學就會顯得遠遠避開了空虛的自以爲更好的知識對許多事情和制度所表示的憎恨，對於這種憎恨的玩意兒，有小聰明的人最感興趣，因爲唯有這樣他才達到自尊感。

現在這本書是以國家學爲內容的，既然如此，它就是把國家作爲其自身是一種理性的東西來理解和敘述的嘗試，除此以外，它什麼也不是。作爲哲學著作，它必須絕對避免把國家依其所應然來構成它。本書所能傳授的，不可能把國家從其應該怎樣的角度來教，而是在於說明對國家這一倫理世界應該怎樣來認識。

Ιδοὺ Ρὸ δος, ιδοὺ χαὶ τὸ πήδημα.

Hic Rhodus, *hic* saltus.

〔這裡是羅陀斯，就在這裡跳罷。[12]〕

哲學的任務在於理解存在的東西，因爲存在的東西就是理性。就個人來說，每個人都是他那時代的產兒。哲學也是這樣，它是被把握在思想中的它的時代。妄想一種哲學可以超出它那個時代，這與妄想個人可以跳出他的時代，跳出羅陀斯島，是同樣愚蠢的。如果它的理論確實超越時代，而建設一個如其所應然的世界，那麼這種世界誠然是存在的，但只存在於他的私見中，私見是一種不結實的要素，在其中人們可以隨意想像任何東西。上述成語稍微變更一下就成爲：

Hier ist die Rose, hier tanze.

〔這裡是薔薇，就在這裡跳舞罷。[13]〕

存在於作爲自我意識著的精神的理性和作爲現存的現實世界的理性之間的東西，分離前者與後者並阻止其在後者中獲得滿足的東西，是未被解放爲概念的某種抽象東西的桎梏。在現在的十字架中去認識作爲薔薇的理性，並對現在感到樂觀，這種理性的洞察，會使我們跟現實調和；哲學把這種調和只給予那些人，他們一度產生內心的要求，這種要求驅使他們以概念來把握，即不僅在實體性的東西中保持主觀自由，並且不把這主觀自由留在特殊的和偶然的東西中，而放在自在自爲地存在的東西中。

這也就構成形式和內容統一（前面已經指出，不過比較抽象）的更爲具體的意義，因爲在其最具體的意義上，形式就是作爲概念認識的那種理性，而內容是作爲倫理現實和自然現實的實體性本質的那種理性，兩者自覺的同一就是哲學理念。情緒中不願承認任何未經思想認爲正當的東西，這是使人類感到光榮的一種偉大的固執。這種固執是現代的特徵，此外，它還是新教特有的原則。路德所提倡的對感情的信仰和對精神見證的信仰的那些東西，同樣就是其後成熟了的精神所力求用概念來把握的，以便在現在中解放自己，從而在現在中發現自己。有一句名言說：半途而廢的哲學離開了神——把認識看作對眞理的漸近[14]，也同樣是半途而廢——但是眞正的哲學導向於神，關於國家亦同。理性不滿足於漸近，因爲它不冷不熱，所以要把它吐出[15]，同樣地，理性也不心灰意冷，因爲灰心就會認爲現世中的確萬事皆非，至多達到中平狀態，正因爲在現世中不能盼望有更美滿的景況，所以只好遷就現實，以求苟安。認識所提供的是與現實保持更爲溫暖的和平。

關於教導世界應該怎樣，也必須略爲一談。在這方面，無論如何哲學總是來得太遲。哲學作爲有關世界的思想，要直到現實結束其形成過程並完成其自身之後，才會出現。概念所教導的也必然就是歷史所呈示的。這就是說，直到現實成熟了，理想的東西才會對實在的東西顯現出來，並在把握了這同一個實在世界的實體之後，才把它建成爲一個理智王國的形態。當哲學把它的灰色繪成灰色的時候[16]，這一生活形態就變老了。對灰色繪成灰色，不能使生活形態變得年輕，而只能作爲認識的對象。密納發的貓頭鷹要等黃昏到來，才會起飛。

但是本序言已到應結束的時候了。序言本來就其所介紹的那部著作的觀點外表地和主觀地談談而已。如果從哲學上來談某一內容，那只能用科學方法客觀地來處理。同樣地，對著者的一切批評，如果採取對事情本身進行科學討論以外的其他方式，將被視爲純粹的主觀結論和任意專斷，著者一概置之不理。

柏林，一八二〇年六月二十五日

補充　規律分爲兩類，即自然規律和法律。自然規律簡單明瞭，照它們原來那樣就有效的。雖然在個別場合人們可以違反它們，但它們不易遭受侵犯。爲了知道什麼是自然規律，我們必須學習知道自然界。因爲這些規律是準確的，只有我們對這些規律的觀念才會錯誤。這些規律的尺度是在我們身外的，我們的認識對它們無所增益，也無助長作用，我們對它們的認識可以擴大我們的知識領域，如此而已。關於法的認識一方面與此相同；另一方面又與此不同。我們對法律也完全按照它們存在的那樣去學而知之。市民就是這樣地多少獲得對法律的知識，而實定法學家也同樣只是死抱住現成的東西。但是，在法律方面，所不同的在於他們激起考察的精神。各種法律之間的分歧，就已引人注意到它們不是絕對的。法律是被設定的東西，源出於人類。在被設定的東西和內心呼聲之間必然會發生衝突，或者彼此符合一致。人不只停留在定在上，也主張在自身中具有衡量法的尺度。他固然要服從外部權威的必然性和支配，但這與他服從自然界的必然性截然不同，因爲他的內心經常告訴他，事物應該是什麼模樣，並且他在自身中找到對有效東西的證實或否認。在自然界中有一般規律存在，這是最高眞理，至於在法律中，不因爲事物存在就有效，相反地，每個人都要求事物適合他特有的標準。因此，這裡就有可能發生存在和應然之間的爭執，亙古不變而自在自爲地存在的法和對什麼應認爲法而做出規定的那種任性之間的爭執。這種分裂、這種鬥爭只有在精神的基地上才會出現，又因爲精神的長處看來就是導致齟齬和不幸，所以人們往往不得不從生活的任性退回去考量自然界，而準備把自然界作爲典範。可是恰恰在自在自爲地存在的法和任性所認爲的法的對立中，包含著一種需要，對法加以徹底的認識。在法中人必然會碰到他的理性，所以他也必然要考量法的合理性。這就是我們這門科學的事業，它與僅僅處理矛盾的實定法學殊屬不同。關於認識法，現代世界還有一個更迫切的需要，因爲在古代，人們對當時的法律還表示尊敬和畏懼，而在今天，時代的教養已轉變方向，思想已經站在一切應認爲有效的東西的頭上。各種理論跟定在的東西鬧對立，並希求表現自己爲絕對正確的和必然的。現在有更特別的需要來認識和理解法的思想了。由於思想已提高爲本質的形式，人們必須設法把法作爲思想來把握。這好像對偶然意見主張思想應凌駕於法之上大開方便之門；然而眞實的思想不就是關於事物的意見，而是事物本身的概念。事物的概念不是天生會到我們那兒來的。每個人都有手指，能拿起畫筆和顏料，但他不因此就是畫家。關於思維也是這樣的。法的思想並不就是每個人從第一手方面所取得而具有的，相反地，正確的思維是對事物的知識和認識，所以我們的認識應該是科學的。

◆本篇注釋◆

【1】指《大邏輯》，特別參閱該書導言和絕對理念一章。——譯者

【2】見《新約全書》，路加福音，第二十四章，第十九節，意謂不必多此一舉。——譯者

【3】指浪漫派的弗里德里希．封．施雷格爾等。——譯者

【4】《舊約全書》，詩篇，第一二七篇，第二節和第三節。——譯者

【5】關於他的膚淺思想，我在別處已予證明。參閱《邏輯學》（紐倫堡，一八一二年），導言，第XVII頁。

【6】指一八一七年十月十八日德國大學生協會為紀念宗教改革三百週年和萊比錫勝利而在伐爾特堡所召開的慶祝會。——譯者

【7】歌德：《浮士德》，第一部，北京人民文學出版社一九五五年版，第八十七—八十八頁。但黑格爾只憑記憶引用，措詞與《浮士德》的原文頗有出入，這裡仍照黑格爾的原文譯出。黑格爾在別處的引用見《精神現象學》，即黑格爾全集，拉松版，第二卷（即哲學叢書第一一四卷），第二三七頁。——譯者

【8】見本書第二五八節腳註。——譯者

【9】我想起了在約翰．封．彌勒的一封書信（《彌勒全集》，第八卷，第五十六頁）中，有同樣見解。信中談到一八〇三年在法國統治下的羅馬城的狀況時，有一段這樣說：「有人問起一位教授關於公共教育機關的情況，他回答道：On les tolère comme les bordels.」（人們容忍它們如同容忍妓院一般。）的確，我們還能聽到有人推薦所謂理性學，即邏輯，他推薦時也許確信這是一門枯燥無味、毫無出息的科學，或者不用說不會有人去研究，或者偶然會有人去研究，但即使如此，他也不過得到毫無內容的、既無益又無害的一些公式罷了，所以不論前一種或後一種情況，推薦這門科學，雖然不會有什麼益處，也不會有什麼害處。

【10】參閱《哲學全書》，第一版，第五節；《精神現象學》，序言。——譯者

【11】見本書第一八一節補充和第二〇六節。——譯者

【12】這句希臘成語本來適用於這樣的場合，即某人自詡在別處做過的事，叫他當場表現（參閱《伊索寓言》，北京人民文學出版社一九五五年版，第二十八頁），黑格爾在這裡的用法稍有不同。——譯者

[13] 黑格爾是在做文字遊戲Ρόδος不僅指羅陀斯島，亦指薔薇而言。saltus指跳而言，但salta是動詞saltare（跳舞）的命令式。哲學家的任務是在現世中發現理性而感到歡樂（薔薇象徵歡樂）。哲學就可以在現世歡躍（即跳舞），而毋庸遲至在他處建投一個理想世界之後才歡躍。——譯者

[14] 指康德的認識論，參閱《純粹理性批判》，三聯書店一九五七年版，第四五九頁。——譯者

[15] 見《新約全書》，啓示錄，第三章，第十六節。——譯者

[16] 這裡應用著歌德《浮士德》中的名言：「一切理論都是灰色的，只有生活的金樹是常青的」（見《浮士德》，北京人民文學出版社一九五五年版，第一部，第九十五—九十六頁）。——譯者

目次

導論

第一節

法哲學這一門科學以**法的理念**，即法的概念及其現實化爲對象。

附釋　哲學所研究的是理念，從而它不是研究通常所稱的**單純的概念**。相反地，哲學應該指出概念的片面性和非眞理性，同時指出，只有概念（不是平常聽到那種稱做概念的、其實只是抽象理智規定的東西）才具有**現實性**，並從而使自己現實化。除了概念本身所設定的這種現實性以外，其他一切東西都是暫時的**定在**、外在的偶然性、私見、缺乏本質的現象、謬妄、欺騙等等不一。概念在它現實化過程中所採取的**形態**，在對概念本身的認識上是必需的，這種形態是理念的又一個本質的環節，它同單單作爲概念而存在的**形式**是有區別的。

補充（**理念**）　概念和它的實存是兩個方面，像靈魂和肉體那樣，有區別而又合一的。靈魂與肉體屬於同一個生命，但也可以說，兩者是各別存在的。沒有肉體的靈魂不是活的東西，反過來說也是一樣。所以概念的定在就是概念的肉體，並且跟肉體一樣聽命於創造它的那個靈魂。萌芽雖然還不是樹本身，但在自身中已有著樹，並且包含著樹的全部力量。樹完全符合於萌芽的簡單形象。如果肉體不符合於靈魂，它就是一種可憐的東西。定在與概念、肉體與靈魂的統一便是理念。理念不僅僅是和諧，而且是它們徹底的相互滲透。如果不是某種式樣的理念，任何東西都不能生存。法的理念是自由，爲了得到眞正的理解，必須在法的概念及其定在中來認識法。

第二節

法學是**哲學的一個部門**，因此，它必須根據概念來發展理念——理念是任何一門學問的理性——或者這樣說也是一樣，必須觀察事物本身所固有的內在發展。作爲科學的一個部門，它具有一定的**出發點**，這個出發點就是**先前的成果**和眞理，正是這先前的東西構成對出發點的所謂**證明**。所以，法的概念就其**生成**來說是屬於法學範圍之外的，它的演繹在這裡被預先假定著，而且它應該作爲**已知的**東西而予以接受。

補充　按照形式的、非哲學的科學方法，首先一件事就是尋求和要求**定義**，這至少是爲了要保持科學的外觀的緣故。但是實定法學至少不太注重這點，因爲它的主要任務是指出什麼是**合法的**，就是說，什麼是特殊的法律規定。因此，有過這樣的警語：omnis definitio in jure civili periculosa〔在市民法中一切定義都是危險的〕。事實上，法的規定愈是前後不一致和自相矛盾，在這種法中下定義就愈缺少可能，因爲定義應該包含一般的規定，但這麼一來，就會把矛盾著的東西，在這裡就是不法的東西，赤裸裸地顯露出來。例如，羅馬法就不可能對**人**下定義，因爲奴隸並不包括在人之內，奴隸等級的存在實已破壞了人的概念。對所有權和所有者下定義，在許多情形下也同樣是危險的。

不過定義大多從語源演繹而來，特別是從特殊事件中抽象出來，所以是以人們的感情和觀念爲基礎的。於是定義的正確與否就看它是否與現存各種觀念相符合而定。採用這種方法，就會忽略科學上唯一本質的東西，即在內容方面忽略事物本身（這裡是法）的絕對必然性，在形式方面忽略概念的本性。可是在哲學的認識中，概念的必然性是主要的東西；生成運動的過程，作爲成果來說，是概念的證明和演繹。這樣，由於它的內容本身是必然的，所以第二步就是要在觀念和語言中尋找與這種內容相符合的東西。但是，在它的眞理中的和在觀念中的這種概念本身不僅可能互有區別，而且在形式和形態上也必然各有不同。不過，如果觀念在它的內容上倒也不是謬誤的話，那麼概念可被指陳爲包含於觀念中，而且按其本質是現存於觀念中的。這就是說，觀念可被提高到概念的形式。可是由於觀念遠不是概念（其本身是必然的和眞實的）的尺度和標準，所以它毋寧應從概念中去吸取其眞理性，並依據概念來調整自己和認識自己。但是，雖然一方面上述那種認識方法，連同定義、推理、論證等煩瑣形式多少已經消失了，可是另一方面取而代之的別種方法，卻是一種惡劣的代替品，那就是直接把一般理念，連同法的理念及其更詳細規定，作爲意識的事實[1]來掌握和主張，並把自然的或被昂揚起來的感情，自己的胸臆和靈感變成法的淵源。如果說，這是一切方法中最方便的，那麼它同時也是最不合乎哲學的——這種不僅與認識而且也與行動直接相關的[2]觀點的其他方面姑且不論。如果說，第一種誠然是形式的方法，但在定義中仍然要求概念的形式，而在證明中要求認識的必然性的形式，那麼，直接意識和感情的手法卻把知識的主觀性、偶然性和任性提升爲原則。

至於哲學的科學處理方法究竟是怎樣的，哲學的邏輯學已加闡明，而且是這裡的前提。

補充（哲學的開端） 哲學形成爲一個圓圈：它有一個最初的、直接的東西，因爲它總得有一個開端，即一個未得到證明的東西，而且也不是什麼成果。但是哲學的起點只是相對直接的，因爲這個起點必然要在另一終點上作爲成果顯現出來。哲學是一條鎖鏈，它並不懸在空中，也不是一個直接的開端而是一個完整的圓圈。[3]

第二節

法一般說來是實定的[4]，㈠因爲它必須採取在某個國家有效的形式；這種法律權威，也就是實定法知識即實定法學的指導原理。㈡從內容上說，這種法由於下列三端而取得了實定要素：(1)一國人民的特殊民族性，它的歷史發展階段，以及屬於自然必然性的一切情況的聯繫；(2)一個法律體系在適用上的必然性，即它必然要把普遍概念適用於各種對象和事件的特殊的、外部所給予的性狀——這種適用已不再是思辨的思維和概念的發展，而是理智的包攝；(3)實際裁判所需要的各種最後規定。

附釋　如果把內心的感情、傾向和任性跟實定法和法律相對立，哲學至少不能承認這些權威。暴力和暴政可能是實定法的一個要素，但這種情況對實定法說來不過是偶然的，與它的本質無關。在哪種情形下法必須是實定的，且到以後在第二一一～二一四節再說。這裡只舉出那幾節所要詳細研究的各種規定，以便指出哲學上的法的界限，並立即除去可能發生的看法甚或要求，似乎透過哲學上法的體系的闡述就會得出法典，即現實國家所需要的那種法典。

自然法[5]或哲學上的法與實定法是有區別的，但如果曲解這種區別，以爲兩者是相互對立、彼此矛盾的，那是一個莫大的誤解。其實，自然法跟實定法的關係正同於《法學階梯》跟《學說彙纂》的關係。

關於本節第一點所列舉的實定法的歷史要素，孟德斯鳩曾經指出眞正的歷史觀點和純正的哲學立場[6]，這就是說，整個立法和它的各種特別規定不應孤立地、抽象地來看，而應把它們看作在一個整體中依賴的環節，這個環節是與構成一個民族和一個時代特性的其他一切特點相聯繫的。只有在這一聯繫中，整個立法和它的各種特別規定才獲得它們的眞正意義和它們的正當理由。

對於各種法律規定在時間上的出現和發展加以考量，這是一種純歷史的研究。這種研究以及對這些法律規定的理智結論加以承認（這種結論是從這些法律規定的既存法律關係比較中得出），在各自領域中固然都有其功用和價值，但是與哲學上的考量無關，因爲基於歷史上原因的發展不得與出於概念的發展相混淆，而且歷史的說明和論證也不得被擴展而成爲具有自在自爲地有效的那種論證的意義。這項十分重要而應予堅持的區別，同時也是十分明顯的。某種法的規定從各種情況和現行法律制度看來雖然顯得完全有根有據而且彼此符合，但仍然可能是絕對不法和不合理的。例如羅馬私法中的許多規定就是符合羅馬父權[7]和羅馬婚姻身分等制度而產生出來的。但是，即使有些法律規定是合法的、合理的，可是指出這些規定具有這種性質——這唯有透過概念才能做到——是一回事，敘述這些規定出現的歷史情況或敘述使這些規定得以制定的那些情況、場合、需要和事件，又是一回事。這樣指出和（實用地）認識歷史的近因或遠因，通常叫作說明，或者寧願叫作理解，人們以爲爲了理解法律和法律制度，這樣指出歷史上的東西，似乎已經做了有關的一切事情或有關本質的事情，其實眞正本質的東西即事物的概念，他們卻完全沒有談到。人們也常常談起羅馬和日耳曼的法律概念以及這個或那個法典中所規定的法律概念，但是他們所指的不是概念，而只是一般法律範疇、理智命題、基本原理、法律等等而已。

忽視上列的區別，會產生觀點的錯亂，會使對這一問題的眞實論證漸次轉入依據各種情況的論證和從其本身毫無用處的前提來得出結論，如此等等；總之，這樣會使完全相對的東西代替絕對的東西，外在的現象代替事物的本質。如果是歷史的論證而把產自外部的和產自概念的混爲一談，那會無意中做出與本意相反的事。假如，證明在特定情況下某種制度的產生是完全適宜的和必要的，因而做到了歷史觀點所要求的東西，那麼，如果就把這種東西算作事物本身的普遍論證，將會發生相反的結果，這就是說，由於那種情況早已不存在，那種制度也就完全喪失了它的意義和存在的權利。例如，如果以爲保存修道院是爲了它具有移民墾荒的功績，爲了它具有用教育和抄寫等方法而保存了學問的功績，並且又把這種功績看作修道院繼續存在的理由和使命，那麼，根據同一理由所得出的結論是：由於情況已經完全改變，修道院至少從這方面說就成爲多餘的和不適當的了。

由於某事件產生的歷史意義、歷史式的敘述和成爲易於理解，跟有關同一事件的產生和事物的概念的那哲學觀點，屬於各不相同的領域，所以在這限度內雙方可以保持互不關心的立場。但是，這兩個立場即使在科學領域也未必經常保持著這種平靜狀態，因此我想舉出一個與這種接觸有關的例子。這一例子見於胡果先生所著《羅馬法史教科書》中，它同時還可對上述的對立看法做更詳細的說明。胡果先生在那本書中（第五版，第五十三節）說：「西塞羅對哲學家們側目而視，對十二表法卻很欣賞。」「但是哲學家法伏林處理十二表法與其後的許多大哲學家處理實定法完全一樣。」胡果先生又在同處對這種處理態度做了最後的回答，他所提出的理由是：「因爲法伏林不懂十二表法正如這些哲學家們不懂實定法一樣。」

至於談到法學家塞克司吐斯・塞西留斯對哲學家法伏林的指正（載蓋里烏斯的《阿提卡之夜》，第二十卷，第一節中），首先表達了對性質上純粹實定的東西做論證的那恆久而眞實的原理。塞西留斯對法伏林說得好：「你不會不知道，法律有種種長處和補救方法，這些長處和補救方法，依據時代習尙，國家制度性質，當前利益的考慮和應予矯正的弊風會有變動和起伏。在性質上，法律絕非一成不變的，相反地，正如天空和海面因風浪而起變化一樣，法律也因情況和時運而變化。看來哪裡有比斯托羅的建議更有益的，比伏柯努斯的平民立法更有用的？哪裡有比李希尼的法律更爲必要的？但見國家成爲富庶，所有這些東西都被一筆勾銷而埋葬了。」

這些法律既然按當時情況都有其意義和適當性，從而只具有一般歷史的價值，所以它們是實定的，因此之故，它們又是暫時性的。立法者和政府考慮當前情況把要做的做了，又酌斟時勢把要固定的固定下來了，他們在這方面的智慧是單獨一件事，應受到歷史的評價。這種評價愈得到哲學觀點的支持，他們的智慧所得到的歷史上承認就愈深刻。

關於塞西留斯反對法伏林而對十二表法做進一步的論證，我想舉一個例子來說明，因爲塞西留斯在這些論證中安排著理智方法和理智推論這種永世的騙局，這就是說，對壞事加上好聽的理由，並認爲這樣就可使壞事得到辯解。有這樣一種可怕的法律，它規定逾期以後，債權人有權殺死債務人或把它當作奴隸出賣，甚至債權人爲多數人時，有權把債務人切成若干塊，而在債權人間進行分配，而且是這樣的：如果誰多切些或少切些，不會對他發生任何法律上不利的情事[8]（這種條款正是有利於莎士比亞《威尼斯商人》中的夏洛克，並且爲他所最感謝而樂予接受的）。爲了替這種法律辯護，塞西留斯提出這樣好聽的理由：由於這種法律，誠實和信用就得到更大的保證，而且正因爲這種法律極其可怕，就不應發生這種法律會獲得適用的問題。這時他思慮未周，不僅沒有想到正因爲有這種規定，保證誠實和信用那種意圖被取消了，而且也沒有想到，他自己接著馬上舉一個例子，說明關於僞證的法律由於刑罰過嚴而未收到效果。

但是胡果先生說法伏林不懂得法律，這句話到底是什麼意思，不得而知；每個小學生都完全能懂得法律，至於夏洛克會對上述有利於他的條款比任何人懂得更好。想來胡果先生必然把懂得這詞僅僅指爲，對這類法律能找到某種好聽的理由而感到安定這樣一種理智上的教養。

在該書同處塞西留斯又證實了法伏林對另一點的誤解，一個哲學家會對這一點誤解坦白承認而不至於感到難爲情。我所指的是這一點誤解，依據法律規定，傳喚病人到法庭做證，只應供給他馱獸使用，「而不是有篷車」；但是，馱獸不應光指馬而言，而且也指二輪車或四輪車。塞西留斯還能從這一法律規定中獲得進一步的證明，傳喚害病的證人到庭，甚至規定得這樣詳明，不僅區別了馬和車，而且還區別了這種車和那種車，即有篷的並裝飾起來的車（依據塞西留斯的說明）和不很舒適的車。說到這裡，我們或許會在上述法律的嚴酷性和這些規定的瑣屑性之間有所選擇。不過說這種事情甚或對這種事情所做博學的說明是瑣屑的，這將是對這種或那種博學的一種最重大的觸犯。

但是胡果先生在上述教科書中又提到關於羅馬法的合理性的問題。我注意到下列一點。他在第三十八節和第三十九節中論述國家的起源「到十二表法爲止這一段時期」時說：「（在羅馬）人們有許多需要，他們非勞動不可，那時人們使用拉曳和載重的牲畜以爲輔助，這正與我們今天相同；地面上丘陵與山谷交替，城市建立在丘陵之上。」如此等等。

這段論述好像有意實行孟德斯鳩的思想，但我們很難看出這段論說有什麼地方接觸到了孟德斯鳩的精神。他這樣敘述之後，就在第四十節中接著說：「法律狀態要使理性的最高要求得到滿足，距離還是很遠。」（完全正確；羅馬的家庭法、奴隸制等對理性最起碼的要求都未給以滿足）；但在論述較晚時期時，胡果先生卻忘記指出，是否有過一個時期，如果有，在哪一個時期，羅馬法曾對理性的最高要求給以滿足。只是在第二八九節中談到羅馬法作爲科學達到最高成就時期的那些古典法學家時，他說：「人們很久以來就注意到，古典法學家有哲學修養，但是「很少人知道（由於胡果先生的教科書出了好多版，現在知道的人雖然比較多了），沒有哪一類著作家確實像羅馬法學家那樣根據原則，進行推理，首尾一貫，堪與數學家媲美的，並且在闡明概念方面具有頗爲顯著的特點，可與近代形而上學的創始人相提並論的；後者得到下列奇特情況的證實，即沒有任何地方像羅馬古典法學家和康德那樣常常使用三分法的。」

萊布尼茨所推崇的連貫性，確實是法學的本質上特點，像數學和其他一切理智性的科學一樣。但是，這種理智的連貫性，與滿足理性要求和哲學科學毫不相干。不僅如此，羅馬法學家和裁判官的不聯貫性應被看作他們的最大德行之一，因爲他們曾用這種辦法避免了不公正的苛酷的制度。但是他們感到有必要巧妙地想出空洞的語言上區別（例如把反正是遺產的東西叫作資產占有）和本身愚蠢的遁辭（愚蠢也同樣是一種不連貫性），以便保存十二表法的文字，例如借助擬制而把女兒當作兒子（海內秀斯，《古代羅馬法史》，第一卷，第二篇，第二十四節），但是，光因爲古典法學家在少數地方採用三分法的分類（尤其胡果先生那部著作中註五所舉的一些例子），就把他們和康德相提並論，並且把這種東西稱之爲概念的闡明，說起來眞是太滑稽了。

第四節

法的基地一般說來是精神的東西，它確定的地位和出發點是意志。意志是自由的，所以自由就構成法的實體和規定性。至於法的體系是實現了的自由的王國，是從精神自身產生出來的，作爲第二天性的那精神世界。

附釋　談到意志自由，令人想起從前的認識方法，那就是把意志的表象作爲前提，試圖從這表象得出意志的定義並把它確定下來。然後依照以前經驗心理學的方法，從尋常意識的種種感覺和現象，如懺悔、罪過等等，導出所謂證明，證實意志是自由的，並主張以上這些東西只有根據自由的意志才能說明。但是與其採用這種方法，還不如直截了當地把自由當作現成的意識事實而對它不能不相信，來得更方便些。意志是自由的這一命題以及意志和自由的性質，只有在與整體的聯繫中才能演繹出來，已如上述（第二節）。這一前提的基本特徵是：精神首先是理智；理智在從感情經過表象以達於思維這一發展中所經歷的種種規定，就是它作爲意志而產生自己的途徑，而這種意志作爲一般的實踐精神是最靠近於理智的眞理。這一點我在《哲學全書》（海德爾堡，一八一七年）已經指出[9]，希望將來能有機會詳加闡述。我感到愈加有必要這樣做，來做出我的貢獻，使人們對精神的本性具有更徹底的認識（我希望如此），因爲，正如在上述那書中（第三六七節附釋）[10]所指出，再沒有一門哲學科學像**精神學**即通常所稱的心理學這樣被忽視，這樣不像樣的。導論、本節和以下幾節所論述的意志概念的各個環節，都是上述那些前提的成果；此外，每個人可以根據自己的自我意識來想像它們。每個人將首先在自身中發現，他能夠從任何一個東西中抽象出來，因此他同樣能夠規定自己，以其本身努力在自身中設定一切內容；同樣地，其他種種詳細規定，也都在自我意識中對他示以範例。

補充（自由，實踐的和理論的態度） 關於意志的自由，最好透過與物理的自然界的比較，來加以說明。可以說，自由是意志的根本規定，正如重量是物體的根本規定一樣。當我們說物質是有重量的，我們可能認爲這個謂語只是偶然的。然而並非如此，因爲沒有一種物質沒有重量，其實物質就是重量本身。重量構成物體，而且就是物體。說到自由和意志也是一樣，因爲自由的東西就是意志。意志而沒有自由，只是一句空話；同時，自由只有作爲意志，作爲主體，才是現實的。

關於意志和思維的關係，必須指出下列各點。精神一般說來就是思維，人之所以異於動物就因爲他有思維。但是我們不能這樣設想，人一方面是思維，另一方面是意志，他一個口袋裝著思維，另一個口袋裝著意志，因爲這是一種不實在的想法。思維和意志的區別無非就是理論態度和實踐態度的區別。它們不是兩種官能，意志不過是特殊的思維方式，即把自己轉變爲定在的那種思維，作爲達到定在的衝動的那種思維。

思維和意志的這個區別可以這樣來說明：在我思考某一對象時，我就把它變成一種思想，並把它的感性的東西除去，這就是說，我把它變成本質上和直接是我的東西。其實，只有在思維中我才在我自己那裡，我只有理解對象才能洞察對象，對象不再與我對立，而我已把對象本身所特有而跟我對立的東西奪取過來了。正如亞當對夏娃所說：你是我的肉中之肉，我的骨中之骨[三]，同樣地，精神也說，這是我的精神中的精神，那異己的東西已消失了。每一個觀念都是一種普遍化，而普遍化是屬於思維的。使某種東西普遍化，就是對它進行思維。自我就是思維，同時也就是普遍物。當我說我的時候，我把其中的一切特殊性，如性格、天賦、見識、年齡等都放棄了。我完全是空洞的、點狀的、簡單的，但仍在這種簡單性中活動著。形形色色的世界圖景擺在我的面前，我面對著它，在我這個理論態度中我揚棄了對立，而把這一內容變成我的。當我知道這個世界的時候，我便在這個世界中得其所哉，當我理解到它的時候，那就更其如此了。以上就是理論的態度。

反之，實踐的態度從思維即從自我自身開始。它首先顯得跟思想是對立的，因爲說起來它自始表示一種分離。在我是實踐的或能動的時候，就是說，在我做一件事情的時候，我就規定著我自己。而規定自己就等於設定差別。但是我所設定的這些差別，那時依然是我的，各種規定屬於我的，而我所追求的目的也屬於我的。即使我把這些規定和差別釋放在外，即把它們設定在外部世界中，它們照舊還是我的，因爲它們經過了我的手，是我所造成的，它們帶有我的精神的痕跡。

以上就是理論態度和實踐態度的區別，現在應指出這兩者之間的關係。理論的東西本質上包含於實踐的東西之中。這與另一種看法，認爲兩者是分離的，完全相反。其實，我們如果沒有理智就不可能具有意志。反之，意志在自身中包含著理論的東西。意志規定自己，這種規定最初是一種內在的東西，因爲我所希求的東西在我想像中出現，這種東西對我說來就是對象。動物按本能而行動，受內在東西的驅使，從而也是實踐的。但動物不具有意志，因爲牠並不使自己所渴望的東西出現在想像中。同樣地，人不可能沒有意志而進行理論的活動或思維，因爲在思維時他就在活動。被思考的東西的內容固然具有存在的東西的形式，但是這種存在的東西是透過中介的，即透過我們的活動而被設定的。所以這些區別是不可分割的，它們是一而二，二而一。在任何活動中，無論在思維或意志中，都可找到這兩個環節。

第五節

意志包含（甲）**純無規定性**或自我在自身中純反思的要素。在這種反思中，所有出於本性、需要、欲望和衝動而直接存在的限制，或者不論透過什麼方式而成爲現成的和被規定的內容都消除了。這就是**絕對抽象**或**普遍性**的那無界限的無限性，對它自身的**純思維**。

附釋　有些人把思維作爲一種特殊的獨特的**官能**，把它跟意志分離而作爲另一個獨特的**官能**來考量，並且進一步認爲思維對意志，特別是對善良意志是有害的。這些人一開始就暴露出對意志的本性一無所知。關於這一點，我們談到同一論題時還要反覆指出。

在本節中所規定的只是意志的一個方面，即我從我在自身中所發現的或設定的每一個規定中能抽象出來的這種**絕對可能性**，即我從一切內容中猶之從界限中的越出逃遁。如果意志的自我規定僅在於此，或觀念把這一方面本身看作自由而予以堅持，那麼這就是否定的自由或理智所了解的自由。

這是提高到現實形態和激情的那空虛的自由；當它還停留在純粹理論上的時候，它在宗教方面的形態就成爲印度的純沉思的狂熱，但當它轉向現實應用的時候，它在政治和宗教方面的形態就變爲破壞一切現存社會秩序的狂熱，變爲對某種秩序有嫌疑的個人加以鏟除，以及對企圖重整旗鼓的任何一個組織加以消滅[12]。這種否定的意志只有在破壞某種東西的時候，才感覺到它自己的定在。誠然，這種意志以爲自己是希求某種肯定的狀態，例如普遍平等或普遍宗教生活的狀態，但是事實上它並不希望這種狀態成爲肯定的現實，因爲這種現實會馬上帶來某種秩序，即制度和個人的特殊化。對否定自由的自我意識正是從特殊化和客觀規定的消滅中產生出來的。所以，否定的自由所希望的其本身不外是抽象的觀念，至於使這種觀念實現的只能是破壞性的怒濤。

補充（抽象的自由）　意志這個要素所含有的是：我能擺脫一切東西，放棄一切目的，從一切東西中抽象出來。唯有人才能拋棄一切，甚至包括他的生命在內，因爲人能自殺。動物則不然，動物始終只是消極的，置身於異己的規定中，並且只使自己習慣於這種規定而已。人是對他自身的純思維，只有在思維中人才有這種力量給予自己普遍性，即消除一切特殊性和規定性。這種否定的自由或理智的自由是片面的，但是這種片面性始終包含著一個本質的規定，所以不該把它拋棄。不過理智有缺點，即它把片面的規定上升爲唯一最高的規定。在歷史上自由的這種形式屢見不鮮。例如，印度人認爲至高無上的境界是：堅執與自己單純同一的那樸素的知識；停留在他內心生活的這種虛無的空間，正如在純直觀中的光是無色的一樣；摒絕生活上的活動、一切目的、一切想像，這樣人就成爲婆羅門。有限的人和婆羅門之間再沒有什麼區別了，更確切些說，每一種差別都在這一普遍性中消失了。自由的這種形式在政治生活和宗教生活的積極狂熱中，有更具體的表現。例如，法國革命的恐怖時期就屬於此。當時一切才能方面和權威方面的區別，看來都被廢除了。這一個時期是以戰顫、震驚[13]、勢不兩立，來對抗每個特殊物。因爲狂熱所希求的是抽象的東西，而不是任何有組織的東西，所以一看到差別出現，就感到這些差別違反了自己的無規定性而加以毀滅。因此之故，法國的革命人士把他們自己所建立的制度重新摧毀了，因爲每種制度都跟平等這一抽象的自我意識背道而馳。

第六節

（乙）同時，自我就是過渡，即從無差別的無規定性過渡到區分、規定和設定一個規定性作爲一種內容和對象。現在進一步談，這種內容或者是自然所給予，或者是從精神的概念中產生出來的。透過把它自身設定爲一個特定的東西，自我進入到一般的定在。這就是自我有限性或特殊化的絕對環節。

附釋　這第二個環節——規定——與第一個環節一樣，是否定性、是揚棄——即對第一個抽象否定性的揚棄。正如特殊一般地包含在普遍中一樣，這第二個環節已包含在第一個環節中，它只是第一個環節中自在地存在的東西被設定而已。說起來，第一個環節作爲第一個獨自存在的時候，不是眞正的無限性或具體的普遍性，也不是概念，而只是一種被規定的東西，片面的東西，這就是說，因爲它是一切規定性的抽象，所以它本身不是沒有規定性的。成爲一種抽象的東西，片面的東西就構成了它的規定性、殘缺性、有限性。

上述這兩個環節的區分和規定，在費希特和康德等等的哲學中都可以看到。單就費希特的闡述說，作為無限制的東西的自我（見於費希特《知識學》的第一個命題）完全被看作肯定的東西（所以它就是理智的普遍性和同一性）。結果，這個抽象的自我就被認為其自身是真的東西，從而限制——即一般的否定，不論它作為一種現成的外部界限或作為自我特有的活動都好——顯得是加上去的（見於第二個命題）。

把握住在普遍物或同一物中——例如在自我中——的內在否定性是思辨哲學所應採取的下一步驟。那些主張有限和無限的二元論的人，甚且不像費希特那樣在內在和抽象方面去理解它，他們是看不到這種需要的。

補充（意志的特殊化）　這第二個環節是作為跟第一個環節相對立的東西而顯現的。對它應該在它的一般性質中來理解。它屬於自由，但不構成自由全體。在這個環節中，自我從無差別的無規定性過渡到區分，過渡到設定一個規定性來作為一種內容和對象。我不光希求而已，而且希求某事物。在像前節中析述的光希求抽象普遍物的那種意志，其實不希求任何事物，所以就不是什麼意志。意志所希求的特殊物，就是一種限制，因為意志要成為意志，就得一般地限制自己。意志希求某事物，這就是界限、否定。所以特殊化照例稱作有限性反思通常把第一個環節即無規定性的東西當作絕對的東西和較高級的東西，而把被限制的東西當作這種無規定性的單純否定。但是這種無規定性本身僅僅是對被規定的東西即有限性的否定。自我就是這種孤獨性、絕對的否定。這樣說來，沒有規定性的意志，像僅僅停留在規定性中的東西一樣，都是片面的。

第七節

（丙）意志是這兩個環節的統一，是經過在自身中反思而返回到普遍性的特殊性——即單一性。這是自我的自我規定。在這裡，它設定自己作為它本身的否定的東西，即作為被規定的、被限制的東西；它留在自己那裡，即留在與自己的同一性和普遍性中；又它在這一規定中只與自己本身連結在一起——以上三事是合而為一的。自我規定自己，因為它是否定性的自我相關。作為這種自我相關，自我對這種規定性是漠不關心的；它知道這種規定性是它自己的東西和理想性的東西，是一種單純的可能性。它不受這種可能性的拘束，而它之所以在其中，只因為它把自身設定在其中而已。這就是意志的自由，正像重量構成物質的實體性那樣，自由構成意志的概念或實體性，也就是構成它的重量。

附釋　任何自我意識都知道自己是普遍物，即從一切被規定的東西中抽象出來的可能性，又知道自己是具有特定對象、內容、目的的特殊物。然而這兩個環節還只是單純的抽象；具體的、真的東西（一切真的東西都是具體的）是普遍性，它以特殊物為對立面，這個特殊物透過在自身中的反思而與普遍物相一致。這個統一就是單一性。但是這個單一性不是直接性中的單一體，像在表象中的單一性那樣，而是符合它的概念的單一性（《哲學全書》，第一一二～一一四節[14]），換句話說，這個單一性其實就是概念本身。上述最初兩個環節——意志能從一切中抽象出來，而它又是由自己或他物所規定的——人們容易承認和理解，因為它們單獨說來都不是真的而是理智的環節。但是第三個環節是真的和思辨的[15]（凡是真的東西，只有用思辨方法加以思考才能得到理解），而理智就不肯深入到這一環節中去，因為它恰恰把概念總是指為不可理解的東西。對思辨中這種深奧的東西，對作為自我相關的否定性的那無限性，對一切活動、生命和意識的最後泉源都加以證明和詳細說明，這是屬於作爲純思辨哲學的那**邏輯學**範圍內的事。

這裡只指出下列一點。當我們說**意志**是普遍的，**意志**規定自己，這時已經表明，意志被假定爲**主體或基質**。不過意志在自我規定之先，在這種規定被揚棄和理想化之先，不是某種完成的東西和普遍的東西。意志只有透過這種自我中介的活動和返回到自身才成爲意志。

補充（自由的具體概念） 我們所稱眞正的意志包含著上述兩個環節。自我本身首先是純活動，是守在自己身邊的普遍物。但是這個普遍物規定著自己，在這種情況下，它不再守在自己身邊，而把自己設定爲他物，從而喪失其爲普遍物。至於第三個環節就在於，自我在它的限制中即在他物中，守在自己本身那裡；自我在規定自己的同時仍然守在自己身邊，而且它並不停止堅持其爲普遍物。所以，這第三個環節是自由的具體概念，至於前面兩個環節始終是抽象的並且是片面的。但是，這種自由在我們感覺的形式中，例如在友誼和愛中已經有了，我們在自己內部不是片面的，而極願意在對他物的關係中限制自己，並且在這種限制中明知道自己本身。在這一規定性中人不應當感到自己是被規定的，相反地，由於他把他物作爲他物來觀察，他才具有自尊感。所以自由既不存在於無規定性中，也不存在於規定性中，自由同時是它們兩者。把自己完全局限於一定事物的意志是固執者的意志，他不具有**這種**意志時，就感到不自由了。但是意志是不受某種局限的東西的約束的，它必然要越此前進，因爲意志的本性不是這種片面性或約束性；至於自由是希求某種被規定的東西，但卻在這樣一種規定性中：既守在自己身邊而又重新返回到普遍物。

第八節

特殊化的更詳細的過程（第六節，乙）構成意志的各種形式之間的差別：(1)如果意志的規定性在於主觀和客觀（作爲外在的直接實存）的形式的對立，那麼這是作爲自我意識——它面對著一個外部世界——的那種形式的意志；作爲在規定性中返回到自身的單一性，這又是一個透過活動和某種手段的中介而把主觀目的轉化爲客觀性的過程。在規定性完全是自己的又是眞實的這樣一種自在和自爲的精神中（《哲學全書》，第三六三節）[16]，意識的關係只構成意志的現象這一方面，關於這一方面，這裡不再做單獨考慮了。

補充（意志的目的規定性）　關於意志的規定性的考量屬於理智的事情，初不屬於思辨的領域。意志一般說來不僅在內容的意義上，而且也在形式的意義上是被規定的。從形式上說，規定性就是目的和目的的實現。我的目的最初僅僅是內在的東西，主觀的東西，但它也應該成爲客觀的東西，而擺脫單純主觀性的缺點。這裡可能提出一個問題：何以目的具有這個缺點？有缺點的東西而不同時克服其缺點，這個缺點對它說來就不是缺點。在我們看來動物是有缺點的，在牠自己看來則否。目的當它最初還只是我們的目的，我們看來就是一個缺點，因爲自由和意志對我們說來是主觀和客觀的統一。所以設定目的應該合乎客觀，這樣說來，目的不是達到一個新的片面的規定，而是走向它的實在化。

第九節

(2)由於意志的規定是意志自己的規定，一般說來是意志在自身中反思著的特殊化，所以這些規定就是內容。這種內容，作爲意志的內容，按照上面(1)節所描述的形式來說，就是意志的目的。這種目的或者是在表象著的意志中的那內部的或主觀的目的，或者是透過使主觀的東西轉化爲客觀性的活動中介而現實了的、已達成的目的。

第十節

這種內容，或被區分的意志規定最初是直接的。所以，意志只是自在地自由的，或者只是對我們來說是自由的，或者一般地說，這是存在於自己概念中的意志。只有在意志把自身當作對象時，它才使自在的東西成爲自爲的東西。

附釋　按照這一規定，有限性就在於，某種自在地存在而符合概念的東西是一種實存或現象，自爲地存在的東西是另一種實存或現象。例如，自然界抽象的相互外在自在地說是空間，自爲地說是時間。在這裡應該注意的有兩件事：第一，因爲唯有理念才是眞的，所以如果我們對一個對象或規定只是像它在它的自在形態或在它的概念中那樣的來把握，那我們還沒有得到它的眞的東西。第二，某個作爲概念自在地存在的東西同樣是實存的，而這種實存是對象的特有形態（如上述的空間）；存在於有限東西中的自在存在和自爲存在的分離，同時構成有限東西的單純定在或現象（下面馬上將以實例來說明自然意志，然後說明形式法，等等）[17]。理智只限於單純自在的存在，所以它把符合這種自在存在的自由叫作能力，因爲如果自由只是自在地存在的，事實上它只是一種可能性。但是理智把這一規定看作絕對的和永恆的，把自由與自由所希求的東西之間的關係，一般地說，把自由與它的實在性之間的關係，光看作自由對一種現成素材的應用，而這種應用是不屬於自由本身的本質。這樣，理智就僅僅與抽象打交道，而不涉及自由的理念和眞理。

補充（自由的自在和自爲）　光是符合概念的意志，是自在地自由的，而同時又是不自由的，因爲它只有作爲眞正被規定的內容，才是眞實地自由的。這時它是自爲地自由的，是以自由爲對象的，它就是自由。那種還是符合它的概念的東西，只是自在地存在的東西，這種東西只是直接的，只是自然的。即使依照我們通常的看法，這一點也是我們所熟知的。小孩是自在的大人，最初他是自在地具有理性，開始時他是理性和自由的可能性，因而僅僅從概念上說是自由的。然而這種最初自在地存在的東西，還不是在它的現實性中存在著。這種自在地具有理性的人，必須用下列辦法努力創造它本身，即既要超出自身，又要在自身內部培養自身，這樣他也就成爲自爲地具有理性的人。

第十一節

那最初僅僅自在地自由的意志是直接的或自然的意志。規定它自身的概念在意志內部所設定的那差別的種種規定，在直接意志中表現爲直接現存的內容。這些就是衝動、情慾、傾向，意志透過它們顯得自己是被自然所規定的。這一內容連同它的被發展了的各種規定，都源出於意志的合理性，從而是自在地合乎理性的。但由於它採取這樣一種直接性的形式而出現，所以它還沒有取得合理性的形式。這一內容對我說來固然一般地是我的東西，但是這個形式與那個內容依然是彼此脫離的；由此可見，這種意志依然是在自身中有限的意志。

附釋　經驗心理學把這些衝動，傾向以及建立在它們之上的需要，按照它在經驗中所見到的或它認爲見到的那個樣子，予以講解描述，並企圖按照通常方式把這些現成的素材加以分類。這種衝動的客觀的東西是什麼；這種客觀的東西如果除去它作爲衝動所具有的不合理性的形式，在它的眞理中是怎樣存在的，以及在它的實存中是採取什麼形態的——關於這些，下面再談[18]。

補充（衝動和自由）　動物也有衝動、情慾、傾向，但動物沒有意志；如果沒有外在的東西阻止牠，牠只有聽命於衝動。唯有人作爲全無規定的東西，才是凌駕於衝動之上的，並且還能把它規定和設定爲他自己的東西。衝動是一種自然的東西，但是我把它設定在這個自我中，這件事卻依賴於我的意志。因此，我的意志就不能以衝動是一種自然的東西爲藉口來替自己辯解。

第十二節

在意志中直接出現的這整個內容，只是作爲一群多種多樣的衝動而存在的，其中每一個與其他一起，總之都是我的衝動，同時每一個都在滿足上具有多種多樣對象和方法的某種普遍的和無規定性的東西。當意志在這雙重無規定性中給自己以單一性的形式時（第七節），這就構成意志的決定；總之，只有當它做出決定，它才是現實的意志。

附釋　對某件事物做出決定（etwas beschliessen），這就是揚棄無規定性，在這種無規定性中這個或那個內容當初都只是一種可能性。同對某件事物做出決定交替著用的，在我們德文中還有下決心[19]這一說法。這說明：意志的無規定性本身是中性的東西，但又是無限豐富的東西，或一切定在的原始萌芽，在自身中包含著它的種種規定和目的，它僅僅是把這些東西從自身中提供出來而已。

第十三節

意志透過做出決定而設定自身爲特定個人的意志，把自己與別個區分開來的那種意志。但是，除了作爲意識的有限性（第八節）以外，由於它的形式和內容的差別（第十一節），直接的意志是形式的；屬於這種意志所有的，只是抽象的決定本身，而它的內容，還不是它的自由的內容和產物。

附釋　對於作爲能思維的東西的理智說來，對象和內容始終是普遍物，而理智本身的行爲是普遍的活動。在意志中，普遍物本質上同時具有我的東西即單一性這種意義，而在直接的即形式的意志中，普遍物則只有抽象單一性的意義，這種單一性還沒有被自己的自由普遍性所充實。所以，理智固有的有限性肇始於意志，而意志只有把自己再提高爲思維，並給自己的種種目的以內在的普遍性，才會揚棄形式與內容的差別，而使自己成爲客觀的無限的意志。所以，以爲一般在意志方面人是無限的，而在思維方面人甚或理性都受著限制，做這樣的想法的人，就不懂得思維和意志的本性。只要思維和意志彼此還是有著差別，那麼毋寧倒過來的說法是眞的，意志是決心要使自己變成有限性的能思維的理性。

補充（意志的現實）　不做什麼決定的意志不是現實的意志；無性格的人從來不做出決定。躊躇不決的原因也可能在於性情優柔。具有這種性情的人知道，如果做出規定，自己就與有限性結緣，就給自己設定界限而放棄了無限性。但是他又不想放棄他所企求的整體。諸如此類的性情不論它怎樣優美，總是一種死的心情。歌德說，立志成大事者，必須善於限制自己[20]。人唯有透過決斷，才投入現實，不論做出決定對他說來是怎樣的艱苦。正是因循怠惰的人才不願意從內心醞釀中走出，這種內心醞釀使他把一切保持在可能性的狀態中。但是可能性還不是現實性。有自信的意志是不會因此就在被規定的東西中喪失自己的。

第十四節

有限的意志，作為只在形式上經過自我反思和保持在它本身的那無限的自我（第五節），是凌駕於內容即各種不同的衝動之上的，而且也凌駕於這些衝動藉以實現和滿足的其他個別方式之上的。同時，因為它只是在形式上無限的，所以在它的本性和外部現實的種種規定方面，它是受這種內容的束縛的，雖然作為無規定性的東西，它不受這個或那個內容的束縛（第六節和第十一節）。這種內容對自我在自身中的反思說來不過是一種可能的內容，可能是我的，也可能不是我的；而自我是把自己規定為這個或另一個的可能性——即在形式上對我說來是外在的這些規定之中加以選擇的可能性。

第十五節

從這種規定來看，意志的自由是任性，在這種任性中既包含著(1)從一切中抽象出來的自由反思以及(2)對自內或自外所給予的內容和素材的依賴這兩個因素。因為這個自在地作為目的的必然內容，同時在那種反思面前被規定爲可能的，所以任性是作爲意志表現出來的偶然性。

附釋　對自由最普通的看法是任性的看法——這是在單單由自然衝動所規定的意志和絕對自由的意志之間經過反思選擇的中間物。當我們聽說，自由就是指可以爲所欲爲，我們只能把這種看法認爲完全缺乏思想教養，它對於什麼是絕對自由的意志、法、倫理等等，毫無所知。反思，即自我意識形式上的普遍性和統一，是意志對於它自由的抽象確信，但它還不是自由的眞理，因爲它還沒有以自身爲內容和目的，因而主觀方面與客觀方面還是各別的。因此之故，這種自我規定的內容始終不過是一種有限的東西。任性並不是合乎眞理的意志，而是作爲矛盾的意志。

主要在沃爾夫形而上學的時代發生了如下的爭論，即意志是否確實自由的，還是關於意志自由的知識只是一種幻覺，其實在人們心目中的乃是任性。決定論很正確地把內容與那種抽象自我規定的確信相對立，這種眼前所發現的內容並不包含在那種確信中，因而它是來自確信之外的。雖然這個「外」是指衝動、表象，或就指意識，而這個意識是以某種方式被這樣充實起來，致其內容不是自我規定的活動本身所特有的。因此，既然只有自由的自我規定中的形式要素才是內在於任性的，而另一要素是給予任性的，那麼，被認爲自由的那任性，的確可以叫作一種幻覺。在所有反思哲學中，例如在康德哲學和後來被弗里斯弄淺薄了的康德哲學中，自由無非就是上述那種形式上的自我活動。

補充（任性和特異性）　我既然具有可能這樣或那樣地來規定自己，也就是說，我既然可以選擇，我就具有任性，這一點就是人們通常所稱的自由。我之所以可以選擇是根據意志的普遍性，因爲我可以把這個或那個東西變成我的東西。這個我的東西，作爲特殊內容來說，於我不相適合，因而是與我分立的；它只是可能成爲我的東西，至於我則是把我自己與它相結合的可能性。所以選擇是根據自我的無規定性和某一內容的規定性。因此，意志雖然自在地在形式上具有無限性的一面，就爲了這種內容之故，它是不自由的。沒有一種這樣的內容是與意志互相適合的，意志本身也從來沒有在任何這種內容中眞實地存在著。任性的含義指內容不是透過我的意志的本性而是透過偶然性被規定成爲我的；因此我也就依賴這個內容，這就是任性中所包含的矛盾。通常，人當他可以爲所欲爲時就信以爲自己是自由的，但他的不自由恰好就在任性中。當我希求理性東西的時候，我不是作爲特異的個人而是依據一般的倫理概念而行動的。在倫理性的行爲中，我所實現的不是我自己而是事物。但當一個人做出某種與正道相反的事情時，他最容易表露出他的特異性。理性東西是人所共走的康莊大道，在這條大道上誰也不顯得突出。當大藝術家完成一件作品時，我們會說：那必須如此，這就是說，藝術家的特異性已經完全消失，在作品那裡看不出什麼風格。菲狄亞斯是沒有風格的，他的雕塑形象本身栩栩如生，惹人注目。但是藝術家愈是不高明，我們就愈看到他自己，他的特異性和任性。如果人們在考量時只停留在任性上面，即人可以希求這個或那個，當然他的自由就在於他可以這樣做。但是，如果人們堅持下述見解，即內客是外方所給予的，那麼人也就因而受到了規定，正是在這一方面他就不再是自由的了。

第十六節

意志可以把已經決定選擇的東西（第十四節）同樣再予以放棄（第五節）。儘管意志有可能越出它以次調換的每個其他內容而無止境，但它不能越出有限性，因爲每一個這種內容都不同於意志的形式，從而是有限的東西；至於規定性的對立面，即無規定性——優柔寡斷或無內容的抽象——只是意志的另一個同樣片面的環節。

第十七節

任性這一矛盾（第十五節）是作爲各種衝動和傾向的辯證法而顯現出來的；它們彼此阻撓，其中一個的滿足必然要求另一個的滿足服從於它，或者要求另一個犧牲其滿足，如此等等。由於衝動除了它的規定性外沒有其他方向，從而它自身沒有尺度，所以規定使另一個服從或犧牲，只能是出於任性的偶然決斷。任性在決斷時可以運用理智來較量，哪一個衝動會給予最多的滿足，或者任性也可根據任何其他任意考慮做出決斷。

補充（衝動的鬥爭）　衝動和傾向首先是意志的內容，只有反思是超出於它們之上的。但是這些衝動將會驅策自己，相互排擠，彼此妨礙，它們每一個都想得到滿足。現在假如我把其他一切衝動擱置一邊，而只置身於其中一個，我將處於毀滅性的侷促狀態中，因爲這樣一來，我拋棄了我的普遍性，即一切衝動的體系。但是，如果照理智通常所想的辦法，把各種衝動編成隸屬順序，也是無濟於事，因爲這裡沒有尺度可以用來做出這種編排。因此，要求這種隸屬順序終致流於令人生厭的老生常談。

第十八節

在衝動的評價方面，其辯證法表現如下：直接意志的各種規定，從它們是內在的從而是肯定的來說，是善的。所以說人性本善。但是由於這些規定是自然規定，一般是與自由和精神的概念相對立的，從而又是否定的，所以必須把它們根除。因此又說人性本惡。在這個觀點上，決定採取上述任何一個主張，都是主觀任性。

補充（性惡說）　人性本惡這一基督教的教義，比其他教義說人性本善要高明些，因此，應該依據這一教義的哲學上解釋來把握它。人作爲精神是一種自由的本質，他具有不受自然衝動所規定的地位。所以處於直接的無教養的狀態中的人，是處於其所不應處的狀態中，而且必須從這種狀態解放出來。原罪說就具有這種意義，否則基督教就不成其爲自由的宗教了。

第十九節

在衝動純潔化這一要求中存在著一般看法，認爲應該把衝動從它們直接而自然的規定性的形式以及從它們內容的主觀東西和偶然東西解放出來，而還原到它們實體性的本質。這是個含糊的要求，其實它的眞意在於，衝動應該成爲意志規定的合理體系。這樣從意志概念上來把握衝動，就是法學的內容。

附釋　法學的內容可以照它的所有個別環節，例如權利、所有權、道德、家庭、國家等等，用下列形式加以闡述：人生來就有對權利的衝動，也有對財產、對道德的衝動，也有性愛的衝動、社交的衝動，如此等等。如果我們願意採用更爲莊嚴的哲學格式來代替這種經驗心理學的形式，那麼，按照前面已經指出的[21]在現代曾經而且還在自命爲哲學的東西，就可以唾手得到如下格式：人在自身中找到他希求權利、財產、國家等等這一意識事實。此外，在這裡是以衝動的形態表現出來的同一內容，隨後[22]將以另一種形式即義務的形式出現。

第二十節

就各種衝動加以反思，即對這些衝動加以表象、猜想、相互比較，然後跟它們的手段、結果等等比較，又跟滿足的總和——幸福——比較，就會對這種素材帶來形式的普遍性，並且用這種外部方法對這種素材加以清洗，以去其粗糙性和野蠻性。這種思維的普遍性的成長，就是教養的絕對價值（參閱第一八七節）。

補充（幸福）　在幸福中思想就已經駕馭著衝動的自然力，因爲思想是不滿足於片刻的東西而要求整個幸福的。這種要求正是與教養相關聯，因爲教養也同樣主張一個普遍物的。可是幸福的理想含有兩個環節：第一，一個比一切特殊性更高的普遍物；但是第二，因爲這一普遍物的內容仍然只是普遍的享受，於是這裡又一次出現了單一物和特殊物，即某種有限的東西，因此必須回復到衝動。由於幸福的內容是以每一個人的主觀性和感覺爲轉移的，所以這一普遍目的就它自己方面說來是特異的，因此其中的形式和內容還沒有達到任何眞正的統一。

第二十一節

但是，這一形式的普遍性——自身沒有規定而在上述素材中找到其規定性——的眞理，乃是**自我規定的普遍性**，是意志、自由。這種意志是以普遍性——作爲無限形式的自身——爲其內容、對象和目的，所以它不僅是**自在地**而且也是**自爲地**自由的意志——即眞實的理念。

附釋　意志的自我意識，作爲情慾、衝動，是**感性的**，它像一般感性的東西那樣標誌著外在性，從而標誌著自我意識在自身外的存在。**反思的**意志則含有兩個要素：上述感性的東西和思維的普遍性。至於**自在自爲地**存在的意志才是以意志本身即純普遍性的意志爲其對象的。這一純普遍性正是這樣的東西，在其中，自然性的**直接性**以及反思所產生而自然性所沾染的**特異性**，都被揚棄了。但這種揚棄和提高以達於普遍物，就是叫作**思維活動**。自我意識把它的對象、內容和目的加以純化並提高到這種普遍性，它這樣做，就是作爲**思維**在意志中**貫徹**自己。這裡有一點弄明白了：意志只有作爲**能思維**的理智才是眞實的、自由的意志。奴隸不知道他的本質、他的無限性、自由，他不知道自己是作爲人的一種本質；他之所以不知道自己，是由於他不**思**考自己。透過思維把自己作爲本質來把握，從而使自己擺脫偶然而不眞的東西這種自我意識，就構成法、道德和一切倫理的原則。凡從哲學上討論法、道德和倫理，而同時要想排除思維而訴諸感情、心胸和靈感的那些人，就表示著對思想和科學的蔑視，這是思想和科學所能遭到的最大蔑視，因爲甚至科學本身既經陷於絕望和衰竭之後，就把野蠻和無思想性的東西作爲原則，而且會儘量地奪去人類的一切眞理、價值和尊嚴。

補充（**眞實的意志**）　哲學上的眞理指概念和實在相適合。比如，肉體是實在，靈魂是概念，但靈魂和肉體應該互相配合。所以死人雖然還是一個實存，但早已不是眞實的實存，而是喪失了概念的定在，因此之故，屍體是要腐爛的。所以當意志所希求的東西，即它的內容，與它是同一的，就是說，當自由希求自由時，只有這時意志才是眞實的意志。

第二十二節

自在自爲地存在的意志是**眞正無限的**，因爲它是它本身的對象，因而這個對象對它說來既不是一個**他物**也不是**界限**；相反地，這種意志只是在其對象中返回到自身而已。其次，這種意志不僅是一種**可能性**、**素質**、**能力**，而是**實際無限的東西**，因爲概念的定在，即它的客觀外在性，就是內在的東西本身。

附釋　因此，如果我們只談自由意志本身而不涉及**自在自爲地**自由的意志這一規定，那麼我們只談到自由的**素質**，即自然的和有限的意志（第十一節），不問我們所用的詞句和所具有的意見如何，總之我們沒有談到自由意志。

理智把無限的東西只了解爲否定的東西，從而是一種**彼岸的**東西，所以認爲愈是把無限的東西推開而遠離自己，並把它當作異物敬而遠之，那就愈對它表示崇敬。在自由意志中眞正無限的東西具有現實性和現在性。自由意志本身就是在自身中現存著的理念。

補充（**意志的無限性**）　人們很正確地把無限性當作一個圓形來看，因爲直線只會向前伸展，無所底止，它標誌著純粹否定的惡的無限，而不會像眞正的無限那樣返回到自身。自由意志是眞正無限的，因爲它不僅僅是可能性和素質，相反地，它的外在的定在就是它的內在性，就是它本身。

第二十三節

唯有在這種自由中意志才無條件地守在它自己身邊，因爲除了與它自身相關外，它不與其他任何東西相關，從而對其他任何東西的一切依賴關係都取消了。這種意志是眞的，或者更確切些說，它就是眞理本身，因爲它的規定在於它的概念的東西和它的定在的東西（即作爲跟自己對立的東西）相一致，換言之，意志的純概念是以對它本身的直觀爲其目的和實在性的。

第二十四節

意志是普遍的，因爲在其中一切限制和特殊單一性都被揚棄了。這些限制和特殊單一性，只有在概念跟它的對象或內容有區別時，換一個形式說，概念的主觀自爲存在跟它的自在存在，它的排他的和做決定的單一性跟它的普遍性本身有區別時才存在的。

附釋　關於普遍性的各種不同規定，已在《哲學全書》中（第一一八～一二六節）[23]加以闡明。「普遍性」這個詞使表象首先見到抽象的和外在的普遍性。但這裡它所規定自己的是自在自爲地存在著的普遍性，這種普遍性既不可看作共同性或全體性等反思的普遍性，也不可看作站在單一物之外而與之相對立的抽象普遍性，即抽象的理智的同一性（第六節附釋）。正是其自身是具體的從而又是自爲地存在的這種普遍性，才是自我意識的實體，自我意識內在的類或內在的理念。這就是自由意志的概念，它作爲普遍物覆蓋於它的對象之上，把它的規定貫穿滲入，而在其中保持著與自己的同一。

自在自爲地存在的普遍物就是我們一般所稱**理性**的東西，並且只有透過這種思辨方法才能理解它。

第二十五節

主觀的東西，從一般意志方面看來，指意志的自我意識一面即個別性這一面（第七節），它**有別於**自在地存在的意志概念。所以意志的主觀性是指下列三點：（甲）意志的**純形式**，自我意識與**自身的絕對統一**（在這統一中自我意識，作爲自我＝自我，純粹是內在的，而且**抽象地**停留在自己那裡），對它本身的**純確信**（這與眞理有別）；（乙）意志的**特殊性**，即任性以及任意目的的偶然內容；（丙）一般的說意志的片面形式（第八節），因爲所希求的東西，不問其內容如何，還只是屬於自我意識的內容，也是沒有得到實現的目的。

第二十六節

意志（甲）當它以自身爲它的規定，因而符合它的概念，並且是眞實的意志時，才是**完全客觀**的意志；（乙）但是**客觀**意志由於欠缺自我意識的**無限形式**，乃是沒入於它的客體或狀態的意志（不問其內容如何），這是兒童的意志、倫理性的意志、奴隸的意志、迷信的意志，如此等等；（丙）最後，**客觀性**是與主觀的意志規定相對立的片面形式，從而它是作爲**外部**實存的那定在的直接性；在這個意義上，意志只有透過實現它的目的，才成爲**客觀**的。

附釋　這裡所以要把主觀性和客觀性這些邏輯範疇詳加論述，爲的是關於這些範疇（因爲以後常常要用到）必須明白指出，它們像其他各種差別和反思對立的範疇一樣，由於它們的有限性，從而由於它們的辯證性質，是要向它們的對立面轉化的。在其他這些對立範疇的情況下，它們的意義對表象和理智說來是固定不變的，因爲它們的同一性依然是某種內在的東西。與此相反，在意志中，這些對立面應該既是意志的抽象的而同時又是它的只能作爲具體東西而被認知的規定，這些對立面就自然而然地導致它們的同一以及它們意義的混淆，但是這種混淆只是理智在無意識中才會陷入的。

所以意志，作爲存在於自身中的自由，是主觀性本身，從而這一主觀性就是意志的概念，因而也就是意志的客觀性。但是與客觀性相對比，意志的主觀性是有限性，就在這一對比中，意志並不守在自己那裡，而是與它的客體糾纏在一起的，它的有限性正在於它不是主觀的，如此等等。

所以下文所述意志的主觀或客觀究應具有何種意義，應該每一次聯繫上下文加以闡明，這上下文包含它們在對全體的關係中所占的位置。

補充（客觀意志和主觀意志）　通常以爲主觀和客觀是始終不變地相互對立的。但情況並不如此，倒不如說它們是相互轉化的，因爲它們不是抽象的規定，如肯定和否定，而已經具有較具體的意義。首先考慮主觀這一詞，我們可以說某一目的是主觀的，因爲這是某一特定主體的目的。從這一意義說，一種非驢非馬的最壞藝術作品純粹是主觀的。其次，這一詞也可用於意志的內容，此時它幾成爲任性的同義詞；凡是單屬於主體的都是主觀的內容。因此，例如惡劣的行爲純粹是主觀的。又其次，那種純空虛的自我，也可以稱爲主觀的，這種自我僅僅以自身爲其對象，並具有從任何其他內容抽象出來的力量。所以主觀性有時指某種完全特異的東西，有時指具有高度權能的東西，因爲我所應該承認的一切，都有成爲我的東西並在我處達到有效性這一任務。主觀性是貪得無厭的，它集中並吞沒一切於這個純自我的單一泉源中。客觀也同樣有種種不同的解釋。凡我們拿來作爲我們對象的一切東西，不問我們放在自己面前的現實存在或是單純思想，都可指爲客觀的。我們還可以把目的應在其中實現的定在的那直接性包括在這一範疇內。儘管目的本身是完全特異的和主觀的，但當它表現出來的時候，我們卻仍然稱之爲客觀的。不過客觀意志也指含有眞理的意志而言。例如，神的意志，倫理性的意志就是客觀的意志。最後，我們也可把完全沒入客體中的意志叫作客觀意志，例如兒童的意志，它只知信賴而缺乏主觀自由，又如奴隸的意志，它尚未知道自己是自由的，從而是無意志的意志。從這一意義說來，凡受外方權威領導而行動，並且尚未完成向自身無限返回的任何意志，都是客觀的。

第二十七節

自由精神的絕對規定，如果你願意的話也可以說，絕對衝動（第二十一節），是以它的自由爲對象的——即把自由變成不僅從自由應該是精神本身的合理體系這個意義來說是客觀的，而且從這一體系應該是直接現實（第二十六節）這個意義來說也是客觀的。在以自由爲其對象時，精神的目的在於使自在地存在的意志作爲理念而自爲地存在。總之，意志理念的抽象概念就是**希求自由意志的那自由意志**。

第二十八節

意志的活動在於揚棄主觀性和客觀性之間的矛盾而使它的目的由主觀性變爲客觀性，並且即使在客觀性中同時仍留守在自己那裡。除了在其中客觀性只是作爲直接現實而存在的那意識的形式上方式（第八節）以外，這種活動是理念實體性內容的本質的發展（第二十一節）。在這一發展中，概念把最初其本身是抽象的理念規定爲它的體系的總體；這個體系的總體作爲實體性的東西，不受單純主觀目的和它的實現之間對立的影響，始終在這兩個形式中保持爲同一的東西。

第二十九節

任何定在，只要是自由意志的定在，就叫作法。所以一般說來，法就是作爲理念的自由。

附釋　比較爲一般所接受的康德的定義（康德的法學導言）[24]的要點是：「限制我的自由或任性，使它能夠依據一種普遍規律而與任何一個人的任性並行不悖。」這個定義一方面只包含否定的規定，即限制；而另一方面它所包含的肯定的東西——普遍規律或所謂理性規律，一個人的任性和另一人的任性的符合一致——即歸結爲人所共知的形式的同一性和矛盾律。上面引舉的這一法的定義包含著自盧梭以來特別流行的見解。依照這種見解，其成爲實體性的基礎和首要的東西的，不是自在自爲地存在的、合乎理性的意志，而是單個人在他獨特任性中的意志，也不是作爲眞實精神的精神，而是作爲特殊個人的精神。這一原則一旦得到承認，理性的東西自然只能作爲對這種自由所加的限制而出現；同時也不是作爲內在的理性東西，而只是作爲外在的、形式的普遍物而出現。這種見解完全缺乏思辨的思想，而為哲學概念所唾棄；同時它在人們頭腦和現實中產生一些現象，其可怕性，只能拿以它們為基礎的那種思想的膚淺性來與之相比擬。

第三十節

法是一般神聖的東西，這單單因為它是絕對概念的定在，自我意識著的自由的定在之故。但是法（此外還有義務）的形式主義產生於自由的概念在發展上發生的差別。與更形式的、即更抽象的、因而也是更受限制的法對比，有一種更高級的法，它是屬於那樣一個精神的領域和階段，即在其中精神已把它的理念所包含的各個詳細環節在它自身中予以規定和實現了；這個精神的領域和階段是更具體，其內部更豐富，而且更是真正普遍的，因而也具有更高級的法。

附釋　自由的理念的每個發展階段都有其獨特的法，因為每個階段都是在其特有各規定中之一的那自由的定在。當人們說道德、倫理跟法是對立的，這時所謂法係單指抽象人格的最初的形式的法。道德、倫理、國家利益等每個都是獨特的法，因為這些形態中的每一個都是自由的規定和定在。只有當它們在同一條線上都要成為法時，它們才會發生衝突。假如精神的道德觀點不同時是法，不同時是自由所表現的形式之一，那麼這種自由無論如何不會與人格的法或其他的法發生衝突的，因為法包含著自由的概念，即精神的最高規定，與此相比，任何其他東西都是缺乏實體的。但是衝突同時包含著這另一個環節，即衝突是受到限制的，於是一種法是從屬於另一種法的。只有世界精神的法才是無限制的、絕對的。

第三十一節

這裡同樣以邏輯學中所闡明的方法爲前提。根據這種方法，在科學中，概念是從它本身發展起來的，這種發展純粹是概念規定內在的前進運動和產物。這個進程，既不因爲有各種情況存在，於是得到保證而發生，也不由於普遍物應用於從別處接受來的素材而發生。

附釋　概念的運動原則不僅消融而且產生普遍物的特殊化，我把這個原則叫作辯證法。所以它不是這種意義的辯證法，即它把所給予感情或一般直接意識的對象、命題等等分解了，弄亂了，翻來覆去，一味要把相反的一面引申出來。這是一種否定的方法，就在柏拉圖那裡也常常看到。這種辯證法，會把與普通觀念相反的東西看作它最後的成果，或者會像古代懷疑論那樣毅然決然地把這種觀念中的矛盾，又或像現代的半途而廢那樣軟弱無力地把對眞理的漸近看作它的最後成果。更高級的概念辯證法不僅在於產出作爲界限和相反東西的規定，而且在於產出並把握這種規定的肯定內容和成果。只有這樣，辯證法才是發展和內在的進展。其次，這種辯證法不是主觀思維的外部活動，而是內容固有的靈魂，它有機地長出它的枝葉和果實來。理念的這種發展是它的理性特有的活動，作爲主觀東西的思維只是袖手旁觀，它不加上任何東西。合乎理性地考量事物，不是指給對象從外面帶來理性，並對它進行加工製造，而是說對象就它本身說來是合乎理性的。這裡，正是在它的自由中的精神，自我意識著的理性的最高峰，它給自己以現實，並把自己創造爲實存世界。科學的唯一任務就在於把事物的理性的這種特有工作帶給意識。

第三十二節

在概念發展過程中的種種規定，從一方面看，其本身就是概念，從另一方面看，這些規定具有定在的形式，因爲概念本質上就是理念。因此這種發展過程所產生的一系列概念同時就是一系列形成物；所以他們都應該在科學考量範圍之內。

附釋 在更思辨的意義上，概念的定在方式和概念的規定性是一而二，二而一的。但是應該指出，其結果是採取進一步規定形式的那些環節，作爲概念的各種規定而在理念的科學發展中是在結果之先，但是作爲各種形成物而在時間發展中則並不走在它的前面。所以，例如，被規定爲家庭的那理念是以概念規定爲前提的，然後我們把家庭作爲結果而在下文加以敘述。不過這些內在前提也早已自爲地作爲形成物，例如作爲所有權、契約、道德等等而存在，這是發展的另一方面；只有在更高度和更完備的文化中，這一發展才能進到使它的各個環節成爲具有這種獨特形態的定在。

補充（概念在科學中以及在它的定在形態中的發展） 理念最初不過是抽象的概念，所以它必須不斷地在自身中進一步規定自己。但是這個最初的抽象規定絕不會被放棄，相反地，它只會在自身中愈加豐富起來，於是最後的規定是最豐富的規定。在這一過程中，那些以前只是自在地存在的規定達到了它們的自由獨立性，而且成爲這個樣子：概念仍然是靈魂，它把一切結合起來，並且只是透過一種內在程序而達到它特有的差別。所以我們不能說，概念達到了某種新的東西，相反地，最後規定與最初規定統一起來，重新拍合。即使概念在它的定在中看去好像支離破碎，但這僅僅是一種假象，在往後的進展中就可看出這是一種假象，因爲一切單一性最後都重新返回到普遍物這一概念。經驗科學通常總是分析我們表象的內容，而當人們把單一的東西歸結到共同的東西中去的時候，他們就把這種共同的東西叫作概念。我們的做法不是這樣，因爲我們只要求從旁觀察概念本身是怎樣規定自己的，我們竭力避免對它加入任何一點屬於我們想像和思考的東西。但是我們用這種方法所得到的是一系列思想和另一系列的定在形態。這裡可以補充一點，一系列定在形態的實際出現在時間上的次序，一部分跟概念邏輯的次序是互有出入的。例如，我們不能說，在家庭出現以前就已經有所有權存在；但儘管這樣，所有權必須放在家庭之前論述。所以這裡可能發生一個問題，爲什麼我們不從最高級的東西即具體的眞實東西開始。回答是：我們所願意見到的，恰恰就是採取結果形式的眞實東西，因此本質上必須首先理解抽象概念本身。由於這個緣故，現實的東西、概念的形態雖然在現實世界本身中是首先存在的，但是我們仍把它放在後面作爲下一步驟來處理。在我們的進展程序中，各種抽象形式不是作爲獨立存在的東西而是作爲不眞實的東西顯現出來的。

本書的劃分

第三十三節

按照自在自爲地自由的意志這一理念的發展階段，意志是：

第一，**直接的**；從而它的概念是抽象的，即**人格**，而它的**定在**就是直接的、外在的事物；這就是**抽象法**或**形式法**的領域。

第二，意志從外部定在出發在自身中反思著，於是被規定為與普遍物對立的主觀單一性。這一普遍物，一方面作為內在的東西，就是善；另一方面作為外在的東西，就是現存世界；而理念的這兩個方面只能互為中介，這是在它的分裂中或在它的特殊實存中的理念；這裡我們就有了主觀意志的法，以與世界法及理念的法（雖然僅僅自在地存在的理念）相對待。這就是道德的領域。

第三，是這兩個抽象環節的統一和眞理——被思考的善的理念在那個在自身中反思著的意志和外部世界中獲得了實現，以致於作為實體的自由不僅作為主觀意志而且也作為現實性和必然性而實存；這就是在它絕對地普遍的實存中的理念，也就是倫理。

但是倫理性的實體同時是：

㈠自然精神——家庭。

㈡在它的分裂或現象中——則為市民社會。

㈢國家，即表現為特殊意志的自由獨立性的那種自由，既是普遍的又是客觀的自由。這一現實的和有機的精神，（甲）其關於一個民族的，（乙）透過特殊民族精神的相互關係，（丙）在世界歷史中實現自己並顯示為普遍世界精神。這一普遍精神的法乃是最高的法。

附釋　一件事物或一個內容最初依照它的概念或像它自在地存在著那樣被設定的時候，是採取直接性或存在的形態的，這一點來自思辨邏輯學，在這裡是被預先假定的。對其自身說來具有概念形式的那自為的概念則不同，它已不再是某種直接的東西了。

確定本書劃分的原則同樣是被預先假定的。我們也可把劃分看作本書各部分歷史的預告，因為各個階段必然是作爲理念發展的環節而從內容的本性中產生自己的。哲學的劃分根本不是外部的劃分，不是按照某一個或幾個從外邊採入的劃分理由而對現存材料所做出的外表分類，而是概念本身的內在區分。

道德和**倫理**在習慣上幾乎是當作同義詞來用，在本書中則具有本質上不同的意義。普通看法有時似乎也把它們區別開來。康德多半喜歡使用**道德**一詞。其實在他的哲學中，各項實踐原則完全限於道德這一概念，致使**倫理**的觀點完全不能成立，並且甚至把它公然取消，加以凌辱。但是，儘管從語源學上看來道德和倫理是同義詞，仍然不妨把既經成爲不同的用語對不同的概念來加以使用。

補充（**自由實現的各個階段**） 我們在本書中談到法的時候，不僅指人們通常對這一名詞所了解的，即市民法，而且指道德、倫理和世界史而言；它們之所以同樣屬於法，是因爲概念按照眞理而把思想彙集起來的。爲了不仍然是抽象的，自由意志必須首先給自己以定在，而這種定在最初的感性材料就是事物，即外界的物；自由的這一最初方式，就是我們馬上會認識到的所有權，這是形式法和抽象法的領域。同屬於這種領域的，還有具有中介形式的所有權，即**契約**，以及被侵犯的法，即**犯罪**和**刑罰**。在這領域中我們所具有的自由就是我們所說的**人**，也叫作**主體**，他是自由的，的確對自己說來是自由的，並在事物中給自己以定在。但是定在的這種單純直接性還不相當於自由，而否定這一規定的就是**道德**的領域。現在我不再是僅僅在直接事物中是自由的，而且在被揚棄了的直接性中也是自由的，這就是說，我在我本身中、在主觀中是自由的。在這領域中所關緊要的是我的判斷和意圖，以及我的目的，因爲外界已被設定爲無足輕重的了。不過在這裡構成普遍目的的**善**不宜僅僅停留在我的內心，而應使之實現。這就是說，主觀的意志要求它的內部的東西即它的目的獲得外部的定在，從而使善就在外部的實存中得以完成。道德與更早的環節即形式法都是抽象東西，只有**倫理**才是它們的眞理。所以，倫理是在它概念中的意志和單個人的意志即主觀意志的統一。倫理的最初定在又是某種自然的東西，它採取愛和感覺的形式；這就是**家庭**。在這裡個人把他冷酷無情的人格揚棄了，他連同他的意識是處於一個整體之中。但在下一階段，我們看到原來的倫理以及實體性的統一消失了，家庭崩潰了，它的成員都作爲獨立自主的人來互相對待，因爲相需相求成爲聯繫他們的唯一紐帶了。人們往往把這一階段即**市民社會**看作國家，其實**國家**是第三階段、即個體獨立性和普遍實體性在其中完成巨大統一的那種倫理和精神。因此，國家的法比其他各個階段都高，它是在最具體的形態中的自由，再在它的上面的那只有世界精神的那至高無上的絕對眞理了。

◆本篇注釋◆

[1] 針對弗里斯而言。——譯者

[2] 參閱本書第一二六節和第一四〇節兩節的附釋。——譯者

[3] 參閱《哲學全書》第十五節（即《小邏輯》，三聯書店一九五四年版，第六十八頁）。——譯者

[4] 參閱本書第二一一節以下各節和附釋。——譯者

[5] 關於自然法的樸素意義，參閱《哲學全書》，第五〇二節。——譯者

[6] 參閱孟德斯鳩：《法意》，第一卷，第三章。——譯者

[7] 參閱本書第一八〇節附釋和補充。——譯者

[8] 羅馬十二表法第三條的規定。——譯者

[9] 參閱《哲學全書》，第三版，第四四〇～四八二節。——譯者

[10] 參閱《哲學全書》，第三版，第四四四節。——拉松版

[11] 《舊約全書．創世紀》，第二章，第二十二節和第二十三節。——譯者

[12] 參閱黑格爾：《精神現象學》中絕對自由和恐怖（見哲學叢書，第一一四卷，第三七八頁以下）。——拉松版

[13] 戰顫、震驚恐係激怒、奮起之誤。——拉松版

[14] 第三版，第一六三～一六五節。——拉松版

[15] 參閱《哲學全書》，第七十九節和第八十二節。——譯者

[16] 《哲學全書》，第三版，第四四〇節。——拉松版

[17] 關於自然的或自在的意志，參閱本書第十一～十八節；關於自為的意志，參閱第二十一節以下。——譯者

[18] 參閱本書第十九節和第一五〇節以及該兩節的附釋。——譯者

[19] beschliessen和sich entschliessen依照通常的用法是同義詞；但在語源學上，前者具有事情結束的含義，而後者還有展開做出決定的人的性格的意思，黑格爾這裡一併應用這個意義。——譯者

[20] 語出歌德的短詩：〈自然與藝術〉。——譯者

【21】參閱本書第二節和第四節兩節的附釋。——譯者

【22】參閱本書第一四八節以下，特別是第一五〇節附釋。——譯者

【23】第三版，第一六九～一七八節。——拉松版

【24】參閱康德：《道德形而上學》，第一部，法學的形而上學的第一要義，法學導言，B節。——譯者

第一篇　抽象法

第三十四節

自在自爲的自由的意志，當他在**抽象**概念中的時候，具有**直接性**的這一規定性。在這一階段，它是否定的實在性，只是抽象地自我相關的現實性——**主體**在自身中所具有的**單個**意志。從意志的**特殊性**這一環節看來，這種意志另外具有由各個特定目的所構成的內容，而且由於它是**排他的單一**性，所以這種內容對它說來同時又是外部的、直接在眼前看到的世界。

補充（**意志的抽象性和直接性**）　說自爲地自由的意志，當它在抽象概念中的時候，具有直接性這一規定性，這話乃指這個意思：當概念使自己完全成爲實在的，當它的定在成爲無非就是它本身的發展的時候，這樣一種狀態就是意志充分發展了的理念。但當初概念是抽象的，這就是說，一切規定都包含在概念中，但也不過包含在裡面而已，它們僅僅自在地存在著，而尚未發展成爲自身內部的整體。當我說我是自由的，這時我還是這種無對立面的在自身中的存在，在道德領域中才有了對立面。因爲在那裡我是作爲單個的意志而存在，而善則是普遍物，儘管它是存在於我自己內部的。所以在道德領域中，意志已經在它自身中具有單一性和普遍性的差別，從而它是被規定了的。但初時這種差別還不存在，因爲在當初抽象的統一中，尚未有任何進展和中介，從而意志還具有直接性的形式、單純存在的形式。從這裡所欲達到的本質的觀點看來，這一最初的無規定性本身是一個規定性。因爲無規定性是指意志和它的內容之間還沒有任何差別而言。但是當它本身跟被規定了的東西對立時，它就獲得了被規定了的東西這一規定。這裡抽象的同一性構成了這種規定性。因此，意志就成爲單一的意志——**人**[1]。

第三十五節

這種自爲地自由意志的普遍性是形式的普遍性，即在意志單一性中的自我意識著的此外便無內容的單純自我相關。這樣看來，主體就是人。人格的要義在於，我作爲這個人，在一切方面（在內部任性、衝動和情慾方面，以及在直接外部的定在方面）都完全是被規定了的和有限的，畢竟我全然是純自我相關係；因此我是在有限性中知道自己是某種無限的、普遍的、自由的東西。

附釋　當主體用任何一種方法具體地被規定了而對自身具有純粹一般自我意識的時候，人格尚未開始，毋寧說，它只開始於對自身——作爲完全抽象的自我——具有自我意識的時候，在這種完全抽象的自我中一切具體限制性和價值都被否定了而成爲無效。所以在人格中認識是以它本身爲對象的認識，這種對象透過思維被提升爲簡單無限性，因而是與自己純粹同一的對象。個人和民族如果沒有達到這種對自己的純思維和純認識，就未具有人格。自在自爲地存在的精神跟現象中的精神所不同者在於：在同一個規定中，當後者僅僅是自我意識，即對自身的意識，但僅按照自然意志及其仍然是外在的各種對立的自我意識（《精神現象學》，班堡和維茲堡，一八〇七年版，第一〇一頁以下；《哲學全書》，第三四四節）[2]，前者則以自身即抽象的而且自由的自我爲其對象和目的，從而它是人。

補充（人格概念的高貴和低微）　自爲地存在的意志即抽象的意志就是人。人間最高貴的事就是成爲人，但是儘管這樣，人這種赤裸裸的抽象，在稱謂上已經有些可鄙。人實質上不同於主體，因爲主體只是人格的可能性，所有的生物一般說來都是主體。所以人是意識到這種主體性的主體，因爲在人裡面我完全意識到我自己，人就是意識到他的純自爲存在的那種自由的單一性。作爲這樣一個人，我知道自己在我自身中是自由的，而且能從一切中抽象出來的，因爲在我的面前除了純人格以外什麼都不存在。然而作爲這樣一個人，我完全是被規定了的東西，例如我有這點年齡，身材這樣高大，在這個地點，以及其他一切可以視爲特異性的東西。所以人既是高貴的東西同時又是完全低微的東西。他包含著無限的東西和完全有限的東西的統一、一定界限和完全無界限的統一。人的高貴處就在於能保持這種矛盾，而這種矛盾是任何自然東西在自身中所沒有的也不是它所能忍受的。

第三十六節

(1)人格一般包含著權利能力，並且構成抽象的從而是**形式的**法的概念，和這種法的其本身也是抽象的基礎。所以法的命令是：「**成爲一個人，並尊敬他人爲人。**」

第三十七節

(2)意志的**特殊性**誠然是意志整個意識的一個環節（第三十四節），但抽象人格本身還沒有把它包含在內。所以這種特殊性雖然存在著，但仍作爲與人格、與自由的規定有區別的東西，即作爲情慾、需要、衝動、偶然偏好等等而存在。所以在形式法中，人們不考慮到特殊利益、我的好處或者我的幸福，同時也不考慮我的意志的特殊動機、見解和意圖。

補充（**作為權能的形式法**）　因爲在人格中特殊性尚未作爲自由而存在，所以關於特殊性的一切東西，在這裡都是**無足輕重**的。如果某人除了自己的形式法以外對什麼也不感興趣，這可能是純偏執，爲胸襟狹窄的人所常有，因爲粗野小人才最堅持自己的權利，而高尚的精神則顧慮到事物是否還有其他一些方面。所以抽象法最初只是一種單純可能性，如果與整個範圍的關係比較起來，它是一種形式的東西。因之法的規定提供一種權能，但我沒有絕對必要去行使我的權利，因為這不過是整個關係中的一個方面。這就是說，可能性是存在，它具有也可能不存在這一意義。

第三十八節

就其與**具體**行為以及道德和倫理情況的關係來說，抽象法跟以上這些更詳細的內容比較，只不過是一種**可能性**，因之法的規定僅僅是一種**許可**或**能力**。這種法的必然性，正因為這種法是抽象的，所以局限於否定的方面，即**不得侵害**人格或從人格中所產生的東西。所以在抽象法中只存在著**禁**令，至於命令的積極形式，從其終極內容看來，也是以禁令為基礎的。

第三十九節

(3)人這做出決定的和**直接的**單一性，是與眼前存在的自然界處於相互關係之中的，因之自然界是跟作為某種**主觀**東西的那意志的人格對立的。但是對於在自身中無限的而且普遍的那種人格來說，使它僅僅成為主觀的這一限制是矛盾的和**無意義的**。人格是肯定的東西，它要揚棄這種限制，使自己成為實在的，換句話說，它要使自然的定在成為它自己的定在。

第四十節

法首先是自由以直接方式給予自己的直接定在，即：

(一)**占有**，就是**所有權**。在這裡自由是**一般**抽象意志的自由，或者，因而是僅僅對自己有關的**單個**

人的自由。

㈡人使自己區分出來而與另一人發生關係，並且一方對他方只作為所有人而具有定在。他們之間自在地存在的同一性，由於依據共同意志並在保持雙方權利的條件下將所有權由一方移轉於他方而獲得實存。這就是契約。

㈢在自身中區分的意志，其區分是像㈠那樣在對它自己相關中，而不是像㈡那樣與他人區分中發生的，這種意志，作為特殊意志，是與自身，即作為自在自為地存在的自身相殊異而對立的。這就是不法和犯罪。

附釋　把權利區分為人格權、物權和訴權，跟許多其他相同分類一樣，其目的首先在於，把眼前一大堆無組織的素材編成一種外部秩序。所以在這種分類中，特別存在著以家庭和國家等實體性關係為前提的權利和有關單純抽象人格的權利紛然雜陳的混亂現象。康德所主張而為後人樂於採用的分類[3]，把權利分為物權、人格權以及物權性質的人格權，也是同樣混亂。人格權和物權這種構成羅馬法基礎的分類是乖謬而缺乏思辨思想的。如果詳加論述（訴權有關司法，屬於另一秩序），未免扯得太遠了。在這裡至少這一點已經很清楚：唯有人格才能給予對物的權利，所以人格權本質上就是物權。這裡所謂物是指其一般意義的，即一般對自由說來是外在的那些東西，甚至包括我的身體生命在內。這種物權就是人格本身的權利。然而從羅馬法中所謂人格權看來，一個人作為具有一定身分而被考察時，才成為人（海內秀斯：《市民法要義》，第七十五節）。所以在羅馬法中，甚至人格本身跟奴隸對比起來只是一種等級、一種身分。因此，羅馬法中所謂人格權的內容，就是家庭關係，他如對奴隸（兒童也幾乎包括在內）的權利以及無權（人格減等）狀態都不在內。依照康德的說法，家庭關係完全屬於物權性質的人格權。

所以羅馬的人格權不是人本身的權利，至多不過是特殊人的權利。後面還要談到[4]，家庭關係毋寧是以犧牲人格爲其實體性的基礎。現在把具有特殊規定的人格權放在一般人格權前面加以處理，只顯得次序顛倒而已。

康德所說人格權，是根據契約產生的權利，如我給予或給付某物等等，這也是羅馬法中根據債產生的對物的權利。任何一種權利都只能屬於人的，從客觀來說，根據契約產生的權利並不是對人的權利，而只是對在他外部的某種東西或者他可以轉讓的某種東西的權利，即始終是對物的權利。

第一章 所有權

第四十一節

人爲了作爲理念而存在，必須給它的自由以外部的領域。因爲人在這種最初還是完全抽象的規定中是絕對無限的意志，所以這個有別於意志的東西，即可以構成它的自由的領域的那個東西，也同樣被規定爲與意志直接不同而可以與它分離的東西。

補充（所有權的合理性） 所有權所以合乎理性不在於滿足需要，而在於揚棄人格的純粹主觀性。人唯有在所有權中才是作爲理性而存在的。即使我的自由這種實在性最初存在於一個外界事物中，從而是一種壞的實在性，然而抽象人格，就因爲它存在於其直接性中，所以除了在直接性的規定中的定在以外不可能具有任何其他定在。

第四十二節

跟自由精神直接不同的東西，無論對精神說來或者在其自身中，一般都是外在的東西——即物，某種不自由的、無人格的以及無權的東西。

附釋 物像客觀一樣，有兩種不同而是對立的意義。有時，譬如當我們說：就是這個東西，問題在於事物，而不在於人——這是指實體性的東西而言；有時用來與人（不是特殊的主體）相對比，這時物正是指與實體性東西相反的東西而言，即按其規定是純粹外在的東西。對自由精神——必須與單純意識很好加以區別——說來，外在的東西是絕對外在的，因此，自然界的概念規定就在於它本身是外在的東西。

補充（外在的東西） 由於物欠缺主觀性，所以它不僅對主體說來而且它本身是外在的東西。這樣說來，空間和時間是外在的。作爲感性的東西，我本身是外在的，是空間性的和時間性的。我所具有的感性直觀，乃是我對某種其本身是外在的東西所具有的直觀。動物也能直觀，但是牠的靈魂不是以靈魂即牠本身爲對象，而僅僅以外在的東西爲對象。

第四十三節

人作爲直接概念，並從而作爲本質上單一的東西，具有自然的實存。這種實存一方面是在它本身中的；另一方面是像人對待外部世界那樣來對待它的那實存。在這裡關於人，即其本身尚在最初的直接性中的人，我們所要談的，僅僅是這些作爲直接存在的事物的事物，而不是那些透過意志的中介而能變成事物的規定。

附釋　精神技能、科學知識、藝術，甚至宗教方面的東西（講道、彌撒、祈禱、獻物祝福），以及發明等等，都可成爲契約的對象，而與在買賣等方式中所承認的物同視，但是，藝術家和學者等等是否在法律上占有著他的藝術、科學知識，以及傳道說教和誦讀彌撒的能力等等，即諸如此類的對象是否也是物，卻是一個問題。如果把這類技能、知識和能力等都稱爲物，我們不免有所躊躇，因一方面關於諸如此類的占有固然可以像物那樣進行交易並締結契約，但是另一方面它是內部的精神的東西，所以理智對於它的法律上性質可能感到困惑，因爲呈現在理智面前的僅僅是一種對立；或是某物或是非物，非彼即此（像或是有限或是無限那樣）。學問、科學知識、才能等等固然是自由精神所特有的，是精神的內在的東西，而不是外在的東西，但是精神同樣可以透過表達而給它們以外部的定在，而且把它們轉讓（見下文）[5]，這樣就可把它們歸在物的範疇之內了。所以它們不是自始就是直接的東西，只是透過精神的中介把內在的東西降格爲直接性和外在物，才成爲直接的東西。

按照羅馬法那種不合法的和不合乎倫理的規定，孩子對父親來說是物，因而父親可在法律上占有他的孩子，不過他對孩子仍處於愛這種倫理關係中（自然不能不由於那種不法而大大減弱了）。因之在羅馬法中產生了物與非物這兩種規定完全不法的結合。

抽象法是僅僅以人本身以及屬於他的自由的定在和領域的那特殊物爲對象的，只要它作爲與人可分離而殊異的東西而存在，不問這種可分離性構成特殊物的本質規定，或是特殊物僅僅透過主觀意志的中介才能取得它都好。所以在抽象法中，精神技能和科學知識等等，僅以法律上認爲可占有者爲限，才在被考量之列。至於透過教養、研究、習慣等等而對身體和精神所取得的占有，作爲精神的內部財物而存在的，不在此處討論範圍之內。關於這種精神上財物過渡到外在物而把它列入法律上財物的範疇的問題，且待述及轉讓時再談。[6]

第四十四節

人有權把他的意志體現在任何物中，因而使該物成爲我的東西；人具有這種權利作爲他的實體性的目的，因爲物在其自身中不具有這種目的，而是從我意志中獲得它的規定和靈魂的。這就是人對一切物據爲己有的絕對權利。

附釋　對直接的單一事物、不屬於人的東西，賦予實在性（指獨立性以及眞正自爲的和在自身中的存在而言）的那種所謂哲學[7]，遭到對待這些事物的那自由意念的態度的直接反駁。斷定精神不能認識眞理，不能知道自在之物的那種哲學[8]，也是這樣。如果對意識、直觀和表象說，所謂外物是具有獨立性這種外觀的，那麼與這相反，自由意志是理想主義，是這種現實性的眞理。

補充（意志的理想主義）　所有的物都可變爲人們所有，因爲人就是自由意志，作爲自由意志，它是自在和自爲地存在著的，至於與他對立的東西是不具有這種性質的。因此每一個人都有權把它的意志變成物，或者物變成他的意志，換句話說，他有權把物揚棄而改變爲自己的東西。其實作爲外在性的物沒有自身目的，它不是（自己對自己的）無限的自我相關，而是某種對它本身說來是外在的東西。生物（動物）也是這種外在的東西，因而其本身是物。唯有意志是無限的，對其他一切東西說來是**絕對的**，至於其他東西就其本身來說只是**相對的**。所以據爲己有，歸根到底無非是：表示我的意志對物的優越性，並顯示出物不是自在自爲地存在著的，不是自身目的。這種表示是採用下列方式的：我把不同於物所直接具有的另一個目的體現於物內。當生物成爲我所有的時候，我給它不同於它原有的靈魂，就是說，我把我的靈魂給它。所以自由意志是理想主義，它不把物的本來面貌看作是絕對的。至於實在主義呢，儘管這些物僅僅以有限性的形式存在著，它仍宣布它們爲絕對的。可是就拿動物來說，也已不再具有這種實在主義哲學了，因爲牠們把物吃掉，因而證明物不是絕對獨立的。

第四十五節

我把某物置於我自己外部力量的支配之下，這樣就構成占有；同樣地，我由於自然需要、衝動和任性而把某物變成我的東西，這一特殊方面就是占有的特殊利益。但是，我作爲自由意志在占有中成爲我自己的對象，從而我初次成爲現實的意志，這一方面則構成占有的眞實而合法的因素，即構成**所有權**的規定。

附釋　如果把需要當作首要的東西，那麼從需要方面看來，擁有財產就好像是滿足需要的一種手段。但眞正的觀點在於，從自由的角度看，財產是自由最初的**定在**，它本身是本質的目的。

第四十六節

因爲我的意志作爲人的意志，從而作爲單個人的意志，在所有權中，對我說來是成爲客觀的了，所以所有權獲得了**私人所有**權的性質；共同所有權由於它的本性可變爲個別所有，也獲得了一種**自在地可分解的**共同性的規定。至於我把我的應有部分留在其中，這本身是一種任意的事。

附釋　**自然**界各種對象的利用，按其本性來說，是不能特異化而成爲私人占有的。

羅馬的**土地法**包含著關於土地占有的公有和私有之間的鬥爭。後者是更合乎理性的環節，所以必須把它保持在上風，即使犧牲其他權利在所不惜。

家庭信託遺贈財產包含著一個與人格權、從而與私有權相反的因素。但是屬於私有權的各種規定有時不得不從屬於法的較高級領域，即共同體、國家；從私有權方面說，所謂法人的財產和永遠管業的財產，其情形正復相同。可是這種例外也不是出於偶然，出於私人任意或私人利益的，而是完全根據於國家這一合乎理性的機體。

柏拉圖理想國的理念侵犯人格的權利，它以人格沒有能力取得私有財產作爲普遍原則。人們虔敬的、友好的，甚至強制的**結義**擁有共有財產以及私有制原則的遭到排斥，這種觀念很容易得到某種情緒的青睞，這種情緒誤解精神自由的本性和法的本性，並且不在這種本性的特定環節中來理解它。關於這種觀念的道德方面和宗教方面的考慮，甚至**伊壁鳩魯**在他的朋友們提議成立類此擁有共有財產的結合時也力加勸阻，他的理由，正是因爲這種結合證明互不信任，而彼此互不信任的人是不配做朋友的（第歐根尼．拉爾修，第十卷，第六節）。

補充（私人所有權） 在所有權中，我的意志是人的意志；但人是一個單元，所以所有權就成爲這個單元意志的人格的東西。由於我借助於所有權而給我的意志以定在，所以所有權也必然具有成爲這個單元的東西或我的東西這種規定。這就是關於私人所有權的必然性的重要學說。國家固然可以制定例外，但畢竟只有國家才能這樣做。然而尤其在我們時代，國家往往重新把私有權建立起來了。例如，許多國家很正確地解散了修道院，因爲歸根到底團體不像人那樣擁有這樣一種所有權。

第四十七節

作爲人來說，我本身是一個直接的個人。如果對這一點做進一步的規定，那首先就是說：我在這個有機身體中活著，這個身體按其內容說來是我的普遍的、不可分割的、外部的定在，而且是一切再進一步被規定了的定在的實在可能性。但是作爲人，我像擁有其他東西一樣擁有我的生命和身體，只要有我的意志在其中就行。

附釋 從我不是作爲自爲的概念而是作爲直接的概念實存著這一方面看來，我是活著而且具有有機的肉體這一點是以生命的概念和作爲靈魂的精神的概念爲依據的，即以自然哲學中（《哲學全書》第二五九節以下，同上書第一六一節，第一六四節和第二九八節）[9]和人類學中（同上書第三一八節）[10]的各種環節爲依據的。

只有在我願意要的時候，我才具有這四肢和生命，動物不能使自己成爲殘廢，也不能自殺，只有人才能這樣做。

補充（動物沒有權利） 動物固然占有自身，牠們的靈魂占有牠們的身體，但是動物對牠們的生命是沒有權利的，因爲牠們沒有這種意思。

第四十八節

當身體還是直接定在的時候，它與精神是不相配合的，爲了成爲精神的馴服器官和有靈性的工具，身體必須首先爲精神所占有（第五十七節）。但從別人看來，我雖然直接占有我的身體，但是本質上是一個自由的東西。

附釋 就因爲我作爲在身體中自由的東西活著，所以我這個有生的定在不得當作馱畜而被虐使。只要我是活著，我的靈魂（概念和較高級意義上的自由的東西）就與肉體分不開，肉體是自由的定在，我有了肉體才有感覺。所以只有那缺乏理念的、詭辯的理智才會把精神和肉體分開，並以爲縱使身體受到虐待以及人的實存屈辱於他人暴力之下，而自在之物即靈魂是不會被觸及或受到傷害的。我可以離開我的實存退回到自身中，而使我的實存變成外在的東西，我也可以把特殊感覺從我身上排除出去，雖在枷鎖之中我也可以是自由的。但這是我的意志，對他人說來我是在我的身體中；我在定在中是自由的和我對他人說來是自由的這兩個命題是同一的（參閱我的《邏輯學》，第一卷，第四十九頁以下）[11]中。他人加於我的身體的暴力就是加於我的暴力。

由於我是有感覺的，所以對我身體所施加的觸動或暴力現實地而且現在地直接觸動我，侮辱人格與毀壞我的身外財物之間的區別就在於此，因爲在我的財物中我的意志並沒有依照這樣直接的方式現在地和現實地存在著。

第四十九節

在對外在事物的關係上，合理的方面乃是我占有財產。但是特殊的方面包含著主觀目的、需要、任性、才能、外部情況等等（第四十五節）。占有光作爲占有來說固然依賴於上述種種，但在這種抽象人格領域中，這一特殊方面還沒有與自由同一化。所以我占有什麼，占有多少，在法上是偶然的事情。

附釋　如果這裡我們還沒有做出這種差別就能談到多數人的話，那麼在人格上多數人是一律平等的。但這樣說是空洞的同語反覆，因爲人作爲抽象的東西，尚未特殊化，也還沒有被設定在把他區分出來的規定中。

平等是理智的抽象同一性，反思著的思維從而一般平庸的理智在遭遇到統一對某種差別的關係時，首先就想到這一點。在這裡，平等只能是抽象的人本身的平等，正因爲如此，所以關於占有的一切——它是這種不平等的基地——是屬於抽象的人的平等之外的。

有時人們要求平均分配土地甚或其他現存財富，如果考慮到在這種特殊性中的，不僅有外在自然界的偶然性，而且還有精神的整個範圍——這種精神是處於它無限的特殊性和差異性中，處於發展成爲有機體的它的理性中的——那就愈顯得這種要求是一種空虛而膚淺的理智。

我們不能見到占有和財產的分配不平均，便說自然界不公正，因爲自然界不是自由的，所以無所謂公正不公正。一切人應該有足夠的收入以滿足他的需要，一方面這固然是道德的願望，並且照這樣籠統的說法，的確還是善意的願望，但是像一般單純的善意願望一樣，它缺乏客觀性。另一方面收入跟占有不同，收入屬於另一領域，即市民社會。

補充（財產的平均分配）　關於財產的分配，人們可以實施一種平均制度，但這種制度實施以後短期內就要垮臺的，因爲財產依賴於勤勞。但是行不通的東西不應付諸實施。其實，人們（Mensch）當然是平等的，但他們僅僅作爲人，即在他們的占有來源上，是平等的。從這意義來說，每個人必須擁有財產。所以我們如果要談平等，所談的應該就是這種平等。但是特殊性的規定，即我占有多少的問題，卻不屬於這個範圍。由此可見，正義要求各人的財產一律平等這種主張是錯誤的，因爲正義所要求的僅僅是各人都應該有財產而已。其實特殊性就是不平等所在之處，在這裡，平等倒反而是不法了。的確，人們往往看想他人的財產，但正是這不法，因爲法對於特殊性始終是漠不關心的。

第五十節

物屬於時間上偶然最先占有它的那個人所有，這是毋待煩言且自明的規定，因爲第二個人不能占有已經屬於他人所有的東西。

補充（先占取得）　到此為止的種種規定，主要是關於人格必須在所有權中獲得定在這一命題。現在，最先占有者就是所有人，這個道理從以上所述就可得出。但是最先一個人就是合法所有人，其理由並非因為他是最先一個人而已，而是因為他是自由意志，其實，由於其他一個人繼他而來，他才成為最先一個人。

第五十一節

為了取得所有權即達到人格的定在，單是某物應屬於我的這種我的內部表象或意志是不夠的，此外還須取得對物的占有。透過取得占有，上述意志才獲得定在，這一定包含他人的承認在內。我所能占有的東西是無主物（如第五十節所述），這是不言而喻的消極條件，或者毋寧說，它涉及早已預想到的跟別人的關係。

補充（占有的表白）　人把他的意志體現於物內，這就是所有權的概念，下一步驟才是這一概念的實在化。表示某物是我的這種內部意志的行為，必須便於他人承認。我把某物變成我的，這時我就給該物加上了「我的」這一謂語，這一謂語必須對該物以外在的形式表示出來，而不僅僅停留在我的內部意志之中。孩子們慣於提出先於他人的希求，以對抗他人的占有；但是對大人來說，僅僅這種希求是不夠的，還必須除去主觀性的形式，而爭取到客觀性。

第五十二節

取得占有使物的實質變為我的所有物，因為物的實質本身不是它所特有的。

附釋　物質對我做抵抗（而且它無非是對我所做的抵抗而已），這就是說，它對我作爲抽象精神，即作爲感性精神，顯示它的抽象和獨立的存在（感性表象卻倒過來把精神的感性存在當作具體的，而把理性東西當作抽象的）。但是在對意志和所有權的關係上，物質的這種獨立存在並不具有眞理。把自然物據爲己有的一般權利所藉以實現的占有取得，作爲外部行動，是以體力、狡智、技能，總之我們藉以用身體來把握某物的一切手段爲條件的。按照自然物的質的差別，對這些物的獲得和占取具有無限多的意義，以及同樣無限的限制和偶然性。此外，類和自然物本身不是人格單一性的對象。爲了這種對象而能被占取，它首先必須單一化（一口空氣、一口水）。對外在的類本身和自然物的占有是不可能的，這不是說，應該把外界的物理的不可能性看作最後的，而是說，人作爲意志把自己規定爲單一性，而且作爲人他同時是直接單一性，從而作爲人他是與作爲許多單一東西的外界發生關係的（第十三節附釋和第四十三節）。

所以物的獲得和外部占有也具有無限的方式，並且多少是不確定的和不完全的，但是物質絕不會沒有本質上的形式的，而且唯有如此它才成爲某種東西。我愈是把這種形式據爲己有，我就愈加現實地占有某物。消化食物就是把消化前該物之所以爲該物的質的本性加以滲透消融並使之變化，我的身體受到訓練因而獲得技能，以及我的精神受到教養，這些同樣是在不同程度上的完全占有和滲透。精神正是我可以最完全地使之成爲我的東西。但是取得占有的這種現實與所有本身不同，因爲所有要透過自由意志來完成。在占有這種外在關係中雖然還遺留著一種外在性，但是在自由意志面前，物已不再保存它本身的獨特性。思想必須克服沒有性狀的那種物質的空虛抽象，當物爲我所有時，這種抽象仍留在我的身外而爲物所特有的。

補充（占有形式和占有物質）　費希特曾提出這樣一個問題，物質經我給以某種形式後是否也屬於我的。[12]按照他的意見，當我把黃金製成杯子以後，別人仍可自由自在地把黃金拿去，只要他不因此而損害我的作品。即使在思想上可以儘量把物質分開，然而事實上這種區分僅僅是空虛的狡辯。其實當我占有並耕種土地時，不僅犁溝爲我所有，連同犁溝在內的土地都是我的。這就是說，我是想把這一物質全部加以占有的，因此這一物質不是依然爲它所特有的。其實，即使物質存在於我所加於對象的那個形式之外，然而形式正是一種標誌，說明該物應該屬於我的。所以該物並不存在於我的意志之外，並不存在於我所希求的東西之外。因此根本沒有什麼多餘的東西可供他人占有的了。

第五十三節

所有權在意志對物的關係上具有它更進一步的規定。這種關係是（甲）直接占有，這裡意志是在作爲肯定的東西的物內有其定在；（乙）使用，即物比之於意志是一種否定的東西，這裡意志在作爲應被否定的東西的物內有其定在；（丙）轉讓，即意志由物回到在自身中的反思。以上三者分別是意志對物的肯定判斷，否定判斷和無限判斷。

一、取得占有

第五十四節

物的占有有時是直接的身體把握，有時是給物以定形，有時是單純的標誌。

補充（占有的方式）　占有的這些方式包含著由單一性的規定到普遍性的規定的進展。身體把握只能行於單一物，反之，標誌是藉觀念而占有。在後一種情況，我用觀念來對待物，並且認爲全部是我的，而不僅僅以我身體所能占有的部分爲限。

第五十五節

（甲）從感性方面說，身體把握是最完善的占有方式，因爲我是直接體現在這占有中，從而我的意志也同樣可被認識到。但是一般說來，這種占有方式僅僅是主觀的、暫時的，而且從對象的範圍說來，以及由於對象的質的本性之故，都受到極大的限制。如果我能把某物跟我用其他方法所取得而已屬於我的東西聯繫起來，或者某物偶然地加入這種聯繫，那麼，這多少可使這種占有方式擴大範圍；至於利用其他中介作用也可達到同樣結果。

附釋　機械力量、武器和工具可以擴大我的權力範圍。有各種各樣的聯繫，例如我的土地靠著海洋或河川，我的不動產鄰近狩獵場、牧場和可供其他用途的土地，我的耕地下埋有寶石和其他礦藏，我所有的土地上下可能有財寶等等；還有一些是在時間上偶然發生的聯繫，例如所謂自然添附的部分（沙灘等以及漂流物），至於家畜的繁殖固然也是對我的財產的一種添附，但是這種聯繫是一種有機的關係，而不是對我所已占有之物的外來附加，所以它與其他的添附完全不同；——以上這些聯繫，一方面可看作某一占有者比起其他占有者能夠更便易地占有和利用某物，而且有時只有他才可能占有和利用；另一方面可把該附加物看作被附加物的不獨立的偶性。一般說來，這些聯繫都是不以概念和生命爲其紐帶的外在結合。所以，按照這些關係在程度上多少是本質的或多少不是本質的，這樣來提出並審酌正反兩面不同的理由概屬於理智範圍內的事，這樣來做出決斷是實際立法的問題。

補充（身體把握式的占有）　占有在方式上完全是零星的；我不能占有比我身體所接觸到的更多的東西。其次，外物比我所能把握的更爲廣大。因此我所占有的任何物體，總是與他物有聯繫的。我用手占有，但是手的遠程可以延展。手是一種偉大的器官，爲任何動物所沒有的。我用手所把握的東西，轉而可以成爲我攫取他物的手段。當我占有某物時，理智立即推想到，不僅我所直接占有的東西是我的，而且與此有聯繫的東西也是我的。實定法必須把這一點規定下來，因爲從概念中得不出更多的東西來。

第五十六節

（乙）某物是我的這一規定，由於我給某物以定形，而獲得了獨立存在的外觀，並且不再受到我在這一空間和這一時間的限制，也不受到我的知識和意志的體現的限制了。

附釋　給物以定形，雖然隨著對象的質的本性以及各種不同主觀目的，而是無限地不同的，但它終究是最適合於理念的一種占有，因爲它把主觀和客觀在自身中統一起來了。屬於這一問題的還有有機體的形成。我對有機體所做的，不僅僅停留於它的外部，而是被它吸收了。例如耕種土地，栽培植物，馴養、飼育和保護動物等都是；又如爲利用原料和自然力而建成的設備，或將某種素材用於別種素材的設施等等亦同。

補充（給物以定形）　這種定形在經驗上可以有種種不同的形態。耕地由於我的耕作而給以定形。關於無機物，不總是直接給物以定形的。例如我在製造風車時並未製成空氣，而只製成利用空氣的形式。空氣本身既非我所製成，自然不能說是我的。又保護野獸也可看作給物以定形的一種方式，因爲這是爲考慮到保存對象而採取的一種動作。當然，馴服動物是給物以定形的一種更爲直接的方式，它多半要依賴於我。

第五十七節

人根據在他本身內的直接實存是一種自然的東西，對概念說來是外在的東西。只有透過對他自己身體和精神的培養，本質上說，透過他的自我意識了解自己是自由的，他才占有自己，並成爲他本身所有以對抗他人。反過來說，這種占有，就是人把他在概念上存在的東西（即可能性、能力、素質）轉變爲現實，因而初次把他設定爲他自己的東西，同時也是自己的對象而與單純的自我意識有別，這樣一來，他就成爲有能力取得物的形式（參閱第43節附釋）。

附釋　爲奴隸制辯護所提出的論證（包括它最初產生的一切理由，如體力、作戰被俘、拯救和維護生命、扶養、教育、慈善以及奴隸自己的同意等等），以及爲奴隸主支配權作爲一般純粹支配權所做的辯護，此外，一切關於主奴權利的歷史上觀點，都從這一點著想：即把人看作一般自然的存在，看作不符合於人的概念的實存（任性亦屬於此）。與此相反，認爲奴隸制是絕對不法的那種論據，則拘泥於人的概念，把人作爲精神，作爲某種自在地自由的東西來看；這種主張是片面的，因爲它把人看作生而自由，也就是把直接性中的概念本身而不把理念看作眞的東西。這個二律背反，與所有二律背反一樣，都建立於形式思維之上，主張一個理念的兩個環節是分立的，各不相關的，從而堅持不適合理念和不符合眞理的各個環節。自由精神就在於（第二十一節）它不是單純的概念或自在地存在的，而在於揚棄它本身的形式主義，從而揚棄直接的自然實存，而給自己只屬於它自己的、自由的實存。所以，二律背反中主張自由的概念這一方面，具有一個優點，即它包含著眞理的絕對出發點，雖然還只是一個出發點而已。至於另一方面，死抱住無概念的實存，根本不包含合理性和法的觀點。法和法學所由開始的那種自由意志的立場，已經超越了虛妄不眞的立場，在後一種立場上，人作爲自然存在，而且僅僅作爲在自身中存在的概念，尚有可能成爲奴隸。這種早期的不眞現象所涉及的精神，還只是在它最初意識的階段。自由的概念和自由的最初純粹直接的意識之間的辯證法，就引起了承認的鬥爭和主奴的關係（參閱《精神現象學》第一一五頁和《哲學全書》第三五二節以下）[13]。但是如果對客觀精神、法的內容，不再僅僅在它的主觀概念中去理解，從而對人之所以絕對不應被規定爲奴隸也不再僅僅作爲理應如此來理解，那就必須認識到，自由的理念只有作爲國家才是眞實的。

補充（奴隸）　如果人們堅持人是自在自爲地自由的這一方面，那就等於詛咒奴隸制度。但是某人當奴隸乃是出於他自己的意志，這正與某個民族受到奴役是出於它自己的意志一樣。所以，不僅僅使人爲奴隸和奴役他人的人是不法的，而奴隸和被奴役者本身也是不法的。奴隸產生於由人的自然性向眞正倫理狀態過渡的階段，即產生於尚以不法爲法的世界。在這一階段不法是有效的，因此，它必然是有它的地位的。

第五十八節

（丙）其自身並非現實的但只表明我的意志的占有方式，就是對物加上標誌。標誌的意義應該是：我已經把我的意志體現於該物內。這種占有無論從對象的範圍和它的意義來說，都是極不明確的。

補充（作為占有方式的標誌）　他種占有方式雖然多少帶有標誌本身的作用，但透過標誌來占有是一切占有中最完全的。當我把握某物或給某物定形時，其最終意義同樣就是一種標誌，這種標誌的目的對他人說來，在於排斥他人並說明我已把我的意志體現於物內。標誌的概念就在於對事物不是如其存在的那樣來看，而按其所應具有的意義來看。例如，徽章是指某個國家的公民資格而言，雖然它的顏色與這一民族沒有任何聯繫，而且不表示徽章本身，而表示民族。人能夠給予某物標誌，因而取得該物，這樣正表明了他對該物有支配權。

二、物的使用

第五十九節

透過占有，物乃獲得「我的東西」這一謂語，而意志對物也就有了肯定的關係。在物和我的意志這一同一性中，物同時被設定爲否定的東西，而我的意志則在這一規定中成爲特殊意志，即需要、偏好等。但是我的需要作爲單一意志的特殊性是肯定的東西，它要滿足自己，至於物作爲自在的否定的東西，則專爲我的需要而存在，並爲其服務。使用就是透過物的變化、消滅和消耗而使我的需要得到實現；這樣，物的無我性質就顯示出來，該物也就完成了它的使命。

附釋　有人認爲不被使用的財物應視爲死物、無主物，並對不法奪取這種財物提供理由，說是所有人並沒有使用它。在這些人思想中就會漂浮著一種情況，即以使用爲所有權的實在方面和它的現實。但是，把物成爲他的這種所有人意志才是首要的實體性的基礎。使用是進一步的規定，次於上述普遍基礎，而且只是它的現象和特殊方式。

補充（使用）　如果我採用標誌以普遍方式占有物本身，那麼，在使用中就存在著更爲普遍的關係，因爲那時不是物的特殊性得到承認，而是物被我否定了。物淪爲滿足我的需要的手段。當我與物會合時，爲了使我與物同一起來，其中一方必須喪失其性質。然而我是活的，是希求者和眞正肯定者，而物是自然的東西。所以物必然要消滅，而我則依然故我。一般說來，這就是有機體的優越性和理性。

第六十節

直接把握某物而加以利用，這本身就是對**單一**物的占有。但是，如果其利用係出於持續的需要，而且是對不斷再生的產品的反覆利用，又為保持其再生而限制其利用，那麼，這些和其他情況，使上述對單一物的直接把握成為一種**標誌**，表明這種把握應具有普遍占有的意義，從而應具有對這種產品自然的或有機的**基礎**或其他條件加以占有的意義。

第六十一節

因為我所有之物，就其自身說，其實體乃是它的外在性，即它的非實體性——這種物與我對比起來，其本身不是最終目的（第四十二節）——又因為實現這種外在性就是對該物的使用或利用，所以**完全**使用或利用一物就是指該物的**全部範圍**而言。其結果，如果使用權完全屬於我，我就是物的所有人，關於其物，再也沒有什麼東西在整個使用範圍以外有所遺留而可供他人所有的了。

補充（**使用和所有權**）　使用對所有權的關係與實體對偶性的東西、較內部的東西對較外部的東西、力對它的表現等等的關係是相同的。力只有表示於外部的才是力，耕地只有帶來收益的才是耕地。所以誰使用耕地，誰就是整塊耕地的所有人。如果就對象本身承認另一個所有權，這是空洞的抽象。

第六十二節

所以，僅僅**部分地**或**暫時地**歸我**使用**，以及**部分地**或**暫時地**歸我**占有**（其本身就是部分或暫時使用一物的可能性），是與物本身的所有權有區別的。假如全部使用範圍是屬於我的，而同時又存在著他人的抽象所有權，那麼作爲我的東西的物，就完全被我的意志所貫穿（前節和第五十二節），然而其中同時存在著我的意志所不能貫穿的東西，即他人的然而是空虛的意志。作爲肯定的意志，我對於物中之我來說，既是客觀的又不是客觀的，這是一種絕對矛盾的關係。所以所有權本質上是自由的、完整的所有權。

附釋　空虛的理智把全部範圍的使用權與抽象所有權截然分開，從這種理智看來，理念——在這裡是所有權（或一般說來人的意志）及其實在性的統一——不是眞的東西，而它的彼此分離的兩個環節倒是某種眞的東西。所以這種區分作爲現實關係來看是一種空虛的支配關係，可以把它叫作人格的瘋狂（如果瘋狂這個詞不僅僅指主體的單純表象及其現實之間的直接矛盾這種情形的話），因爲在同一客體中，我的東西將不經過任何中介，而成爲既是我的個別的排他性意志，又是他人的個別的排他性意志了。

《法學階梯》第二卷第四篇中說：usufructus est jus alienis rebus utendi, fruendi salva rerum *substantia.*〔用益權是無損於物之實體，而對他人的所有物爲使用和收益的權利。〕同處又說：ne tamen in universum *inutiles* essent proprietates, *semper* abscendente usufructu: *placuit* certis modis extingui usumfructum et ad proprietatem reverti.〔雖然如此，爲了不使所有物由於經常不行使用益權而陷於無用，法律樂於規定在某種情況下得消滅用益權而使所有權恢復。〕好個「樂於規定」，似乎最初是一種偏好或決定用這個規定來給上述空洞的區分以某種意義的。一個proprietas *semper* abscendente usufructu

〔經常不行使用益權的所有權〕不僅是無用，而且不再是所有權了。關於所有權本身的其他區分，如要式移轉物和略式移轉物，市民法上的所有權和裁判官法上的所有權等，不在此處論述之內，因爲它們與所有權的概念規定根本無關，而只是所有權史上的一些精製珍饈而已。但是領主所有權和臣民所有權的關係，永佃契約，關於采邑與佃租併其他租金、地租、移轉稅等進一步的關係（如這類負擔不能償付時還有各種各樣規定），從一方面說，固然含有上述空洞的區分，從另一方面說，並不含有這種區分，因爲負擔和臣民所有權結合在一起，其結果領主所有權同時就成爲臣民所有權。即使在這些關係中，除了僅僅上述嚴格抽象的區分以外，不包含其他任何東西，在那裡也不存在著兩個眞正的主人，而只有一個所有人面對著一個空虛的主人。不過爲了負擔的緣故，於是設定了處於相互關係中的兩個所有人。可是他們並不處於一種共同所有的關係中。從前一種關係推移到後一種關係，是最近便的。這種推移在領主所有權中已具端倪，因爲關於領主所有權，被看作本質的東西的是計算收益；所以對所有物支配權中的不可計算的要素——這一向被認爲是光榮的——就讓位於用益，它在這裡是理性的要素。

人的自由由於基督教的傳播開始開花，並在人類誠然是一小部分之間成爲普遍原則以來，迄今已有一五〇〇年。但是所有權的自由在這裡和那裡被承認爲原則，可以說還是昨天的事。這是世界史中的一個例子，說明精神在它的自我意識中前進，需要很長時間，也告誡俗見，稍安毋躁。

第六十三節

在使用中之物是在質和量上被規定了的單一物，並且與特種需要有關。但它的特種有用性，由於具有一定的量，可與其他具有同樣有用性之物比較；同樣地，該物所滿足的特種需要同時是一般的需要，因此它可以在特殊性方面與其他需要比較。準此而論，物也可與供其他需要之用的物比較。物的這種普遍性——它的簡單規定性，來自物的特異性，因此它同時是從這一特種的質中抽象出來的——就是物的價值。物的眞實的實體性就在這種價值中獲得規定，而成爲意識的對象。我作爲物的完全所有者，既是價值的所有者，同時又是使用的所有者。

附釋　享有采邑者的所有權則不同，因爲他本來僅僅是物的使用的所有者，而不是價值的所有者。

補充（價值）　這裡，質是在量的形式中消失了。也就是說，當我談到需要的時候，我所用的名稱可以概括各種各樣不同的事物；這些事物的共通性使我能對它們進行測量。於是思想的進展就從物的特殊的質進到對於質這種規定性無足輕重的範疇，即量。在數學中也可看到同樣情形。例如，當我給圓、橢圓和拋物線下定義時，我們看到它們在特種方面是不同的。儘管如此，這些不同曲線的區別僅僅規定在量的方面，就是說，這樣地規定，以致於唯一重要的東西是量的差別，它僅僅與係數、與純粹經驗上的大小有關的。在財產方面，由質的規定性所產生的量的規定性，便是價值。在這裡質的東西對量給以定量，而且在量中既被廢棄同時又被保存。當我們考量價值的概念時，就應把物本身單單看作符號，即不把物作爲它本身，而作爲它所值的來看。例如，票據並不代表它的紙質，它只是其他一種普遍物的符號，即價值的符號。物的價值對需要說來可以多種多樣。但如果我們所欲表達的不是特種物而是抽象物的價值，那麼我們用來表達的就是貨幣。貨幣代表一切東西，但是因爲它不表示需要本身，而只是需要的符號，所以它本身重又被特種價值所支配；貨幣作爲抽象的東西僅僅表達這種價值。我們可能一般地是物的所有人，而同時卻不是物的價值所有人；不能出賣或質押其財物的家庭，就不是價值的所有人。但是，由於這種所有權的形式不符合所有權的概念，所以對所有權的這些限制（采邑、信託遺贈），多半在消逝中。

第六十四節

給予占有的形式以及標誌本身都是些外部狀態，而沒有意志的主觀表現，唯有意志的主觀表現才構成這些外部形態的意義和價值。這種主觀表現就是使用、利用或其他意思表示。它是屬於**時間**的；從時間方面來說，**客觀性**是這種意思表示的**持續**。如果沒有這種持續，物就成爲**無主物**，因爲它被意志和占有的現實所委棄了。因此，我就因**時效**而喪失或取得所有權。

附釋　所以在法中採用時效制度，並非單純出於表面的而是違背嚴格法的考慮，即欲杜絕遠年請求權所能引起的爭執和糾紛，而確保所有權的安全，等等。與此相反，時效制度是建立在所有權的**實在性**這一規定上，即占有某物的意志必須表達於外。

公共紀念物屬於全體國民所有，或者更確切些說，它們像一般藝術品一樣供人**鑑賞**，並藉其內在的回憶和榮譽的靈魂，而被視爲具有生命和獨立目的。一旦它們喪失這種靈魂，在這方面它們對國民說來就變成了無主物，而得爲任何私人所有，像在土耳其的希臘和埃及藝術品那樣。

著作者家屬對他著作的**私人所有權**，也依同樣理由，因時效而消滅。這些著作在下述意義上變爲無主物，即它們（與上述的紀念物同樣，可是方式相反）變成了一般所有，並按照其物的特殊利用，而變成任何私人所有。

空地，或作塚塋之用或竟**永不使用**，都含有空虛而不現在的任性，對這種任性的侵害不會使任何現實的東西遭受侵害，因此不能保證對這種任性表示尊重。

補充（**時效**）　時效建立在我已不再把物看作我的東西這一推定之上。其實，要使某物依舊成爲我的，我的意志必須在物中持續下去，而這是透過使用或保存行爲表示出來的。

在宗教改革時代，公共紀念物價值的喪失，常常表現在彌撒基金或捐助方面；舊時信仰的精神，即這些彌撒基金的精神喪失了，這些基金就可被私人占有而成爲他的所有物。

三、所有權的轉讓

第六十五節

我可以**轉讓**自己的財產，因爲財產是我的，而財產之所以是我的，只是因爲我的意志體現在財產中。所以一般說來，我可以拋棄物而使它成爲無主物，或委由他人的意志去占有。但是，我之所以能這樣做，只是因爲實物按其本性來說是某種**外在的**東西。

補充（轉讓）　如果時效是未經意志直接表明的轉讓，那麼，我的意志表示不再視物爲我所有就是眞正的轉讓。從全面看也可把轉讓理解爲眞正的占有取得。直接占有是所有權的第一個環節。使用也同樣是取得所有權的方式。然後第三個環節是兩者的統一，即透過轉讓而取得占有。

第六十六節

因此，那些構成我的人格的最隱祕的財富和我的自我意識的普遍本質的福利，或者更確切些說，實體性的規定，是不可轉讓的，同時，享受這種福利的權利也永遠不會失效。這些規定就是：我的整個人格，我的普遍的意志自由、倫理和宗教。

附釋　精神根據它的概念或自在地是什麼，那麼在定在中和自爲地它也就該是什麼（從而是一個人，他有取得財產的能力，有倫理和宗教）——以上這個理念本身就是精神的概念（這種精神作爲自身原因，即作爲自由原因，是這樣的：cujus natura non potest concipi nisi existens〔它的本性只能設想爲存在著〕。斯賓諾莎：《倫理學》，第一部分，界說一）[14]。這種精神的概念只有透過它自身，而且作爲從它定在的自然直接性無限地返回到自身中，才成爲它之所以爲精神的概念。正是在這種精神的概念中存在著矛盾的可能性，這種矛盾是：僅僅是自在地存在著的東西，不就是自爲地存在著的東西（第五十七節），同樣反過來說，僅僅是自爲地存在著的東西，不就是自在地存在著的東西（在意志方面就是惡）。這裡存在著割讓人格和它的實體性存在的可能性，不論其割讓出於不知不覺的或採取明白表示的方式都好。割讓人格的實例有奴隸制、農奴制、無取得財產的能力、沒有行使所有權的自由等。割讓理智的合理性、道德、倫理、宗教則表現在迷信方面，他如把權威和全權授予他人，使他規定或命令我所應做的事（例如明白表示受雇行竊殺人等等，或做有犯罪可能的事），或者我所應履行的良心上義務，應服膺的宗教眞理等等均屬之。

對這些不能讓與的東西所享有的權利不因時效而消滅，因爲我藉以占有我的人格和實體性的本質使我自己成爲一個具有權利能力和責任能力的人、成爲一個有道德原則和宗教信仰的人的那種行爲，正好從這些規定中除去了外在性，唯有這種外在性才使他人能占有這些東西。這種外在性既被廢棄，時間規定以及根據先前承諾或容忍而來的一切理由也就消失了。我這樣地返回於自身——使我作爲理念，作爲具有權利和道德原則的人而實存——就揚棄了以前的關係，以及我和他人對我的概念和理性所施加的不法行爲，這種不法行爲在於把自我意識的無限實存作爲外在的東西來處理和聽人處理。我這樣地返回於自身，就揭露了我把我的權利能力、倫理生活、宗教信仰讓給他人占有這種矛盾，因爲或者我放棄了我未曾占有的東西，或者我是在放棄我占有之後本質上馬上就作爲只是我的、不是作爲外在物而實存的東西。

補充（**不能讓與的權利**）　按照事物的本性，奴隸有絕對權利使自己成爲自由人，如果人們違反他的倫理而僱傭他行竊殺人，這是絕對無效的，誰都有權撤銷這種契約。如果我把宗教感情向牧師即聽取我懺悔的長老和盤託出，情形正復相同，因爲這種內心生活問題只能由他本人自己去解決。一部分落在他人手中的這種宗教感情根本不是什麼宗教感情，因爲精神只能是一個的，而且應該定居於我的內部。自在存在和自爲存在的結合應該屬於我的。

第六十七節

我可以把我身體和精神的特殊技能以及活動能力的個別產品讓與他人，也可以把這種能力在一定時間上的使用讓與他人，因爲這種能力由於一定限制，對我的整體和普遍性保持著一種外在關係。如果我把在勞動中獲得具體化的全部時間以及我的全部作品都轉讓了，那就等於我把這些東西中實體性的東西、我的普遍活動和現實性、我的人格，都讓給他人所有了。

附釋　這一關係跟前面第六十一節中所述物的實體及其利用的關係是相同的。利用僅以有限制的爲限，可與物的實體相區別；同樣地，我的力的使用也僅以在量上被限定者爲限，可與力本身從而與我相區別。力的表現的總體就是力本身，正如偶性的總體就是實體，特殊化的總體就是普遍物。

補充（奴隸制和僱傭關係）　這裡所分析的是奴隸和今日的傭僕或短工之間的區別。雅典的奴隸恐怕比今日一般傭僕擔任著更輕的工作和更多的腦力勞動，但他們畢竟還是奴隸，因爲他們的全部活動範圍都已讓給主人了。

第六十八節

精神產品的獨特性，依其表現的方式和方法，可以直接轉變爲物的外在性，於是別人現在也能同樣生產。其結果新所有人取得了這種物之後可因而把其中所展示的思想和所包含的技術上發明變成他自己的東西，而且這種可能性有時（如關於書籍）構成這種取得的唯一目的和價值。除此之外，新所有人同時占有了就這樣表達自己和複製該物的普遍方式和方法。

附釋　藝術作品乃是把外界材料製成爲描繪思想的形式，這種形式是那樣一種物：它完全表現作者個人的獨特性，以致於它的仿製本質上是仿製者自身的精神和技術才能的產物。著作品藉以成爲外在物的形式，與技術裝置的發明一樣，都是屬於一種機械方法。在著作品中，我們只是用一系列零星的抽象符號，而不是以具體的造型把思想表達出來。在技術裝置的發明中，全部思想都具有機械的內容。如果把這些機械的物品作爲物品來製造，則其製造的方式和方法是屬於普通的技藝。但是在藝術作品和工匠產品這兩極之間有著各種不同階段，有時多帶著些有時少帶著些這一頭或那一頭。

第六十九節

儘管作品的作者或技術裝置的發明者依然是複製這種作品或物品的普遍方式和方法的所有人，因爲他沒有把這種普遍方式和方法直接轉讓他人，而是把它作爲自己特有的表現方法保留下來，然而這種產品的取得者取得了樣品之後，即占有作爲單一物的樣品的完全使用權和價值，因而他是作爲單一物的樣品之完全而自由的所有人。

附釋　著作者和發明者權利的實體，不應該首先求之於他在出讓個別複製品時任意附加的條件，規定出讓後歸他人占有了的、把這種產品作爲物來複製的那種可能性，不歸他人所有，而依然爲發明者所有。首先要解決的問題是，把物的所有權跟複製它的可能性——這種可能性連物一併給予受讓人——分離開來，在概念上是否容許，是否就不會取消了完全和自由的所有權（第六十二節）。然後應該認爲重要的是，最初精神上創作者的任意決定，即或者他把這種複製可能性爲自己保留下來，或者把它作爲一種價值出讓了，或者認爲它沒有什麼價值，於是把它和單一物一起放棄了。但是說起來，這種可能性具有一個特點，它成爲該物的一個方面，根據這一方面該物不但可被占有，而且構成一種財產（參閱後面第一七〇節以下）。它之所以是一種財產就在於對物的外部使用的特殊方式和方法，這種方式和方法跟對物所直接規定的使用是不同的，而且是可以分立的（這種財產不是像家畜繁殖那樣的自然添附）。由於這種差別屬於性質上是可以分割的領域，即屬於外部的使用，所以把使用權一部分出讓了，一部分保留起來，並不是保留著缺乏使用要素的支配權。

促進科學和藝術的純粹消極的然而是首要的方法，在於保證從事此業的人免遭盜竊，並對他們的所有權加以保護，這與促進工商業最首要和最重要的方法在於保證其免於途中遭到搶劫，正復相同。此外，精神產品旨在使人得到理解，並使他們的表象、記憶、思維等等掌握它而化爲己有。然後他們把所學到的東西（其實學習並不專指用記憶的方法背誦詞句；他人的思想只能透過思維來理解，而這種重複思慮也就是學習）也加以表達，而同樣變成一種可轉讓的物品；這種表達總是很容易具有某種獨特的形式的，其結果他們就把由此產生的財產看作屬於自己所有，並主張自己有權照樣生產。一般說來，科學傳播，尤其是一定知識的傳授，都是以複述一般既經發表的和從外方採來的已證實的思想爲其使命和義務，此在各種實證科學、教會教義、法學理論等尤其如此。以傳授知識和傳播與普及科學爲目的所寫成的著作亦同。現在，複述所採取的形式，應達到何種程度，才使現存科學知識的寶庫，特別是他人的思想——而該他人還依然在其精神產品中保持外在所有權的——變成複述者的特種精神上財產，從而使他有權利把它們變成他的外在所有權？又達到何種程度還不能使他有這種權利？

著作品的複述到何種程度成爲一種剽竊？對於這些問題不太容易做出精確規定，因而在法的原則上和法律中沒有規定下來。所以剽竊只能是一個面子問題，並依靠面子來制止它。

因此之故，禁止翻印的法律只是在一定範圍內，而且在極其有限的範圍內，達成了法律上保護著作者及發行者所有權的目的。故意在形式上做某些變更，或者對在他人作品中的廣泛科學知識以及淵博理論想出一些不痛不癢的小小修改，這是輕而易舉的事；至於把理解了的東西照原作者的詞句一字不改地來敘述，那是不可能的；於是自然而然地離開了需要做這種複述的特殊目的而產生出花樣繁多的無窮變更，這些變更對他人所有物打上了多少表面上是自己的東西的印記。例如千百種的概要、文選、彙編等等，以及算術書、幾何書、勸導宗教信仰的冊子等等所表明的，就是這樣；又如在評論雜誌、詩集年刊、百科全書等等中的每一種新思想都可以立刻在相同的或變更了的標題下加以複述，並且主張它是某種獨特的東西。這樣就很容易使著作者和獨創企業家對自己作品或巧思獲得利潤的期望變成泡影，或者彼此都減少收入，或者大家破產垮臺。

但是，關於面子對制止剽竊所起的作用，令人訝異的是，我們不再聽到剽竊或剽賊等話語，可能因爲面子已發生了消除剽竊的作用，可能因爲剽竊已不再是不體面的事，因而對它的反感也消失了；再不然，可能因爲人們把渺小的新奇想法和外在形式的變更高估爲獨創和出自心裁的產物，竟完全沒有想到這是一種剽竊。

第七十節

外界活動的包羅萬象的總和，即生命，不是同人格相對的外在的東西，因爲人格就是這一人格自身，它是直接的。放棄或犧牲生命不是這個人格的定在，而正相反。所以一般說來，我沒有任何權利可以放棄生命，享有這種權利的只有倫理理念，因爲這種理念自在地吞沒這個直接的單一人格，而且是對人格的現實權力。正像生命本身是直接的，死是生的直接否定；因此，死必須來自外界，或出於自然原因，或爲理念服務，即死於他人之手。

補充（自殺）　不言而喻，單個人是次要的，他必須獻身於倫理整體。所以當國家要求個人獻出生命的時候，他就得獻出生命。但是人是否可以自殺呢？人們最初可能把自殺看作一種勇敢行爲，但這是裁縫師傅和侍女的卑賤勇氣。其次，它又可能被看作一種不幸，因爲由於心碎意灰，遂致自尋短見。但是主要問題在於，我是否有自殺的權利。答案將是：我作爲這一個人不是我生命的主人，因爲包羅萬象的活動總和，即生命，並不是與人格——本身就是這一直接人格——相對的外在的東西。因此，說人有支配其生命的權利，那是矛盾的，因爲這等於說人有凌駕於其自身之上的權利了。所以人不具有這種權利，因爲不是凌駕於自身之上的，他不能對自己做出判斷。海格立斯自焚其身，布魯陀斯以劍自刎，這種都是對他人格的英勇行爲。但是如果單就自殺權而論，那麼就對這批英雄來說也不得不加以否認。

四、從所有權向契約的過渡

第七十一節

作爲特定存在的定在，實質上是爲他物的存在（第四十八節附釋），從財產是作爲外在物的定在這方面看，財產對於其他外在物以及在它們相互聯繫的範圍內來說，是必然性和偶然性。但是，財產作爲意志的定在，作爲他物而存在的東西，只是爲了他人的意志而存在。這種意志對意志的關係就是自由賴以獲得定在的特殊的和眞正的基礎。這是一種中介，有了它，我不僅可以透過實物和我的主觀意志占有財產，而且同樣可以透過他人的意志，也就是在共同意志的範圍內占有財產。這種中介構成契約的領域。

附釋　人們締結契約關係，進行贈與、交換、交易等等，係出於理性的必然，正與人們占有財產相同（參閱第四十五節附釋）。就人的意志來說，導致人去締結契約的是一般需要、表示好感、有利可圖等等，但是導致人去締結契約的畢竟是自在的理性，即自由人格的實在（即僅僅在意志中現存的）定在的理念。契約以當事人雙方互認爲人和所有人爲前提。契約是一種客觀精神的關係，所以早已含有並假定承認這一環節。（參閱第三十五節和第五十七節兩節的附釋）

補充（作為契約基礎的普遍意志）　在契約中，我透過共同意志而擁有所有權。這就是說，理性的利益在於主觀意志成爲普遍意志，並把自己提高到這種現實化。所以這個主觀意志的規定還留存於契約中，而且留存於與他人意志的共同性中。至於普遍意志在這裡還只是以共同性的形式和形態出現的。

第二章　契約

第七十二節

透過契約所成立的所有權，它的定在或外在性這一方面已不再是單純的物，而包含著意志（從而是他人的意志）的環節。契約是一個過程，在這個過程中表現出並解決了一個矛盾，即直到我在與他人合意的條件下終止為所有人時，我是而且始終是排除他人意志的獨立的所有人。

第七十三節

我不但能夠轉讓作為外在物的所有權（第六十五節），而且在概念上我必然把它作為所有權來轉讓，以便我的意志作為定在的東西對我變成客觀的。但在這種情況下，作為已被轉讓了的我的意志同時是他人的意志。所以這種情況——在其中這種概念上的必然性是實在的——就是不同意志的統一，在這種統一中，雙方都放棄了它們的差別和獨特性。但是雙方意志的這種同一又（在這一階段上）包含著這種情況：一方的意志並不與他方的意志同一，而且他自身是並且始終是特殊意志。

第七十四節

由此可知，契約關係起著中介作用，使在絕對區分中的獨立所有人達到意志同一。它的含義是：一方根據其本身和他方的共同意志，終止為所有人，然而他是並且始終是所有人。它作為中介，使意志一方面放棄一個而是單一的所有權，他方面接受另一個即屬於他人的所有權；這種中介發生在雙方意志在同一中聯繫的情況下，就是說，一方的意志僅在他方的意志在場時做出決定。

第七十五節

契約雙方當事人互以直接獨立的人相對待，所以契約（甲）從任性出發；（乙）透過契約而達到定在的同一意志只能由雙方當事人設定，從而它僅僅是共同意志，而不是自在自爲地普遍的意志；（丙）契約的客體是個別外在物，因爲只有這種個別外在物才受當事人單純任性的支配而被割讓（第六十五節以下）。

附釋　這樣看來，婚姻不可能歸屬於契約的概念下，而康德竟把它歸屬於契約的概念下（《法學的形而上學的第一要義》，第一〇六頁以下[15]），可說竭盡情理歪曲之能事。同樣地，國家的本性也不在於契約關係中，不論它是一切人與一切人的契約還是一切人與君主或政府的契約。把這種契約的關係以及一般私有財產關係摻入到國家關係中，曾在國家法中和現實世界造成極大混亂。過去一度把政治權利和政治義務看作並主張爲特殊個人的直接私有權，以對抗君主和國家的權利，現在卻把君主和國家的權利看成契約的對象，看成根據於契約，並看成意志的單純共同物，而由結合爲國家的那些人的任性所產生的。以上兩種觀點無論怎樣不同，但有一點是相同的，它們都把私有制的各種規定搬到一個在性質上完全不同而更高的領域。其詳請閱下文關於倫理和國家[16]。

補充（國家契約說）　近人很喜歡把國家看作一切人與人的契約。他們說，一切人與君主訂立契約，而君主又與臣民訂立契約。這種見解乃是由於人們僅僅膚淺地想到不同意志的統一這一點而來。但在契約中存在著兩個同一的意志，它們構成雙方當事人，並且願意繼續成爲所有人。所以契約是從人的任性出發，在這一出發點上婚姻與契約相同。但就國家而論，情形卻完全不同，因爲人生來就已是國家的公民，任何人不得任意脫離國家。生活於國家中，乃爲人的理性所規定，縱使國家尚未存在，然而建立國家的理性要求卻已存在。入境或出國都要得到國家許可，而不繫於個人的任性，所以國家絕非建立在契約之上，因爲契約是以任性爲前提的。如果說國家是本於一切人的任性而建立起來的，那是錯誤的。毋寧說，生存於國家中，對每個人說來是絕對必要的。現代國家的一大進步就在於所有公民都具有同一個目的，即始終以國家爲絕對目的，而不得像中世紀那樣就國家問題訂立私人條款。

第七十六節

共同意志藉以成立的雙方同意，把讓與某物的否定環節和接受某物的肯定環節分配於雙方當事人之間，這時，契約是形式的，例如贈與契約。但若當事人每一方的意志都構成這兩個中介環節的整體，因而在契約中成爲而且始終成爲所有人，這時，契約可叫作實在的，例如互易契約。

補充（實在的契約）　契約中有兩個同意和兩個物，即我既欲取得所有權又欲放棄所有權。實在的契約指當事人每一方都做全了，既放棄所有權又取得所有權，在放棄中依然成爲所有人。形式的契約則指僅僅當事人一方取得或放棄所有權。

第七十七節

因爲實在的契約中，當事人每一方所保持的是他用以訂立契約而同時予以放棄的同一個所有權，所以，那個永恆同一的東西，作爲在契約中自在地存在的所有權，與外在物是有區別的，外在物因交換而其所有人變更了。上述永恆同一的東西就是價值。契約的對象儘管在性質上和外型上千差萬別，在價值上卻是彼此相等的。價值是物的普遍物（第六十三節）。

附釋　法律規定顯然不利是本於契約所承擔的義務的一種撤銷原因，這種規定導源於契約的概念，特別導源於當事人由於放棄其所有權而仍爲所有人——說得更精確些，仍爲在量上等價的所有人——這一環節。但是，如果就不可轉讓的財物（第六十節）訂立讓與契約或任何約定，那麼其不利不止是顯然的（其不利超過價值一半以上者視爲顯然的）而已，而且是無限的。

再者，約定與契約不同，首先在內容上，約定只意味著整個契約中的某一個別部分或環節；其次，它是契約固定下來的一種形式，詳見下文[17]。從內容方面來說，約定只包含著契約的形式上規定，即一方同意給付某物而他方同意接受某物。因此之故，約定可以列入所謂單務契約。契約區分爲單務契約和雙務契約以及羅馬法中關於契約的其他分類，一方面是從個別的而且往往是外表的方面如契約成立的方式和方法來考慮，而做出膚淺的排列；另一方面（別的不說），把有關契約本身性質的各種規定，跟有關司法（訴訟）和依實定法所產生的法律上效果的各種規定，而且往往是根源於外部情況而違反法的概念的各種規定，混爲一談。

第七十八節

所有權和占有的差別，也就是實體方面和外表方面（第四十五節）的差別，在契約的領域中變成了共同意志和意志的實現或合意和給付的差別。已告成立的合意本身是一種被表象的東西，在這點上它與給付不同，從而它必須按照表象的特殊定在方式（《哲學全書》第三七九節[18]以下），即用符號給予合意以特殊定在，或者表達爲約定，已往雖採用姿勢和其他象徵性行爲的形式，或者尤其採用語言而做明確表示，因爲語言是對表象說來最貴重的要素。

附釋　按照這一規定，約定誠然是一種形式，它使契約中所訂立的最初只是在表象中的內容獲得定在，但是對內容具有表象只是一種形式，而不意味著內容，因而是某種主觀的東西，期望和希求這個或那個，反之，內容是對於這種主觀的東西所做出的決定。

補充（契約的符號）　我們在所有權的學說中已經見到了所有權和占有、實體性的東西和外在的東西之間的差別，同樣地，在契約中我們見到作爲合意的共同意志和作爲給付的特殊意志之間的差別。由於契約是意志和意志間的相互關係，所以契約的本性就在於共同意志和特殊意志都獲得表達。在文明民族，用符號來表示的合意跟給付是分別存在的，但在未開化民族，兩者往往合而爲一。例如在錫蘭的森林中，有一種經營商業的民族，他們把所有物放在一處，靜候別人來把他的所有物在對面放下進行交換。這裡啞巴式的意思表示與給付並無不同。

第七十九節

約定包含著意志這一方面，從而包含著契約中法的實體性的東西。與這種實體性的東西比較起來，在契約未履行前依舊存在的那種占有本身只是某種外在的東西，它的規定完全依賴於意志。透過約定，我放棄了所有權和在所有權中的我的特殊任性，所有權就馬上屬於他人的了。所以透過這種約定，我就在法上直接負有給付的義務。

附釋　單純諾言和契約的區別在於，前者所表明的我欲贈與某物，從事某事或給付某物都是未來之事，所以仍然是我的意志的主觀規定，從而我還可以把它變更。反之，契約中的約定條款本身已是我的意志決定的定在，意思是說由於約定，我讓與了我的東西，如今它已不再為我所有，而且我已承認其為他人所有。羅馬法中無形約束和契約的區分是一種錯誤的分類。

費希特一度主張：只有在他方開始實行給付的時候，我才開始負有遵守契約的義務，因為在他方尚未著手給付以前，我不能確定他方是否想認真履行，所以在未給付以前，債務只具有道德性質，而不具有法律性質[19]。但是，約定的表示不是平常一般的表示，而是包含著已經成立於當事人之間的共同意志，它消除了當事人的恣意妄為和任性變更，所以問題不在於他方是否心中曾經有過或已經有了別種想法的可能性，而在於他方是否有那樣做的權利。即使他方開始履行，我依然可以任意毀約的。又費希特的觀點是毫無價值的，因為它把契約中法的東西建立在惡的無限即無限過程上，建立在時間、物質、行為等等的無限可分性上。意志在身體的姿勢或明確表示的語言中所達到的定在，已經完全是作為理智的意志的定在，給付只是由此所生的不由自主的必然結果而已。

此外，在實定法中尚有所謂實踐契約，其與所謂諾成契約的區別，除了合意，還須要實物的交付（物，物的交付），其契約始爲完全有效；但這與問題實質無關。一方面實踐契約指一些特殊場合，即相對人對我所實行了這種交付，才使我處於給付的地位，我所應爲給付的債務只是與我所拿到手的物相關，如消費借貸、質押契約、寄託等是（在其他契約也可能有這種情形）。但這並不是有關約定和給付的關係的性質的問題，而是有關給付的方式和方法的問題。另一方面實踐契約還有一種場合，即當事人可以任意在契約中約定，一方應爲給付的債務不就訂在契約本身中，而以債務的發生僅僅繫於他方的給付。

第八十節

契約的分類以及本於這種分類而對各種契約的理智上處理，不應從外部情況、而應從存在於契約本身本性中的差別引申出來。這些差別就是形式的契約與實在的契約，然後是所有權與占有和使用，價值與特種物等等的區分。於是可得出如下的分類（這裡所做的區分大體上是跟康德的區分一致的，《法學的形而上學的第一要義》，第一二〇頁以下。放棄實踐契約和諾成契約，有名契約和無名契約等通常習用的契約分類，而採用合理的分類，這是好久以來所期待著的）。

㈠贈與契約，又分爲：

⑴物的贈與，即眞正的所謂贈與。

⑵物的借貸，即以物的一部分或物的限定享受和使用贈與於人，這裡貸與人仍然是物的所有人

（無租息的消費借貸和使用借貸）。這裡的物或者是特種物，或者雖然是特種物，但仍可被視爲普遍的，或算作普遍的東西本身（例如貨幣）。

(3)一般勞務的贈與，例如，財產的單純保管（寄託）。附有特種條件的贈與，即在贈與人死亡時——此時贈與人已根本不再是所有人了——他方才成爲所有人，那是遺贈，初不屬於契約的概念，而且以市民社會和立法爲前提的[20]。

(二)交換契約：

(1)互易，又分爲：

（甲）物本身的互易，即一個特種物與其他特種物的互易。

（乙）買賣，即特種物與被規定爲普遍的物之間的互易，後者即貨幣，只算作價值，而不具有在使用上的其他特種規定。

(2)租賃，即收取租金而把財產讓給他人暫時使用，又分爲兩種：

（甲）特種物的租賃，即本來的租賃。

（乙）普遍物的租賃，在這場合，出租人依然是這種物即價值的所有人——例如，金錢借貸（消費借貸，甚或使用借貸而附有租金的亦屬之。物的進一步的經驗性狀，例如它是樓房、家具、房屋等等，或它是代替物或非代替物，也帶來——像贈與(2)的借貸那樣——其他特殊的、但並不重要的規定）。

(3)僱傭契約，即按限定時間或其他限制讓與我的生產操作或服務作業——以可讓與的爲限（參閱

第六十七節）。

與此相類似的有委託和其他契約，其給付是以品性，信任或高等才能爲根據的，而其所給付的也不可以外在的貨幣價值來衡量的（所以其報酬不叫作工資，而叫作謝禮）。

㈢用設定擔保來補足契約。

我訂立契約而把物的使用轉讓他人時，我雖然不占有該物，但仍爲該物的所有人（例如在租賃的情形）。其次，在互易契約、買賣契約，甚至贈與契約的情形下，我雖尚未占有，但已成爲所有人；其餘一般不採用銀貨兩訖方式所爲的給付，都會有這種分離情況。至於擔保所造成的情況是：在一種情形我依然處於、在另一種情形我被置於對價值的現實占有中，作爲價值它依然是或已經成爲我的所有物，但在任何一種情形，我對所放棄的或將成爲我的特種物，並不取得占有。擔保設定在特種物上，這個特種物只是在我放棄而由他人占有的所有物價值範圍內，或是在應歸屬於我的所有物價值的範圍內，才爲我所有。至於該物的特種性狀以及多餘價值仍爲擔保人所有。所以設定擔保其本身不是契約，而只是一種約定（第七十七節），即在占有財產方面補足契約的一個環節。抵押權和人的保證都是擔保的特殊形式。

補充（設定擔保） 在契約中，透過合意（約定）而物爲我所有（雖然尚未爲我占有），與透過給付而我取得占有，這兩件事是有區別的。現在我既然是該物的眞正所有人，設定擔保的目的就在於使我想同時占有該項財產的價值，因而在合意中已經含有保證給付的意思。人的保證是設定擔保權的特殊種類，即由某人以其諾言和信用來保證我的給付，這裡是以人做保，至於設定物上擔保則僅僅以物做保。

第八十一節

在直接的人之間的相互關係中，他們的意志一般說來雖然是自在地同一的，而且在契約中又被他們設定爲共同意志，但仍然是特殊意志。因爲他們都是直接的人，所以其特殊意志是否與自在地存在的意志（唯有透過特殊意志才獲得實存）相符合，乃是偶然的事。特殊意志既然自爲地與普遍意志不同，所以它表現爲任意而偶然的見解和希求，而與法本身背道而馳——這就是不法。

附釋 向不法過渡係出於邏輯上較高的必然性，根據這個必然性，概念的各個環節——在這裡是自在的法或作爲普遍物的意志，以及在實存中的法（這個實存就是意志的特殊性）——被設定爲自爲地不同的東西，而這是屬於概念的抽象實在性。但是意志的這種特殊性，單獨說來是任性和偶然性，在契約中我只把它作爲對個別事物的任性，而沒有作爲意志本身的任性和偶然性予以放棄。

補充（契約和不法） 在契約中我們看到了兩個意志的關係，它們成爲共同意志。但是這種同一的意志只是相對的普遍意志，被設定的普遍意志，從而仍然是與特殊意志相對立的。契約中的合意固然產生請求給付的權利，然而給付又依存於特殊意志，而特殊意志本身可能違反自在地存在的法而行動的。所以這裡就出現了早已存在於意志本身中的否定，而這種否定就是不法。一般說來，過程就是清除意志的直接性，並從意志的共同性中喚起了作爲對抗它的東西而出現的特殊性。由於締約者在契約中尚保持著他們的特殊意志，所以契約仍未脫離任性的階段，而難免陷於不法。

第三章　不法

第八十二節

自在的法在契約中作爲被設定的東西而出現，它的內在普遍性則作爲當事人雙方的任性和特殊意志的共同的東西而出現。法和它本質的定在即特殊意志直接地即偶然地相互一致這一現象，在不法中變成了假象[21]，也就是說，變成了自在的法和使法成爲特殊的法的那種特殊意志相對立的局面。但是這一假象的眞理乃是虛無的，法透過對自己否定的否定而又返回於自身；透過自我否定返回於自身這一過程，法把自己規定爲現實的和有效的東西，至於最初法僅僅是自在地存在的和某種直接的東西。

補充（法與不法）　自在的法即普遍的意志，作爲本質上被特殊意志所規定的東西，是與某種非本質的東西相關的。這就是本質對它的現象的關係。縱然現象符合本質，但是從另一方面看，它並不符合本質，因爲現象是偶然性的階段，是與非本質的東西相關的本質。不過在不法中現象進而成爲假象。假象是不符合本質的定在，是本質的空虛的分離和設定，從而兩者間的差別是一種截然的不同。所以假象是虛妄的東西，在要求自爲地存在時，便消失了。在假象消失的過程中本質作爲本質，即作爲假象的力而顯示出來。本質把否定它的東西又否定了，因而成了堅固的東西。不法就是這樣一種假象，透過它的消失，法乃獲得某種鞏固而有效的東西的規定。我們所稱爲本質的東西就是自在的法，違反它的特殊意志是作爲不眞的東西而被揚棄的。先前法不過具有直接的存在，如今經過自我否定而返回到自身，並成爲現實的，因爲現實就是要發生實效的東西，並在它的他在中保持自身的，反之直接的東西還是容易遭受否定的。

第八十二節

法作爲特殊的東西，從而與其自在地存在的普遍性和簡單性相對比，是繁多的東西，而取得假象的形式時，它或者是自在的或直接的假象，即無犯意的或民事上的不法，或者被主體設定爲假象，即詐欺，或者簡直被主體化爲烏有，即犯罪。

補充（不法的種類）　這樣看來，不法就是把自己設定爲獨立的東西的那本質的假象。當假象只是潛在的而非自覺的，即在我以不法爲法時，這就是無犯意的不法。這時對法說來是假象，而對我說來卻不是假象。第二種的不法是詐欺。這時它對法自身說來不是什麼假象，實際情形是我對他人造成了假象。由於我進行詐欺，對我說來法是一種假象。在前一種情形，對法說來，不法是一種假象。在後一種情形，對我本身即對不法說來，法僅僅是一種假象。最後，第三種的不法是犯罪。這無論自在地或對我說來都是不法，因爲這時我意圖不法，而且也不應用法的假象。我無意使犯罪行爲所指向的他方把自在自爲地存在的不法看成法。詐欺和犯罪的區別在於，前者在其行爲的形式中還承認有法，而在犯罪則連這一點也沒有。

一、無犯意的不法

第八十四節

占有（第五十四節）和契約在它們自身和它們的特殊種類上，一般說來首先是我的意志種種不同的表示和結果；因爲意志自在地是普遍物，所以只要他人承認，就可成爲權原。但是權原是相互外在和多種多樣的，因之就同一物權原可能屬於各個不同的人，每個人會根據其特殊權原而認該物爲其所有。由此就產生了權利衝突。

第八十五節

根據某種權原而要求某物所產生的這種權利衝突，構成民事權利爭訟的領域。在這裡包含著承認法爲普遍物和決定性的因素，所以物應屬於對它有權利的那個人。這種爭訟只是關於物應歸一方或他方所有——是一種單純否定的判斷，在「我的東西」這一謂語中，只是特殊的東西被否定了[22]。

第八十六節

當事人對法的承認是跟他們之間相互對立的特殊利益和觀點有聯繫的。自在的法與這種假象相對抗，同時就在這種假象本身中（前節）出現了自在的法，作爲被表象著和要求的東西。但是自在的法最初不過作爲應然而出現，因爲這裡所存在的意志尚未從利益的直接性解放出來，以致於作爲特殊意志它尚未以普遍意志爲其目的；而且在這裡意志尚未被規定爲得到被承認的現實，似乎對著它當事人就得放棄其特殊的觀點和利益的。

補充（權利爭訟）　自在地存在的法具有一定的根據，而我之以不法爲法也是用某種根據來進行辯護的。有限的和特殊的東西的本性就在於爲偶然性留餘地。在這裡我們既然處於有限的東西的階段，衝突的發生是勢所必然的。這第一種的不法只不過否定了特殊意志，對普遍的法還是尊重的，所以一般說來它是最輕微的不法。當我說薔薇花不是紅的，我畢竟還承認它是有顏色的。這時我並不否定類，而只否定紅這種特殊顏色。同樣地，在這裡法是被承認的，每個人都希求法的東西，都盼望得到法的東西。他的不法只在於他以他所意願的爲法。

二、詐欺

第八十七節

自在的法在跟作爲特殊的和定在的東西的法有區別的時候，是被規定爲被要求的並且是本質的東西；但是在這種情況下，它同時僅僅是被要求的東西，而且從這方面說它是某種純粹主觀的東西，從而不是本質的而僅僅是假象的東西。所以當普遍物被特殊意志貶低爲單純假象的東西，首先在契約中被貶低爲意志的單純外在共同性的時候，就發生了詐欺。

補充（詐欺）　在不法的這第二個階段上，特殊意志雖被重視，而普遍的法卻沒有被尊重。在詐欺中特殊意志並未受到損害，因爲被詐欺者還以爲對他所做的是合法的。這樣，所要求的法遂被設定爲主觀和單純假象的東西，這就構成詐欺。

第八十八節

我爲了物的特殊性狀的緣故透過契約而取得該物的所有權；同時我的取得又是根據該物的內部普遍性，這種普遍性一方面是關於它的價值；另一方面是由於該物原係他人所有。在這方面，他方的任性可能給我虛僞的假象，因此，該契約作爲雙方自由合意而就這個物按其直接單一性進行交換說來，固然十分正當，但在其中欠缺自在地存在的普遍物這一方面（這就是肯定表達或同義反覆的無限判斷，參閱《哲學全書》，第一二一節）[23]。

第八十九節

爲了反對把物僅僅作爲這個物來接受，反對單純臆測的意志和任性的意志，客觀或普遍的東西應認爲可以作爲價值來認識，並應看作法；此外，違法的主觀任性也應予廢棄；以上這些，在這裡首先都不過是一種要求。

補充（詐欺和刑罰）　對無犯意的民事上不法，不規定任何刑罰，因爲在這裡並無違法的意志存在。反之，對詐欺就得處以刑罰，因爲這裡的問題是法遭到了破壞。

三、強制和犯罪

第九十節

我的意志由於取得所有權而體現於外在物中，這就意味著我的意志在物內得到反映，正因爲如此，它可以在物內被抓住而遭到強制。因而我的意志在物中可能無條件地受到暴力的支配或者被強迫做出某種犧牲、某種行爲，以作爲保持某種占有或肯定存在的條件。這就是對它實施強制。

補充（犯罪）　眞正的不法是犯罪，在犯罪中不論是法本身或我所認爲的法都沒有被尊重，法的主觀方面和客觀方面都遭到了破壞。

第九十一節

誠然，作爲生物，人是可以被強制的，即他的身體和他的外在方面都可被置於他人暴力之下；但是他的自由意志是絕對不可能被強制的（第五節），除非它本身不從其所受拘束的外在性或不從其對這種外在性的表象撤退出來（第七節）。只有自願被強制的意志才能被強制成爲某種東西。

第九十二節

由於意志只有達到定在的時候才是理念，才是現實的自由，又由於意志體現於其中的定在是自由的存在，所以暴力或強制在它的概念中就自己直接破壞了自己，因爲作爲意志的表示，它揚棄了意志的表示或定在。所以抽象地說，暴力或強制是不法的。

第九十三節

關於強制在它的概念中自己破壞自己這一點，在強制被強制所揚棄中獲得其實在的表現。所以強制不僅是附條件的合法，而且是必然的，它是作爲揚棄第一種強制的第二種強制。

附釋　由於不爲約定給付而違反契約，或者由於作爲或不作爲而違反對家庭和國家的法定義務，都是第一種強制或至少是暴力，因爲我未履行對他人應盡的義務或奪取屬於他人的財產。

教育上的強制或對野蠻人和未開化人所施的強制，初看好像是第一種強制而不是隨著先前的第一種強制而來的強制。但是，純粹自然的意志**本身**是對抗自在地存在的自由的理念的一種暴力，爲了保護這種自由的理念，就必須反對這種未開化的意志，並克制它。或者倫理的定在早經設定於家庭或國家中，於是上述的自然性是對抗倫理性的定在的一種暴力行爲，或者是一種赤裸裸的自然狀態，是一般暴力橫行的狀態，爲了對抗它，理念創立了**英雄權利**。[24]

補充（**英雄權利**）　在國家中已再不可能有英雄存在，英雄只出現在未開化狀態。英雄的目的是合法的、必然的和政治性的，而且他們以實現這種目的爲自己的事業。英雄之建立國家，實施婚姻和農業，當然不是以爲自己被承認有這種權利。這些行爲還是作爲他們的特殊意志而表現出來的。但英雄所實施的那種強制，作爲理念對抗自然性的更高的權利，乃是一種合法的強制，因爲採用溫和手段來對抗自然的暴力是不會有什麼成效的。

第九十四節

抽象法是**強制法**，因爲侵犯它的不法行爲就是侵犯我的自由在外在物中的定在的暴力；所以抵抗暴力以維護我的自由的定在這件事本身乃作爲外在的行爲而出現的，它是揚棄上述第一種暴力的暴力。

附釋　給抽象法或嚴格意義上的法自始就下這樣一個定義，說它是可以強制大家遵守的法，就等於從結果來理解法，而這種結果是經過不法的彎路才出現的。

補充（法和道德） 這裡必須特別注意法的東西和道德的東西的區別。在道德的東西中，即當我在自身中反思時，也有著兩重性，善是我的目的，我應該按照這個理念來規定自己。善在我的決定中達到定在，我使善在我自身中實現。但是這種定在完全是內心的東西，人們對它不能加以任何強制。所以國家的法律不可能想要及達到人的心意，因為在道德的領域中，我是對我本身存在的，在這裡暴力是沒有什麼意義的。

第九十五節

自由人所實施的作為暴力行為的第一種強制，侵犯了具體意義上的自由的定在，侵犯了作為法的法，這就是犯罪，也就是十足意義的否定的無限判斷（參閱我的《邏輯學》，第二卷，第九十九頁）[25]，因而不但特殊物（使物從屬於我的意志）（第八十五節）被否定了，而且同時，在「我的東西」這一謂語中的普遍的東西和無限的東西即權利能力，也不經過我的意見的中介（如在詐欺的情形）（第八十五節），甚至藐視這種中介，而被否定了，這就是刑法的領域。

附釋 違反了它便是犯罪這樣一種法，迄今為止只具有以上各節所述的種種形態，從而犯罪也首先在與這些規定相關中具有更確定的意義。但是在這些形式中的實體性東西就是普遍物，在它進一步的發展和形態中也仍然如此，因而違反了它在概念上也仍然是犯罪。所以下節所考量的規定也與特殊的被進一步規定了的內容有關，這種內容見於例如偽誓罪、國事罪、偽造貨幣和票據罪等等。

第九十六節

由於唯有達到了定在的意志才會被侵犯，而這種意志在定在中進入了量的範圍和質的規定的領域，從而與此相應地各有不同，所以對犯罪的客觀方面說來也同樣有以下的區別，即這種定在及其一般規定性，是否在其全部範圍內，從而在與其概念相等的無限性上受到侵犯（例如殺人、強令為奴、宗教上強制等等），還是僅僅一部分或其質的規定之一，受到侵犯。

附釋　斯多葛派的見解只知有一種德行和一種罪惡，德拉科的立法規定對一切犯罪都處以死刑，野蠻的形式的榮譽法典把任何侵犯都看作對無限人格的損害——總之它們有一個共同點，即他們都停留在自由意志和人格的抽象思維上，而不在其具體而明確的定在中，來理解自由意志和人格，作為理念，它必須具有這種定在的。

強盜和竊盜的區別是屬於質的區別，在前一種情形，我是作為現在的意識，從而作為這個主體的無限性而遭到侵害，而且我的人身遭受了暴力的襲擊。

有關犯罪的許多質的規定，例如危害公共安全[26]，在被進一步規定了的各種情況中有其根據，但也往往透過結果的彎路而不是從事物的概念而被理解的，例如，單從其直接性狀上看來是更加危險的犯罪，從它的範圍和性質上說來也是更加嚴重的侵害。

犯罪的主觀道德性質是與更高級的差別有關，一般說來，某一事件和事實終究達到了何種程度才是一種行為，而牽涉到它的主觀性質本身，關於這個問題，容後詳論[27]。

補充（刑罰的標準）　對各個犯罪應該怎樣處罰，不能用思想來解決，而必須由法律來規定。但是由於文化的進步，對犯罪的看法已比較緩和了，今天刑罰早已不像百年以前那樣嚴峻。犯罪或刑罰並沒有變化，而是兩者的關係發生了變化。

第九十七節

對作爲法的法所加的侵害雖然是肯定的外在的實存，但是這種實存在本身中是虛無的。其虛無性的表現就在於同樣出現於外在的實存中的對上述侵害的消除。這就是法的現實性，亦即法透過對侵害自己的東西的揚棄而自己與自己和解的必然性。

補充（刑罰的意義）　犯罪總要引起某種變化，事物便在這種變化中獲得實存，但是這種實存是它本身的對立物，因而在本身中乃是虛無的。其虛無性在於作爲法的法被揚棄了，但是作爲絕對的東西的法是不可能被揚棄的，所以實施犯罪其本身是虛無的，而這種虛無性便是犯罪所起作用的本質。虛無的東西必然要作爲虛無的東西而顯現出來，即顯現自己是易遭破壞的。犯罪行爲不是最初的東西、肯定的東西，刑罰是作爲否定加於它的，相反地，它是否定的東西，所以刑罰不過是否定的否定。現在現實的法就是對那種侵害的揚棄，正是透過這一揚棄，法顯示出其有效性，並且證明了自己是一個必然的被中介的定在。

第九十八節

僅僅對外在的定在或占有所加的侵害，只是對某種形式的所有權或財產所加的不利或損害；揚棄造成損害的侵害便是給被害人以民事上的滿足，即損害賠償，如果可以找到這種賠償的話。

附釋　說到滿足這一方面，當損害達到毀壞和根本不能回復原狀的程度時，損害的普遍性狀，即價值，就必須取代損害在質方面的特殊性狀。

第九十九節

但是，對自在地存在的意志（不僅指加害人的意志，而且包括被害人和一切人的意志）所加的侵害，在自在地存在的意志本身中，以及在侵害所產生的單純狀態中，都不具有肯定的實存。這種自在地存在的意志（法或自在的法律），就其自身說，並不是外在實存的東西，因而是不可被侵害的。同樣地，對被害人和其他人的特殊意志說來，侵害不過是某種否定的東西。侵害唯有作爲犯人的特殊意志才具有肯定的實存。所以，破壞這一作爲定在的意志的犯人的特殊意志，就是揚棄犯罪（否則會變成有效的了），並恢復法的原狀。

附釋　刑罰理論是現代實定法學研究得最失敗的各種論題之一，因爲在這一理論中，理智是不夠的，問題的本質有賴於概念。如果把犯罪及其揚棄（隨後被規定爲刑罰）視爲僅僅是一般禍害，於是單單因爲已有另一個禍害存在，所以要採用這一禍害，這種說法當然不能認爲是合理的（克萊因：《刑法原理》，第九節以下）[28]。關於禍害的這種淺近性格，在有關刑罰的各種不同理論中，如預防說、儆戒說、威嚇說、矯正說等，都被假定爲首要的東西；而刑罰所產生的東西，也同樣膚淺地被規定爲善。但是問題既不僅僅在於惡，也不在於這個或那個善，而肯定地在於不法和正義。如果採取了上述膚淺的觀點，就會把對正義的客觀考量擱置一邊，然而這正是在考量犯罪時首要和實體性的觀點。這就自然而然地產生下面的結果：道德觀點即犯罪的主觀方面變成了本質的東西，而這種犯罪的主觀方面是跟一些庸俗的心理學上觀念相混雜的，認爲刺激和感性衝動與理性相對比是太強烈了，此外，又是跟一些強制和影響人們觀念的心理上因素相混雜的（似乎自由沒有同樣的可能把人們這種觀念貶低爲某種單純偶然的東西）。關於作爲現象的刑罰、刑罰與特種意識的關係，以及刑罰對人的表象所產生的結果（儆戒、矯正等等）的種種考慮，固然應當在適當場合，尤其在考慮到刑罰方式時，作爲本質問題來考量，但是所有這些考慮，都假定以刑罰是自在自爲地正義的這一點爲其基礎。在討論這一問題時，唯一有關重要的是：首先犯罪應予揚棄，不是因爲犯罪製造了一種禍害，而是因爲它侵害作爲法的法；其次一個問題是犯罪所具有而應予揚棄的是怎樣一種實存；這種實存才是眞實的禍害而應予鏟除的，它究竟在哪裡，這一點很重要。如果對這裡成爲問題的各個概念沒有明確的認識，關於刑罰的見解必將依然混淆不清。

補充（費爾巴哈論刑罰）　費爾巴哈的刑罰理論[29]以威嚇爲刑罰的根據，他認爲，不顧威嚇而仍然犯罪，必須對罪犯科以刑罰，因爲他事先已經知道要受罰的。但是怎樣說明威嚇的合法性呢？威嚇的前提是人不是自由的，因而要用禍害這種觀念來強制人們。然而法和正義必須在自由和意志中，而不是在威嚇所指向的不自由中去尋找它們的根據。如果以威嚇爲刑罰的根據，就好像對著狗舉起棍子來，這不是對人的尊嚴和自由予以應有的重視，而是像狗一樣對待他。威嚇固然終於會激發人們，表明他們的自由以對抗威嚇，然而威嚇畢竟把正義摔在一旁。心理的強制僅僅跟犯罪在質和量上的差別有關，而與犯罪本身的本性無關，所以根據這種學說所制定的法典，就缺乏眞正的基礎。

第一〇〇節

加於犯人的侵害不但是自在地正義的，因爲這種侵害同時是他自在地存在的意志，是他的自由的定在，是他的法，所以是正義的；不僅如此，而且它是在犯人自身中立定的法，也就是說，在他的達到了定在的意志中、在他的行爲中立定的法。其實，他的行爲，作爲具有理性的人的行爲，所包含的是：它是某種普遍物，同時透過這種行爲犯人定下了一條法律，他在他的行爲中自爲地承認它，因此他應該從屬於它，像從屬於自己的法一樣。

附釋　如所周知，培卡利亞[30]否認國家有處死刑的權利，其理由，因爲不能推定在社會契約中包含著個人同意，聽人把他處死；毋寧應該推定與此相反的情形。可是，國家根本不是一個契約（見第七十五節），保護和保證作爲單個人的個人的生命財產也未必就是國家實體性的本質，反之，國家是比個人更高的東西，它甚至有權對這種生命財產本身提出要求，並要求其爲國犧牲。其次，犯人行動中所包含的不僅是犯罪的概念，即犯罪自在自爲的理性方面——這一方面國家應主張其有效，不問個人有沒有表示同意——而且是形式的合理性，即單個人的希求。認爲刑罰既被包含著犯人自己的法，所以處罰他，正是尊敬他是理性的存在。如果不從犯人行爲中去尋求刑罰的概念和尺度，他就得不到這種尊重。如果單單把犯人看作應使變成無害的有害動物，或者以儆戒和矯正爲刑罰的目的，他就更得不到這種尊重。再其次，就正義的實存形式來說，它在國家中所具有的形式，即刑罰，當然不是它的唯一形式，國家也不是正義本身的前提條件。

補充（死刑）　培卡利亞要求，對人處刑必須得到他的同意，這是完全正確的。但是犯人早已透過他的行爲給予了這種同意。不僅犯罪的本性，而且犯人自己的意志都要求自己所實施的侵害應予揚棄。儘管這樣，培卡利亞想廢除死刑的這種努力曾經產生良好的結果。即使約瑟夫二世和法國人沒有能夠把死刑完全廢掉，但是人們已經開始探究哪些犯罪應處死刑，哪些不應處死刑。因此，死刑變得愈來愈少見了；作爲極刑，它應該如此。

第一〇一節

犯罪的揚棄是**報復**，因爲從概念說，報復是對侵害的侵害，又按定在說，犯罪具有在質和量上的一定範圍，從而犯罪的否定，作爲定在，也是同樣具有在質和量上的一定範圍。但是這一基於概念的同一性，不是侵害行爲特種性狀的等同，而是侵害行爲**自在地**存在的性狀的等同，即**價值**的等同。

附釋　在普通科學中某一規定的定義，這裡是刑罰的定義，應求之於意識的心理經驗中的**一般觀念**，如果這裡也採用這種方法，就會顯得民族和個人對犯罪的一般感情現在和過去都是主張應對犯罪處以刑罰，即**以其人之道還治其人之身**。不能不看到，把一般觀念作爲從中取得它們各種規定的來源的那些科學，怎麼會在其他場合接受與這種所謂普遍的意識**事實**相矛盾的命題。

但是，**等同**這一規定，給報復的觀念帶來一個重大難題；刑罰在質和量的性狀方面的規定是合乎正義的這一問題，誠然比起事物本身實體性的東西來是發生在後的。即使爲了對這後來發生的問題做進一步的規定，我們必須探求規定刑罰的普遍物的一些原理以外的其他原理，但是這個普遍物仍然會依它的本來面貌而存在。一般說來，只有概念本身才必然含有對特殊物說來也是基本的原理。但是概念所給予刑罰的這個規定正是上述犯罪和刑罰的必然聯繫，即犯罪，作爲自在地虛無的意志，當然包含著自我否定在其自身中，而這種否定就表現爲刑罰。正是這一種內在同一性在外界的反映，對理智說來顯得是等同的。然而犯罪的質和量的性狀以及犯罪的揚棄是屬於外在性的領域，在這一領域中當然不可能有什麼絕對規定（參閱第四十九節）；在無限性的天地中，絕對規定不過是一種要求，必須由理智經常對它設定更多的界限，這一點是非常重要的；而且這種要求繼續前進，毫無止境，但只是永遠接近滿足而已。

如果我們不僅忽略有限性的本性，而且完全停留在抽象的種的等同性上，那麼，當規定刑罰的時候，不僅會遇到不可克服的困難（尤其心理學還要援引感性衝動的強度以及與之相聯繫的或者是惡的意志在比例上的更大強度，或者是一般意志的自由在比例上的更小強度——看你喜歡哪一種），而且根據這種觀點，很容易指出刑罰上同態報復的荒誕不經（例如以竊還竊，以盜還盜，以眼還眼，以牙還牙，同時我們還可以想到行爲人是個獨眼龍或者全口牙齒都已脫落等情況）。但是概念與這種荒誕不經根本無關，它應完全歸咎於上述那種犯罪和刑罰之間種的等同性的主張。價值這一範疇，作爲在實存中和在種上完全不同的物的內在等同性，在契約方面（參照上述[31]）以及在爲對抗侵害而提起的民事訴訟方面（第九十五節[32]），早已提到了；透過這一規定，我們對物的觀念就從物的直接性狀提高到普遍物。犯罪的基本規定在於行爲的無限性，所以單純外在的種的性狀消失得更爲明顯，而等同性則依然是唯一的根本規則，以調整本質的東西，即罪犯應該受到什麼刑罰，但並不規定這種科罰的外在的種的形態。單從這種外在的種的形態看來，一方面竊盜和強盜他方面罰金和徒刑等等之間存在著顯著的不等同，可是從它們的價值即侵害這種它們普遍的性質看來，彼此之間是可以比較的。尋求刑罰和犯罪接近於這種價值上的等同，是屬於理智範圍內的事，業如上述。如果不理解犯罪及其否定之間自在地存在的聯繫，不理解關於價值以及兩者可按價值進行比較的思想，那麼就會（克萊因：《刑法原理》，第九節）在眞正的刑罰中只看到禍害和不法行爲的任意結合。

補充（作為報復的刑罰） 報復就是具有不同現象和互不相同的外在實存的兩個規定之間的內在聯繫和同一性。對犯罪進行報復時，這一報復具有原來不屬他的、異己的規定的外觀。可是如我們已經看到的，刑罰畢竟只是犯罪的顯示，這就是說，它是必然以前一半爲其前提的後一半。報復首先會遭到這種非難，即它顯得是某種不道德的東西，是復仇，因而它可能被看作某種個人的東西。但是實行報復的不是某種個人的東西，而是概念。在《聖經》中上帝說：「復仇在我。」[33]如果我們從報復這個詞中得出主觀意志的特殊偏好那種觀念，那就不能不指出，報復只是指犯罪所採取的形態回頭來反對它自己。歐美尼德斯[34]們睡著，但是犯罪把她們喚醒了，所以犯罪行爲是自食其果。現在，報復雖然不能講究種的等同，但在殺人的場合則不同，必然要處死刑，其理由是，因爲生命是人的定在的整個範圍，所以刑罰不能僅僅存在於一種價值中——生命是無價之寶——而只能在於剝奪殺人者的生命。

第一〇二節

在法的直接性這一領域中，犯罪的揚棄首先是復仇，由於復仇就是報復，所以從內容上說它是正義的，但是從形式上說復仇是主觀意志的行爲，主觀意志在每一次侵害中都可體現它的無限性，所以它是否合乎正義，一般說來，事屬偶然，而且對他人來說，也不過是一種特殊意志。復仇由於它是特殊意志的肯定行爲，所以是一種新的侵害。作爲這種矛盾，它陷於無限進程，世代相傳以致無窮。

附釋　在把犯罪不是作爲公罪而只作爲私罪（例如，猶太和羅馬的竊盜和強盜，英國今天還存在著的一些犯罪）予以追訴和處罰的場合，刑罰至少還帶有一部分復仇的意味，英雄和冒險騎士等等的復仇行爲與私人復仇不同，它們是屬於建立國家的性質[35]。

補充（作為刑罰形式的復仇）　在無法官和無法律的社會狀態中，刑罰經常具有復仇的形式，但由於它是主觀意志的行爲，從而與內容不相符合，所以始終是有缺點的。固然法官也是人，但是法官的意志是法律的普遍意志，他們不願意把事物本性中不存在的東西加入刑罰之內。反之，被害人看不到不法所具有的質和量的界限，而只把它看作一般的不法，因之復仇難免過分，重又導致新的不法。在未開化民族，復仇永不止息，例如在阿拉伯人中間，只有採用更強大的暴力或者實行復仇已不可能，才能把復仇壓制下去。在今天許多立法例中，也還有復仇的殘跡存在，例如侵害事件應否提出於法院，可由個人自行決定。

第一〇三節

要求解決在這裡揚棄不法的方式和方法中所存在的這種矛盾（像在其他不法情況下的矛盾一樣）（第八十六節和第八十九節），就是要求從主觀利益和主觀形態下，以及從威力的偶然性下解放出來的正義，這就是說，不是要求復仇的而是刑罰的正義。在這裡首先存在著對這樣一種意志的要求，即雖然是特殊的主觀意志，可是它希求著普遍物本身。但是這種道德的概念不僅僅是被要求的東西，而且是在概念的運動本身中顯現出來的。

四、從法向道德的過渡

第一〇四節

犯罪和復仇的正義揭示著意志發展的形態，這一發展形態呈現爲自在的普遍意志和跟它對立的自爲地存在的單個意志之間的區分，其次，它揭示著自在地存在的意志透過這一對立的揚棄而返回於自身，從而本身成爲自爲的和現實的意志。這樣，法在純粹自爲地存在的單個意志面前，就透過它的必然性而成爲並被證實爲現實的。這一形態同時也是意志的內在概念規定的進展過程。意志根據它的概念，在它本身中的現實化是一種過程，它把它自己最初存在的並在抽象法中具有形態的那種自在的存在和直接性的形式加以揚棄（第二十一節），從而首先在自在地存在的普遍意志和自爲地存在的單個意志的對立中設定自己，然後再透過這一對立的揚棄，即透過否定的否定，把自己作爲在定在中的意志規定起來，以致它不僅是自在地自由的而且是自爲地自由的意志，這就是說，它把自己規定爲自我相關的否定性。在抽象法中，意志的人格單單作爲人格而存在，如今意志已把人格作爲它的對象。這種自爲地無限的自由的主觀性構成了道德觀點的原則。

附釋　我們不妨回頭仔細看看自由的概念的發展所透過的各個環節，意志從其最初的抽象規定進而形成爲它的自我相關的規定，從而是主觀性的自我規定，這一規定性在所有權中是抽象的「我的東西」，所以是處於一個外事物中的。在契約中，「我的東西」是以雙方意志爲中介的，而且只是某種共同的東西。在不法中，抽象法領域的意志，透過單個意志——其本身是偶然的——而其抽象的自在存在或直接性被設定爲偶然性。在道德的觀點上，意志在法的領域中的抽象規定性被克服了，以致這種偶然性本身，作爲在自身中反思的而且與自己同一的東西，就成爲無限的在自身中存在的意志的偶然性，即意志的主觀性。

補充（向道德的過渡） 概念存在著，而且概念的定在與概念相符合，這就是眞理。在抽象法中，意志的定在是在外在的東西中，但在下一階段，意志的定在是在意志本身即某種內在的東西中。這就是說，意志對它自身來說必須是主觀性，必須以本身爲其自己的對象。這種對自身的關係是肯定的，但只有透過自己直接性的揚棄才能達到。這樣，在犯罪中被揚棄了的直接性透過刑罰，即透過否定的否定，而導向肯定——導向道德。

◆本篇注釋◆

【1】指在法的意義上的人，與在自然意義上的人不盡相同。——譯者

【2】《精神現象學》，拉松版（哲學叢書，第一一四卷），第一一六頁以下；《哲學全書》，第三版，第四二四節。——拉松版

【3】參閱康德：《道德形而上學》，第一部，第二十二～三十節。——譯者

【4】參閱本書第一六三節，第一六七節和第一六八節。——譯者

【5】參閱本書第六十五節以下。——譯者

【6】參閱本書第六十五節。——譯者

【7】參閱《哲學全書》，第二十六節以下。——譯者

【8】指康德哲學，參閱《哲學全書》，第四十節以下。——譯者

【9】第三版，第三三六節以下，第二一三節，第二一六節和第三七六節。——拉松版

【10】第三版，第三八八節。——拉松版

【11】在《邏輯學》第二版（《黑格爾全集》，第三卷，一八三三年版）中，這一節更改頗大，上述引證相當於該書第一一五頁以下。——拉松版

【12】費希特：《自然法的基礎》，一七九六年版，第十九節A。——拉松版

【13】《精神現象學》，拉松版（全集第二卷），第一一七頁以下；《哲學全書》，拉松版（全集第五卷），第三七六節以下。——拉松版

【14】斯賓諾莎：《倫理學》，商務印書館一九五五年版，第三頁。——譯者

【15】《道德形而上學》，第一部，第二十四～二十七節。——拉松版

【16】即本書第三篇，特別是第二五八節，第二七八節，第二九四節。——譯者

【17】參閱本書第二一七節。——譯者

【18】第三版，第四五八節以下。——拉松版

[19]《論糾正公眾對法國革命的判斷》，載《費希特全集》，第六卷，第一一一頁以下。——拉松版

[20] 參閱本書第一七九節以下。——譯者

[21] 參閱《哲學全書》，第一三一節。——譯者

[22] 參閱《哲學全書》，第一七三節補充。——譯者

[23] 第三版，第一七三節。——拉松版

[24] 參閱第一〇二節附釋和第三五〇節。——譯者

[25]《黑格爾全集》，第五卷，一八三三年版，第九十頁。——拉松版

[26] 參閱本書第二一八節，第三一九節附釋。——譯者

[27] 參閱本書第一一三節以下。——譯者

[28] 克萊因（一七四二~一八一〇）從一八〇〇年起擔任柏林高等法院推事。——拉松版

[29] 保羅·約翰·安塞爾姆·費爾巴哈（一七七五~一八三三）是德國古典哲學家、傑出的唯物主義者路德維希·費爾巴哈的父親，從一八一七年起擔任班堡上訴法院首任院長，著有《德國普通刑法》（一八〇一年）一書。——譯者

[30] 培卡利亞（一七三八~一七九四）是義大利的人道主義刑法學家，著有《犯罪和刑罰》（一七六四年）一書，十八個月中出了六版，譯成二十種以上的歐洲文字，在歐洲風行一時。——譯者

[31] 參閱本書第七十七節。——譯者

[32] 諾克斯英譯本指為第九十八節。——譯者

[33]《新約全書·羅馬書》，第十二章，第十九節。——譯者

[34] 希臘神話中司復仇的女神。——譯者

[35] 參閱本書第九十三節附釋和補充以及第三五〇節。——譯者

第二篇　道德

第一〇五節

道德的觀點是這樣一種意志的觀點，這種意志不僅是自在地而且是自爲地無限的（前節）。意志的這種在自身中的反思和它的自爲地存在的同一性，相反於意志的自在存在和直接性以及意志在這一階段發展起來的各種規定性，而把人規定爲主體。

第一〇六節

由於主觀性如今已成爲概念的規定性而與概念本身即自在地存在的意志有別，又由於主觀意志同時作爲自爲地存在的單個人而存在（也還帶有直接性），所以主觀性就是概念的定在。這樣，就對自由規定了一個更高的基地；現在，理念的實存方面或它的實在環節是意志的主觀性。只有在作爲主觀意志的意志中，自由或自在地存在的意志才能成爲現實的。

附釋　所以，第二個領域即道德是完全表述自由的概念的實在方面的，這一領域的過程如下：最初僅僅自爲地存在的意志，即與自在地存在的或普遍的意志直接地、僅僅自在地同一的意志，根據它和普遍意志的差別——它在這種差別中深入到自身——而被揚棄了，並且被設定爲與自在地存在的意志自爲地同一。所以，這一運動就是對自由今後的基地即主觀性進行加工，把這一最初是抽象的即與概念有別的主觀性變成與概念相等的東西，從而使理念獲得眞正的實現。這樣一來，主觀意志就同時規定自己爲客觀的，從而是眞正具體的。

補充（作為自為地存在的自由的道德）　在嚴格意義的抽象法中，還未發生什麼是我的原則或我的意圖的問題。這一個關於意志的自我規定和動機以及關於故意的問題，現在在道德領域中才被提到日程上來。人都意願別人對他按他的自我規定來做出評價，所以不問各種外在的規定怎樣，他在這種關係中是自由的。人在自身中的這種信念是無法突破的，任何暴力都不能左右它，因此道德的意志是他人所不能過問的。人的價值應按他的內部行爲予以評估，所以道德的觀點就是自爲地存在的自由。

第一〇七節

意志的自我規定同時是概念的環節，而主觀性不僅僅是意志定在的方面，並且是意志的特有規定（第一〇四節）。被規定爲主觀的、自爲地自由的意志，最初是作爲概念而存在的，爲了成爲理念，於是使本身達到定在。所以，道德的觀點，從它的形態上看就是主觀意志的法。按照這種法，意志承認某種東西，並且是某種東西，但僅以某種東西是意志自己的東西，而且意志在其中作爲主觀的東西而對自身存在者爲限。

附釋　道德觀點發展的同一過程（見前節附釋）從這一方面看來，具有主觀意志的法的發展形態，或者是它的定在方式的形態。在這個過程中，主觀意志進一步規定它在它的對象中所承認的自己的東西，使之成爲它的眞實概念，成爲表達它的普遍性的客觀的東西。

補充（意志的主觀性）　意志的主觀性這一整個規定是一個整體，這個整體作爲主觀性也必須具有客觀性。在主體中自由才能得到實現，因爲主體是自由的實現的眞實材料。但是我們叫作主觀性的這種意志的定在，與自在自爲地存在的意志是有區別的。這就是說，意志爲了成爲自在自爲地存在的意志，必須把自己從純粹主觀性這另一片面性中解放出來。在道德中成為問題的是人的獨特利益，而這一獨特利益之所以具有高度價值，正因為人知道它自身是絕對的東西，並且是自我規定的。未受教養的人在一切事情中聽從暴力和自然因素的支配，小孩子不具有道德的意志，而只聽其父母擺布，但是有教養的和能內省的人，希求他本身體現在他所做的一切事情中。

第一〇八節

所以，作為直接自為的而與自在地存在的意志區分開來的主觀意志（第一〇六節附釋）是抽象的、局限的、形式的。但是主觀性不僅是形式的，而且作為意志的無限的自我規定，它構成一切意志的形式。由於這種形式當初在單個意志中這樣出現的時候，尚未被設定為與意志的概念同一，所以道德的觀點是關係的觀點、應然的觀點或要求的觀點。再由於主觀性的自我區分同時包含著跟作為外部定在的客觀性相對立的規定，所以在這裡又出現了意識的觀點（第八節），總之，這是意志的自我區分，它的有限性和現象的觀點。

附釋　道德的東西並非自始就被規定為與不道德的東西相對立的，正如法並非規定為直接與不法相對立的，毋寧應該說，道德和不道德的一般觀點都是成立在意志主觀性這一基礎之上的。

補充（應然）　在道德中，自我規定應設想為未能達到任何實在事物的、純不安和純活動。唯有在倫理中，意志才與意志的概念同一，而且僅僅以意志的概念為其內容。在道德的領域中意志尚與自在地存在的東西相關聯，所以它是自我區分的觀點，而這一觀點的發展過程就是主觀意志跟它的概念的同一化。所以原在道德中的應然在倫理的領域中才能達到，而且主觀意志與之處於某種關係中的這種他物具有兩重性，一方面它是概念這種實體性的東西；另一方面它是外部定在的東西。即使人們在主觀意志中被設定了善，但這並不就是實行。

第一〇九節

按照意志的一般規定，這種形式首先包含著主觀性和客觀性的對立以及與此相關的活動（第八節）。這種活動的各個環節更精確些說是這樣的：定在和規定性在概念中是同一的（參閱第一〇四節），作爲主觀的東西的意志其本身就是這種概念，把兩者區分各自獨立，然後把它們設定爲同一。在自我規定的意志中，規定性（甲）首先是作爲由意志本身在自己內部所設定的東西，這就是意志在它內部的特殊化，自己給予自己的內容。這是第一個否定，它的形式上限度只是一種被設定的東西、主觀的東西。作爲在自身中的無限反思，這種限度是對意志本身存在著的，而意志（乙）則希求揚棄這種界限，它是把這種內容從主觀性轉化爲一般客觀性、轉化爲直接定在的活動。（丙）在這一對立中的意志跟它自己的簡單同一，就是在雙方對立面中始終如一，而且是與這種形式的差別漠不相關的內容，這就是意志的目的。

第一一〇節

但是在道德的觀點上，意志知覺到它的自由，它的這種自我同一（第一〇五節），於是這種內容的同一就具有下列更詳確的獨特規定。

㈠該內容作爲我的東西，對我是這樣規定的：它在主觀和客觀的同一中，不僅作爲我的內在目的，而且當它已具有外在的客觀性時，自己意識到包含著我的主觀性。

補充（意圖的效力）　主觀或道德的意志的內容含有一個特有的規定，這就是說，即使內容已獲得了客觀性的形式，它仍應包含著我的主觀性，而且我的行爲僅以其內部爲我所規定而是我的故意或我的意圖者爲限，才算是我的行爲。凡是我的主觀意志中所不存在的東西，我不承認其表示是我的東西，我只望在我的行爲中重新看到我的主觀意識。

第一一一節

㈡這種內容雖然包含某種特殊物（不論是從哪裡來的），它畢竟是在它的規定性中在自身中反思的意志的內容，從而是自我同一的、普遍的意志的內容，所以（甲）這種內容其本身含有與自在地存在的普遍意志相符合的規定，或者具有概念的客觀性的規定；但是（乙）由於主觀意志是自爲地存在的同時仍然是形式的（第一〇八節），因之這一符合不過是一種要求，而且它同時含有與概念不相符合的可能性。

第一一二節

㈢由於我在實現我的目的時保持著我的主觀性（第一一〇節），我就在這些目的的客觀化的同時，揚棄在這一主觀性中直接的東西以及它之所以成爲我個人的主觀性的東西。但是與我這樣同一起來的外在的主觀性是他人的意志（第七十三節）。現在，意志實存的基地是主觀性（第一〇六節），而他人的意志是我給予了我的目的的實存，同時它對我說來是他物。所以我的目的的實現包含著這種我的意志和他人意志的同一，其實現與他人意志具有肯定的關係。

附釋　因此，被實現了的目的的客觀性包含著三種意義，或者毋寧說，在同一物中包含著三個環節：（甲）外在的直接的定在（第一〇九節），（乙）與概念的符合（第一一二節），（丙）普遍主觀性。保持在這一客觀性中的主觀性在於，（甲）客觀的目的是我的目的，所以我是作爲這個我而在其中保持著自身（第一一〇節）；至於主觀性的（乙）和（丙）已經與客觀性的（乙）和（丙）兩個環節相符合一致。主觀性和客觀性這些規定，在道德的觀點上，是相互區分的，只是成爲矛盾而彼此結合起來，正是這一點特別構成了這一領域的現象方面或有限性（第一〇八節）。這一觀點的發展就是這些矛盾及其解決的發展，而其解決在道德的領域內只能是相對的。

補充（道德的普遍有效性）　在論述形式法時，我們已經說過[1]，這種法單以禁令爲其內容，因之嚴格意義的法的行爲，對他人的意志說，只具有否定規定。反之，在道德的領域中，我的意志的規定在對他人意志的關係上是肯定的，就是說，自在地存在的意志是作爲內在的東西而存在於主觀意志所實現的東西中。這裡可看到定在的產生或變化，而這種產生或變化是與他人意志相關的。道德的概念是意志對它本身的內部關係。然而這裡不止有一個意志，反之，客觀化同時包含著單個意志的揚棄，因此正由於片面性的規定消失了，所以建立起兩個意志和它們相互間的肯定關係。在法中，當我的意志在所有權中給自己以定在時，他人的意志在與我的意志相關中願意做些什麼，實屬無足輕重。反之，在道德領域中，他人的幸福也被牽涉到而成爲問題。這種肯定的關係只有在這裡才能出現。

第一一三節

意志作爲主觀的或道德的意志表現於外時，就是行爲。行爲包含著上述各種規定，即（甲）當其表現於外時我意識到這是我的行爲；（乙）它與作爲應然的概念有本質上的聯繫[2]；（丙）又與他人的意志有本質上的聯繫。

附釋　道德的意志表現於外時才是行爲。在形式法中，意志是在一種直接物中給予自己以定在的，所以這種定在本身是直接的，而且其本身最初與那尚未跟主觀意志相對立的、也未跟它區分的概念，沒有明顯的關係，也與他人的意志沒有任何肯定的關係；法的命令，從它的根本規定說來，只不過是一種禁止（第三十八節）。在契約和不法中才開始與他人意志發生關係，但是在契約中所成立的合意是基於任性的；而且在契約中跟他人意志的本質關係，作爲法的東西說來，還是某種消極的東西，即一方面，我還保留著我的所有權（在價值上），另一方面承認著他人的所有權。反之，犯罪的方面，作爲發自主觀意志的東西以及按它在意志中的實存方式，在這裡才初次成爲我們所欲考量的問題。至於訴訟上的行爲，在內容上已爲法規所規定，所以不能歸責於我，它僅包含——而且是外表式地——眞正道德上的行爲的若干環節。因此，其所以成爲眞正的道德上的行爲與其所以成爲法律上的行爲，其間是有區別的。

第一一四節

道德意志的法包括如下三個方面：

㈠行爲的抽象法或形式法，即這種行爲在直接定在中實施時的內容，一般說來是我的東西，從而它是主觀意志的故意。

㈡行爲的特殊方面就是它的內部內容，（甲）它的一般性格，對我說來是明確的，而我對這種一般性格的自覺，構成行爲的價值以及行爲之所以被認爲我的行爲；這就是意圖。（乙）行爲的內容，作爲我的特殊目的，作爲我的特異主觀定在的目的，就是福利。

㈢這一內容作爲內部的東西而同時被提升爲它的普遍性，被提升爲自在自爲地存在的客觀性，就是意志的絕對目的，即善，在反思的領域中，伴隨著主觀普遍性的對立，這種主觀普遍性時而是惡，時而是良心。

補充（道德行為的各個環節） 任何行爲如果要算作道德的行爲，必須首先跟我的故意相一致，因爲道德意志的法，只對於在意志定在內部作爲故意而存在的東西，才予以承認。故意僅僅涉及外在的意志應在我的內部也作爲內在的東西而存在這一形式的原則。相反地，在第二個環節，就要研究行爲的意圖，即行爲在自我相關中的相對價值。最後第三個環節，不僅僅是行爲的相對價值，而且行爲的普遍價值，即善。行爲的第一個分裂是故意的東西和達到定在而成就了的東西之間之分，第二個分裂是外在地作爲普遍意志而存在的東西和我所給予這種意志的特殊內部規定之間之分，最後，第三，意圖應同時是行爲的普遍內容。善就是被提升爲意志的概念的那種意圖。

第一章 故意和責任

第一一五節

在行爲的直接性中的主觀意志的有限性，直接在於其行爲假定著外部對象及其種種複雜情況。行動使目前的定在發生某種變化，由於變化了的定在帶有「我的東西」這一抽象謂語，所以意志一般說來對其行動是有責任的。

附釋　某樁事變，某一既出現的狀態，是一種具體的外在現實，所以其中情況不勝繁多。作爲這種狀態的條件、根據、原因而出現每一個環節，都貢獻它的一分力量，而可被看作應對這種狀態負責，或者至少有一部分責任。所以形式的理智遇到一種複雜事變（例如法國革命），就要在無數情況中選擇其一，而主張其應負責任。

補充（歸責）　凡是出於我的故意的事情，都可歸責於我，這一點對犯罪說來是特別重要的。不過責任的問題還只是我曾否做過某事這種完全外部的評價問題；我對某事負責，尚不等於說這件事可歸罪於我。

第一一六節

我的所有物，作爲外在物，處於各色各樣的聯繫中，而且發生著作用（這種情形同樣可以對我本身——作爲機體或生物——發生）。如果它們對他人造成損害，這誠然不是我自己的作爲，但其損害應多少由我負責，因爲那些物根本是我的，而且按其獨特的性質多少受到我的支配和注意的。

第一一七節

本身能行動的意志，在它所指向目前定在的目的中，具有對這個定在的各種情況的表象。但是，因爲意志爲了這種假定（第一一五節）的緣故是有限的，所以客觀現象對意志說來是偶然的，而且除了意志的表象所包含者外還可能包含著其他東西。但是意志的法，在意志的行動中僅僅以意志在它的目的中所知道的這些假定以及包含在故意中的東西爲限，承認是它的行爲，而應對這一行爲負責。行動只有作爲意志的過錯才能歸責於我。這是認識的法。

補充（責任）　在意志面前擺著其行爲所指向的定在。它必須具有對定在的表象，才能做出行爲；而且僅僅以擺在我面前的定在爲我所認知者爲限，我才負眞實的責任。因爲意志是如此假定的，所以它是有限的；或者不如倒過來說，因爲它是有限的，所以它是此假定的。只要我是合乎理性地思考和希求，我就不處於這種有限的地位，因爲這時我的行爲所指向的對象已不是與我對立的他物了。但是有限性意味著固定的限度和限制。在我的面前有一個他物，它僅僅是偶然的東西，單純外在的必然的東西，它可能與我相一致也可能與我不同。畢竟我只是與我的自由相關，而我的意志僅以我知道自己所做的事爲限，才對所爲負責。歐狄普斯不知道他所殺死的是他的父親，那就不能對他以殺父罪提起控訴。不過古代立法不像今天那樣注重主觀的方面和歸責問題。因此在古代產生了避難所，以庇護和收容逃避復仇的人。

第一一八節

其次，移置於外部定在中、並按其外部的必然聯繫而向一切方面發展起來的行爲，有多種多樣的後果。這些後果，作爲以行爲的目的爲其靈魂的形態來說，是行爲自己的後果（它們附屬於行爲的）。但是行爲同時又作爲被設定於外界的目的，而聽命於外界的力量，這些力量把跟自爲存在的行爲全然不同的東西來與行爲相結合，並且把它推向遙遠的生疏的後果[3]。所以按照意志的法，意志只對最初的後果負責，因爲只有這最初的後果是包含在它的故意之中。

附釋　什麼是偶然的結果和什麼是必然的結果，這是很難確定的，因爲有限的東西的內在必然性，是作爲外在的必然性，即作爲個別事物的相互關係而達到定在的，而這些事物作爲獨立的東西是互不相關地、相互外在地聚集在一起的。論行爲而不問其後果這樣一個原則以及另一個原則，即應按其後果來論行爲並把後果當作什麼是正義的和善的一種標準，兩者都屬於抽象理智。後果是行爲特有的內在形態，是行爲本性的表現，而且就是行爲本身，所以行爲既不能否認也不能輕視其後果。但是另一方面，後果也包含著外邊侵入的東西和偶然附加的東西，這卻與行爲本身的本性無關。有限的東西的必然性所包含的矛盾的發展，在定在中恰恰是必然性轉變爲偶然性，偶然性轉變爲必然性。所以從這方面看，做一種行爲就等於委身於這一規律。

正是根據這個道理，所以，如果犯罪行爲所發生的後果爲害不大，這對犯人是有利的（正如善的行爲不會有什麼後果或者後果很少，那也只好算了），如果犯罪使其後果得到比較完全的發展，就得對這些後果負責。

英雄的自我意識（見於例如歐狄普斯等的古代悲劇），還沒有從它的天眞中走出，達到反思，以區分**行動和行爲**，外部事件和故意及認識（即對各種情況的認識），也沒有達到對種種後果做出分析，而竟接受了對行動的全部範圍負責。

補充（**故意和意圖**）　向意圖的過渡在於，我只對屬於我的表象的東西承認負責。這就是說，人們只能以我所知道的事況歸責於我。另一方面，即使我只造成個別的、直接的東西，但是有一些必然的後果是與每一種行爲相結合的，這些後果就構成了包含於個別的直接的東西中的普遍物。我固然不能預見到那些也許可以防止的後果，但我必須認識到個別行動的普遍性質。在這裡，問題不是個別而是整體，而這不與特殊行爲的特定方面相關，而是與其普遍性質相關。現在，由故意向意圖的過渡在於，我不但應該知道我的個別行爲，而且應知道與它有關的普遍物。這樣出現的普遍物就是我所希求的東西，就是我的**意圖**。

第二章　意圖和福利

第一一九節

行爲的外部定在是一種複雜的綜合體，得被視爲無限地分成各個單一性，因之行爲可認爲首先只是與其中一個單一性相接觸。但是單一物的眞理是普遍物，行爲的規定性自身並不是限於外在單一性而孤立的內容，而是在自身中含有複雜聯繫的普遍內容。出自一個能思維的人的故意，不僅含有單一性，而且實質上含有上述行爲的普遍方面，即意圖。

附釋　在語源學上意圖一方面指普遍性的形式這種抽象；另一方面指從具體事物的特殊方面抽出來的抽象。用意圖來竭力替行爲辯解，就是把單一方面孤立起來，並主張這一方面是行爲主觀方面的本質。

對一種行爲，不先規定其合法或不合法的方面，而作爲外界事件加以判斷，就等於給它一個普遍謂語，說這種行爲是殺人放火等等。

外界現實的零星規定性表明著外界現實的本性無非是外在聯繫。人們首先僅僅在個別一點上接觸現實（例如，放火僅僅與木材的一個小點直接有關，而這樣說只是提供一個命題，不是做出判斷），但是這一點的普遍性質意味著它的擴張。在生物中，單一物不是直接作爲部分而是作爲器官而存在的，在器官中存在著普遍物本身。所以在殺人的場合，遭受侵害的不是作爲單一物的一塊肉，而是其中的生命本身。一方面，主觀反思無視普遍與單一的邏輯性質，而把單一部分和各種後果細加分裂；另一方面有限性事件的本性包含著偶然性的這種分離。間接故意的發明就是根據上述而來的。

補充（**間接故意**） 一種行爲可能或多或少地受到種種情況的衝擊，這是當然的事。在放火的場合，可能不發生火災，或相反地可能燃燒得比放火者所設想的更厲害。儘管這樣，這裡不應做出什麼吉祥與凶煞的區別，因爲人在行爲時，必然要與外界打交道。古諺說得好：「從手裡擲出的石頭，變成了魔鬼的石頭。」在行爲時我本身就暴露在凶煞面前。所以凶煞對我具有權利，也是我自己意志的定在。

第一二〇節

意圖的法在於，行爲的普遍性質不僅是**自在地**存在，而且是爲行爲人所**知道**的，從而自始就包含在他的主觀意志中。倒過來說，可以叫作行爲的**客觀性**的法，就是行爲的法，以肯定自己是作爲**思維者**的主體所認識和希求的東西。

附釋 這種對事物洞察的法連帶發生一個結果，即小孩、白癡、瘋子等等，就其自身行爲完全沒有或僅有限定的**責任能力**。但是，正像行爲在其外部定在方面包含著種種偶然後果一樣，**主觀**的定在也包含著不確定性，而其不確定程度是與自我意識和思慮的力量之強弱有關。可是，這個不確定性只能就癡呆、瘋癲等等以及童年加以考慮，因爲唯有這種決定性的狀態才消滅思維和意志自由的特質，而容許我們把行爲人作爲缺乏能思維的人的尊嚴、意志的尊嚴那樣的人來看待。

第一二一節

行爲的普遍性質就是還原爲普遍性這一簡單形式的一般行爲的繁複內容。但是，主體作爲在自身中反思的，從而是與客觀特殊性相關的特殊物，在它的目的中具有他所特有的特殊內容，而這種內容是構成行爲的靈魂並給行爲以規定的。行爲人的這個特殊性的環節之包含於行爲中，並在其中得到實現，構成更具體意義上的主觀自由，也就是在行爲中找到他的滿足的主體的法。

補充（動機）　我意識到自身並在自身中反思，這時我還只是與我的行爲的特殊性相關的特殊物。我的目的構成規定著我的行爲的內容。例如，殺人放火是普遍物，所以還不是我的行爲——作爲主體的行爲——的肯定內容。如果發生了這類犯罪，我們就要問他爲什麼要犯罪。他絕不是爲了殺人而殺人，而必然具有一個特殊的肯定目的。假如我們說，殺人是出於他好殺成性，那麼，這種好殺成性就已經是主體的肯定內容本身，而其行動則是所以滿足主體的欲求的。所以更精確些說，行動的動機就是我們叫作道德的東西，而且照這樣說來，道德的東西具有兩重意義：在故意中的普遍物與意圖的特殊方面。近人特別對行爲常常追問動機。以前人們只不過問，這人是否正直的人？他是否在盡他的義務？今天人們卻要深入到他們內心，而且同時假定著在行爲的客觀方面和內在方面——即主觀動機——之間隔著一條鴻溝。當然，主體的規定是要考量的；他希求某種東西，他所以希求的理由是在他本身中；他希求滿足自己的欲望，滿足自己的熱情。但是善和正義也是行爲的一種內容，這種內容不是純粹自然的，而是由我的合理性所設定的。以我的自由爲我的意思的內容，這就是我的自由本身的純規定。所以更高的道德觀點在於在行爲中求得滿足，而不停留於人的自我意識和行爲的客觀性之間的鴻溝上，不過這種鴻溝的看法，無論在世界史中或個人的歷史中都有它的一個時期的。

第一二二節

行爲透過這種特殊物乃具有主觀價值，而對我有利害關係。與這種目的——從內容說即是意圖——相對比，行爲在它下一個內容上的直接的東西降格爲手段。這種目的既然是有限的東西，它可以轉而降爲再一個意圖的手段，如此遞進，以致無窮。

第一二三節

關於這些目的的內容，在這裡（甲）只存在著形式的活動本身，就是說，主體對其所認爲的目的和應予促進的東西所進行的活動；凡是人對某事物作爲自己的東西感覺興趣或應感覺興趣，他就願意爲它進行活動。（乙）但是主觀性的這種還是抽象的和形式的自由，只是在其自然的主觀定在中，即在需要、傾向、熱情、私見、幻想等等中，具有較爲確定的內容。這種內容的滿足就構成無論是它一般的和特殊的規定上的福利或幸福。這就是一般有限性所具有的目的。

附釋　這裡就是關係的觀點（第一〇八節），在這觀點上主體被規定爲自我區分，從而算作特殊物，也就在這裡出現了自然意志的內容（第十一節）。但是，這裡的意志已不是原來直接存在那樣的意志，反之，這種內容屬於在自身中反思著的意志，並被提升爲福利或幸福這種普遍目的（《哲學全書》第三九五節以下）[4]——即被提升到像克婁蘇和梭倫時代的那種思維觀點[5]，在這種觀點上，思維還沒有在意志的自由中來掌握意志，而是把意志的內容作爲自然的和現成的東西加以反思。

補充（物質的目的） 由於幸福的種種規定是現有的，所以它們不是自由的眞實規定。自由只有在自身目的中，即在善中，才對它自己說來是眞實的。這裡可以提出一個問題：人們是否有權給自己設定未經自由選擇而僅僅根據主體是生物這一事實的目的？但是人是生物這一事實並不是偶然的，而是合乎理性的，這樣說來，人有權把他的需要作爲他的目的。生活不是什麼可鄙的事，除了生命以外，再也沒有人們可以在其中生存的更高的精神生活了，只有把現有的東西提升爲某種自己創造的東西——這種區分並不含有兩者極不相容的意義——才會產生善的更高境界。

第一二四節

由於個人自己的主觀滿足（包括他的榮譽和聲譽得到承認在內）也包括在達成有絕對價值的目的之內，所以要求僅僅有絕對價值的目的表現爲被希求或被達到的東西，以及認爲客觀目的和主觀目的在人們希求中是相互排斥的這種見解，兩者都是抽象理智所做的空洞主張。不僅如此，如果這種主張再進一步，假定主觀滿足由於它是存在著（在任何一項完成的工作中它總是存在著），所以它就是行爲人實質上的意圖，並認定客觀目的在他看來只是達到主觀滿足的手段，那麼這種主張就會變成一種惡毒而有害的主張了。主體就等於它的一連串的行爲。如果這些行爲是一連串無價值的作品，那麼他的意志的主觀性也同樣是無價值的；反之，如果他的一連串的行爲是具有實體性質的，那麼個人的內部意志也是具有實體性質的。

附釋 主體的特殊性求獲自我滿足的這種法，或者這樣說也一樣，主觀自由的法，是劃分古代和近代的轉折點和中心點。這種法就他的無限性說表達於基督教中，並成爲新世界形式的普遍而現實的原則。它的最初形態是愛浪漫的東西、個人永久得救的目的等等，其次是道德和良心，再其次是其他各種形式。這些形式一部分在下文表現爲市民社會的原則和政治制度的各個環節，而另一部分則出現於歷史中，特別是藝術、科學和哲學的歷史。

現在，特殊性這一原則當然是對立面的一個環節，它最初至少是與普遍物同一而又與它有差別的。可是抽象反思卻把這一環節在它與普遍物的差別和對立中固定下來，於是就產生一種對道德的見解，以爲道德只是在與自我滿足做持續不斷的敵對鬥爭，只是要求：

「義務命令你去做的事，你就深惡痛絕地去做。」[6]

正是這種理智產生了心理史觀，這種歷史觀點知道怎樣來鄙視和貶低一切偉大事業和偉大人物，把在實體性的活動中同樣找到滿足——有如名譽、聲譽和其他種種後果，總之理智事前斷定其本身爲有害的這種特殊方面——的傾向和激情，都轉變爲行爲主要意圖和有效動機。這種理智斷定，一連串這些偉大的行爲所構成的偉大行爲和活動，固然在世界上創造了偉大的東西，並且給行爲人個人帶來了權力、名譽和聲譽等後果，但是歸屬於個人的不是那種偉大的東西本身，而只是落在他身上的這種特殊而外在的東西；由於這種特殊的東西是一種結果，因而它好像應該就是他的目的，甚至是他唯一的目的。因爲這種反思本身是站在主觀立場上，所以它固執偉大人物的主觀方面，從而忽視了它自己所造成的空虛性中的實體性的東西。這就是「傭僕的心理，對他們說來，根本沒有英雄，其實不是真的沒有英雄，而是因爲他們只是一些傭僕罷了」（《精神現象學》，第六一六頁）[7]。

補充（志向和實行）立大志就夠了（In magnis voluisse sat est），從人們應該立志做偉大事業這個意義上來說，這話是對的。但是人們還要能成大事，否則這種志向就等於零。單純志向的桂冠就等於從不發綠的枯葉。

第一二五節

具有福利這種特殊內容的主觀的東西，作爲在自身中反思著的東西、無限的東西，是同時與普遍物即自在地存在的意志相關的。最初在這個特殊性自身中所設定的普遍物這一環節，同時也是他人的福利，或者，在完全的但是十分空虛的規定上，可說是一切人的福利。所以其他許多特殊的人的福利也一般地是主觀性的實質上目的和法。但是與這種特殊內容有區別的自在自爲地存在的普遍物，除被規定作爲法之外還沒有被進一步地規定，所以特殊物的上述那些目的是與普遍物有區別的，它可能符合也可能不符合普遍物。

第一二六節

但是我的和他人的特殊性，一般說來，只有在我是一個自由的東西時才是一種法。所以特殊性不能肯定自己跟它的這種實體性的基礎相矛盾的；不論是對我的還是對他人的福利的意圖——人們特別稱後者爲道德的意圖——都不能成爲替不法行爲做辯解的理由。

附釋　尤其目前有一種腐朽的格言，源出於康德以前的好心腸時代，構成例如有名的動人的戲劇作品的精華，這種格言對於不法行爲注意其所謂道德的意圖，而且設想壞人具有恰如其應有的好心腸，即他希求自己的福利以及必要時他人的福利；現時人們重提這種陳腐學說，而且更加誇大，竟把內部靈感和心情，即特殊性的形式本身，變成準則，以衡量什麼是合法的、合理的和卓越的。其結果，犯罪及其指導思想——哪怕是極平凡空虛的幻想或極愚蠢的意見——都被認爲合法的、合理的和卓越的，就因爲它們發自心情和靈感。詳細參閱下文第一四〇節附釋。

此外，還必須注意這裡考量法和福利時所採取的觀點。這就是說，這裡我們所考量的法是形式法，福利是單個人的特殊福利。所謂普遍福利、國家的福利，也就是現實而具體精神的法，屬於一個完全不同的領域，在這個領域，形式法以及個人的特殊福利和幸福同樣都是次要的環節。把私權和私人福利作爲與國家這一普遍物相對抗的、自在自爲的東西，是抽象思維所常犯的錯誤之一，這在前面已經提到。[8]

補充（福利與法）　當一個誹謗者以那我必須活下去呀（l faut do c que je vive）這話來原諒自己時，他所得到的答覆——一個有名的答覆——是我看沒有這個必要（je n'en vois pas la necessité），這個回答用在這裡也很切合。對著自由這一更高領域面前，生命已非必要。聖克利斯賓偷了皮替窮人製鞋，其行爲是道德的，但畢竟是不法的，從而是不能容忍的。

第一二七節

自然意志的各種利益的特殊性，綜合爲單一的整體時，就是人格的定在，即生命。當生命遇到極度危險而與他人的合法所有權發生衝突時，它得主張緊急避難權（並不是作爲公平而是作爲法），因爲在這種情況下，一方面定在遭到無限侵害，從而會產生整個無法狀態；另一方面，只有自由的那單一的局限的定在受到侵害，因而作爲法的法以及僅其所有權遭受侵害者的權利能力，同時都得到了承認。

附釋　從緊急避難權派生出債務人一定財產免予扣押的利益，這就是說，從債務人的財產亦即歸債權人所有的財物中，取出手工用具、農具、衣服，留給債務人，其數量以認爲足以維持債務人——而且與其身分相當——的生活爲度。

補充（緊急避難權）　生命，作爲各種目的的總和，具有與抽象法相對抗的權利。好比說，偷竊一片麵包就能保全生命，此時某一個人的所有權固然因而受到損害，但是把這種行爲看作尋常的竊盜，那是不公正的。一人遭到生命危險而不許其自謀所以保護之道，那就等於把他置於法之外，他的生命既被剝奪，他的全部自由也就被否定了。當然有許許多多細節與保全生命有關，我們如果瞻望未來，那就非關涉到這些細節不可。但是唯一必要的是現在要活，至於未來的事不是絕對，而是聽諸偶然的。所以只有直接現在的急要，才可成爲替不法行爲做辯護的理由，因爲克制而不爲這種不法行爲這件事本身是一種不法，而且是最嚴重的不法，因爲它全部否定了自由的定在。由此產生了債務人一定財產免予扣押的利益（beneficium competentiae），因爲同種關係或其他相近關係含有一種法，要求人們不要全面成爲法的犧牲品。

第一二八節

緊急避難昭示著無論是法或是福利——法是自由的抽象定在，而不是特殊人的實存，以及福利是特殊意志的領域，是欠缺法的普遍性的——有限性，從而它們的偶然性。所以法和福利是被設定爲片面的和理想性的，正像它們早已在其本身中、在概念中就被這樣規定著。法已經（第一〇六節）把它的定在規定爲特殊意志，主觀性在它的包羅萬象的特殊性中，其本身是自由的定在（第一二七節），同時作爲意志對自己的無限關係，它自在地是自由的普遍物。出現於法和主觀性中的兩個環節就這樣被併合起來而成爲它們的眞理、它們的同一，但最初它們還處於相對關係中的，這兩個環節就是善和良心，前者是被完成了的、自在自爲地被規定了的普遍物，後者是在自身中意識著的，在自身中規定其內容的那無限的主觀性。

第三章　善和良心

第一二九節

善就是作爲意志概念和特殊意志的統一的理念；在這個統一中，抽象法、福利、認識的主觀性和外部定在的偶然性，都作爲獨立自主的東西被揚棄了，但它們本質上仍然同時在其中被含蓄著和保持著。所以善就是被實現了的自由，世界的絕對最終目的。

補充（善的理念） 每個階段本來就是理念，不過前幾個階段所包含的理念，只是在它的比較抽象的形式之中。例如，作爲人格的自我已經是一個理念，但它是存在於最抽象的形態中的。所以，善就是進一步被規定了的理念，也就是意志概念和特殊意志的統一。善不是某種抽象法的東西，而是某種其實質由法和福利所構成的、內容充實的東西。

第一三〇節

在這一理念中，福利不是作爲單個特殊意志的定在，而只是作爲普遍福利，本質上作爲自在地普遍的、即根據自由的東西，才具有獨立有效性。福利沒有法就不是善。同樣地，法沒有福利也不是善（願正義實現，不應以任世界毀滅爲其後果）。所以，善，作爲透過特殊意志而成爲現實的必然性以及同時作爲特殊意志的實體，具有跟所有權的抽象法和福利的特殊目的相對抗的絕對法。這些環節的任何一個，一方面是與善有區別的，同時又僅僅以它符合於並從屬於善爲限，才有效力。

第一三一節

對主觀意志說來，善同樣是絕對本質的東西，而主觀意志僅僅以在見解和意圖上符合於善爲限，才具有價值和尊嚴。由於善在這裡仍然是善的抽象理念，所以主觀意志尚未被接納於善中，也未被設定爲符合善的東西。所以主觀意志對善是處於這樣一種關係中，即善對主觀意志說應該是實體性的東西，也就是說主觀意志應以善爲目的並使之全部實現，至於從善的方面說，善也只有以主觀意志爲中介，才進入到現實。

補充（善的理念的各個環節） 善是特殊意志的眞理，而意志只是它對善來設定自己的東西。意志不是本來就是善的，只有透過自己的勞動才能變成它的本來面貌。從另一方面說，善缺乏主觀意志本身就是沒有實在性的抽象，只有透過主觀意志，善才能得到這種實在性。所以善的發展包括三個階段：⑴善對我作爲一個希求者說來，是特殊意志，而這是我應該知道的；⑵我應該自己說出什麼是善的，並發展善的特殊規定；⑶最後，規定善本身，即把作爲無限的自爲地存在的主觀性的善，予以特殊化。這種內部的規定活動就是良心。

第一三二節

主觀意志的法在於，凡是意志應該認爲有效的東西，在它看來都是善的；又一種行爲，作爲出現於外在客觀性中的目的，按照主觀意志是否知道其行爲在這種客觀性中所具有的價値，分別作爲合法或不合法，善或惡，合乎法律或不合乎法律，而歸責於主觀意志。

附釋 一般說來，善就是意志在它的實體性和普遍性中的本質，也就是在它的眞理中的意志；因之它絕對地只有在思維中並只有透過思維而存在。所以，主張人不能認識眞理，而只能與現象打交道，又說思維有害於善良的意志，這些以及其他類似的成見，都從精神中取去了一切理智的倫理性的價値和尊嚴。

凡是我的判斷不合乎理性的東西，我一概不給予承認，這種法是主體的最高的法，但是由於它的主觀規定，它同時又是形式法；相反地，理性作爲客觀的東西對主體所具有的法，則依然屹立不動。

由於這種法的形式上規定，判斷也可能是眞的，也可能是單純私見和錯誤。個人達到他的那種判斷的法，根據仍然屬於道德領域的觀點，是屬於他特殊的主觀教養的問題。我可以對自己提出要求並把以下一點當作自己的主觀法：我根據好的理由來判斷一種義務，並應對它具有信心，此外，我應從它的概念和本性上來認識它。但是，我爲了滿足我對某一行爲的信念，即這一行爲是善的、許可或不許可的，以及連同對行爲在這方面的可負責性的信念，所提出的任何要求，對於客觀性的法一無妨害。

這種判斷善的法和判斷行爲本身（第一一七節）的法是有區別的。按照後者，客觀性的法所具有的形態在於，由於行爲是一種變化，應發生於現實世界中，而將在現實世界中獲得承認，所以它必須一般地符合在現實世界中有效的東西。誰要在這現實世界中行動，他就得服從現實世界的規律，並承認客觀性的法。

同樣地，在作爲理性概念的客觀性的國家中，法律上的責任就不應停留在下列幾點上：其人是否根據他的理性而行事，他對於合法性或不法性、善或惡的主觀判斷，以及他爲滿足其信念而提出的要求等。在國家這一客觀領域中，判斷的法乃是對合乎法律的或不合乎法律的東西的判斷，是對現行法的判斷，而且它限於最淺近的意義，即局限於知道什麼是合法的，而應在這個範圍內負擔義務的這類知識。透過法律的公布和透過一般習俗，國家從判斷的法除去其在道德觀點上尙爲主體保留著的形式方面和偶然性。按照善或惡、合法不合法這類規定來知道行爲的這種主體的法，對小孩、白癡、瘋子所產生的結果是：就在這一方面，也應減輕或免除其責任能力。可是要對這些精神狀態及其責任能力劃定明確的界限，那是不可能的。但是在確定罪行本身的罪責性質和罰則的時候，如果把霎時眼花、熱情激發、酩酊大醉，總之，把所謂強度的感性刺激作爲理由（其構成緊急避難的理由的——第一二〇節——自當別論），並把類似情況看作似乎可據以免除犯人的責任，那就等於不按照人應享有的法和尊嚴來處理犯人了（參閱第一〇〇節和第一一九節[9]附釋），因爲人的本性正在於它本質上是某種普遍物，他的知識不是抽象而霎時的，也不是片段而零碎的。

放火殺人犯所放的火，不是他用火點燃的、作爲孤立著的這一方英吋平面木材，而是這一方英吋中的普遍物，即房屋；同樣地，作爲主體，他既不是這一刹那的單一的東西，也不是孤立著的復仇激情，如果他是這樣的話，那他就是一個畜牲，由於他是有害的，危險的，容易突然激怒，就應對準他的腦袋痛打。

犯人在行爲的瞬間必然明確地想像到其行爲是不法的，要處罰的，必須認定這點，才能使他負有罪責。這種要求初看好像是維護他的道德主觀性的法，而其實是否認他的固有的理智本性，而這種本性的有效表現並不限於沃爾弗心理學中所謂明確表象的形態，只有在瘋癲的場合，神經是這樣地錯亂，才可把個別事物的認識和作爲跟本性分離開來。

考慮這些情形作爲減輕刑罰的理由，那是屬於法以外的領域，即特赦的領域。

第一三三節

善對特殊主體的關係是成爲他的意志的本質，從而他的意志簡單明瞭地在這種關係中負有責務。由於特殊性跟善是有區別的，而且是屬於主觀意志之列，所以善最初被規定爲普遍抽象的本質性，即義務；正因爲這種普遍抽象的規定的緣故，所以就應當爲義務而盡義務。

補充（義務的絕對性）　意志的本質對我說來就是義務，如果現在僅僅知道善是我的義務，那麼，我還是停留在抽象的義務上。我應該爲義務本身而盡義務，而且我在盡義務時，我正在實現眞實意義上的我自己的客觀性。我在盡義務時，我心安理得而且是自由的。著重指出義務的這種意義，乃是康德的實踐哲學的功績和卓越觀點。

第一三四節

任何行爲都顯然地要求一個特殊內容和特定目的，但義務這一抽象概念並不包含這種內容和目的；於是就發生義務究竟是什麼這樣一個疑問。關於義務的規定，除了下述以外暫時還沒有別的說法：行法之所是，並關懷福利——不僅自己的福利，而且普遍性質的福利，即他人的福利。

補充（義務的特殊化）　這與人們想知道應該做些什麼才能永享生命而向耶穌提出的問題是相同的[10]。其實，善作爲普遍物是抽象的，而作爲抽象的東西就無法實現，爲了能夠實現，善還必須得到特殊化的規定。

第一三五節

但是以上這些規定並不包含在義務的規定本身中，相反地，由於兩者都是被制約和受限制的，所以它們就導致向不受制約的東西，即義務這一較高領域過渡。因爲義務本身在道德的自我意識中構成這自我意識本質的和普遍的東西，而且這自我意識在它內部只是與自己相關，所以，義務所保留的只是抽象普遍性，而它以之作爲它的規定的是無內容的同一，或抽象的肯定的東西，即無規定的東西。

附釋　著重指出純粹的不受制約的意志的自我規定，並把它作爲義務的根源，這誠然很重要，又意志的認識——多虧透過康德哲學——只是透過它的無限自主的思想，才獲得鞏固的根據和出發點（參閱第一三三節），這誠然也很眞確，但是固執單純的道德觀點而不使之向倫理的概念過渡，就會把這種收穫貶低爲空虛的形式主義，把道德科學貶低爲關於爲義務而盡義務的修辭或演講。從這種觀點出發，就不可能有什麼內在的義務學說；固然，我們也可從外面採入某種材料，藉以達到特殊的義務，但是，從義務的那種規定，作爲是缺乏矛盾的、形式上自我一致的（這無非是肯定下來的）抽象無規定性來說，不可能過渡到特殊義務的規定的；即使在考量行爲的這種內容時，這項原則也不含有標準，藉以決定該內容是不是義務。相反地，一切不法的和不道德的行爲，倒可用這種方法而得到辯解。

康德所提出的進一步的公式，即有可能把一種行爲設想爲普遍定理，固然導致對某種情況具有較具體的觀念，但除了上述缺乏矛盾和形式的同一以外，其本身不包含任何其他原則。

所有權不存在這一句話，跟說這個或那個民族、家庭等等不存在，或者說根本沒有人生存一樣，其本身都不包含矛盾。否則如果已經確定了而且假定了生命財產是應存在的，並應受到尊重，那麼盜竊或殺人就是一種矛盾。矛盾只能是跟某種東西，即跟預先被建立爲固定原則的內容，所發生的矛盾。只有在跟這種原則相關中，才說得上某種行爲是跟它一致的，或是跟它相矛盾的。但是，如果應該爲義務而不是爲某種內容而盡義務，這是**形式的同一**，正是這種形式的同一排斥一切內容和規定。

此外，還有二律背反和永世不絕的**應然**的其他各種形態，在其中，**關係**的單純道德觀點徘徊往來，既未能把它們解決，也未能越出應然一步，這些我已在《精神現象學》第五五〇頁以下加以論述（參閱《哲學全書》，第四二〇節以下）【三】。

補充（**康德無上命令之不足**） 上面我們著重指出，**康德**的哲學觀點，提出義務和理性應符合一致，這一點是可貴的，這裡還必須指出它的缺點，它完全缺乏層次。如果我們關於應該做什麼已經具有確定的原則，那麼，請考量你的處世格言是否可被提出作爲普遍原則這一命題就很好。這就是說，要求某一原則也可成爲普遍立法的一種規定，就等於假定它已經具有一個內容，如果有了內容，應用原則就很容易了。但是，在康德的情形，原則本身還不存在，至於他認爲不該有什麼矛盾，這一標準不會有什麼結果，因爲什麼東西都沒有的地方，也就不會有矛盾。

第一三六節

由於善的抽象性狀，所以理念的另一環節，即一般的**特殊性**，是屬於主觀性的，這一主觀性當它達到了在自身中被反思著的普遍性時，就是它內部的絕對自我確信，是特殊性的設定者，規定者和決定者，也就是他的良心。

補充（良心觀點的崇高地位）　人們可以用高尚的論調談論義務，而且這種談話是激勵人心、開拓胸襟的，但是如果談不出什麼規定來，結果必致令人生厭。精神要求特殊性，而且它對它擁有權利。與此相反，良心是自己與自己相處的這種最深奧的內部孤獨，在其中一切外在的東西和限制都消失了，它徹頭徹尾地隱遁在自身之中。人作爲良心，已不再受特殊性的目的的束縛，所以這是更高的觀點，是首次達到這種意識、這種在自身中深入的近代世界的觀點。在過去意識是較感性[12]的時代，有一種外在的和現在的東西，無論是宗教或法都好，擺在面前。但是良心知道它本身就是思維，知道我的這種思維是唯一對我有拘束力的東西。

第一三七節

眞實的良心是希求自在自爲地善的東西的心境，所以它具有固定的原則，而這些原則對它說來是自爲的客觀規定和義務。跟它的這種內容即眞理有別，良心只不過是意志活動的形式方面，意志作爲這種意志，並無任何特殊內容。但是這些原則和義務的客觀體系，以及主觀認識和這一體系的結合，只有在以後倫理觀點上才會出現。這裡在道德這一形式觀點上，良心沒有這種客觀內容，所以它是自爲的、無限的、形式的自我確信，正因爲如此，它同時又是這種主體的自我確信。

附釋　良心表示著主觀自我意識絕對有權知道在自身中和根據它自身什麼是權利和義務，並且除了它這樣地認識到是善的以外，對其餘一切概不承認，同時它肯定，它這樣地認識和希求的東西才眞正是權利和義務。良心作爲主觀認識跟自在自爲地存在的東西的統一，是一種神物，誰侵犯它就是褻瀆。但是，特定個人的良心是否符合良心的這一理念，或良心所認爲或稱爲善的東西是否確實是善的，只有根據它所企求實現的那善的東西的內容來認識。權利和義務的東西，作爲意志規定的自在自爲的理性東西，本質上既不是個人的特殊所有物，而其形式也不是感覺的形式或其他個別的即感性的知識，相反地，本質上它是普遍的、被思考的規定，即採取規律和原則的形式。所以良心是服從它是否眞實的這一判斷的，如果只乞靈於自身以求解決，那是直接有背於它所希望成爲的東西，即合乎理性的、絕對普遍有效的那種行爲方式的規則。正因爲如此，所以國家不能承認作爲主觀認識而具有它獨特形式的良心，這跟在科學中一樣，主觀意見、專擅獨斷以及向主觀意見乞靈都是沒有價值的。在眞實的良心中未被區分的東西，是可以區分的，而且正是認識和希求的主觀性這種決定性的要素，才能使自己跟眞實的內容分離，使自己獨立存在，並使這眞實的內容降低爲形式和假象。所以良心的意義是模稜兩可的，它被假定爲指主觀認識和意志跟眞實的善的同一而言，因而它主張和承認爲一種神聖的東西，可是同時，作爲自我意識僅僅在自身中的主觀反思，它卻要求自己有權能，而這種權能只有屬於上述同一本身，因爲它具有絕對有效的、合乎理性的內容。在本書中道德的觀點和倫理的觀點是有分別的，前者只涉及形式的良心；如果也提到眞實的良心的話，那只是爲了指明其與形式的良心的區別，並爲了消除誤會，否則在僅僅考量形式的良心的時候，可能誤會以爲在討論眞實的良心。眞實的良心包含在下一章所討論的倫理性的情緒中。至於宗教的良心根本不屬於這個範圍之內。

補充（良心觀點的界限）　當我們談到良心的時候，由於它是抽象的內心的東西這種形式，很容易被設想爲已經是自在自爲地眞實的東西了。但是作爲眞實的東西，良心是希求自在自爲的善和義務這種自我規定。這裡，我們僅僅談到抽象的善而已，良心還不具有這種客觀內容，它只是無限的自我確信。

第一三八節

這一主觀性作爲抽象的自我規定和純粹的自我確信，在自身中把權利、義務和定在等一切規定性都蒸發了，因爲它既是做出判斷的力量，只根據自身來對內容規定什麼是善的，同時又是最初只是被觀念著的、應然的善藉以成爲現實的一種力量。

附釋　自我意識一旦達到了這種在自身中的絕對反思，它就在這種反思中認識到自己是一切現存的和現成的規定既不能又不應干涉的這樣一種意識。有一種在歷史上作爲較普遍的形態（如蘇格拉底、斯多葛派等等）出現的傾向，想在自己內部去尋求並根據自身來認識和規定什麼是善的和什麼是正義的，在那個時代，在現實和習俗中被認爲正義的和善的東西不能滿足更善良的意志。到了更善良的意志已不信任目前自由的世界的時候，它就不會再在現行的義務中找到自己，因而不得不在理想的內心中去尋求已在現實中喪失了的協調。自我意識這樣地把握並獲得了形式法之後，如今要看它所賦予自己的內容是什麼性質。

補充（作為否定性的主觀性）　當我們更仔細地考量這一蒸發過程，看到一切規定都在這一簡單概念中消失而必須從這裡重新出發的時候，我們所發覺的是：這一過程首先在於，所有一切被認爲權利或義務的東西，都會被思想指明爲虛無的、局限的和完全不是絕對的東西。反之，主觀性既可把一切內容在自身中蒸發，又可使它重新從自身中發展起來。在倫理的領域所產生的一切，都是精神的這種活動創造出來的。但是另一方面，這種道德觀點是有缺點的，因爲它是純粹抽象的。如果我知道我的自由是我自身中的實體，那我就不積極，不做什麼了。但是，如果我進而行動起來，並尋求據以行動的種種原則，那我就在捉摸各種規定，隨後我要求把這些規定從自由意志的概念中引申出來。所以，即使把權利和義務在主觀性中蒸發是正當的，但是另一方面，如果不再使這種抽象基礎發展起來，那是不正當的。只有在現實世界處於空虛的、無精神和不安定的實存狀態中的時代，才容許個人逃避現實生活而遁入內心生活。**蘇格拉底**生活在雅典民主衰頹時期，他逃避了現實，而退縮到自身中去尋求正義和善。目前也多少有這種情況：人們對鞏固地存在著的東西已不再敬畏，他們硬要把現行有效的東西作爲自己的意志、作爲自己所承認的東西。

第一三九節

當自我意識把其他一切有效的規定都貶低爲空虛，而把自己貶低爲意志的純內在性時，它就有可能或者把**自在自爲**的普遍物作爲它的原則，或者把**任性**即自己的**特殊性**提升到普遍物之上，而把這個作爲它的原則，並透過行爲來實現它，即有可能**爲非作歹**。

附釋　良心如果僅僅是形式的主觀性，那簡直就是處於轉向**作惡**的待發點上的東西，道德和惡兩者都在獨立存在以及獨自知道和決定的自我確信中有其共同根源。

惡的根源一般存在於自由的神祕性中，即自由的思辨方面，根據這種神祕性，自由必然從意志的自然性走出，而成爲與意志的自然性對比起來是一種內在的東西。作爲自我矛盾並在這個對立中與自己不兩立而達到實存的，正是意志的這種自然性，而且正是意志本身的這種特殊性，隨後把自己規定爲惡。申言之，特殊性總是兩面性的，這裡就是意志的自然性和內在性的對立。在這個對立中後者不過是相對的、形式的那種自爲的存在，它只能從情欲、衝動和傾向等自然意志的規定中汲取其內容。現在談起這種情欲和衝動等等，它們可能是善的，也可能是惡的。但是因爲意志拿來規定它的內容的，一方面是在偶然性規定中的衝動（衝動作爲自然的衝動已具有這種規定），從而另一方面是意志在這一階段所具有的形式，即特殊性本身，其結果，意志就被設定爲與普遍物（作爲內在客觀物）、與善相對立，這種善，隨著意志在自身中反思以及意識成爲能認識的意識，就作爲直接客觀性、純粹自然性的另一極端而出現；就在這種對立中，意志的這種內在性是惡的。所以人在他自在的即自然的狀態跟他在自身中的反思之間的連接階段上是惡的。因此，本性作爲本性，即如果它不是停留在特殊內容上的意志的自然性的話，其本身並不是惡的，同時，走向自身中的反思即一般認識，如果不固守在上述那種對立狀態的話，其本身也不是惡的。

與惡的必然性這一方面絕對地結合著的，乃是這種惡被規定爲必然不應存在的東西，即應該把它揚棄；這不是說最初那種特殊性和普遍性分裂的觀點根本不應當出現——這一分裂的觀點倒是無理性的動物和人之間的區別所在——而是意志不應停留在這一觀點上，不應死抱住特殊性，彷彿這個特殊性而不是普遍物才是本質的東西，這就是說，它應把這一分裂的觀點作爲虛無的東西加以克服。其次，關於惡的這種必然性，其面對著這種對立而存在於其中的，乃是作爲這一反思的無限性的那主觀性。如果這個主觀性停留在這個對立上，即如果它是惡的，那麼它就是自爲的，承認自己爲單一物，而且其本身就是這種任性。正因爲如此，個別主體本身對自己的惡行是絕對要負責的。

補充（惡的根源） 把自己看作一切東西的基礎的那種抽象確信，在自身中既包含著希求概念這種普遍物的可能性，又包含著把某種特殊內容作爲原則並加以實現的可能性。所以自我確信這一抽象始終屬於後者，即惡。唯有人是善的，只因爲他也可能是惡的。善與惡是不可分割的，其所以不可分割就在於概念使自己成爲對象，而作爲對象，它就直接具有差別這種規定。惡的意志希求跟意志的普遍性相對立的東西，而善的意志則是按它的眞實概念而行動的。意志何以也可能是惡的，這一問題之所以難於理解，通常是由於人們只想到意志是跟它自己處在肯定關係之中的，又由於人們想像意志的希求是意志所面對著的某種被規定了的東西，即善。但是關於惡的淵源問題具有更精確的意義：否定的東西怎麼會進入肯定的東西之內？如果我們假定在創造世界的時候神是絕對肯定的東西，那麼，我們無論怎樣穿鑿，也不能在這肯定的東西中尋出否定的東西來，因爲如果我們承認在它的方面是容許惡的，這就等於把這種否定的關係歸諸神，那是不能令人滿意的，而且也是毫無意義的。在宗教神話的觀念中，人們不去理解惡的淵源，也就是說，不在肯定的東西和否定的東西之中相互去認識；在這種神話中，只有前後繼起和左右並列的觀念，可見否定的東西是從外邊加到肯定的東西中去的。但是，這種說法是不能滿足思想的，因爲思想要求某種理由和必然性，並把否定的東西理解爲其本身源出於肯定的東西。現在問題的解決，正如概念所理會的，已經包含在概念中。其實概念，或者更具體地說，理念，本質上具有區分自己並否定地設定自己的因素。如果我們僅僅停留在肯定的東西上，這就是說，如果我們死抱住純善——即在它根源上就是善的，那麼，這是理智的空虛規定，而理智是堅持這種抽象的和片面的東西的，而它之提出問題，正好把它推上成爲難題。但是從概念的觀點出發，肯定性被理解爲積極性和自我區分。所以惡也與善一樣，都是導源於意志的，而意志在它的概念中既是善的又是惡的。自然的意志自在地是一種矛盾，它要進行自我區分而成爲自爲的和內在的。如果我們說，惡包含著更詳細的規定，即人從他是自然意志這一點來說，是惡的，那麼，這與通常見解剛相反，因爲通常見解恰恰把自然意志設想爲無辜的善的意志。然而自然意志跟自由的內容是對立的，所以具有這種自然意志的小孩和無教養的人，只有輕度的責任能力。當我們談到人的時候，所指的不是小孩，而是具有自我意識的成人；又談到善的時候，所指的是對善的認識。不用說，自然的東西自在地是天眞的，既不善也不惡，但是一旦它與作爲自由的和認識自由的意志相關時，它就含有不自由的規定，從而是惡的。人既然希求自然的東西，這種自然的東西早已不是純粹自然的東西，而是與善，即意志的概念相對抗的否定的東西了。

現在如果說，惡既然存在於概念中，而且是不可避免的，那麼縱然他爲非作惡，他也沒有罪責，那就不能不答說，人的決心是它自己的活動，是本於他的自由做出的，並且是他自己的責任。在宗教神話中有一種說法：「人有善惡的認識，便與神相似。」[13]這裡，不可避免性並不是自然的不可避免性，而決心是善和惡這兩面性的揚棄，所以的確有些像神的地方。當我面對著善和惡，我可以抉擇於兩者之間，我可對兩者下定決心，而把其一或其他同樣接納在我的主觀性中，所以惡的本性就在於，人能希求它，而不是不可避免地必須希求它。

第一四〇節

在自我意識的主體的每一目的中，必然存在著肯定的方面（第一三五節），因爲目的屬於具體現實行爲所預謀的。他知道怎樣抽出而強調這個方面，隨後把它視爲義務和卓越的意圖。在做這樣解釋時，他有可能對別人和對自己主張他的行爲是善的，儘管由於他在自身中反思著，從而意識到意志的普遍方面，他是認識到這個方面跟他的行爲的否定基本內容是相對照的。對別人說來這是僞善，對他自己說來，這是主張自己爲絕對者的主觀性的最高度矯作。

附釋　把惡曲解爲善，善曲解爲惡這種高深莫測的惡的形式，以及自知爲實行這種曲解的力量從而是絕對者的這種意識，乃是道德觀點中的主觀性的最高峰，它是在我們時代邪惡猖獗泛濫的形式，這是哲學造成的結果，就是說，哲學的膚淺思想把深刻的概念曲解成這種形態而竟僭稱爲哲學，正如把惡冒稱爲善一樣。在這項附釋中，我想把當前流行的這種主觀性的主要形態扼要論述如次：

(一)拿僞善來說，僞善包含下列環節：(1)關於眞實普遍物的知識，不問它只是採取法和義務的感情這種形式，還是採取法和義務的進一步的知識和認識這種形式；(2)與這種普遍物相對抗的特殊物的意向；(3)把上述兩個環節做有意識的比較，以便希求的意識本身明瞭它的特殊意向是被規定爲惡的。這些規定只是表達具有惡的意識的行爲，還不是僞善本身。

具有惡的意識，即具有對上述三個環節的明確意識所做的行爲是否是惡的，有過一個時候曾經是一個極其重要的問題。

巴斯卡爾從對問題的肯定答案中得出很妙的結論（《給鄉下人的信》，第四封信），他說：「那些多少愛好美德的半罪人都將墮入地獄。但是地獄不收留那些坦直的罪人，頑強的罪人，徹頭徹尾、不折不扣的罪人，由於他們委身於魔鬼而欺騙了魔鬼。」[14]

自我意識的主觀法，即認識行爲在規定上是否絕對善的或惡的，不可設想爲與這種規定的客觀性的絕對法相衝突，並認爲兩者是可以分離的，彼此漠不相關的，偶然地相對立的；正是關於這種關係的觀念尤其構成有效恩寵這樣一個老問題的基礎。從形式方面看，惡是個人最特有的東西，因爲惡正是個人把自己設定爲完全自爲的東西的主觀性，因而完全應該由他自己負責（參閱第一三九節和前節附釋）。然而從客觀方面看，人在他的概念上是作爲精神即一般理性的東西而存在的，他在自身中完全具有認識自己普遍性的這種規定。因此，如果把善這個方面與人分離開來，從而把人的惡行作爲惡這個方面的規定也與人分離開來，於是不把惡的行爲作爲惡而歸責於他，那就等於不把人按其概念的尊嚴來處理了。至於對以上這些環節相互區別的意識是多麼確定，這種意識發展到如何明朗或晦澀的程度才成爲對它們的認識，以及到如何程度一種惡的行爲是出於或多或少明白的惡的意識而完成的，所有這些都是比較無足輕重，而且多半屬於經驗方面的。

㈡但是惡以及出於惡的意識的行爲，還不是僞善。僞善須再加上虛僞的形式的規定，即首先對他人把惡主張爲善，把自己在外表上一般地裝成好像是善的、好心腸的、虔敬的等等；這種行爲不過是欺騙他人的伎倆而已。此外惡人還可在其他場合下在他的善行中或他的虔敬中，總之在有利的理由中，爲他本身找到替惡行做辯護的根據，因爲憑藉這種根據他就可黑白顚倒變惡爲善了。這種可能性的根源在於主觀性，作爲抽象的否定，它知道一切規定都從屬於己，而且源出於己。屬於這種曲解的：

㈢首先要推人所熟知的蓋然論那種形態。它的原則是：只要行爲人能替某種行爲找到任何一種好的理由，無論這種理由只是某一神學家的權威，而且行爲人也知道其他神學家對這一權威的判斷在意見上有極大分歧，這種行爲就是許可的，行爲人也可感到心安理得。甚至在這種觀念中存在著正確的意識，認爲類此的理由和權威僅僅提供蓋然性，可是這一點似乎已足使行爲人心安理得。蓋然性認爲一個好的理由只是這樣一種性質，即除了這種理由以外還可能並存著其他至少同樣好的理由。在這裡我們必須承認還有客觀性的痕跡，因爲作爲決定性因素的正是理由。但是因爲善與惡的決定是根據許多好的理由，包括上述種種權威在內，而這些理由又是很多而互相矛盾的，所以在這裡同時存在著這樣一個道理：做出決定的不是事物的客觀性，而是主觀性。這等於說好惡和任性變成了善與惡的裁判員，其結果倫理和宗教心都遭到毀滅。但是蓋然論還沒有把做出決定的是自己的主觀性這一點說成原則，反之，它提出理由是決定性的，已如上述；可見蓋然論仍然是一種僞善的形態。

㈣下一個更高階段是：善的意志在於希求爲善，對抽象的善的這種希求似乎已經足夠——甚至是唯一要求——使行爲成爲善的。因爲行爲，作爲被規定了的希求，具有一定內容，而抽象的善卻沒有任何規定，所以給內容以規定和成分，實有待於特殊的主觀性。在蓋然論中，自己如果不是一個博學的神父，就有這樣一個神學家的權威替他把一定內容歸屬於善這一普遍規定下；同樣地，在這裡，每個主體都直接置身於這種尊嚴地位，把內容裝入抽象的善，或者這樣說也是一樣，把某種內容歸屬於普遍物下。這種內容是整個具體行爲的一個方面，它還有其他許多方面，而這些方面或許竟會給它一個犯罪的和邪惡的謂語。但是上述我對善的主觀規定是在行爲中我所知道的善，即善的意圖（第一一一節）[15]。因此產生各種規定的對立，即從其中之一看來，行爲是善的，從其他規定看來它是犯罪的。所以關於實際行爲，似乎也就發生了意圖實際上是否善的問題。但善是實際意圖，不僅一般情況可能如此，而且從主體是以抽象的善爲決定動機這一觀點來說，甚至必然始終如此。如果一種行爲出於善良意圖——但從其他方面說則被規定爲犯罪的和邪惡的——造成了損害，這種損害也當然是善的；看來就會發生一個問題：在這些方面中哪個是最本質的？可是在這裡提出這個客觀問題並不確當，或者更正確些說，這裡決定客觀的東西的，僅僅是意識本身的主觀性。本質的和善的本來是同義的，兩者同樣都是一種抽象。從意志說善的就是本質的東西，從這方面說，本質的東西就應該在於，我的行爲在我看來是被規定爲善的。但是把隨便一個內容歸屬於善之下，顯然直接由於抽象的善不具有任何內容，它僅僅被歸結爲指某種肯定的東西而言，即在某一種觀點上是有效的東西，而且在其直接規定上也可作爲本質的目的而有效，例如，對窮人做些好事，關懷我、我的生活、我的家庭等等。其次，正像善是抽象的，惡也是無內容的，它從我的主觀性獲得它的規定。從這方面也就產生一種道德的目的，即憎恨和鏟除沒有規定性的惡。

盜竊、膽怯、殺人等等，作爲行爲，即一般地作爲主觀意志所完成的東西，直接具有滿足這種意志的、從而是某種肯定的東西的規定。爲使行爲成爲善的，問題只在於承認行爲的這一肯定方面是我的意圖，而這一方面，它使行爲成爲善的，就成爲本質的方面，正因爲我在我的意圖中認識到它是善的。爲了賑濟窮人而盜竊，爲了對自己的生命和家庭（或許是可憐的家庭）盡其應盡的義務而盜竊和臨陣脫逃，出於憎恨和復仇而殺人，總而言之，就是爲了滿足對自己的權利和對一般的法所抱的自信以及爲了滿足對他人的邪惡、對他人加於自己或別人、全世界或一般人的不法所抱的感情，因而消滅這種包藏邪惡本性的壞人，以期對杜絕邪惡至少有所貢獻——所有這些行爲，都是用這種方法而使其內容具有肯定的一面，所以他們都成爲出於善良意圖，從而都是善行。要像上述那些博學的神學家那樣在任何行爲中找出肯定的一面，從而找出某種善的理由和意圖，其實只需要極少一點理智教養就夠了。

因此人們說，世界上沒有一個眞正惡人，因爲沒有一個人是爲惡而惡，即希求純否定物本身，而總是希求某種肯定的東西，從這種觀點說，就是某種善的東西。在這種抽象的善中，善和惡的區別以及一切現實義務都消失了。因此之故，僅僅志欲爲善以及在行爲中有善良意圖，這毋寧應該說是惡，因爲所希求的善既然只是這種抽象形式的善，它就有待於主體的任性予以規定。

這裡牽涉到「只要目的正當，可以不擇手段」這一惡名昭彰的命題。這一說法就其本身說自始是庸俗的，毫無意義的。我們可以同樣籠統地回答它：正當的目的使手段正當，至於不正當的目的就不會使手段正當。目的是正當的手段也是正當的這一句話是一種同語反覆的說法，因爲手段本來就是虛無的，它不過爲他物而存在，而只是在他物中即在目的中才有其規定和價值，也就是說，它如果眞

正是手段的話。不過上述命題不止具有這種同語反覆的形式意義，而且指某種更確定的東西而言，即爲了某種善良目的，把原來完全不是手段的東西用作手段，把某種本來是神聖的加以毀損，總之，把罪行當作某種善良目的的手段，以上種種都變成許可的，甚至還是人們的義務。當人們談到上述命題時，在他們腦際浮現出對上述在法和倫理的孤立規定中肯定要素的辯證法的模糊意識，或者浮現出對同樣模糊的一般命題的模糊意識，這些命題有如，**你不得殺人**，**你應關心你的福利和你的家庭的福利**。誠然，法官和士兵不僅有權而且有義務殺人，但是，殺哪種人和在什麼情況下殺人是許可的而且是義務，都有**詳確的規定**。所以哪怕是我的福利或我家庭的福利，都要服從更高的目的，被降到次要地位，而成爲手段。可是標誌某種行爲爲罪行的，不是依然模糊的而受制於某種辯證法的那種普遍性，相反地，它早具有客觀上已經確定的界限。現在，被設定爲與罪行的這種規定相對立的東西，以及彷彿可以從罪行中除去犯罪性質的那種東西，就是正當目的，它無非是關於善的和更善的東西的**主觀意見**。這種情況同樣就是意志死抱住抽象的善不放，這就是說，一切關於善惡邪正的、自在自爲地存在而且有效的規定都被一筆勾銷，而這種善惡邪正的規定都被歸結爲個人的感情，表象和偏好。

主觀意見終於被宣示爲法和義務的規則，因爲：

(五)**把某種東西視爲正當的這種信念**似乎該是規定行爲的倫理本性的那種東西。我們所希求的善尚未具有任何內容，而信念的原則則更肯定，把某種行爲歸屬於善之下的規定只是**主體**權限範圍內的事。在這種情況下，甚至倫理客觀性的假象也完全消失了。這種學說是與屢次被提到的那種自命哲學有直接聯繫，這種自命哲學否定有可能認識**眞理**，然而倫理的命令正是精神作爲意志的眞理，也就是精神在自我實現中的合理性。由於這種哲學把對眞理的認識宣稱爲越出認識範圍的（照他們看來認識只限於現象方面）空虛的自負，於是在行爲方面也必然直接以顯現的東西作爲原則，從而把倫理性的東西設定在個人特有的世界觀和他特殊的信念中。哲學就這樣地衰退頹廢，這當然最初只是作爲學院式的廢話，從而是一件非常平凡無足輕重的事件出現於世，但這種觀點必然要深入到倫理——哲學的一個重要部門——而成爲倫理的觀點，到了那個時候，它這種觀點的眞正意義才會顯現於現實界，而爲現實界所領會。

由於行爲的倫理本性完全是主觀信念所規定的這種觀點傳播很廣，所以從前人們所常談的僞善，如今幾乎已不再成爲問題了。其實，品定邪惡爲僞善是以下述爲基礎的：某些行爲是自在自爲地屬於犯過、罪惡和犯罪之類，又犯錯誤的人必然知道這些行爲的本性，因爲即使在假裝中他濫用虔敬和正直的原則和外表上行爲，他也必然知道並承認這些原則和行爲的。換句話說，關於邪惡，一般總是假定，認識善和知道善與惡的區別乃是每個人的義務。但無論如何，有一個絕對的要求，即任何人不得從事罪惡和犯罪的行爲，人既然是人而不是禽獸，這種行爲就必須作爲罪惡或罪行而歸責於他。但是，如果好心腸、善良意圖和主觀信念被宣布爲行爲的價值所由來，那麼什麼僞善和邪惡都沒有了，一個人不論做什麼，他都可透過對善良意圖和動機的反思而知道在做某種善的東西，而且透過他的信念的環節，他所做的事也就成爲善的了[16]。這樣就再沒有什麼自在自爲的罪行和罪惡了，代替上述那種坦直而自由的、頑強的、乾脆的罪人，出現了憑藉意圖和信念而完全得到辯解的意識。在行動中所抱的善良意圖以及我對這一點的信念，就可使我的行爲成爲善的。我們在判斷和評估一種行爲時，如果依照這種原則，那只好以行爲人的意圖和信念即他的信仰作爲標準。然而他的這種信仰不是像基督要求信仰客觀眞理的那種意義上的信仰，因此，對具有虛僞信仰的人，即具有內容上是壞的信念的人，所做的判斷也是壞的，即與其壞的內容相適應的。相反地，他的這種信仰指忠於信念而言，這裡要問的是：人在行動中是否一直對他的信念保持忠誠，這是形式的主觀的忠誠，它成爲義務的唯一尺度。

在這種信念的原則之下，由於信念同時被規定爲某種主觀的東西，所以錯誤可能性這種思想也必然會冒出來，這一點從而含有絕對規律這一前提。但是規律不會行動，只有現實的人才會行動。根據上述原則，在評估人的行爲時，唯一重要的是，看他在何種程度上把上述規律採納在他的信念中。但是，如果按照這種原則，應當根據上述規律做出評價的，即應當一般地據此來測定的，不是行爲，那就看不出上述規律究竟是爲什麼的和有什麼用處。這種規律就蛻變爲具文，事實上就成爲空洞字句。其實，它只有透過我的信念才能成爲一種規律，成爲使我負義務和對我具有約束力的東西。

這種規律得主張本身具有神的或國家的權威，甚至具有數千年之久的權威；在這幾千年中它是人類和人的一切行動及命運賴以連結起來和鞏固地存在的一條紐帶——這就是一些包含著無數個人的信念的權威。但是我也可把我的個別信念的權威跟它們對抗，因爲作爲我的主觀信念，它的唯一有效性就是權威。初看起來這好像是自負透頂，但根據主觀信念是唯一尺度這個原則，那就根本不是自負了。

即使理性和良心——究非淺薄科學和惡劣詭辯所能驅除的——由於高度的前後不一致，而承認錯誤的可能性，但是把犯罪和一般的惡說成是一種錯誤，那就把錯誤縮減到最小限度。其實，過錯是人的常事，誰不曾在這一點或那一點上有過錯誤呢？我昨天中午吃的是捲心菜還是白菜呢？關於無數重要和不重要的事情，都可以有錯誤。但是，如果一切都以信念的主觀性和堅持信念爲轉移，那麼重要和不重要事情之間的區別也就消失了。但是，上述承認有可能犯錯誤這種高度的前後不一致，係根源於事物的本性，如果換一個論調，說成惡的信念只是一種錯誤，那它實際上就轉變爲另一個前後不一致——不誠實的前後不一致。一方面既然說，信念應該是倫理性的東西和人類最高價值的根據，從而被宣布爲至高無上和神聖的東西，另一方面又說一切問題都是關於錯誤，我的信念是一種微不足道的和偶然的東西，其實是某種外在的東西，可能這樣地或那樣地對我出現。事實上，如果我不能認識眞理，則我之所謂確信是極其無聊而微不足道的。所以我無論怎麼想，反正都是一樣；存在我的思考中的，只是那種空洞的善，理智的抽象。

此外還應該注意的是，根據以信念爲理由來做辯解的這個原則，可以得出，在應付他人反對我的行爲所採取的行爲方式時，我得承認他們是完全正當的，因爲至少他們依據他們的信仰和信念主張我的行爲爲犯罪；根據這種邏輯，我不僅自始得不到任何東西，甚至反而從自由和光榮的地位降到不自由和不光榮的情況。這就是說，我感覺到正義——在它的抽象形態中既是他人的也是我的——只是他人的主觀信念，而在它對我實行的時候，我認爲自己只是遭到外力的強制。

㈥最後，這種主觀性在它的最高形式中才被完全領會和表達出來，這種最高形式借用柏拉圖的名稱就是叫作諷刺的那種形態。不過這裡僅僅從柏拉圖那裡借用名稱而已。他用這個詞【17】描述蘇格拉底在個人談話中所應用的一種談論方式，那時蘇格拉底是爲了維護眞理和正義的理念，反對無教養者和詭辯家的荒誕思想。但是，蘇格拉底用諷刺的方式所處理的，只是那種類型的意識，而不是理念自身。諷刺僅僅是用來反對人的一種談話態度。除了用來對人以外，思想的本質運動卻是一種辯證法。柏拉圖遠沒有把辯證的東西本身，更沒有把諷刺看作最後的東西和理念本身，相反地，他結束了思想——完全是主觀意見——的起伏消長，而使之沒入於理念的實體性中[18]。

這裡所應該考量的，還有把自己看作最終審的主觀性的頂峰，這不可能是別的，而仍然只是那種自命爲眞理、法和義務的仲裁員和裁判員的主觀性，它早在上述各種形式中潛在地存在著。所以這種主觀性就在於，它的確知道倫理性的客觀東西，但卻沒有捨身忘我地浸沉於它——倫理性的東西——的認眞的東西中，並根據它而行動。相反地，這種主觀性只是與倫理性的東西保持著若即若離的關係，它知道自己是如此希求和決定的主體，雖然它同樣可以希求別的東西，做出別種決定。

它說，您事實上承認一種規律，而且尊重它作爲絕對存在的東西；我也是這樣，不過我比您更進一步，我越出了規律，並且還能把它變成這樣或那樣。事物說不上是優越的，我才是優越的，才是規律和事物的主宰者，我可以玩弄它們，如同我玩弄我的偏好一樣，而且在這種諷刺的意識中，我使最高的東西毀滅，而沾沾自喜。這種形態的主觀性不僅使權利、義務和法的一切倫理的內容變成虛無——它就是惡，甚至是徹頭徹尾的普遍的惡——而且還加上它的形式是一種主觀的虛無性，它知道自己是缺乏一切內容的虛無，並在這種知識中知道自己是絕對者。

我在《精神現象學》第六〇五頁以下[19]曾經論述這種絕對的自我滿足是怎樣地不安於孤僻的自我

崇拜，它還會組成一種共同體，它的紐帶和實體大旨就是：相互保證善心善意，歡享這種彼此的純潔性，以及，而且尤其是對這種自己知道、自己表達的榮耀和對保護培養這種經驗的榮耀所感到的神清氣爽。我又曾論述一種叫作**美的靈魂**、一種更高貴的主觀性怎樣地把一切客觀性都目爲虛無，從而連自己也因喪失一切現實性而消滅；這種美的靈魂乃是主觀性的另一種形態，它與我們這裡所考量的其他各種形態是血脈相連的。上述種種可以參閱《精神現象學》中**良心**章全部，尤其是討論關於向更高階段過渡的那一部分，雖然這一階段是具有不同的規定的。

補充（**道德的詭辯**）　一般觀念可以再進一步把惡的意志曲解爲善的假象。它雖然不能改變惡的本性，但可給惡以好像是善的假象。因爲任何行爲都有其肯定的一面，又因爲與惡相反的那種善的規定同樣是屬於肯定的方面，所以我可以主張我的行爲在與我的意圖相關中是善的。因此，不僅在意識上，而且在肯定的方面，惡是與善相結合的。如果自我意識對著他人號稱自己的行爲是善的，那麼這種主觀性的形式是**僞善**。但是，如果它竟主張它的作爲本身是善的，那麼這是自命爲絕對者的那種最高峰的主觀性。對這種主觀性來說，什麼絕對的善和絕對的惡都消失了，它就可隨心所欲，裝成各種樣子。這正是絕對詭辯的觀點，這種詭辯儼然以立法者自居，並根據其任性來區別善惡。至於僞善，尤其例如宗教方面的僞君子（**塔爾丘夫**[20]之流），他們遵循一切宗教儀式，外表上也十分虔敬，但是另一方面，他們爲所欲爲。關於僞善最近談得很少了，這一方面由於非難僞善似乎失之過酷；另一方面因爲僞善或多或少不再以直接的形態出現了。這種露骨的謊騙，這種善的僞裝今天已經變得太透明了，誰都能把它拆穿，另一方面，自從人們教養得到提高，而把善惡的對立削弱以來，一手爲善一手作惡的這種分離現象已不再見。反之，現在僞善採取了更精巧的形態，這就是蓋然論的形態。它的含義是：行爲人根據自己的良心企圖把犯規行爲設想爲一種善行。這種學說，只有當道德和善由權威來決定時才會發生；其結果，有多少個權威，就有多少個把惡主張爲善的理由。精於良心學的神學家們，尤其是耶穌教會教徒，曾經加工精製諸如此類的良心事件，並使這種事件的數量無限增加。

現在這些事件已被加工精製得十分細膩，於是難免產生許多衝突，善惡的對立已成爲極不分明，以致在個別場合出現善惡顚倒的現象。人們所要求的，只是蓋然的東西，即接近於善的東西，它可以得到某種理由或由某種權威的證明。因之這種觀點所具有的獨特性質是：它僅僅包含著抽象的東西，至於具體的內容則被主張爲某種非本質的東西，因而倒是一直被交託給單純意見。這樣，誰都可以犯罪，而誰都是立志爲善的。例如，惡人被殺時，就可從肯定的方面來說，殺他是爲了反抗惡，是想減少惡。現在，從蓋然論再進一步，就不再是他人的權威和主張的問題，而是主體本身即他的信念的問題了，因爲只有透過他的信念某種東西才能成爲善的。這裡的缺陷就在於一切但憑信念，自在自爲地存在的法已不復存在。然而對後者來說，這種信念只不過是形式而已。我在做某事時，我還是依據風俗習慣，還是因爲我受到風俗習慣中所含的眞理的驅使，這當然不是無足輕重的。但是客觀眞理跟我的信念仍然是不同的，信念並無善惡之分。信念始終是信念，只有我所不確信的東西才算是惡的。現在，這種觀點是一種抹煞善的最高觀點，人們承認這種觀點也會犯錯誤的，在這種情況下，它又不免從高處下降而變爲偶然的東西，並且看來沒有資格受人尊敬。但是這種主觀性的形式就是諷刺，就是這樣一種意識，即這種信念的原則不值一文，而在這種最高標準中占支配地位的只是任性。

這種觀點嚴格地說是導源於費希特的哲學，費希特的哲學宣稱自我是絕對的東西，即絕對確信，普遍的自我性，由此進一步發展而達到客觀性。關於費希特本人，嚴格地不能說他在實踐的領域中把主體的任性作爲原則，但是後來費里特里希・封・施雷格爾在特殊自我性的意義上，把這個特殊物本身在美和善的方面奉之爲神，其結果，客觀的善僅僅變成了我的信念的產品，只從我那裡得到支持，而且我作爲主人和主宰者，既可使它出現也可使它消滅。在我與某種客觀的東西發生關係時，這種客觀的東西就會馬上在我的眼前消失。這樣，我凌空飄蕩，俯瞰廣闊無垠的空間，喚出各種形態，而又把它們消滅。主觀性的這種最高形態只有在高度文化的時期才能產生，這時信仰的誠摯性掃地以盡，而它的本質僅僅是一切皆空。

第四章　從道德向倫理的過渡

第一四一節

善是自由的實體性的普遍物，但仍然是抽象的東西，因此它要求各種規定以及決定這些規定的原則，雖然這種原則是與善同一的。同樣地，良心作爲起規定作用的純粹抽象的原則，也要求它所做的各種規定具有普遍性和客觀性。如果兩者各自保持原樣而上升爲獨立的整體，它們就都成爲無規定性的東西，而應被規定的了。但是，這兩個相對整體融合爲絕對同一，早已自在地完成了，因爲意識到在它的虛無性中逐漸消逝的這種主觀性的純自我確信，跟善的抽象普遍性是同一的。善和主觀意志的這一具體同一以及兩者的眞理就是倫理。

附釋　關於概念的這種過渡的詳情，在邏輯中已經闡明。這裡所要談的是，局限的和有限的東西——這裡是抽象的只是應然的善和同樣抽象的應是善的主觀性——的本性，在它自身中有其對立面，即善以它的現實性爲對立面，主觀性（倫理成爲現實的這個環節）以善爲對立面；但由於它們是片面的，所以它們尚未被設定爲自在地存在的東西。它們在它們的否定性中才達到這種被設定的地位，這就是說，在它們的片面性中，那時它們的每一個都不欲在自身中具有自在地存在的東西——善沒有了主觀性和規定，決定者即主觀性沒有了自在地存在的東西——它們構成爲獨立的整體，於是兩者就被揚棄從而降爲環節，即概念的環節。這一概念是作爲兩者的統一而顯現，並因其各個環節這樣地被設定而獲得實在性，從而，作爲理念而存在，理念就是已把自己的種種規定發展成爲實在性，同時在這些規定的同一中作爲其自在地存在的本質而存在的概念。

直接作爲法而存在的自由的定在，在自我意識的反思中被規定爲善，現在，這裡要過渡到的是第三個階段，它是這個善和主觀性的眞理，所以同時也是主觀性和法的眞理。

倫理性的東西是主觀情緒，但又是自在地存在的法的情緒。這一理念是自由概念的眞理，這一點不是什麼被假定的，也不是從感情或其他什麼地方採取來的，而是在哲學上應予以證明的道理。這一道理的演繹完全包含在下述事實中：即法和道德的自我意識在它們自身中都表明返回於作爲其成果的理念。那些認爲在哲學中沒有證明和演繹也行的人們，表明他們離開懂得什麼是哲學這種初步思想還很遠，他們盡可以談別的，但是在哲學中，如果想不用概念立論，那就沒有參加談論的權利。

補充（**抽象法和道德的片面性**） 到此爲止所考量的兩種原則即抽象的善和良心，都缺少它的對立面。抽象的善消融爲完全無力的東西，而可由我加入任何內容，精神的主觀性也因其欠缺客觀的意義，而同樣是缺乏內容的。所以爲了擺脫空虛性和否定性的痛苦，就產生了對客觀性的渴望，人們寧願在這客觀性中降爲奴僕，完全依從。最近有許多新教徒之所以轉入天主教，就因爲發現其內心空虛，於是便想抓到某種結實的東西、某種支持或某種權威，雖然，結果他們所拿到手的不是思想上穩固的東西。主觀的善和客觀的、自在自爲地存在的善的統一就是**倫理**，在倫理中產生了根據概念的調和。其實，如果道德是從主觀性方面來看的一般意志的形式，那麼倫理不僅僅是主觀的形式和意志的自我規定，而且還是以意志的概念即自由爲內容的。無論法的東西和道德的東西都不能自爲地實存，而必須以倫理的東西爲其承擔者和基礎，因爲法欠缺主觀性的環節，而道德則僅僅具有主觀性的環節，所以法和道德本身都缺乏現實性。只有無限的東西即理念，才是現實的。法不過是整體的一個分支或是像藤類植物，攀緣在自在自爲地屹立著的樹上。

◆本篇注釋◆

【1】參閱本書第三十八節。——譯者

【2】參閱本書第一三一節。——譯者

【3】席勒：《華倫斯坦之死》，第一場第四幕：「一旦離開了它的母床，這安全的心坎，被拋到生疏的人寰，它已經受著了人所不能操縱的惡力的羈絆。」——拉松版（中譯文見《華倫斯坦》，生活書店，第一一一頁）

【4】第三版，第四七八～四八〇節。——拉松版

【5】參閱赫羅多德：《歷史》，第三十～三十三節；黑格爾：《哲學史講演錄》，第一卷，三聯書店一九五八年版，第一六九～一七〇頁。——譯者

【6】席勒語，見他所著的《哲學家們》。——譯者

【7】《精神現象學》，第四三〇頁。——拉松版

【8】第二十九節。——拉松版

【9】諾克斯英譯本指為第一二〇節。——譯者

【10】《新約全書》，馬太傳，第十九章，第十六節；路加傳，第十章，第二十五節。——譯者

【11】《精神現象學》，道德的世界觀，虛矯，拉松版，第三八九頁以下；《哲學全書》，第三版，第五〇七節以下。——拉松版

【12】關於感性意識和意識的較高類型之間的區別，參閱本書第二十一節和第三十五節兩節的附釋。——譯者

【13】《舊約全書》，創世紀，第三章，第六節，第二十二節。——譯者

【14】巴斯卡爾在同處又引證著十字架上的基督對他的敵人所做的祈禱：「父啊！赦免他們；因為他們所做的，他們不曉得。」（見《新約全書》，路加福音，第二十三章，第三十四節。——譯者）。如果說，他們不曉得他們所做的事這一情況，賦予他們的行為以不是惡的這種性質，那就不需要赦免，從而祈禱是多餘的。此外，他還引證亞里斯多德的見解（見《尼可馬克倫理學》，第三卷，第二節）。亞里斯多德把行為人區分為由於無知的和出於不知的。在前者即由於無知的場合，行為人不是本於自由意志而行動（這裡的無知是與外部情況相關

的）（參閱同上第一一七節），所以他的行為不能歸責於他。但關於後者的場合，亞里斯多德說：「所有的惡人都不認識什麼是應為和什麼是不應為的，正是這一缺陷使人成為不公正的，一般是惡的。不知在善惡之間有所抉擇，並不使其行為成為非出於其自由意志（不能歸責於他），相反地，只意味著其行為是惡的。」亞里斯多德對於認識和意志的關係，當然要比當前流行的那種膚淺的哲學具有更深刻的見解，因為這種膚淺的哲學是把無知、心情、靈感說成倫理性行為的真實原則的。

【15】諾克斯英譯本照本書第一版指為第一一四節，但在附注中仍謂第一一〇節似更適合。——譯者

【16】「他感到完全具有信心，對這一點我是絕不懷疑。但是世間多少人不是開始都由於這種確信的感覺而幹出了罪大惡極的勾當！所以，如果一切都根據這種理由而得到饒恕，那麼對於善與惡的決定、榮與辱的決定，不再可能有任何合理的判斷了。於是瘋癲將與理性具有同等的權利，換句話說，理性將不再有任何權利，不再有任何效力和威信；理性的呼聲變成了空谷之音，而真理就在完全不懷疑的人這一邊了！

這種寬容完全對於無理性有利，結果所屆，殊屬不堪設想。」

雅可比給霍爾麥伯爵的信，論斯托爾堡伯爵改變宗教信仰，一八〇〇年八月五日於奧依丁（載《布倫奴斯》，柏林，一八〇二年八月號）。

【17】參閱柏拉圖：《理想國》，第三三七節α；黑格爾：《哲學史講演錄》，第二卷，三聯書店一九五六年版，第五十四～五十七頁。——譯者

【18】我的同事已故索爾格爾教授（K．W．F．索爾格爾，一七八〇～一八一九年。——拉松版）從弗里德里希．封．施雷格爾那裡採用了諷刺這一個詞。施雷格爾在其著述生涯早期就已使用它，並把它提高到指上述那種知道自己是至高無上的主觀性的原則而言。但索爾格爾教授所見則異於這一規定，他採取了較好的意義，他具有哲學的識見，他抓住並強調主要是施雷格爾的觀點中真正辯證的一面，即思辨考量的運動脈搏這一面。但是我不能完全明白他，也不能同意他在他最後的內容豐富的著作中所闡明的概念，這部著作是對奧古斯特．威廉．封．施雷格爾的《戲劇藝術和文學的講演》的詳盡批判（《維也納年鑑》，第七卷，第九十頁以下）。索爾格爾在該《年鑑》第九十二頁上說，「真正的諷刺是從下述觀點出發的：人既然生活在現在這個世界中，他只能在這個世界中完成他的使命，而且也是從這個詞的最崇高意義說。如果我們相信可以超脫有限的目的，那麼所有這種想法都是虛無而空洞的妄想。就算是最高的東西，對我們的行為來說，也只是採取被限制的和有限的形

態而存在的。」如果我們沒有理解錯的話，這是柏拉圖的學說，並且為了反對他在同處已經提到過的、企圖達到（抽象）無限而做的空虛努力，他的話說得真對。但是，說最高的東西是跟倫理性的東西——而倫理性的東西本質上是現實生活和行為——同樣採取被限制的和有限的形態這一句話，與說最高的東西是有限的目的這一句話，其間大有區別。外部形態，有限的東西的形式，未曾絲毫從倫理生活的內容中奪去其本身所固有的實體性和有限性。索爾格爾繼續說：「正因為這個緣故，它（最高的東西）在我們內部是和最低的東西同樣無價值的，而且必然會同我們和我們無價值的感官一起消滅的。其實最高的東西只有在神那裡存在著，當它在我們內部消滅時，它就轉化而成為神的東西，這種神的東西如果沒有它的直接現在——這正是在我們的現實消滅時顯示出來的——那我們就對它沒有份兒。但是，直接用人世事件本身來說明這種過程的那種心情就是悲劇的諷刺。」關於隨便用諷刺這名詞的問題，姑且不管，但是說最高的東西跟我們的虛無性同歸於盡，又我們的現實消滅時神的東西才顯示出來，這些話卻不大明瞭。又如同上《年鑑》第九十一頁上說：「我們看到主人公們，不僅在成就方面，而且在它們的來源和價值方面，錯認了在他們的情緒和感情中最高貴和最優美的東西，甚至最好的東西本身毀滅了，我們才提高了自己。」最高的倫理性人物的悲慘下場之所以能使我們發生興趣（驕矜萬惡的流氓罪犯的公正下場，如現代悲劇《罪過》——繆爾納作品，拉松版——中的主角就是一個例子，雖然是刑法上一個有興趣的問題，但是我們這裡所討論的真正藝術對它絲毫不感興趣），使我們提高，並使我們與所發生的事調和，只是因為這些人物作為具有同等權利的各種不同倫理力量在彼此對立中出現，它們由於某種不幸而發生衝突；又因為其結果是這些人物由於跟倫理性的東西相對立而獲有罪責。於是在這種情況下產生了雙方的法與不法，從而真正倫理理念，經過純化並克服了這種片面性之後，就在我們心目中得到調和。所以所毀滅的不是在我們內部最高的東西。我們並不是在最好的東西的毀滅中，而是相反地在真的東西的勝利中得到提高的。正是這一點構成古代悲劇真實的、純倫理的旨趣（在浪漫派的悲劇中這一規定受到若干修正——參閱黑格爾：《美學》，全集，第十卷，第二版，一八四三年，第五四二頁以下。——拉松版）。以上這些論點，我在《精神現象學》中業經詳加論述（第四〇四頁以下，並參閱第六八三頁）（《精神現象學》，即哲學叢書，第一一四卷，第三〇五頁以下，第四十七頁以下。——拉松版）。但是，倫理理念之現實地和現存地存在於倫理世界中，就沒有那種衝突的不幸，也沒有個人由於這種不幸而遭到毀滅的事。這種最高的東西並沒有在它的現實中作為無價值的東西顯示出來，這一點正是實在的倫理性的實存即國家所企圖達到的目的，並予以實行的，也是倫理性的自我意識在國家中所占有、直覺和知道的東西，以及能為思維的認識所理解的。

【19】《精神現象學》，第四一九頁以下。——拉松版

【20】莫里哀的名著《Tartuffe》喜劇中的主角。——譯者

第三篇　倫理

第一四二節

倫理是自由的理念。它是活的善，這活的善在自我意識中具有它的知識和意志，透過自我意識的行動而達到它的現實性；另一方面自我意識在倫理性的存在中具有它的絕對基礎和起推動作用的目的。因此，倫理就是成爲現存世界和自我意識本性的那種自由的概念。

第一四三節

因爲意志的概念和它的定在（即特殊意志）的這種統一就是知識，所以就有了對理念的這兩個環節的差別的意識，這就是說，現在這兩個環節的每一個就其本身說來都是理念的整體，都是以理念的整體爲它的基礎和內容的。[1]

第一四四節

（甲）代替抽象的善的那客觀倫理，透過作爲無限形式的主觀性而成爲具體的實體。具體的實體因而在自己內部設定了差別，從而這些差別都是由概念規定的，並且由於這些差別，倫理就有了固定的內容。這種內容是自爲地必然的，並且超出主觀意見和偏好而存在的。這些差別就是自在自爲地存在的規章制度。

補充（實體性的倫理）　整個倫理既有客觀環節，又有主觀環節，但是兩者都只是倫理的形式。這裡，善就是實體，就是說在客觀的東西中充滿著主觀性。如果我們從客觀方面來觀察倫理，那麼可以說，人們在其中不自覺具有倫理觀念。安悌果尼[2]就是從這一含義宣稱，誰也不知道法律是從什麼地方來的；法律是永恆的，這就是說，法律是自在自爲地存在的，它們是從事物本性中產生出來的規定。但是這個實體性的東西同樣具有意識，儘管這種意識總是處在環節的地位。

第一四五節

倫理性的東西就是理念的這些規定的體系，這一點構成了倫理性的東西的**合理性**。因此，倫理性的東西就是自由，或自在自爲地存在的意志，並且表現爲客觀的東西，必然性的圓圈。這個必然性的圓圈的各個環節就是調整個人生活的那些**倫理力量**。個人對這些力量的關係乃是偶性對實體的關係，正是在個人中，這些力量才被觀念著，而具有顯現的形態和現實性。

補充（**倫理性的實體和個人**）　因爲倫理性的規定構成自由的概念，所以這些倫理性的規定就是個人的實體性或普遍本質，個人只是作爲一種偶性的東西與它發生關係。個人存在與否，對客觀倫理說來是無所謂的，唯有客觀倫理才是永恆的，並且是調整個人生活的力量。因此，人類把倫理看作是永恆的正義，是自在自爲地存在的神，在這些神面前，個人的忙忙碌碌不過是玩蹺蹺板的遊戲罷了。

第一四六節

（乙）實體在它這種**現實的自我意識**中認識自己，從而就是認識的客體。倫理性的實體，它的法律和權力，一方面作爲對象，對主體說來都是**存在的**，而且是獨立地——從獨立這一詞的最高含義來說——存在著，它們是絕對的權威和力量，要比自然界的存在無限鞏固。

附釋　日、月、山、河以及我們周圍的一切自然物體都**存在著**。它們對意識所具有的權威，不僅在於它們是存在著的而已，而且在於它們具有一種特殊本性。意識承認這種本性，而且在對待這些物體並在處理和利用它們時，總是順應著這種本性的。至於倫理性的法律所具有的權威是無限崇高的，因爲自然物體只是極其表面地、支離破碎地體現著合理性，而且把合理性隱藏在偶然性的外觀中。

第一四七節

另一方面，倫理性的實體，它的法律和權力，對主體說來，不是一種陌生的東西，相反地，主體的精神證明它們是它所特有的本質。在它的這種本質中主體感覺到自己的價值，並且像在自己的、與自己沒有區別的要素中一樣地生活著。這是一種甚至比信仰和信任更其同一的直接關係。

附釋　信仰和信任是和反思一起開始出現的，並以表象和差別爲前提。例如，信仰多神教和是一個多神教徒這兩者不是一回事。倫理性的東西在其中成爲自我意識的現實生命力的那種關係，或更確切些說，那種缺乏關係的同一，誠然可以轉變爲信仰和信念的關係，和轉變爲透過進一步反思而產生的關係，即依據某些原因所做出的判斷——這些原因在開始時可能是某些特殊目的、利益和考慮，是恐懼或希望，或者是歷史情況；然而充分認識這種同一則屬於能思維的概念的事。

第一四八節

法律和權力這些實體性的規定，對個人說來是一些義務，並拘束著他的意志，因爲個人作爲主觀的東西和在本身中沒有規定性的東西，或者作爲被規定了的特殊的東西，是與這些法律和權力有差別，因而把它們作爲他的實體性的東西來對待的。

附釋　倫理學中的**義務論**，如果是指一種客觀學說，就不應包括在道德主觀性的空洞原則中，因爲這個原則不規定任何東西（第一三四節）。因此，這種義務論就是倫理必然性的圓圈的系統發展，將在這裡第三篇中加以論述。這一論述不同於**義務論**的形式，其不同之處僅僅在於，下述各種倫理性的規定都表現爲必然的關係，並且論述到此爲止，而不再給每一規定加上結語說：「**因此，這一規定對人們說來是一種義務**。」

義務論不是一種哲學科學，它從現存的關係中獲取它的素材，並表明這種素材與本人觀念的聯繫，或與到處出現的原則以及思想、目的、衝動和感覺等等的聯繫。它還能把每一種義務，在與其他倫理關係相關中、與福利和意見相關中所產生的其他後果作爲理由而補充進去。但是一種內在的、徹底的義務論不外乎是由於自由的理念而是必然的，因此是**現實的**那些關係在它們全部範圍內即在國家中的發展。

第一四九節

具有拘束力的義務，只是對沒有規定性的主觀性或抽象的自由、和對自然意志的衝動或道德意志（它任意規定沒有規定性的善）的衝動，才是一種**限制**。但是在義務中個人毋寧說是獲得了**解放**。一方面，他既擺脫了對赤裸裸的自然衝動的依附狀態，在關於應做什麼、可做什麼這種道德反思中，又擺脫了他作爲主觀特殊性所陷入的困境；另一方面，他擺脫了沒有規定性的主觀性，這種主觀性沒有達到定在，也沒有達到行爲的客觀規定性，而仍停留在**自己內部**，並缺乏現實性。在義務中，個人得到解放而達到了實體性的自由。

補充（**作為向自由前進的義務**） 義務僅僅限制主觀性的任性，並且僅僅衝擊主觀性所死抱住的抽象的善。當人們說，我們要自由，這句話的意思最初只是：我們要抽象的自由，因此國家的一切規定和組織便都成了對這種自由的限制。所以，義務所限制的並不是自由，而只是自由的抽象，即不自由。義務就是達到本質、獲得肯定的自由。

第一五〇節

倫理性的東西，如果在本性所規定的個人性格本身中得到反映，那便是德。這種德，如果僅僅表現爲個人單純地適合其所應盡——按照其所處的地位——的義務，那就是**正直**。

附釋 一個人必須**做些**什麼，應該**盡些**什麼義務，才能成爲有德的人，這在倫理性的共同體中是容易談出的：他只須做在他的環境中所已指出的、明確的和他所熟知的事就行了。正直是在法和倫理上對他要求的普遍物。但從道德觀點看，正直容易顯現爲一種較低級的東西，人們還必須超越正直而對自己和別人要求更高的東西；其實，要成爲某種**特殊的**東西這種渴望，不會滿足於自在自爲的存在和普遍的東西；它只有在**例外**情形中才能獲得獨特性的意識。

正直的**各個不同方面**都同樣可以叫作**德**，因爲它們都同樣是**個人**的特質（雖然與別人比起來，並不顯得特別）。但是關於德的言論，容易幾近空話，因爲這種言論盡是講些抽象的和沒有規定性的東西，並且這種言論中的論據和闡明都是對著作爲一種任性或主觀偏好的個人而提出的。在現存倫理狀態中，當它的各種關係已經得到充分發展和實現的時候，眞正的德只有在非常環境中以及在那些關係的衝突中，才有地位並獲得實現。衝突必須是眞正的，因爲道德的反思可以到處爲自己的目的製造衝突，並且使自己意識到是某種特殊物，意識到已經做出了犧牲。正因爲如此，所以當社會和共同體還處在未開化狀態時，尤其可以常常看到德本身的形式，因爲在這裡，倫理性的東西及其實現在很大程度上是個人偏好和個人特殊天才的表現。例如，古人特別對於海格力斯認爲是有德的。又在古代國家，倫理還沒有成長爲獨立發展和客觀性這樣一種自由體系，這個缺陷就必須由個人特有的天才來彌補。

因爲關於德的學說不是一種單純的義務論，它包含著以自然規定性爲基礎的個性的特殊方面，所以它就是一部精神自然史。

因爲德是倫理性的東西而應用於特殊物，又因爲從這個主觀方面來看德是某種沒有規定性的東西，所以對德的規定就出現了較多和較少的量的因素。因此對德的考量勢必導致與德相對立的缺點或邪惡。亞里斯多德正是這樣做的，他按照德的正確含義，把特殊的德規定成爲既不過多也不過少的中間物。

採取義務的形式、然後採取德的形式的那種內容，與具有衝動的形式的那種內容是相同的（第十九節附釋）。衝動也同樣以這種內容爲其基礎。但是，因爲在衝動中這種內容還是屬於直接意志和本性感覺，而沒有發展到倫理性的規定的高度，所以衝動與義務和德具有共同的內容，而這個內容僅僅是一個抽象的對象。這個對象因爲本身沒有規定性，所以不含有劃分衝動善惡的界限，或者抽象地從肯定的方面看，衝動是善的，或者抽象地從否定的方面看，衝動是惡的（第十八節）。

補充（作為個人造詣的德）　一個人做了這樣或那樣一件合乎倫理的事，還不能就說他是有德的；只有當這種行爲方式成爲他性格中的固定要素時，他才可以說是有德的。德毋寧應該說是一種倫理上的造詣。如果我們現在已經不像以前那樣常談德，這是因爲倫理已經不再是特殊個人性格的形式了。在世界各民族中，法國人最常談德，這是因爲在他們看來個人的倫理生活在更大程度上屬於個人特性和行爲的自然方式的問題。德國人則相反，他們更習慣於沉思，因此同一內容在德國人就採取了普遍性的形式。

第一五一節

但在跟個人現實性的簡單同一中，倫理性的東西就表現爲這些個人的普遍行爲方式，即表現爲風尚。對倫理事物的習慣，成爲取代最初純粹自然意志的第二天性，它是滲透在習慣定在中的靈魂，是習慣定在的意義和現實。它是像世界一般地活著和現存著的精神，這種精神的實體就這樣地初次作爲精神而存在。

補充（風尚、教育、習慣）　風尚是屬於自由精神方面的規律，正如自然界有自己的規律，動物、樹木、太陽都遵循著自己的規律一樣。法和道德還沒有達到叫作風尚的那種東西，即精神。在法中，特殊性還不是概念的特殊性，而只是自然意志的特殊性。同樣地，在道德的觀點上，自我意識也還不是精神的意識，在那裡問題只在於主體在他本身中的價值，就是說，主體按照善的東西比照惡的東西來規定自己，但他還具有任性的形式。反之，在這裡，即在倫理的觀點上，意志才是精神的意志，而且具有與自己相適應的實體性的內容。教育學是使人們合乎倫理的一種藝術。它把人看作是自然的，它向他指出再生的道路，使他的原來天性轉變爲另一種天性，即精神的天性，也就是使這種精神的東西成爲他的習慣。在習慣中，自然意志和主觀意志之間的對立消失了，主體內部的鬥爭平息了，於是習慣成爲倫理的一部分，也像它成爲哲學思想的一部分一樣，因爲哲學思想要求訓練精神以反對任性的想法，並要求對這些任性的想法加以破壞和克服，來替合乎理性的思維掃清道路。又人死於習慣，這就是說，當他完全習慣於生活，精神和肉體都已變得遲鈍，而且主觀意識和精神活動之間的對立也已消失了，這時他就死了。因爲一個人之所以在活動，是因爲他還沒有達到某種目的；而在爭取達到目的時，他就要創造自己發揮自己。目的一經達到，活動和生命力也就消失了，接著而來的乃是對一切失去興趣，也就是精神或肉體的死亡。

第一五二節

倫理實體性就這樣地達到了它的法，法也獲得了它的實效，這就是說，個人的自我意志和他自身的良心在倫理實體性中消失了，這種良心曾經自爲地存在，也曾與倫理實體性相抗衡。當他成爲倫理性的性格時，他就認識到他的起推動作用的目的就是普遍物，這種普遍物是不受推動的，而是在它的規定中表現爲現實的合理性。他還認識到，他的尊嚴以及他的特殊目的的全部穩定性都建立在這種普遍物中，而且他確在其中達到了他的尊嚴和目的。主觀性本身是實體的絕對形式和實體的實存的現實性，主體與作為他的對象、目的和力量的實體之間的區別，僅僅是形式上的區別，而且這種區別也就同時直接消失。

附釋　主觀性構成自由這一概念藉以存在的基礎（第一〇六節）。在道德的觀點上，主觀性還是與自由、即主觀性的概念有區別的，但是在倫理的觀點上，它是這一概念的實存，而且適合於概念本身。

第一五三節

個人**主觀地**規定為**自由的權利**，只有在個人屬於倫理性的現實時，才能得到實現，因為只有在這種客觀性中，個人對自己自由的確信才具有**真理性**，也只有在倫理中個人才**實際上占有他本身的實質**和**他內在的普遍性**（第一四七節）。

附釋　一個父親問：「要在倫理上教育兒子，用什麼方法最好」，畢達哥拉斯派的人曾答說（其他人也會做出同樣的答覆）：「使他成為**一個具有良好法律的國家的公民**。」

補充（**實驗教育**）　教育家想把人從日常一般生活中抽出，而在鄉村裡教育他（如**盧梭**的《**愛彌爾**》），但這種實驗已經失敗，因為企圖使人與世界的規律疏隔是不可能的。雖然對青年的教育必須在偏靜的環境中進行，但是切不要以為精神世界的芬芳氣味到底不會吹拂這偏靜的地方，也不要以為世界精神的力量是微弱而不能占據這些偏遠地帶的。個人只有成為良好國家的公民，才能獲得自己的權利。

第一五四節

個人對他特殊性的權利也包含在倫理性的實體性中，因爲特殊性是倫理性的東西實存的外部現象。

第一五五節

在普遍意志跟特殊意志的這種同一中，義務和權利也就合而爲一。透過倫理性的東西，一個人負有多少義務，就享有多少權利；他享有多少權利，也就負有多少義務。在抽象法的領域，我有權利，別一個人則負有相應的義務；在道德的領域，對我自己的知識和意志的權利，以及對我自己的福利的權利、還沒有、但是都應當與義務一致起來，而成爲客觀的。

補充（自由作為權利和義務的統一）　奴隸不可能有義務，只有自由人才有義務。如果一切權利都在一邊，一切義務都在另一邊，那麼整體就要瓦解，因爲只有同一才是我們這裡所應堅持的基礎。

第一五六節

倫理性的實體包含著與自己概念合一的自爲地存在的自我意識，它是家庭和民族的現實精神。

補充（倫理性的東西作為具體的現實）　倫理性的東西不像善那樣是抽象的，而是強烈地現實的。精神具有現實性，現實性的偶性是個人。因此，在考量倫理時永遠只有兩種觀點可能：或者從實體性出發，或者原子式地進行探討，即以單個的人爲基礎而逐漸提高。後一種觀點是沒有精神的，因爲它只能做到集合並列，但是精神不是單一的東西，而是單一物和普遍物的統一。

第一五七節

這一理念的概念只能作爲精神，作爲認識自己的東西和現實的東西而存在，因爲它是它本身的客觀化、和透過它各個環節的形式的一種運動。因此它是：

第一，直接的或**自然的**倫理精神——**家庭**。

這種實體性向前推移，喪失了它的統一，進行分解，而達於相對性的觀點，於是就成爲，

第二，**市民社會**，這是各個成員作爲**獨立的單個人**的聯合，因而也就是在**形式普遍性**中的聯合，這種聯合是透過成員的**需要**，透過保障人身和財產的**法律制度**，和透過維護他們特殊利益和公共利益的**外部秩序**而建立起來的。這個**外部國家**，

第三，在實體性的普遍物中，在致力於這種普遍物的公共生活所具有的目的和現實中，即在**國家制度**中，返回於自身，並在其中統一起來。

第一章　家庭

第一五八節

作爲精神的**直接實體性**的家庭，以**愛**爲其規定，而愛是精神對自身統一的**感覺**。因此，在家庭

中，人們的情緒就是意識到自己是在這種統一中、即在自在自爲地存在的實質中的個體性，從而使自己在其中不是一個獨立的人，而成爲一個成員。

補充（愛的概念）　所謂愛，一般說來，就是意識到我和另一個人的統一，使我不專爲自己而孤立起來；相反地，我只有拋棄我獨立的存在，並且知道自己是與另一個人以及另一個人與自己之間的統一，才獲得我的自我意識。但愛是感覺，即具有自然形式的倫理。在國家中就不再有這種感覺了，在其中人們所意識到的統一是法律，又在其中內容必然是合乎理性的，而我也必須知道這種內容。愛的第一個環節，就是我不欲成爲獨立的、孤單的人，我如果是這樣的人，就會覺得自己殘缺不全。至於第二個環節是，我在另一個人身上找到了自己，即獲得了他人對自己的承認，而另一個人反過來對我亦同。因此，愛是一種最不可思議的矛盾，絕非理智所能解決的，因爲沒有一種東西能比被否定了的、而我卻仍應作爲肯定的東西而具有的這一種嚴格的自我意識更爲頑強的了。愛製造矛盾並解決矛盾。作爲矛盾的解決，愛就是倫理性的統一。

第一五九節

個人根據家庭統一體所享有的權利，首先是他在這統一體中的生活，只有在家庭開始解體，而原來的家庭成員在情緒上和實際上開始成爲獨立的人的時候，才以權利（作爲特定單一性的抽象環節）的形式出現；從前他們在家庭中以之構成一個特定環節的東西，現在他們分別地只是從外部方面（財產、生活費、教育費等等）來接受。

補充（**家庭和主觀性**） 其實，家庭的權利嚴格說來在於家庭的實體性應具有定在，因此它是反對外在性和反對退出這一統一體的權利。但是，再說一遍，愛是感覺，是一種主觀的東西，對於這種主觀的東西，統一無能為力。如果要求統一的話，那只能對按本性說來是外在的而不是決定於感覺的東西提出這種要求。

第一六〇節

家庭是在以下三個方面完成起來的：

㈠**婚姻**，即家庭的概念在其直接階段中所採取的形態；

㈡家庭的**財產和地產**，即外在的定在，以及對這些財產的照料；

㈢子女的**教育**和家庭的解體。

第一　婚姻

第一六一節

婚姻作為**直接倫理關係**首先包括自然生活的環節。因為倫理關係是實體性的關係，所以它包括生活的全部，亦即**類**及其生命過程的現實（見《哲學全書》，第一六七節以下和第二八八節以下）[3]。但其次，**自然性別**的統一只是**內在的**或**自在地**存在的，正因為如此，它在它的實存中純粹是外在的**統一**，這種統一在自我意識中就轉變為**精神的**統一，自我意識的愛。

補充（婚姻的概念） 婚姻實質上是倫理關係。以前，特別是大多數關於自然法的著述，只是從肉體方面，從婚姻的自然屬性方面來看待婚姻，因此，它只被看成一種性的關係，而通往婚姻的其他規定的每一條路，一直都被阻塞著。至於把婚姻理解爲僅僅是民事契約，這種在康德那裡也能看到的觀念，同樣是粗魯的，因爲根據這種觀念，雙方彼此任意地以個人爲訂約的對象，婚姻也就降格爲按照契約而互相利用的形式。第三種同樣應該受到唾棄的觀念，認爲婚姻僅僅建立在愛的基礎上。愛既是感覺，所以在一切方面都容許偶然性，而這正是倫理性的東西所不應採取的形態。所以，應該對婚姻做更精確的規定如下：婚姻是具有法的意義的倫理性的愛，這樣就可以消除愛中一切倏忽即逝的、反覆無常的和赤裸裸主觀的因素。

第一六二節

婚姻的主觀出發點在很大程度上可能是締結這種關係的當事人雙方的特殊愛慕，或者出於父母的事先考慮和安排等等；婚姻的客觀出發點則是當事人雙方自願同意組成爲一個人，同意爲那個統一體而拋棄自己自然的和單個的人格。在這一意義上，這種統一乃是作繭自縛，其實這正是他們的解放，因爲他們在其中獲得了自己實體性的自我意識。

附釋 因此，我們的客觀使命和倫理上的義務就在於締結婚姻。婚姻的外在出發點的性質，按事件本性說來，總是偶然的，而且特別以反思的發展水準爲轉移的。這裡有兩個極端，其中一個是，好心腸的父母爲他們做好安排，做了一個開端，然後已被指定在彼此相愛中結合的人，由於他們知道自己的命運，相互熟悉起來，而產生了愛慕。另一個極端則是愛慕首先在當事人即在這兩個無限特異化的人的心中出現。

可以認爲以上第一個極端是一條更合乎倫理的道路，因爲在這條道路上，結婚的決斷發生在先，而愛慕產生在後，因而在實際結婚中，決斷和愛慕這兩個方面就合而爲一。

在上述第二個極端中，無限特殊的獨特性依照現代世界的主觀原則（見上述第一二四節附釋）提出了自己的要求。

但是在以性愛爲主題的現代劇本和各種文藝作品中，可以見到徹骨嚴寒的原質被放到所描述的激情熱流中去，因爲它們把激情完全與偶然性結合起來，並且把作品的全部興趣表述爲似乎只是依存於這些個人；這對這些個人說來可能是無限重要，但就其本身說來完全不是這麼一回事。

補充（婚姻和愛慕）　在不太尊重女性的那些民族中，父母從不徵詢子女的意見而任意安排他們的婚事。他們也聽從安排，因爲感覺的特殊性還沒有提出任何要求。從少女看來，問題只是嫁個丈夫，從男子看來只是娶個妻子。在其他一些情況下，對財產、門第、政治目的等考慮可能成爲決定性因素。這裡，由於把婚姻當作爲達其他目的的手段，所以可能發生巨大困難。相反地，在現代，主觀的出發點即戀愛被看作唯一重要因素。大家都理會到必須等待，以俟時機的到來，並且每個人只能把他的愛情用在一個特定人身上。

第一六三節

婚姻的倫理方面在於雙方意識到這個統一是實體性的目的，從而也就在於恩愛、信任和個人整個實存的共同性。在這種情緒和現實中，本性衝動降爲自然環節的方式，這個自然環節一旦得到滿足就會消滅。至於精神的紐帶則被提升爲它作爲實體性的東西應有的合法地位，從而超脫了激情和一時特殊偏好等的偶然性，其本身也就成爲不可解散的了。

附釋 上面已經指出（第七十五節），就其實質基礎而言，婚姻不是契約關係，因爲婚姻恰恰是這樣的東西，即它從契約的觀點、從當事人在他們單一性中是獨立的人格這一觀點出發來揚棄這個觀點。由於雙方人格的同一化，家庭成爲一個人，而其成員則成爲偶性（實質上，實體乃是偶性與實體本身的關係——見《哲學全書》，第九十八節[4]）。這種同一化就是倫理的精神。這種倫理的精神本身，被剝去了表現在它的定在中即在這些個人和利益（這些利益受到時間和許多其他因素的規定）中的各色各樣的外觀，就浮現出供人想像的形態，並且曾經作爲家神等而受到崇敬。這種倫理的精神一般就是婚姻和家庭的宗教性即家禮之所在。再進一步的抽象化就在於把神或實體性的東西與它的定在相分離，連同對精神統一的感覺和意識，一併固定起來，這就是人們誤謬地所謂「純潔」的愛。這種分離是和僧侶觀點相通的，因爲僧侶觀點把自然生活環節規定爲純粹否定的東西；正由於它建立了這種分離，所以就賦予自然生活環節本身以無限重要性。

補充（婚姻的神聖） 婚姻和蓄妾不同。蓄妾主要是滿足自然衝動，而這在婚姻卻是次要的。因此，在婚姻中提到性的事件，不會臉紅害臊，而在非婚姻關係中就會引起羞怯。根據同樣原因，婚姻本身應視爲不能離異的，因爲婚姻的目的是倫理性的，它是那樣的崇高，以致其他一切都對它顯得無能爲力，而且都受它支配。婚姻不應該被激情所破壞，因爲激情是服從它的。但是婚姻僅僅就其概念說是不能離異的，其實正如基督所說的：只是「爲了你的鐵石心腸」，[5]離婚才被認許。因爲婚姻含有感覺的環節，所以它不是絕對的，而是不穩定的，且其自身就含有離異的可能性。但是立法必須儘量使這一離異可能性難以實現，以維護倫理的法來反對任性。

第一六四節

契約的訂定本身就包含著所有權的眞實移轉在內（第七十九節），同樣地，莊嚴地宣布同意建立婚姻這一倫理性的結合以及家庭和自治團體（教會在這方面參加進來是另一規定，不在本書論列之內）[6]對它相應的承認和認可，構成了正式結婚和婚姻的現實。只有舉行了這種儀式之後，夫婦的結合在倫理上才告成立，因爲在舉行儀式時所使用的符號，即語言，是精神的東西中最富於精神的定在（第七十八節），從而使實體性的東西得以完成。其結果，感性的、屬於自然生活的環節，就作爲一種屬於倫理結合的外部定在的後果和偶性，而被設定在它的倫理關係中，至於倫理結合則完全在於互愛互助。

附釋　如果有人問，什麼才應該是婚姻的主要目的，以便據以制定或評斷法規，那麼，這一問題應該了解爲：婚姻現實的各個方面，哪一方面應該被認爲最本質的？其實任何一個方面單獨說來都不構成自在自爲地存在的內容（即倫理性的東西）的全部範圍。實存的婚姻可能在這一方面或那一方面有所欠缺，而仍無害於婚姻的本質。

締結婚姻本身即婚禮把這種結合的本質明示和確認爲一種倫理性的東西，凌駕於感覺和特殊傾向等偶然的東西之上。如果這種婚禮只是當作外在的儀式和單純的所謂民事命令，那麼這種結婚就沒有其他意義，而似乎只是爲了建立和認證民事關係，或者它根本就是一種民事命令或教會命令的赤裸裸的任意。這種命令不僅對婚姻的本性說無足輕重，而且還辱沒了愛的情感，並作爲一種異物而破壞這種結合的眞摯性，因爲，由於命令之故，心情就賦予這種結婚儀式以意義，並把它看作全心全意彼此委身的先決條件。這種意見妄以爲自己提供了愛的自由、眞摯和完美的最高概念，其實它倒反否認了愛的倫理性，否認了較高的方面，即克制和壓抑著單純自然衝動的那一方面，這種克制和壓抑早已天然地含蘊在羞怯中，並由於意識達到更多的精神上規定而上升爲貞潔和端莊。更確切些說，這種意見排斥了婚姻的倫理規定，這種倫理性的規定在於，當事人的意識從它的自然性和主觀性中結晶爲對實體物的思想，它不再一直保留著愛慕的偶然性和任性，而是使婚姻的結合擺脫這種任性的領域，使自己在受家神約束中服從實體性的東西。它貶低感性環節，使其受眞實的和倫理的婚姻關係的制約、受承認婚姻結合爲倫理性的結合的制約。

只有厚顏無恥和支持這種無恥的理智才不能領會實體性的關係的思辨本性，但是倫理上純潔的心情以及基督教民族的立法莫不與這種思辨本性相適應的。

補充（「自由」戀愛） 弗里德里希·封·施雷格爾在所著《盧辛德》一書中和它的一個信徒在《一個匿名者的信札》（盧卑克和萊比錫，一八○○年版）中，提出了一種見解，認爲結婚儀式是多餘的，是一種形式，可以把它拋棄，因爲愛才是實體性的東西，甚至愛由於隆重的儀式會喪失它的價值。他們認爲感性地委身於對方對證明愛的自由和眞摯說來是必要的。這種論據對誘奸者說來原不生疏。就男女關係而論，必須指出，女子委身事人就喪失了她的貞操；其在男子則不然，因爲他在家庭之外有另一個倫理活動範圍。女子的歸宿本質上在於結婚。因此，所要求於她的是：她的愛應採取婚姻的形態，同時愛的各種不同環節應達到它們彼此間眞正合乎理性的關係。

第一六五節

兩性的自然規定性透過它們的合理性而獲得了理智的和倫理的意義。這種意義爲差別所規定，作爲概念的那種倫理性的實體性在它本身中分爲這種差別，以便從中獲得它作爲具體統一的生命力。

第一六六節

因此，一種性別是精神而自身分爲自爲的個人的獨立性和對自由普遍性的知識和意志，也就是說分爲思辨的思想的那自我意識和對客觀的最終目的的希求。另一種性別是保持在統一中的精神，它是採取具體單一性和感覺的形式的那種對實體性的東西的認識和希求。在對外關係中，前一種性別是有力的和主動的，後一種是被動的和主觀的。因此，男子的現實的實體性的生活是在國家、在科學等等中，否則就在對外界和對他自己所進行的鬥爭和勞動中，所以他只有從他的分解中爭取與自身的獨立統一，在家庭中他具有對這個統一的安靜的直觀，並過著感覺的主觀的倫理生活。至於女子則在家庭中獲得她的實體性的規定，她的倫理性的情緒就在於守家禮。

附釋　因此，一本非常推崇家禮的著作，即**索福客儷**[7]的《**安悌果尼**》，說明家禮主要是婦女的法律；它是感覺的主觀的實體性的法律，即尚未完全達到現實的內部生活的法律；它是古代的神即冥國鬼神的法律；它是「永恆的法律，誰也不知道它是什麼時候出現的」；這種法律是與公共的國家的法律相對立的。這種對立是最高的倫理性的對立，從而也是最高的、悲劇性的對立；該劇本是用女性和男性把這種對立予以個別化（參閱《精神現象學》，第三八三頁以下，第四一七頁以下[8]）。

補充（**婦女的教養**）　婦女當然可以教養得很好，但是她們天生不配研究較高深的科學、哲學和從事某些藝術創作，這些都要求一種普遍的東西。婦女可能是聰明伶俐，風趣盎然，儀態萬方的，但是她們不能達到優美理想的境界。男女的區別正像動物與植物的區別：動物近乎男子的性格，而植物則近乎女子的性格，因爲她們的舒展比較安靜，且其舒展是以模糊的感覺上的一致爲原則的。如果婦女領導政府，國家將陷於危殆，因爲她們不是按普遍物的要求而是按偶然的偏好和意見行事的。婦女——不知怎麼回事——彷佛是透過表象的氣氛而受到教育，她們在很大程度上是透過實際生活而不是透過獲得知識而受到教育的。至於男子則唯有透過思想上的成就和很多技術上的努力，才能達到他的地位。

第一六七節

婚姻本質上是**一夫一妻**制，因爲置身在這個關係中並委身於這個關係的，乃是人格，是直接的排他的**單一性**。因此，只有從這種**人格**全心全意的相互委身中，才能產生婚姻關係的眞理性和**眞摯性**

（實體性的主觀形式）。人格如果要達到在他物中意識到他自己的權利，那就必須他物在這同一中是一個人即原子式的單一性，才有可能。

附釋　婚姻，也就是按本質說一夫一妻制，是任何一個共同體的倫理生活所依據的絕對原則之一。因此，婚姻制度被稱爲神的或英雄的建國事業中的環節之一。

第一六八節

其次，婚姻是由於本身無限獨特的這兩性人格的自由委身而產生的，所以在屬於同一血統、彼此熟知和十分親密的這一範圍內的人，不宜通婚。在這一範圍內，個人相對之間不具有自身獨特的人格。因此婚姻必須相反地在疏遠的家庭間和異宗的人格間締結。血親間通婚是違背婚姻的概念的，從而違背眞實的自然的感覺的，因爲按照婚姻的概念，婚姻是自由的那倫理性的行動，而不是建立在直接天性及其衝動上的結合。

附釋　人們有時認爲婚姻本身不是建立在自然法上，而光是建立在性的本能衝動上，並且還把它看作任意締結的契約。人們有時甚至根據男女人口比數的物質關係來替一夫一妻制找外在的根據，有人光提出幽暗的感情作爲禁止血親通婚的理由。以上這些見解都是以自然狀態和法的自然性那種普通觀念爲根據，而缺乏合理性和自由的概念的。

補充（血親通婚）　首先，血親之間通婚已爲羞恥之心所不容，但是嫌棄這種通婚在事物的概念中就得到了論證。就是說，已經結合起來的，不可能透過婚姻而初次結合起來。單從自然關係的方面來看，大家都知道，屬於同族動物之間交配而產生的小動物比較弱，因爲應予結合的東西，必須首先是分離的。生殖力好比精神力所由以獲得再生的對立愈是顯明，它就愈強大。親密、相識和共同活動的習慣都不應該在結婚以前存在，而應該初次在婚姻關係中發生，這種發展，其內容愈豐富，方面愈多，其價值也愈大。

第一六九節

家庭作爲人格來說在所有物中具有它的外在實在性。它只有在採取財富形式的所有物中才具有它的實體性人格的定在。

第二　家庭財富

第一七〇節

家庭不但擁有所有物，而且作爲普遍的和持續的人格它還需要設置持久的和穩定的產業，即財富。這裡，在抽象所有物中單單一個人的特殊需要這一任性環節，以及欲望的自私心，就轉變爲對一種共同體的關懷和增益，就是說轉變爲一種倫理性的東西。

附釋　在關於國家創立或至少關於文明社會生活創立的傳說中，實施固定的所有制是與實施婚姻制度相聯繫的。至於上述家庭財富的性質如何，用哪種適當方式來鞏固它，這類問題將在市民社會一章中予以解答[9]。

第一七一節

家庭作爲法律上人格，在對他人的關係上，以身爲家長的男子爲代表。此外，男子主要是出外謀生，關心家庭需要，以及支配和管理家庭財產。這是共同所有物；所以家庭的任何一個成員都沒有特殊所有物，而只對於共有物享有權利。但是這種權利可能與家長的支配權發生衝突，這是因爲在家庭中倫理性的情緒還在直接的階段（第一五八節），於是不免於分歧和偶然性之弊。

第一七二節

透過婚姻而組成了**新的家庭**，這個家庭對它所由來的**宗族**和家族來說，是一個自爲的**獨立體**。它與這些宗族和家族的聯繫是以自然血統爲基礎的，但是它本身是以倫理性的愛爲基礎的。因此，個人所有物與他的婚姻關係有本質上聯繫，而與他的宗族或家族的聯繫則較爲疏遠。

附釋　對夫妻共同財產加以限制的**婚姻協定**，以及繼續給予女方以法律上輔助等等的安排，只有在婚姻關係由於自然的死亡和離婚等原因而消滅的情況下，才有意義。這些都是保障性的措施，以保證在這種情況下家庭成員各從共有物中取得其應有部分。

補充（**親族和家庭**）　許多立法把更大規模的家庭固定下來，並把這種家庭看作是本質上的結合；至於另一種結合，即各個特別家庭的結合，則相反地顯得比較次要。例如在古代羅馬法中，在非嚴格的婚姻關係中的女方，與她的親族的關係比與她的兒女和丈夫的關係還要密切。又在封建法時代，爲了維持門楣光輝，於是有必要只把男性算作家庭成員，並以整個大家族爲主，至於新成立的小家庭與大家族相比則顯得非常渺小。儘管如此，各個新家庭比之疏遠的血親關係是更本質的東西。夫婦與子女組成眞正的核心，以與在某種意義上亦稱爲「家庭」的東西相對抗。因此，個人的財產關係與婚姻之間的聯繫必然要比它與疏遠的血親關係之間的聯繫更爲重要。

第三 子女教育和家庭解體

第一七三節

在實體上婚姻的統一只是屬於眞摯和情緒方面的，但在實存上它分爲兩個主體。在子女身上這種統一本身才成爲自爲地存在的實存和對象；父母把這種對象即子女作爲他們的愛、他們的實體性的定在而加以愛護。從自然的觀點看來，作爲父母而直接存在的人這一前提，在這裡變成了結果。這是一個世世代代無窮進展的歷程，每一代產生下一代而又以前一代爲前提；這就是家神的簡單精神在有限自然界中作爲類而顯示它存在的一種方式。

補充（父母的愛）　在夫妻之間愛的關係還不是客觀的，因爲他們的感覺雖然是他們的實體性的統一，但是這種統一還沒有客觀性。這種客觀性父母只有在他們的子女身上才能獲得，他們在子女身上才見到他們結合的整體。在子女身上，母親愛她的丈夫，而父親愛他的妻子，雙方都在子女身上見到了他們的愛客觀化了。在財產中，統一只是體現在外在物中，至於在子女身上，它體現在精神的東西中，在其中父母相互恩愛，而子女則得到父母的愛。

第一七四節

子女有**被撫養和受教育**的權利，其費用由家庭共同財產來負擔。父母有要求子女爲自己服務——姑且說是**服務**——的權利，但僅以一般性的照顧家庭爲基礎，並以此爲限。同樣地，父母矯正子女任性的權利，也是受到教訓和教育子女這一目的所規定的。懲罰的目的不是爲了公正本身，而是帶有**主觀**的、道德的性質，就是說，對還在受本性迷亂的自由予以警戒，並把普遍物陶鑄到他們的意識和意志中去。

補充（**教育子女**）　應該怎樣做人，靠本能是不行的，而必須努力。子女受教育的權利就是以這一點爲根據的。在家長制政體下的人民亦同，他們受到公庫的給養，而不視爲獨立的人和成年人。因此，所要求於子女的服務，只能具有教育的目的，並與教育有關。這些服務不應以自身爲目的，因爲把子女當作奴隸，一般說來，是最不合乎倫理的。教育的一個主要環節是紀律，它的含義就在於破除子女的自我意志，以清除純粹感性的和本性的東西。不得以爲這裡單靠善就夠了，其實直接意志正是根據直接的恣性任意，而不是根據理由和觀念行動的。如果對子女提出理由，那就等於聽憑他們決定是否要接受這些理由，這樣一來，一切都以他們的偏好爲依據了。由於父母構成普遍的和本質的東西，所以子女需要服從父母。如果不培養子女的服從感——這種服從感使他們產生長大成人的渴望——他們就會變成唐突孟浪，傲慢無禮。

第一七五節

子女是自在地自由的，而他們的生命則是僅僅體現這種自由的直接定在。因此他們不是物體，既不屬於別人，也不屬於父母。從家庭關係說，對他們所施教育的肯定的目的在於，灌輸倫理原則，而這些原則是採取直接的、還沒有對立面的感覺的那種形式的，這樣，他們的心情就有了倫理生活的基礎，而在愛、信任和服從中度過它的生活的第一個階段。又從同一關係說，這種教育還具有否定的目的，就是說，使子女超脫原來所處的自然直接性，而達到獨立性和自由的人格，從而達到脫離家庭的自然統一體的能力。

附釋　羅馬時代，子女處於奴隸地位，這是羅馬立法的一大污點。倫理在其最內部和最嬌嫩的生命中所受的這種侮辱，是了解羅馬人在世界歷史上的地位以及他們的法律形式主義傾向[10]的一個最重要關鍵。

兒童之所以感到有受教育的必要，乃是出於他們對自己現狀不滿的感覺，也就是出於他們要進入所想望的較高階段即成年人世界的衝動和出於他們長大成人的欲望。遊戲論的教育學認為稚氣本身就具有自在的價值，於是就把稚氣給予兒童，並把認眞的事物和教育本身在兒童面前都降為稚氣的形式，但這種形式就連兒童自己也認為不很高明的。這種教育學乃是把自己感到還處在沒有成熟的狀態中的兒童，設想為已經成熟，並力求使他們滿足於這種狀態。但是這樣一來，它破壞了、玷辱了他們對更好東西的眞實的、自發的要求。它一方面使兒童對精神世界實體性的關係漠不關心和麻木不仁；另一方面使他們輕視人，因為人自己對兒童表現得像兒童那樣稚氣可鄙，最後，使他們產生自以為高明的那種虛無心和自負。

補充（**兒童的感覺**） 作爲一個孩子，人必然有一個時期處於爲父母所愛和信任的環境中，而理性的東西也必然在他身上表現爲他自己特有的主觀性。在他幼年時代，母親的教育尤其重要，因爲倫理必須作爲一種感覺在兒童心靈中培植起來。必須指出，總的說來，子女之愛父母不及父母之愛子女，這是因爲子女正迎著獨立自主前進，並日益壯大起來，於是會把父母丟在後面；至於父母則在子女身上獲得了他們結合的客觀體現。

第一七六節

由於婚姻只是一種直接的倫理理念，所以它是在眞摯的主觀情緒和感覺中獲得了它的客觀現實。它的實存的最初偶然性也就在這裡。強迫結婚既然很少可能發生，同時，當兩個主體的情緒和行動變得水火不相容時，也很少可能有單純法的積極的紐帶來硬把他們聯繫在一起。於是遂要求第三個[三]倫理性的權威來維持婚姻（倫理的實體性）的法，以對抗出於這種敵對情緒的單純的意見，以對抗只是一時脾氣的偶然性，如此等等。這種權威把上述各種情形與完全隔閡相區別，只有在確證完全隔閡的情況下才准**離婚**。

補充（**離婚**） 因爲婚姻所依存的只是主觀的、偶然性的感覺，所以它是可以離異的。相反地，國家是不容分裂的，因爲國家所依存的乃是法律。誠然，婚姻**應該**是不可離異的，但我們也只是說「**應該**」而已。又因爲婚姻是倫理性的東西，所以離婚不能聽憑任性來決定，而只能透過倫理性的權威來決定，不論是教堂或法院都好。如果好比由於通姦而發生了完全隔閡，那麼宗教的權威也必須准其離婚。

第一七七節

家庭的倫理上解體在於，子女經教養而成爲自由的人格，被承認爲成年人，即具有法律人格，並有能力擁有自己的自由財產和組成自己的家庭。兒子成爲家長，女兒成爲妻子，從此他們在這一新家庭中具有他們實體性的使命。與這一家庭相比，僅僅構成始基和出發點的第一個家庭就退居次要地位，更不必說宗族了，因爲它是一種抽象的，是沒有任何權利的。

第一七八節

由於父母特別是父親的死亡所引起家庭的自然解體，就財產來說，發生繼承的後果。這種繼承按其本質就是對自在的共同財產進行獨特的占有。這種占有是在有遠房親屬以及在市民社會中個人和家庭各自獨立分散的情況下進行的；因此，由於家庭的統一感愈來愈淡薄，又由於每一次婚姻放棄了以前的家庭關係而組成了新的獨立的家庭，這種財產移轉也就愈來愈不確定。

附釋　有這樣的想法：繼承的基礎乃是由於死亡而財產成爲無主之物，作爲無主物，它便歸首先占有者所有，而取得占有的多半是親屬，因爲他們通常是死者最接近的人。於是爲了維持秩序，這種經常發生的偶然事件就透過實定法而上升爲規則。殊不知這種想法忽視了家庭關係的本性。

第一七九節

由於家庭的解體，個人的任性就獲得了自由。一方面，他愈加按照單一性的偏好、意見和目的來使用他的全部財產；另一方面，他把周圍一批朋友和熟人等等看成是他的家人，並在遺囑中如此聲明，使之發生繼承的法律效果。

附釋　以意志做這樣一種財產處理似乎是以這樣一批人的組成爲其倫理根據。但在組成時有很多的偶然性、任性追求自私目的的企圖等等因素在起作用——尤其是因爲這種組成與立遺囑有關——致使倫理環節變成某種非常模糊的東西。承認有權任意訂立遺囑，很容易造成倫理關係的破壞，並引起卑鄙的鑽營和同樣卑鄙的順從。這種承認更使愚昧任性和奸詐狡猾獲得機會和權能，把立遺囑人死亡後（那時財產已非爲他所有）生效的虛榮的和專橫而困擾的條件，與所謂善舉和饋贈結合起來。

第一八〇節

家庭成員成爲獨立的法律上人格（第一七七節）這一原則，使在家庭範圍內部出現了一種任性以及在自然繼承人中間的差別。然而這種任性與差別應當受到嚴格的限制，以免破壞家庭的基本關係。

附釋　不能把死亡者赤裸裸的直接任性建立爲立遺囑權的原則，尤其如果這種任性違反了家庭的實體性的法。其實，主要是家庭對已死家庭成員的心愛和崇敬，才使它在他死後還重視他的任性。這種任性本身不包含任何比家庭法更值得尊重的東西，恰恰相反。又有人認爲最後意志的處分之所以有效，就在於別人對它任意承認。這樣一種有效性，只有在家庭關係（遺囑處分是它所固有的）變得更加疏遠而無效時，才能被認許。如果這種家庭關係實際上存在而又無效的話，那是不合乎倫理的。擴大上述任性的有效性以對抗家庭關係，就等於削弱後者的倫理性。

把家庭內部的這種任性確立爲繼承的主要原則，乃是羅馬法的殘酷性和不合倫理性的一部分，上已述及。根據羅馬法，父親可以把兒子出賣，如果兒子被人釋放而獲得自由，他又重新處在父權之下。只有在他第三次從奴役中被釋放而獲得自由之後，他才算是實際上自由的人。又根據羅馬法，一般說來，兒子不能依法成爲成年人，也沒有法律上人格，他只能占有戰利品作爲他的所有物。如果他經過三次被賣、三次獲釋而脫離了父權之後，這時如無遺囑規定，他就不能與其他依舊處於父權下的一些人一同繼承。同樣地，妻子如果不是處於作爲奴隸關係的婚姻關係中（in manum conveniret, in mancipio esset），而是作爲主婦的話，她就不是新家庭的成員，然而這一家庭正是她透過結婚而協作建立起來的，而且現在實際上是她的家。但她依然屬於她出生的那個家庭。因此，她被排除於實際上是她的家庭的財產繼承之外，而這個家庭也不繼承妻子和母親的財產。

隨後，由於對合理性的感情的增長，審判上規避這些或那些法律中不合倫理性的部分而不予採用。例如審判上借助資產占有（這一術語又與財產占有一詞有別，但這是淵博的法學專家們進行研究的問題）一詞來代替繼承[12]，又透過擬制把女兒改稱兒子。前面已經指出（第三節附釋），這一點對裁判官說來是一種悲慘的必然性，因爲他必須用機巧的手段，把理性的東西偷運進去，來對抗壞的法律，或至少對抗它們所產生的某些後果。各種最重要制度的極端不穩定性，以及爲了防止這些法律所產生的惡果而進行雜亂的立法工作，都是與這種情況有聯繫的。

在羅馬人立遺囑時這種任性的權力引起了哪些不合乎倫理的後果，從歷史中、在盧西安和其他人的描寫中可以充分看到。

婚姻是在直接階段中的倫理，依據它的本性，它必然是實體性的關係、自然的偶然性和內部任性的混合體。如果現在由於子女的奴隸地位，由於上述其他種種法律規定並與之相關聯的規定，又完全由於羅馬人離婚並不困難，於是任性被賦予優越的地位，以對抗實體性的法（甚至西塞羅——他在所著《義務論》和在其他作品中到處說著不知道多少關於誠實和禮節的漂亮話——都做了一番投機，他逐出他的妻子，而用再娶新嫁娘的嫁妝來償還債務），那麼，這就等於替敗壞風尚鋪平一條合法的道路，或更正確些說，法律成了敗壞風尚的必要條件。

制定繼承法而用信託遺贈或指定後備繼承人的辦法來保持家庭或門楣光輝，不論是排除女兒而只讓兒子繼承，或排除其他子女而只讓長子繼承都好，或者一般地使繼承人之間受到不平等的待遇也好，總之，這種制度一方面破壞了財產自由的原則（第六十二節）；另一方面，它是以絕對無權獲得承認的一種任性爲基礎的，或更正確些說，是以希望維持這一宗族或家族而不是這一家庭這種思想爲基礎的。但是，不是這一家族或宗族而是家庭本身才是理念，而有權獲得承認。倫理的形態將由於財產自由與平等繼承權而得到維持，因爲家庭不會由於相反的情形而得到維持的。

這些制度，好比羅馬那樣的制度，一般地誤解了婚姻法（第一七二節）。婚姻完全在於組成一個獨特的現實的家庭，與這種家庭相比，一般所謂的家庭，家系或氏族，只是一種抽象（第一七七節），由於世代相隔，它愈來愈生疏，愈來愈不現實。愛是婚姻的倫理性的環節，作爲愛，它是一種感覺，它的對象是現實的當前的人，而不是一種抽象。

這種理智的抽象之表現爲羅馬帝國的世界史原則，見下述第三五六節。

但在更高政治領域中出現的長子世襲權連同不可讓與的宗族財產，卻不是一種任性，而是從國家理念中產生出來的必然結果。關於這一點見下述第三○六節。

補充（遺囑）　在羅馬早期，父親可以剝奪其子女的繼承權，如同他可以把他們殺死一樣。後來，他再也不許這樣做了。人們總想把不合乎倫理的東西與它的倫理化之間的這種不徹底性建成一種體系。堅持這種不徹底性就是德國繼承法所以是煩難和錯誤的原因。立遺囑當然是容許的，但是我們的觀點應該是，這種任性的權利必須隨著家庭成員的分散和疏遠而產生或擴大；其次，用遺囑造成的所謂友誼家庭，只有在缺乏婚姻所組成的較親近的家庭和缺乏子女時，才能成立。遺囑一般是跟那些令人生厭和惹人不快的事聯繫著的，因爲在遺囑中我總是宣布哪些人是我所寵愛的。然而寵愛是任性的，它可用這種或那種不光彩的手法獲得，也可能與這種或那種愚蠢的理由相連結，此外，被指定爲繼承人的人可能因此被要求去做最卑鄙齷齪的事。在英國，異想天開的事屢見不鮮，而與遺囑相關的愚蠢想法更是層出不窮。

從家庭向市民社會的過渡

第一八一節

家庭自然而然地和本質地透過人格的原則分成多數家庭，這些家庭一般都以獨立的具體的人自居，因而相互見外地對待著。換句話說，由於家庭還是在它的概念中的倫理理念，所以結合在家庭的統一中的各個環節必須從概念中分離出來而成爲獨立的實在性。這就是差別的階段。首先抽象地說，這種情況提供特殊性的規定，誠然這種特殊性與普遍性有關，不過普遍性是基礎，儘管還只是內部的基礎；因此，普遍性只是在作爲它的形式的特殊性中假象地映現出來。所以，這種反思關係首先顯示爲倫理的喪失，換句話說，由於倫理作爲本質必然假象地映現出來（見《哲學全書》，第六十四節以下，第八十一節以下）[13]，所以這一反思關係就構成了倫理性的東西的現象界，即市民社會。

附釋　家庭的擴大，作爲它向另一個原則的過渡，在實存中，有時是家庭的平靜擴大而成爲民眾，即民族，所以民族是出於共同的自然淵源的，有時分散的家庭團體透過霸道者的暴力或出於自願而集合一起，自願結合是由於相互鉤繫的需要和相互滿足這些需要所引起的。

補充（作為特殊性的領域的社會）　這裡，普遍性是以特殊性的獨立性爲出發點，從這一觀點看，倫理看來是喪失了，因爲對意識說來，最初的東西、神的東西和義務的淵源，正是家庭的同一性。但是，現在卻出現了這樣的關係，即特殊物對我說來應當成爲最初規定者，從而倫理性的規定也就被揚棄了。其實，這不過是我的錯誤，因爲在我信以爲堅持著特殊物的時候，聯繫的必然性和普遍物依舊是最初的和本質的東西。所以我終究還是在假象的階段上，並且當我的特殊性對我說來還是規定者、即還是目的的時候，我也正因此而爲普遍性服務，正是這種普遍性歸根到底支配著我。

第二章　市民社會

第一八二節

具體的人作爲特殊的人本身就是目的；作爲各種需要的整體以及自然必然性與任性的混合體來說，他是市民社會的一個原則。但是特殊的人在本質上是與另一些這種特殊性相關的，所以每一個特殊的人都是透過他人的中介，同時也無條件地透過普遍性的形式的中介，而肯定自己並得到滿足。這一普遍性的形式是市民社會的另一個原則。

補充（市民社會的概念）　市民社會是處在家庭和國家之間的差別的階段，雖然它的形成比國家晚。其實，作爲差別的階段，它必須以國家爲前提，而爲了鞏固地存在，它也必須有一個國家作爲獨立的東西在它面前。此外，市民社會是在現代世界中形成的，現代世界第一次使理念的一切規定各得其所。如果把國家想像爲各個不同的人的統一，亦即僅僅是共同性的統一，其所想像的只是指市民社會的規定而言。許多現代的國家法學者都不能對國家提出除此之外任何其他看法。在市民社會中，每個人都以自身爲目的，其他一切在他看來都是虛無。但是，如果他不與別人發生關係，他就不能達到他的全部目的，因此，其他人便成爲特殊的人達到目的的手段，但是特殊目的透過與他人的關係就取得了普遍性的形式，並且在滿足他人福利的同時，滿足自己。由於特殊性必然以普遍性爲其條件，所以整個市民社會是中介的基地；在這一基地上，一切癖性、一切秉賦、一切有關出生和幸運的偶然性都自由地活躍著；又在這一基地上一切激情的巨浪，洶湧澎湃，它們僅僅受到向它們放射光芒的理性的節制。受到普遍性限制的特殊性是衡量一切特殊性是否促進它的福利的唯一尺度。

第一八三節

利己的目的，就在它的受普遍性制約的實現中建立起在一切方面相互倚賴的制度。個人的生活和福利以及他的權利的定在，都與眾人的生活、福利和權利交織在一起，它們只能建立在這種制度的基礎上，同時也只有在這種聯繫中才是現實的和可靠的。這種制度首先可以看成外部的國家，即需要和理智的國家。

第一八四節

理念在自己的這種分解中，賦予每個環節以獨特的定在，它賦予特殊性以全面發展和伸張的權利，而賦予普遍性以證明自己既是特殊性的基礎和必要形式、又是特殊性的控制力量和最後目的的權利。正是這種在兩極分化中消失了的倫理制度，構成了理念的實在性的抽象環節。這裡，理念只是作爲相對的整體和內在的必然性而存在於這種外界現象的背後。[14]

補充（特殊和普遍的不可分性）　這裡，倫理性的東西已喪失在它的兩極中，家庭的直接統一也已渙散而成爲多數。這裡，實在性就是外在性，就是概念的分解，概念的各個環節的獨立——這些環節現在已經獲得了它們的自由和定在。在市民社會中特殊性和普遍性雖然是分離的，但它們仍然是相互束縛和相互制約的。其中一個所做的雖然看來是與另一個相對立的，並且以爲只有與另一個保持一定距離才能存在，但是每一個畢竟要以另一個爲其條件。例如，大部分人認爲納稅損害了他們的特殊性，是與他們敵對的，並且妨害了他們的目的。然而，儘管這看來是**眞實**的，終究沒有普遍物，目的的特殊性就不可能達到。況且公民不繳納任何稅捐的國家，也不見得由於特殊性的力量加強而顯得優越。同樣地，有人認爲如果普遍性把特殊性的力量都吸收過來，誠如柏拉圖在他的《理想國》中所闡述的那樣，看來普遍性的景況會好些。但這也只是一種幻想，因爲普遍性和特殊性兩者都只是相互倚賴、各爲他方而存在的，並且又是相互轉化的。我在促進我的目的的同時，也促進了普遍物，而普遍物反過來又促進了我的目的。

第一八五節

從一方面說，特殊性本身既然儘量在一切方面滿足了它的需要，它的偶然任性和主觀偏好，它就在它的這些享受中破壞本身，破壞自己實體性的概念。從另一方面說，必然需要和偶然需要的得到滿足是偶然的，因爲這種滿足會無止境地引起新的欲望，而且它完全倚賴外在偶然性與任性，同時它又受到普遍性的權力的限制。市民社會在這些對立中以及它們錯綜複雜的關係中，既提供了荒淫和貧困的景象，也提供了爲兩者所共同的生理上和倫理上蛻化的景象。

附釋　特殊性的獨立發展（參閱第一二四節附釋）是這樣一個環節，即它在古代國家表現爲這些國家所遭到的傷風敗俗，以及它們衰亡的最後原因。在這些國家中，有些是建立在家長制的和宗教的原則之上的，另有一些是建立在比較富有精神的，但仍然比較簡單的倫理原則之上的，總之，它們都是建立在原始的、自然的直觀之上的。因此，它們抵抗不住這種精神狀態的分解，抵抗不住自我意識在自身中的無限反思；於是當反思開始顯現時，它們就屈服於這種反思，首先在情緒方面，隨後在現實方面，因爲古代國家的那種還是簡單的原則是缺乏眞實無限的力量的。這種力量僅僅見於這樣的統一中，這種統一使理性的對立面施展全力，分道揚鑣，隨後加以克服，使它能在對立中保存自己，並結合對立在自身之中。

柏拉圖在他的《理想國》中描繪了實體性的倫理生活的理想的美和眞，但是在應付獨立特殊性的原則（在他的時代，這一原則已侵入希臘倫理中）時，他只能做到這一點，即提出他的純粹實體性的國家來與這個原則相對立，並把這個原則——無論它還在採取私有制（見第四十六節附釋）和家庭形式的最初萌芽狀態中，或是在作爲主觀任性、選擇等級等等的較高發展形式中——從實體性的國家中完全排除出去。正是這個缺陷使人們對他《理想國》的偉大的實體性的眞理，發生誤解，使他們把這個國家通常看成抽象思想的幻想，看成一般所慣稱的理想。單個人獨立的本身無限的人格這一原則，即主觀自由的原則，以內在的形式在基督教中出現，而以外在的從而與抽象普遍性和結合的形式在羅馬世界中出現，它在現實精神的那個純粹實體性的形式中卻沒有得到應有的地位。這個原則在歷史上較希臘世界爲晚，同樣地，深入到這種程度的哲學反思也晚於希臘哲學的實體性的理念。

補充（**作為社會正當防衛調節器的國家**）　特殊性本身是沒有節制的，沒有尺度的，而這種無節制所採取的諸形式本身也是沒有尺度的。人透過表象和反思而擴張他的情欲——這些情欲並不是一個封閉的圈子，像動物的本能那樣——並把情欲導入惡的無限。但是，另一方面，匱乏和貧困也是沒有尺度的。這種混亂狀態只有透過有權控制它的國家才能達到調和。柏拉圖的《理想國》要把特殊性排除出去，但這是徒然的，因爲這種辦法與解放特殊性的這種理念的無限權利相矛盾的。主觀性的權利連同自爲存在的無限性，主要是在基督教中出現的，在賦予這種權利的同時，整體必須保持足夠的力量，使特殊性與倫理性的統一得到調和。

第一八六節

但是特殊性的原則，正是隨著它自爲地發展爲整體而推移到**普遍性**，並且只有在普遍性中才達到它的眞理以及它的肯定現實性所應有的權利。由於上述兩種原則是各自獨立的，所以從分解的觀點看（第一八四節），這種統一不是倫理性的同一，正因爲如此，它不是作爲**自由**，而是作爲**必然性**而存在的，因爲**特殊的**東西必然要把自己提高到**普遍性的**形式，並在這種形式中尋找而獲得它的生存。

第一八七節

個別的人，作爲這種國家的市民來說，就是**私人**，他們都把本身利益作爲自己的目的。由於這個目的是以普遍物爲中介的，從而在他們**看來**普遍物是一種**手段**，所以，如果他們要達到這個目的，就只能按普遍方式來規定他們的知識、意志和活動，並使自己成爲社會聯繫的鎖鏈中的一個環節。在這種情況下，理念的利益——這是市民社會的這些成員本身所意識不到的——就存在於把他們的單一性和自然性透過自然必然性和需要的任性提高到知識和意志的形式的自由和形式的普遍性的這一過程中，存在於把特殊性教養成爲主觀性的這一過程中。

附釋　有一種思想，認爲自然狀態是純潔的，未開化民族的風俗是淳厚質樸的，根據這種思想，教育就被看成只是某種外在的東西和腐蝕性的東西；另有一種見解，認爲私人生活上的需要、需要的滿足、享受、舒適，如此等等，都是絕對目的，根據這種見解，教育就被看成只是達到上述那些目的的手段。不論是第一種或第二種看法，都表示著對於精神的本性和理性的目的一無所知。如果精神要達到它的現實性，那只有在它自身中進行分解，在自然需要中和在這種外在必然性的相互關聯中對自己設定界限和有限性，並且就在這界限和有限性內使自己受到教養，以便克服它們，並在其中獲得它的客觀定在。因此，理性的目的既不是上述的自然的質樸風俗，也不是在特殊性發展過程中透過教養而得到的享受本身。理性的目的乃在於除去自然的質樸性，其中一部分是消極的無我性，另一部分是知識和意志的樸素性，即精神所潛在的直接性和單一性，而且首先使精神的這個外在性獲得適合於它的合理性，即普遍性的形式或理智性。只有這樣，精神才會在這種純粹外在性本身中感覺自己安若家居。精神的自由在這種外在性中就有了定在，而且精神在這個要素——這個要素自在地與精神的規定即自由是格格不入的——中也就成爲自爲的，它於是只跟它所蓋上印記的和它所創造的東西發生關係。正是這樣，普遍性的形式才自爲地在思想中達到實存，而這種形式對理念的實存說來是唯一可貴的要素。

因此，教育的絕對規定就是解放以及達到更高解放的工作。這就是說，教育是推移到倫理的無限主觀的實體性的絕對交叉點，這種倫理的實體性不再是直接的、自然的，而是精神的、同時也是提高到普遍性的形態的。

在主體中，這種解放是一種艱苦的工作，這種工作反對舉動的純主觀性，反對情欲的直接性，同樣也反對感覺的主觀虛無性與偏好的任性。就因爲解放是這樣一種艱苦的工作，所以造成了對教育的一部分不利的看法。但正是透過這種教育工作，主觀意志才在它自身中獲得客觀性，只有在這種客觀性中它才有價值和能力成爲理念的現實性。

同時，特殊性透過鍛鍊自己和提高自己所達到的這普遍性的形式，即理智性，又使特殊性成爲眞實的自爲存在的單一性。由於特殊性給予普遍性的充實的內容和無限的自我規定，所以它自己在倫理中就成爲無限獨立的和自由的主觀性。這種觀點表明教育是絕對的東西的內在環節，並具有無限的意義。

補充（教養與無教養）　有教養的人首先是指能做別人做的事而不表示自己特異性的人，至於沒有教養的人正要表示這種特異性，因爲他們的舉止行動是不遵循事物的普遍特性的。在對其他人的關係上，沒有教養的人還容易得罪別人，因爲這些人只顧自己直衝，而不想到別人如何感覺。誠然，他們並非有意得罪別人，但是他們的行動卻跟他們的本意並不一致。教育就是要把特殊性加以琢磨，使它的行徑合乎事物的本性。創造事物的這種眞正創造性要求眞正的教育，至於假的創造性只採用無教養的人們頭腦中所想出來的荒誕事物。

第一八八節

市民社會含有下列三個環節：

第一，透過個人的勞動以及透過其他一切人的勞動與需要的滿足，使需要得到中介，個人得到滿足——即需要的體系。

第二，包含在上列體系中的自由這一普遍物的現實性——即透過司法對所有權的保護。

第三，透過警察和同業公會，來預防遺留在上列兩體系中的偶然性，並把特殊利益作爲共同利益予以關懷。

第一　需要的體系

第一八九節

最初，特殊性一般地被規定爲跟意志的普遍物相對抗的東西（第六十節）[15]，它是主觀需要。這種需要透過下列兩種手段而達到它的客觀性，達到它的滿足：（甲）透過外在物，在目前階段這種外在物也同樣是別人需要和意志的所有物和產品；（乙）透過活動和勞動，這是主觀性和客觀性的中介。這裡，需要的目的是滿足主觀特殊性，但普遍性就在這種滿足跟別人的需要和自由任性的關係中，肯定了自己。因此發生在這一有限性的領域中的合理性的這種表現，就是理智，這一個方面在我們考慮這一領域時極爲重要，它本身構成這一領域內部的調和因素。

附釋　**政治經濟學**就是從上述需要和勞動的觀點出發、然後按照群眾關係和群眾運動的質和量的規定性以及它們的複雜性來闡明這些關係和運動的一門科學。

這是在現代世界基礎上所產生的若干門科學的一門。它的發展是很有趣的，可以從中見到**思想**（見斯密，塞伊，李嘉圖【16】）是怎樣從最初擺在它面前的無數個別事實中，找出事物簡單的原理，即找出在事物中發生作用並調節著事物的理智。

在需要的領域中認識這種包含在事物中而且在起作用的合理性的表現，一方面是爲了要找到調和的東西，但從相反的觀點看，這又是主觀目的和道德意見的理智發泄它的不滿情緒和道德上憤懣的場地。

補充（**政治經濟學**）　某些普遍需要如吃、喝、穿等等，它們的得到滿足完全繫於偶然的情況。土壤有的肥沃些有的貧瘠些；年成的豐歉每歲不同；一個人是勤勞的，另一個人是懶惰的。但是從這樣亂紛紛的任性中就產生出普遍規定。這種表面上分散的和混沌的局面是靠自然而然出現的一種必然性來維繫的。這裡所要發現的這種必然性的東西就是政治經濟學的對象。這門科學使思想感到榮幸，因爲它替一大堆的偶然性找出了規律。在這裡，一切的聯繫怎樣地起著反作用，各特殊領域怎樣地分類並影響別的領域，以及別的領域又怎樣促進或阻撓它，這些都是有趣的奇觀。這種相互交織的現象，初看令人難以置信，因爲看來一切都是聽從個人任性擺布的，然而它是最值得注意的；它與太陽系相似，在我們眼前太陽系總是表現出不規則的運動，但是它的規律畢竟是可以認識到的。

一、需要及其滿足的方式

第一九〇節

動物用一套局限的手段和方法來滿足牠的同樣局限的需要。人雖然也受到這種限制，但同時證實他能越出這種限制並證實他的普遍性，藉以證實的首先是需要和滿足手段的殊多性，其次是具體的需要分解和區分為個別的部分和方面，後者又轉而成為特殊化了的，從而更抽象的各種不同需要。

附釋 在法中對象是人，從道德的觀點說是主體，在家庭中是家庭成員，在一般市民社會中是市民（即有產者），而這裡，從需要的觀點說（參閱第一二三節附釋）是具體的觀念，即所謂人。因此，這裡初次、並且也只有在這裡是從這一含義來談人的[17]。

補充（人的需要） 動物是一種特異的東西，牠有其本能和滿足的手段，這些手段是有限度而不能越出的。有些昆蟲寄生在特定一種植物上，有些動物則有更廣大的範圍而能在不同的氣候中生存。但是跟人的生存範圍比較起來總是有某種限制的。人有居住和穿衣的需要，他不再生吃食物，而必然加以烹調，並把食物自然直接性加以破壞，這些都使人不能像動物那樣隨遇而安，並且作為精神，他也不應該隨遇而安。能理解差別的理智使這些需要殊多化了。趣味和用途成為判斷的標準，因此需要本身也受其影響。必須得到滿足的，終於不再是需要，而是意見了。教育的作用就在於把具體物分解為它的特殊性。需要的殊多化就包含著對情欲的抑制，因為如果人們使用多數東西，那麼他們對任何一種可能需要的東西的渴望心理，便不會那麼強。這就表明需要本身一般說來不是那麼迫切的。

第一九一節

同樣地，為特異化了的需要服務的**手段**和滿足這些需要的方法也**細分而繁複起來了**，它們本身變成了相對的目的和抽象的需要。這種殊多化繼續前進，至於無窮；殊多化就是這些規定的**區分**和關於手段對目的的適宜性的**評斷**，總的說來，就是**精煉**。

補充（**舒適**）　英國人所謂舒適的是某種完全無窮無盡的和無限度前進的東西，因為每一次舒適又重新表明它的不舒適，然而這些發現是沒有窮盡的。因此，需要並不是直接從具有需要的人那裡產生出來的，它倒是那些企圖從中獲得利潤的人所製造出來的。

第一九二節

需要和手段，作為實在的定在，就成為一種**為他人的存在**，而他人的需要和勞動就是大家彼此滿足的條件。當需要和手段的性質成為一種抽象時（見上節），抽象也就成為個人之間相互關係的規定[18]。這種普遍性，作為**被承認的東西**，就是一個環節，它使孤立的和抽象的需要以及滿足的手段與方法都成為**具體的**、即**社會的**。

補充（**習俗**）　我必須配合著別人而行動，普遍性的形式就是由此而來的。我既從別人那裡取得滿足的手段，我就得接受別人的意見，而同時我也不得不生產滿足別人的手段。於是彼此配合，相互聯繫，一切各別的東西就這樣地成為社會的。在服裝式樣和膳食時間方面有著一定的習俗，人們必須接受，因為在這些事情上，用不著白費力氣堅持表示自己的見解；最聰明的辦法是按著別人那樣的去做。

第一九三節

因此，這一環節無論對手段自身及其占有來說，以及對滿足需要的方式和方法來說，都成爲特殊目的的規定者。此外，它還直接包含著與別人**平等**的要求。這種平等的需要和向別人看齊即**模仿**，以及同樣在這裡存在著的另一個需要，即**特殊性**用某種突出標誌肯定自己——這兩種需要本身就成爲需要殊多化和擴張的現實泉源。

第一九四節

社會需要是直接的或自然的需要與**觀念**的精神需要之間的聯繫，由於後一種需要作爲普遍物在社會需要中占著優勢，所以這一社會環節就含有**解放**的一面，這就是說，需要的嚴格的自然必然性被隱蔽了，而人就跟**他自己的**、同時也是普遍的**意見**，以及他獨自造成的必然性發生關係，而不是跟僅僅外在的必然性、內在的偶然性以及**任性**發生關係。

附釋　有這樣一種觀念，彷彿人在所謂自然狀態中，就需要說，其生活是**自由**的；在自然狀態中，他只有所謂簡單的自然需要，爲了滿足需要，他僅僅使用自然的偶然性直接提供給他的手段。這種觀念沒有考慮到勞動所包含的解放的環節——這點以後再談——因此是一種不眞確的意見，因爲自然需要本身及其直接滿足只是潛伏在自然中的精神性的狀態，從而是粗野的和不自由的狀態，至於自由則僅存在於精神在自己內部的反思中，存在於精神與自然的差別中，以及存在於精神對自然的反射中。

第一九五節

這種解放是**形式的**，因爲這些目的的特殊性仍然是基本內容。社會狀況趨向於需要、手段和享受的無窮盡的殊多化和細緻化。這一過程如同自然需要與高尚需要之間的差別一樣，是沒有質的界限的。這就產生了**奢侈**。在同一過程中，依賴性和貧困也無限增長。貧困跟對它進行無限抵抗的物質有關，即跟成爲自由意志所有物的那特殊種類的外部手段有關，因此，這種物質的抵抗是絕對頑強的。

補充（**鄙視奢侈**）　**第歐根尼**所採取的完全犬儒派的生活方式，原只是雅典社會生活的產物；他的整個生活方式所反抗的那種意見決定了他。因此，他的生活方式不是無所依據，而是那種社會的東西所產生的；它本身是奢侈的一種粗野的產物。一方面，窮奢極侈；另一方面，貧病交迫，道德敗壞，犬儒主義就是由於反對精煉而產生的。

二、勞動的方式

第一九六節

替**特異化了的**需要準備和獲得適宜的，同樣是**特異化了的**手段，其中介就是**勞動**。勞動透過各色各樣的過程，加工於自然界所直接提供的物資，使合乎這些殊多的目的。這種造形加工使手段具有價值和實用。這樣，人在自己消費中所涉及的主要是**人**的產品，而他所消費的正是人的努力的成果。

補充（**勞動的必要**）　用不著加工的直接物資爲數極少。甚至空氣也要用力去得來，因爲我們必須把它變成溫暖。幾乎只有水是例外，現成的水就可以喝。人透過流汗和勞動而獲得滿足需要的手段。

第一九七節

理論教育是在多種多樣有興趣的規定和對象上發展起來的，它不僅在於獲得各種各樣的觀念和知識，而且在於使思想靈活敏捷，能從一個觀念過渡到另一個觀念，以及把握複雜的和普遍的關係等等。這是一般的理智教育，從而也是語文教育。透過勞動的**實踐教育**首先在於使做事的需要和一般的**勤勞習慣**自然地產生；其次，在於**限制人的活動**，即一方面使其活動適應物質的性質；另一方面，而且是主要的，使能適應別人的任性；最後，在於透過這種訓練而產生**客觀活動**的習慣和**普遍有效**的技能的習慣。

補充（**野蠻和實踐教育**）　野蠻人是懶惰的，他與有教化的人的區別在於他只對著面前的事物呆想；其實，實踐教育就在於養成做事的習慣和需要。笨拙的人總是做出不是他本來所想的東西，因爲他對自己的活兒做不了主。只有夠得上稱爲熟練的工人，才能製造應被製造出的物件來，而且在他的主觀活動中找不到任何違反目的的地方。

第一九八節

但是勞動中普遍的和客觀的東西存在於抽象化的過程中，抽象化引起手段和需要的細緻化，從而也引起了生產的細緻化，並產生了分工。個人的勞動透過分工而變得更加簡單，結果他在其抽象的勞動中的技能提高了，他的生產量也增加了。同時，技能和手段的這種抽象化使人們之間在滿足其他需要上的依賴性和相互關係得以完成，並使之成爲一種完全必然性。此外，生產的抽象化使勞動愈來愈機械化，到了最後人就可以走開，而讓機器來代替他。

三、財富

第一九九節

在勞動和滿足需要的上述依賴性和相互關係中，主觀的利己心轉化爲對其他一切人的需要得到滿足是有幫助的東西，即透過普遍物而轉化爲特殊物的中介。這是一種辯證運動。其結果，每個人在爲自己取得、生產和享受的同時，也正爲了其他一切人的享受而生產和取得。在一切人相互依賴全面交織中所含有的必然性，現在對每個人說來，就是普遍而持久的財富（見第一七〇節）。這種財富對他說來包含著一種可能性，使他透過教育和技能分享到其中的一份，以保證他的生活；另一方面他的勞動所得又保持和增加了普遍財富。

第二〇〇節

但是分享普遍財富的可能性，即特殊財富，一方面受到自己的直接基礎（資本）的制約；另一方面受到技能的制約，而技能本身又轉而受到資本，而且也受到偶然情況的制約；後者的多樣性產生了原來不平等的稟賦和體質在發展上的差異。這種差異在特殊性的領域中表現在一切方面和一切階段，並且連同其他偶然性和任性，產生了各個人的財富和技能的不平等爲其必然後果。

附釋　理念包含著精神特殊性的客觀法。這種法在市民社會中不但不揚棄人的自然不平等（自然就是不平等的始基），它反而從精神中產生它，並把它提高到在技能和財富上，甚至在理智教養和道德教養上的不平等。提出平等的要求來對抗這種法，是空洞的理智的勾當，這種理智把它這種抽象的平等和它這種應然看作實在的和合理的東西。這種特殊性的領域自以爲是普遍物，其實只是與普遍物相對的同一，因此，它在自身中還保持著自然的、亦即任性的特殊性，換句話說，保持著自然狀態的殘餘。此外，正是內在於人的需要體系和需要運動中的理性，把這一體系組成爲具有各種差別的有機整體（見下節）。

第二〇一節

無限多樣化的手段及其在相互生產和交換上同樣無限地交叉起來的運動，由於其內容中固有的普遍性而集合起來，並區分爲各種普遍的集團；全部的集合就這樣地形成在需要、有關需要的手段和勞動、滿足的方式和方法，以及理論教育和實踐教育等各方面的特殊體系——個別的人則分屬於這些體系——也就是說，形成等級的差別。

補充（等級的必然性）　分享普遍財富的方式和方法，任由每個人的特殊性去決定，但是市民社會之區分爲衆多普遍部門乃是必然的。如果說，國家的第一個基礎是家庭，那麼它的第二個基礎就是等級。等級之所以重要，就因爲私人雖然是利己的，但是他們有必要把注意力轉向別人。這裡就存在著一種根源，它把利己心與普遍物即國家結合起來，而國家則必須關心這一結合，使之成爲結實和堅固的東西。

第二〇二節

從概念上說，等級得被規定爲實體性的或直接的等級，反思的或形式的等級，以及普遍的等級。

第二〇三節

㈠實體性的等級以它所耕種土地的自然產物爲它的財富，這種土地可以成爲它的專屬私有物，它所要求的，不僅是偶爾的使用，而是客觀的經營。由於勞動及其成果是與個別固定的季節相聯繫，又由於收成是以自然過程的變化爲轉移，所以這一等級的需要就以防患未然爲目的。但是，這裡的條件使它保持著一種不大需要以反思和自己意志爲中介的生活方式。這一等級在這種生活方式中一般地具有這樣一種倫理的實體性的情緒，即其倫理是直接以家庭關係和信任爲基礎的。

附釋　把國家的眞正開端和最初締造歸之於農業的倡導和婚姻的實施是正確的，因爲農業的原則使生地變爲熟地，並帶來了專屬私有制（參閱第一七〇節附釋）。它又使遊蕩閒散的野蠻人的游牧生活回復到私權的靜止狀態，並使需要的滿足得到保證。與此同時，性愛限於婚姻，這種結合又擴大而成爲一種持續的，就其本身說是普遍的聯盟，需要則擴大成爲對一家的關懷，個人占有也成爲家庭產業。安全、鞏固、需要的持久滿足等等——所有這些最初由農業和婚姻制度所提供的性格，都不外是普遍性的形式，以及理性或絕對最終目的在這些對象中肯定自己的形態。

關於這方面問題的實質，再沒有比我最敬重的朋友克勞伊澤爾先生[19]所做既精深又淵博的闡明更饒興趣的了。他尤其在所著神話學與象徵研究一書的第四卷中闡述了古代農業節日、偶像和聖物等，表明古人已意識到農業的實施及一切連帶的制度都是神所施與的，於是對祂們表示宗教式的虔敬。

隨後這一等級的實體性格，透過私法法規，尤其是透過司法，以及教育、教養和宗教等，而起了變化，這些變化並不影響這一等級的實體性的內容，而只牽涉到它的形式和反思的發展。其實，這種進一步的後果也同樣發生在其他等級中的。

補充（農業）　在我們時代，農業也像工廠一樣根據反思的方式而經營，因此它具有第二等級的性格而違反了它原來的自然性。不過，這第一等級將始終保持住家長制的生活方式和這種生活的實體性情緒。這一等級的人以直接的感覺接納所給予的和所受領的東西，他們感謝上帝的這種恩賜，並在虔誠信仰中生活著，相信這種好事會源源而來。他所得到的，對他已是足夠的了，他消費了之後，又來了更多的東西。這是簡單的、不是專心爭取財富的情緒。我們也可以把它叫作舊貴族的情緒：消耗一切現有的東西。在這一等級那裡，自然界所提供的是主要的，而本身的勤勞相反地是次要的。至於在第二等級那裡，理智才是本質的東西，而自然產物則只能看作是材料。

第二〇四節

㈡**產業等級**以對自然產物的加工製造爲其職業。它從它的**勞動**中，從**反思**和理智中，以及本質上是從別人的需要和勞動的中介中，獲得它的生活資源。它所生產的以及它所享受的，主要歸功於它**自己**，即它本身的活動。它的行業又可區分爲下列三種：以較具體的方式和根據個人的要求來滿足個別需要的勞動，即**手工業等級**，此其一；爲滿足屬於一種較普遍需求的個別需要所做出的較抽象而集體的勞動，即**工業等級**，此其二；拿零星物資主要透過貨幣這一普遍交換手段（在貨幣中所有一切商品的抽象價值都成爲現實的）而進行相互交換的行業，即**商業等級**，此其三。

補充（**產業和自由感**）　在產業等級中，個人都依靠自己。這種自尊感跟建立法治狀態這一要求有著緊密的聯繫。因此，自由和秩序的感覺主要是在城市中發生的。相反地，第一等級很少想到自身。它所取得的是外界的即自然界的恩賜。在它那裡這種依賴心是基本的；逆來順受的那種心理很容易跟這種依賴心相結合。因此，第一等級比較傾向屈從，第二等級則比較傾向自由。

第二〇五節

㈢**普遍等級**以社會狀態的**普遍利益**爲其職業，因此，必須使它免予參加直接勞動來滿足需要，它或者應擁有私產，或者應由國家給予待遇，以補償國家所要求於它的活動，這樣，私人利益就可在它那有利於普遍物的勞動中得到滿足。

第二〇六節

等級，作為對自身成為客觀的特殊性來說，一方面就這樣地按照概念而分為它的普遍差別；至於另一方面，個人應屬於哪一特殊等級，卻受到天賦才能、出生和環境等的影響，但是最後的和基本的決定因素還在於主觀意見和特殊任性，它們在這一領域中具有它們的權利，它們的功績和它們的尊嚴。所以，在這一領域中由於內在必然性而發生的一切，同時也以任性為中介的，並且對主觀意識說來，具有他自己意志作品的形態。

附釋　就在這方面，關於特殊性和主觀任性的原則，也顯示出東方與西方之間以及古代與現代之間政治生活的差別。在前者，整體之分為等級，是自動地客觀地發生的，因為這種區分自身是合乎理性的。但是主觀特殊性的原則並沒有同時得到它應有的權利，因為，例如個人之分屬於各等級是聽憑統治者來決定的，像在柏拉圖的《理想國》中那樣（柏拉圖：《理想國》，第三篇），或聽憑純粹出生的事實來決定的，像在印度的種姓制度中那樣。所以主觀特殊性既沒有被接納在整體的組織中，也並未在整體中得到協調。因此，它就表現為敵對的原則，表現為對社會秩序的腐蝕（見第一八五節附釋），因為作為本質的環節，它無論如何要顯露出來的；或者它顛覆社會秩序，像在古希臘各國和羅馬共和國所發生的，或者，如果社會秩序作為一種權力或者好比宗教權威而仍然保持著，那它就成為一種內部腐化和完全蛻化，在某種程度上像斯巴達人的情形，而現在十足像印度人的情形那樣。但是，如果主觀特殊性被維持在客觀秩序中並適合於客觀秩序，同時其權利也得到承認，那麼，它就成為使整個市民社會變得富有生氣、使思維活動、功績和尊嚴的發展變得生動活潑的一個原則了。如果人們承認在市民社會和國家中一切都由於理性而必然發生，同時也以**任性**爲中介，並且承認這種法，那麼人們對於通常所稱的**自由**，也就做出更詳密的規定了（第一二一節）。

第二〇七節

個人只有成爲**定在**，成爲**特定的特殊性**，從而把自己完全限制於需要的某一**特殊**領域，才能達到他的現實性。所以在這種等級制度中，倫理性的情緒就是**正直**和**等級榮譽**，這就是說，出於自己的決定並透過本身的活動、勤勞和技能，使自己成爲市民社會中某一個環節的成員，使自己保持這一成員的地位，並且只是透過普遍物的中介來照料自己的生活，以及透過同樣的辦法使他的意見和別人的意見都得到**承認**。在這一領域中，**道德**具有它獨特的地位，這裡，個人對自己活動的反思、特殊需要和福利的目的，乃是支配的因素，並且在滿足這些東西中的偶然性使偶然的和個別的援助成爲一種義務。

附釋　個人最初（即尤其在少年時代）對於替自己決定一個特殊等級的想法是抗拒的，他認爲這是對於他的普遍規定的限制，是純粹**外在**的必然性。這是因爲他的思維是一種抽象的思維，這種思維始終死抱住普遍物、從而是非現實的東西；它不認識到，如果概念要達到**定在**，概念本身就得進入概念與它的實在之間的差別，從而進入規定性和特殊性（見第七節），它也不認識到，只有這樣，概念才能達到現實性和倫理客觀性。

補充（**等級和個人的價值**）　人必須成爲**某種人**物，這句話的意思就是說，他應隸屬於某一特定階級，因爲這裡所說的某種人物，就是某種實體性的東西。不屬於任何等級的人是一個單純的私人，他不處於現實的普遍性中。另一方面，個人在他特殊性中可能認爲自己是普遍物，並且推想，如果他參加一個等級，他就會犧牲自己而屈從一個卑賤的東西。如果以爲某物獲得了它所必要的定在，它就因而限制了自己、捨棄了自己，這種思想是錯誤的。

第二〇八節

這種需要體系的原則，作爲知識和意志所特有的特殊性，在自身中含有自在自爲地存在的普遍性，即自由的普遍性，但它還是抽象的，從而是所有權法。不過在這裡，所有權法不再是自在的，而已達到了它的有效的現實性，因爲有司法保護著所有權。

第二 司法

第二〇九節

需要跟爲滿足需要的勞動之間相互關係中的關聯性，最初是在自身中的反思，即在無限的人格、（抽象的）法中的反思。但是，正是這種關聯性的領域，即教養的領域，才給予法以定在；這種定在就是被普遍承認的、被認識的和被希求的東西，並且透過這種被認識和被希求的性格而獲得了有效性和客觀現實性。

附釋　自我被理解爲普遍的人，即跟一切人同一的，這是屬於教養的問題，屬於思維——採取普遍性的形式的個人意識——的問題。人之所以爲人，正因爲他是人的緣故，而並不是因爲他是猶太人、天主教徒、基督教徒、德國人、義大利人等等不一。重視思想的這種意識是無限重要的。只有當這種意識把自己例如作爲世界主義固定起來而與具體的國家生活相對立時，它才是有缺陷的。

補充（特殊法律的產生）　從一方面看來，正是透過特異性的體系，法才對保護特殊性成爲外部必要的東西。雖然這種結果是從概念而來，但畢竟因爲法對人的需要說來是有用的，所以它才變成實存。爲了具有法的思想，必須學會思維而不再停留在單純感性的東西中。必須予對象以普遍性的形式，同樣地，也必須按照某種普遍物來指導意志。只有在人們發現了許多需要，並且所得到的這些需要跟滿足交織在一起之後，他們才能爲自身制定法律。

第二一〇節

法的客觀現實性，一方面對意識而存在，總之是被知道的；另一方面具有現實性所擁有的力量，並具有效力，從而也是被知道爲普遍有效的東西。

一、作為法律的法

第二一一節

法律是自在地是法的東西而被設定在它的客觀定在中，這就是說，爲了提供於意識，思想把它明確規定，並作爲法的東西和有效的東西予以公布。透過這種規定，法就成爲一般的實定法。

附釋　把某物設定爲普遍物，就是說，把它作爲普遍物而提供於意識，這大家曉得就是思維（參閱上述第十三節附釋和第二十一節附釋）。在把內容歸結爲它的最簡單的形式時，思維就給了它最後的規定性。法的東西要成爲法律，不僅首先必須獲得它的普遍性的形式，而且必須獲得它的眞實的規定性。所以，想要進行立法，不宜只看到一個環節，即把某物表達爲對一切人有效的行爲規則，而且要看到比這更重要的、內在而本質的環節，即認識它的被規定了的普遍性中的內容。甚至習慣法（因爲只有動物是以本能爲牠們的法律的，而人是把法律當作習慣的）也包含這一環節，即作爲思想而存在、而被知道。習慣法所不同於法律的僅僅在於，它們是主觀地和偶然地被知道的，因而它們本身是比較不確定的，思想的普遍性也比較模糊。此外，認識法的這個方面或那個方面，以及認識一般的法，只是少數人偶然所有的本領。有人認爲習慣法由於它們是習慣的形式，所以應具有成爲生活一部分的這種優點（此外，今天正是那些精通最無生氣的題材和最無生氣的思想的人們，才最常談到生活和成爲生活一部分）。但這是一種幻想，因爲一個民族的現行法律，不因爲它是成文的並經彙編就終止其爲習慣。當習慣法一旦被彙編而集合起來——在稍開化的民族中必然會發生的——這一彙編就是法典。正因爲它僅僅是一種彙編，所以它顯然是畸形的，模糊的和殘缺的。它與一部眞正所謂法典的區別主要在於，眞正的法典是從思維上來把握並表達法的各種原則的普遍性和它們的規定性的。如所周知，英國的國內法是包含在成文法規（制定的法律）和一種所謂不成文的法規中。其實，這種不成文法同樣是成文的；要獲得對不成文法的知識，只能而且必須閱讀多本滿載著不成文法的四開型書籍。不論在英國的司法或在它的立法事業中，都存在著驚人的混亂，這一點已由行家們加以描述。他們尤其提到這種情況，即因爲不成文法是包含在法院和法官的判決中，所以法官就成爲經常的立法者。法官受到先例權威的拘束，因爲這些先例不僅表達了不成文法，也可以說他們並不受其拘束，因爲他們自己有一套不成文法，所以他們有權對已往的裁判做出判斷，判定其是否符合不成文法。

羅馬帝國後期的司法，由於所有著名而不同的法學家們都享有權威，很可能發生類似的混亂情形。這時一位皇帝[20]爲了補救，而採取了巧妙的措施，命名爲引證法，他成立了一種由已故法學家組成的合議機構，其中也有主席，一切取決於多數（見胡果，《羅馬法史教科書》，第三五四節）。

否認一個文明民族和它的法學界具有編纂法典的能力，這是對這一民族和它的法學界莫大的侮辱[21]，因爲這裡的問題並不是要建立一個其內容是嶄新的法律體系，而是認識即思維地理解現行法律內容被規定了的普遍性，然後把它適用於特殊事物。

補充（實定法和習慣法）　太陽和行星也都有它們的規律，但是它們不知道這些規律。野蠻人受衝動、風俗、感情等的支配，但是他們沒有意識到這一點。由於法被制定爲法律而被知道了，於是感覺和私見等一切偶然物，以及復仇、同情自私等形式都消失了。法就這樣初次地達到了它的眞實規定性，並獲得了它的尊嚴。只有培養了對法的理解之後，法才有能力獲得普遍性。在適用法律時會發生衝突，而這裡法官的理智有它的地位，這一點是完全必然的，否則執行法律就會完全成爲機械式的。如果人們要想把許多東西聽由法官隨意決定，藉以消滅衝突，那將是一種比較起來壞得多的辦法，因爲衝突也是思想、能思考的意識和它的辯證法所固有的，而單由法官來裁決，就難免恣意專橫之弊。人們通常替習慣法辯解，說它是充滿活力的。但是這種活力，即規定和主體的同一，還不是事物的本質。法必須透過思維而被知道，必須自身是一個體系，也只有這樣它才能在文明民族中發生效力。最近有人否認各民族具有立法的使命，這不僅是侮辱，而且還含有荒謬的想法，認爲個別的人並不具有這種才幹來把無數現行法律編成一個前後一貫的體系。其實，體系化，即提高到普遍物，正是我們時代無限迫切的要求。同樣也有人認爲像在法規大全中看到的那種判例彙編，比用最普遍的方式精密編訂的法典要高明些；其理由是這些判例總是保持著某種特殊性和人們不願放棄的對歷史的回憶。這些彙編是多麼惡劣，英國法的實踐已經表明得夠清楚了。

第二一二節

只有在**自在的存在和設定的存在**的這種同一中，**法律的**東西才作爲法而具有拘束力。由於設定的存在是一種定在，也可能有自我意志和其他特殊性等偶然物加入在內，因之，法律的內容和自在的法是可能不同的。

附釋　因此，在實定法中，**符合法律的**東西才是認識的淵源，據以認識什麼是法，或者更確切些說，據以認識什麼是**合法的**東西。照這樣說，實定法學是一種歷史科學，它是以權威爲其原則的。此外可能發生的問題是理智範圍的事，而且涉及外部整理、分類、推論、對新事實的適用如此等等。當理智干涉了事物本身的本性時，它連同它的演繹會做出些什麼來，例如可以從刑法的理論中看到。

一方面，實定法學不僅有權利而且必然有義務從它的實證材料中，極其詳細地演繹現行法規的歷史進程以及他們的適用和分類，並證明它們的前後一貫性；另一方面，在提出這一切證明之後，如果有人要問某一法律規定是否合乎理性的，這縱然對於從事這種科學的人說來好像是反覆盤問，但是他們至少不應該感到絕對驚訝（關於理智地了解法律，參閱第三節附釋）。

第二一三節

法首先以實定法的形式而達到定在，然後作爲適用而在內容方面也成爲定在，這就是對於所有權和契約在市民社會中無限零星和複雜的關係和種類等素材的適用，其次是對於以心情、愛和信任爲基礎的倫理關係的素材的適用，但後者僅以包含抽象法方面的倫理關係爲限（第一五九節）。道德的方面和道德戒律涉及意志所最特有的主觀性和特殊性，因之，不可能成爲實定立法的對象。淵源於司法本身和國家等等的權利義務又提供了更多的素材。

補充（法律和主體的內心）　婚姻、愛、宗教和國家等較高級的關係，其可能成爲立法對象的，僅以按其本性能自在地具有外在性的這些方面者爲限。雖然如此，在這方面，各民族的立法大有不同。例如中國法律規定丈夫對元配的愛應勝過其對其他妻妾的愛。如經證明有相反的行爲，則科以笞刑。在古代立法中，同樣可以找到許多關於忠實和誠實的規定，但這些都與法律本性不符合，因爲它們完全屬於內心生活。唯有在宣誓的場合，事情全憑良心決定，那時忠實和誠實才必須被看作實體性的東西。

第二一四節

但是，體現在實定法中的法除適用於特殊物外，還適用於個別的場合。這樣它就進入不是由概念規定的量的東西的領域（這本身是量的東西的領域，或者是一種質的東西和另一種質的東西在交換上價值的規定）。概念的規定性不過定下一般的界限，在這界限內還有些出入。但是在實際適用上，這種游移情況必須予以解決，因此在上述界限內就會出現偶然的任意的裁決。

附釋　法律的純粹實定性主要就在於把普遍物不僅對準特殊物，而且對準個別事物予以直接適用。對於犯了某一種罪的人，應否杖四十或四十減一，應否科罰金五元或四元二角三分等等，應否處有期徒刑一年或三百六十四天等等又或一年零一天、二天或三天，究竟怎樣才算公正，這就無法做出合理的規定，也無從適用淵源於概念的規定性來決定。可是多杖或少杖一下，多罰或少罰一元或一分，多判或少判一週或一日的徒刑等等，就是不公正了。

理性本身承認，偶然性、矛盾和假象各有自己的誠然是局限的領域和權利，於是並不企圖把這些矛盾搞得平平正正。這裡僅僅存在著實際適用的問題，即反正要做出規定和裁決，不論用什麼方法（只要在界限之內）都行。做這種裁決屬於形式的自我確信，抽象的主觀性。這種主觀性可以完全堅持在上述界限以內予以解決，並爲了確定而確定下來，不然，就堅持這是一個整數這樣一種決定理由，或四十減一[22]這一數字可能包含的理由。

法律大抵對於現實所要求的這種最後規定性並不加以肯定，而聽由法官去裁決，它僅限定他在一個最高和最低限度之間。但這並不解決問題，因爲這個最低和最高限度本身又各是一個整數，於是並不阻止法官做出這樣一個有限的、純肯定的規定；相反地，這乃是必然屬於法官職權範圍內的事。

補充（法的偶然性）　法律和司法包含著偶然性，這本質上是它們的一個方面。其所以如此，乃由於法律是應適用於個別事件的一種普遍規定。如果有人表示要反對這種偶然性，那他是在談一種抽象的東西。例如，刑罰的分量就不可能使之與任何概念的規定相適合，從這方面看，一切裁決終難免是一種任性。然而這種任性本身卻是必然的。如果認爲法典不完備，於是做出某種一般地反對法典的論據，那正是忽視了這一方面，這一方面是無法做到完備的，因此，必須按照它的本來面目接受它。

二、法律的定在

第二一五節

從自我意識的權利方面說（第一三二節以及附釋），法律必須普遍地爲人知曉，然後它才有拘束力。

附釋　像暴君狄奧尼希阿斯那樣的做法，把法律掛得老高，結果沒有一個公民能讀到它們，或者把法律埋葬在洋洋大觀和精深淵博的冊籍中，在載有相反判決和不同意見的判例彙編中，以及在習慣輯錄中等等，再加所用的文字詰屈難懂，結果只有那些致力於這門學問的人才能獲得對現行法的知識；無論是前一種或後一種情形，都是同樣不公正的。

如果統治者能給予他們的人民即便像優士丁尼安那樣一種不勻稱的彙編，或者給予更多一些，即採取井井有條、用語精確的法典形式的國內法，那麼，他們不僅大大地造福人群，應當爲此而受到歌頌愛戴，而且他們還因此做了一件出色的公正的事。

補充（一般的法的知識）　對法律具有特殊知識的法學家等級，往往主張這種知識是它的獨占品，不是這一行的人就不該插嘴談論。例如，物理學家對歌德的色彩學說就不以爲然，因爲他不是行家，何況他又是一位詩人。但是，每個人無須都成爲鞋匠才知道鞋子對他是否合穿，同樣地，他也無須是個行家才能認識有關普遍利益的問題。法與自由有關，是對人最神聖可貴的東西，如果要對人發生拘束力，人本身就必須知道它。

第二一六節

對公開的法典一方面要求簡單的普遍規定，另一方面，有限的素材的本性卻導致無止境的詳細規定。法律的範圍一方面應該是一個完備而有系統的整體，另一方面它又繼續不斷地需要新的法律規定。但是，由於這個二律背反是在固定不變的普遍原則適用於特殊事件時所產生的，所以對修訂一部完整法典的權利並沒有受到損害，同樣地，這些簡單的普遍原則本身可以跟它們對特殊事件的適用區別開來而被理解和設定的這種權利，也沒有受到影響。

附釋　立法紛亂的主要根源在於，合乎理性的東西即自在自爲的法的東西逐漸滲入到原始的、含有不法因素的、從而是單純歷史性的制度中去。這就是上述羅馬法（第一八〇節附釋）、中世紀采邑法等等中發生的情形。但是了解到下列這一點是重要的，即當自在自爲地合乎理性的、其本身爲普遍的規定適用於有限的素材時，這種素材的本性本身必然會在這種適用上引起無止境的進程。

要求一部完備的法典，即看來絕對完整而無須做進一步規定的法典——這種要求主要是德國人犯的毛病——以及藉法典不可能修訂得那麼完整爲理由，就主張不該讓所謂不完整的東西產生，即不該讓它達到現實，以上兩種情況都是基因於對像私法那樣的、有限對象的本性的一種誤解，其實，所謂私法的完整性只是永久不斷地對完整性的接近而已。同時，它們又是基因於對理性的普遍物與理智的普遍物之間差別的誤解，以及對理智的普遍物適用於有限性和單一性的素材（這種素材無止境地在進展）的誤解。

好的最大的敵人是最好（Le plus grand ennemi du bien, c'est le mieux）。這正是眞實的健全的常識對抗虛無推論和抽象反思的表現。

補充（法的完備和改進的可能性） 完備的意思就是搜羅屬於某一領域的東西的一切細節使無遺漏，從這一含義說，沒有一種科學和知識能說得上完備的。如果現在我們說哲學或任何一種科學是不完備的，那麼可以發生一種淺顯的意見，即我們必須等待，直到它得到補充爲止，因爲可能還短少最好的部分。但是，這樣一來，任何東西都不會再向前發展了，無論是看來已經完整的幾何學——可是在幾何學中還在產生新的規定，或是哲學——它所研究的誠然是普遍理念，但仍然可以使它不斷地細緻化——都是一樣。過去的普遍法律始終是摩西十誡，現在藉口對法典不可能求其完備，所以就不制定「你不得殺人」那樣的法律，這馬上顯得是荒謬的。對任何一部法典都可以求其更好，不用多少反思就可做出這一主張，因爲我們對最好、最高、最美的，還可以想到更好、更高、更美的。但是一棵高大的古樹不因爲它長出了愈來愈多的枝葉而就成爲一棵新樹；如果因爲可能長出新的枝葉，於是就根本不願意種樹，豈不愚蠢。

第二一七節

正像在市民社會中，自在的法變成了法律一樣，我個人權利的定在，不久前還是直接的和抽象的，現在，在獲得承認的意義上，達到了在實存的普遍的意志和知識中的定在。因此，有關所有權的取得和行動，必須採取和完成這種定在所賦予它們的形式。在市民社會中，所有權就是以契約和一定手續為根據的，這些手續使所有權具有證明能力和法律上效力。

附釋　原始的即直接的取得方式和名義（第五十四節以下），在市民社會中已真正消失了，它們僅僅作為個別偶然性或局限的環節而出現。正是一方面是死守住主觀的東西的感情，另一方面是固執著自己抽象本質的反思，才把各種手續拋棄了。但是死板的理智在它那一方面又可能堅持手續以對抗實在事物，並使手續無限增加。

可是教化的進程就在於透過長期艱苦的工作，使內容從感性的和直接的形式以進到它的思想的形式，從而達到一種適合於它的簡單的表達方式。正因為如此，所以在法律發展剛開始的狀態中，儀式和手續是冗長繁瑣的，它們被看作是事物本身，而不是它的符號。所以在羅馬法中淵源於古代儀式的一大堆規定，尤其是詞句，還繼續保存著，而沒有被思想規定及其適當的表達方式所代替。

補充（形式的原則）　法律就是法，即原來是自在的法，現在被制定為法律。我占有某物，它在無主狀態中被我占有因而成為我的所有物，但這種占有還必須經過承認和設定才能作為我的。因此在市民社會中就產生了有關所有權的各種手續，人們豎起界石作爲標誌，使他人便於承認；在抵押權登記簿上和產權冊籍上也做了記載。在市民社會的大多數所有權是根據於契約的，契約的手續是固定的和有規定的。我們現在可以對這些手續發生反感，認爲它們之所以存在，是爲了官府能多得一筆收入。我們甚至可以把它們看成某種觸目的東西，不信任的標誌，因爲它們使「言出必信」這句話不再有效了。但是形式的本質意義，在於自在的法就得作爲法而被制定。我的意志是一種合理的意志，它是有效的，而這種效力應得到別人的承認。這裡，我和別人的主觀性現在都必須消滅，意志必須達到確實性、固定性和客觀性，但只有透過形式它才能獲得這些東西。

第二一八節

因爲在市民社會中所有權和人格都得到法律上承認，並具有法律上效力，所以犯罪不再只是侵犯了主觀的無限的東西，而且侵犯了普遍事物，這一普遍事物自身是具有固定而堅強的實存的。因此產生了一種觀點，把行爲看成具有社會危險性。一方面，這種觀點增加了犯罪的嚴重性[23]；但另一方面，已經成爲具有自信的社會權力，減少了損害的外部重要性，並使刑罰大爲減輕。

附釋　由於對社會成員中一人的侵害就是對全體的侵害，所以犯罪的本性也起了變化，但這不是從犯罪的概念來說，而是從它的外部實存即侵害的方面來看的。現在，侵害行爲不只是影響直接受害人的定在，而是牽涉到整個市民社會的觀念和意識。在英雄時代（見古代悲劇），公民不因王室成員彼此之間進行犯罪而認爲自己受到損害。

犯罪自在地是一種無限的侵害行爲，但作爲定在，它必須根據質和量的差別予以衡量（第九十六節）。因爲這種定在現在本質上被規定爲對法律效力的觀念和意識，所以對市民社會的危險性就成爲它的嚴重性的一個規定，或者也是它的質的規定之一。

但是，這個質或嚴重性因市民社會情況不同而有異，於是有時對偷竊幾分錢或一顆甜菜的人處以死刑，而有時對偷竊百倍此數甚或價值更貴的東西的人處以輕刑，都同樣是正當的。對市民社會具有危險性這一觀點，看來會使犯罪更加嚴重，其實，這倒是減輕刑罰的主要原因。正因爲如此，所以一部刑法典主要是屬於它那個時代和那個時代的市民社會情況的。

補充（刑罰的尺度）　在社會中犯下的罪行顯得比較嚴重，可是刑罰則較輕，這種情況初看是自相矛盾的。但是社會不可能放縱犯罪而不罰，因爲那樣會使它被肯定爲合法的；可是社會既然對自己具有信心，犯罪就始終是對抗社會的個別情況，它是不穩定的和孤立的。由於社會本身的穩定性，犯罪就獲得了一種純粹主觀的東西的地位，這種主觀的東西看來不是熟慮意志的產物，而是自然衝動的產物。本著這種觀點，罪行就獲得了較輕微的地位，而刑罰也就成爲較輕微了。如果社會自身還是動蕩不安，那就必須透過刑罰樹立榜樣，因爲刑罰本身是反對犯罪的榜樣的榜樣。但是在本身已經是穩定的社會，犯罪的勾當是很微弱的，因此犯罪的處罰也必須按照這種微弱程度來衡定。所以嚴厲的刑罰不是自在自爲地不公正的，而是與時代的情況相聯繫的。一部刑法典不可能在任何時代都合用。罪行是假象的實存，它們會在更大或更小程度上得到否認。

三、法院

第二一九節

法採取法律的形式而進入定在時就成爲自爲的。它跟法的特殊意志和意見相對立，而是獨立自主的，並且必須肯定自己爲普遍物。在特殊場合這樣地認識和實現法，而且不帶有對特殊利益的主觀感情，係屬一種公共權力即法院的事。

附釋　在歷史上，法官和法院的產生可能採取過家長制關係的形式，也可能採取過權力或任意選擇的形式，從事物的概念來說，這是無足輕重的。把實施審判制度看作國王和政府方面所做的一件單純善意和仁慈的事，如封．哈勒先生[24]（在他所著《國家學的復興》一書中）所說的，那就是思慮不周，沒有察覺到關於法律和國家問題所應注意的是：它們的制度一般是合乎理性的，而且是絕對必要的；至於它們產生和建立的形式，則不是在考量它們的合理根據時所應研究的。

與這一意見相反的另一極端是一種粗魯的看法，它把司法看作像在強權即是公理那種時代的一種不適當的暴力行爲，對自由的壓迫和專制制度。其實，司法應該視爲既是公共權力的義務，又是它的權利，因此它不是以個人授權與某一權力機關那種任性爲其根據的。

第二二〇節

用復仇的形式來對付犯罪（第一〇二節）的那種法，只是自在的法，它是不合乎法的形式的，即它的實存是不合乎正義的。現在，受害的普遍物代替受害當事人而出現，它在法院裡具有獨特的現實性，並承擔著對犯罪的追究和懲處。因而這種追究和懲處就不再是透過復仇的那種主觀的和偶然的報復，而轉變爲法與它自身的眞實調和，即轉變爲刑罰。從客觀的方面說，這是法律與自身的調和，由於犯罪的揚棄，法律本身回復了原狀，從而有效地獲得實現。從犯罪者的主觀方面說，這是犯罪者與自身的調和，即跟他所知道的、保護他的和對他有效的法律的調和。因此，當法律對他執行時，他本身就在這一過程中找到正義的滿足，看到這只是他自己的行爲。

第二二一節

市民社會的成員有權利向法院起訴，同時也有義務到庭陳述；他的權利有了爭執時，只能由法院來解決。

補充（法院的強制）　個人既然有權利訴諸法院，他也就必須知道法律，否則這種權能對他說來毫無補益。但是個人也有義務到庭陳述。在封建制度下，有權勢的人往往不應法院的傳喚，藐視法院，並認爲法院傳喚有權勢的人到庭是不法的。但封建狀態是與法院的理念相違背的。在近代，國王必須承認法院就私人事件對他自身有管轄權，而且在自由的國家裡，國王敗訴，事屬常見。

第二二二節

在法院中，法所獲得的性格就是它必須是可以證明的。法律程序使當事人有機會主張他們的證據方法和法律理由，並使法官得以洞悉案情。這些步驟本身就是權利，因此其進程必須由法律來規定，同時它們也就構成理論法學的一個本質的部分。

補充（證明的強制）　某人明知自己具有某項權利，由於不能證明而他的請求竟被駁回了。這可能使他感到憤恨。但是我所具有的權利，必須同時爲法律所規定；我必須能夠闡明它和證明它，自在存在的東西只有在被設定後，才能在社會上發生效力。

第二二三節

由於這些步驟分裂成爲愈來愈零星的行動和權利而無一定界限，原來是一種手段的法律程序，就成爲某種外部東西而與它的目的相背。當事人有權從頭至尾窮歷這些繁瑣的手續，因爲這是他們的權利，但是這種形式主義也可能變成惡事，甚至於成爲製造不法的工具。因此，爲了保護當事人和保護在爭執中的實體性的事物即法本身，以避免法律程序及其濫用，法院責成當事人在進行訴訟之前，將事件交由一個簡易法院（公斷治安法院）受理，進行調解。

附釋　公平是出於道德或其他考慮而對形式法律的背離。它首先顧到法律爭端的內容。但是一個平衡法院所具有的意義是，在對個別事件進行裁判時，不堅持法律程序上的種種手續，尤其是法定的客觀證據方法，而就個別事件論個別事件，以明其是非，所以它的旨趣並不在於做出應成爲普遍性質的法律上決定。

第二二四節

法律應予公布是屬於主觀意識的權利（第二一五節），同樣地，法律在特殊事件中的實現，即外部手續的歷程以及法律理由等等也應有可能使人獲悉，因爲這種歷程是自在地在歷史上普遍有效的，又因為個別事件就其特殊內容來說誠然只涉及當事人的利益，但其普遍內容即其中的法和它的裁判是與一切人有利害關係的。這就是審判公開的原則。

附釋　法院成員為了製作判決而在自身之間進行審議，那時各人所發表的還是特殊的意見和看法，所以審議按其本性是不公開的。

補充（審判公開）　根據正直的常識可以看出，審判公開是正當的、正確的。反對這一點的重大理由無非在於，法官大人們的身分是高貴的；他們不願意公開露面，並把自身看作法的寶藏，非局外人所得問津。但是，公民對於法的信任應屬於法的一部，正是這一方面才要求審判必須公開。公開的權利根據在於，首先，法院的目的是法，作為一種普遍性，它就應當讓普遍的人聞悉其事；其次，透過審判公開，公民才能信服法院的判決確實表達了法。

第二二五節

審判行為作為法律對個別事件的適用，得分為兩個方面：㈠根據事件的直接單一性來認識事件的性狀，以視其是否有契約等等存在，或是否有侵害的行為，以及誰是加害人；如果事關刑法，則以反思來規定行為實體的、犯罪的性質（第一一九節附釋）；㈡使事件歸屬於法律下，因為法必須恢復起來，如係刑事，這種法律就包含刑罰在內。有關這兩個不同方面的裁判是屬於不同職權範圍內的事。

附釋　根據羅馬的法院組織，這些職權的區別表現為，法官首先做出裁決，認為在本件中事實是如此這般的，然後他指定一個特別陪審員對這種事實進行偵查。

按照英國的法律程序，某一行爲的特定犯罪性質（例如是謀殺還是誤殺），由檢察官根據他的判斷或任性來加以品定，法院即使發現他的規定是錯誤的，也無權做出其他規定。

第二二六節

關於指揮全部偵查程序和當事人訴訟行爲——而這些本身都是權利（第二二二節）——的進行，以及法律判決的第二個方面（見前節），主要是專職法官的一種獨特職能。必須把事件替他——作爲法律的機關——準備好，使他有可能把事件歸屬於一個法律原則下，這就是說，必須把事件從它的現象的經驗性狀，提高到被承認的屬於普遍類型的事實。

第二二七節

第一個方面，即對事件直接單一性的認識和對事件的品定，在其自身中並不含有任何法律上的決定。任何一個有教養的人都會有這種認識。在對某一行爲加以品定時，必須考慮到行爲者的判斷和意圖這種主觀因素（見第二篇[25]），因爲這對品定來說是基本的；此外，證明不是依賴理性的對象或抽象理智的對象，而只是依賴個別事項、各種情況以及感性直觀和主觀確信的對象的，因此，證明不包含任何絕對客觀的規定在自身之中。由此可見，關於事實的裁決，最後總是依賴主觀信念和良心，同樣地，以他人的陳述和保證爲根據的證明是以宣誓爲其最後證實方法，而宣誓乃是主觀的。

附釋　在我們所談論的問題中，最重要的一點是，必須注意到有關證明的本性，並把這種證明跟其他種類的認識和證明區別開來。證明一個理性規定，如同法的概念本身一樣，就在於認識它的必然性，所以要求一種不同於證明幾何定理所用的方法。此外，在幾何學中，圖形爲理智所規定，並早已按照某一定律而成爲抽象的了。但是，關於經驗內容，像事實那樣，其認識的素材乃是現成的感性直觀、感性的主觀確信和相應的陳述及保證。現在所要做的就是根據這些陳述、證言和證明情況等等做出結論和綜合。從這種素材和適合於它的方法中所出現的客觀眞理，如果我們企圖嚴格地客觀地加以規定，就會導致一半證明，如果再用嚴格的邏輯方法做眞實的推論——這同時在自身中包含形式上的不一貫性——就會導致非常刑罰。這種客觀眞理所具有的含義，與理性規定的眞理性或某一定理的——其素材早經理智爲自己規定成爲抽象的——眞理性，是完全不同的。現在，表明認識某一事件的這種經驗眞理性是法院眞正的法律上職權，並表明法院在這一職權中具有獨特的資格，從而具有排他的自在權利和必要性來從事這項工作——表明這些乃是解決下列問題的主要觀點，即應在如何程度上責成作爲正式法律機關的法院對事實問題和對法律問題做出判斷。

補充（陪審法院）　沒有任何理由可以認爲事實構成只能單獨由專職法官來認定，因爲這是每一個受過普通教育的人都能做的事，而不只是受過法律教育的人才能做的。對事實構成做出判斷，是以經驗的情況、對行爲所做的證言和類似的直觀材料爲依據的，或者更以另一些事實爲依據，從這些事實就可以推斷有關行爲，並大體上確定其行爲之眞僞。這裡所應達到的是確信，而不是更高意義的眞理。這種眞理是完全永恆的東西。這裡的這種確信乃是主觀信念、良心，而問題是在於這種確信在法院中應採取什麼形式。要求罪犯方面自白——這通常可在德國法中見到——具有這點眞理，即主觀自我意識的權利因此獲得一定的滿足，因爲法官所判定的不應跟在意識中的有所差異，只有罪犯自白，判決才不再對他是異己的東西了。但是這裡有一種困難，即罪犯可能賴皮，這樣，正義的利益就要遭到危害。如果說，現在法官的主觀信念仍然發生效力，那就會發生又一個難題，因爲人不再被看作自由的人來處理了。於是產生一種中介，要求從罪犯的心靈中做出有罪或無罪的宣告——這就是陪審法院。

第二二八節

判決使被品定了的事件歸屬於法律下，所以從這方面說，判決一經宣告，當事人自我意識的權利就得到了維護，因爲，拿法律來說，法律，從而當事人本身的法律，是人所共知的，再拿法律的適用來說，法律程序是公開的。但是拿對事件特殊的、主觀的和外在的內容（對這種內容的認識屬於第二二五節所述的第一個方面）所做出的裁決來說，當事人自我意識的權利是在對裁決者的主觀性的信任中獲得滿足的。這種信任主要是根據於，在他們的特殊性上，即在他們的等級和其他方面，當事人與裁決者是類似的。

附釋　自我意識的權利，即主觀自由的環節，可以看作關於公開審判和所謂陪審法院的必要性問題的實體性的觀點。認爲這些制度有用而可能對它們做出的一切有利的主張，本質上都可歸結於這一觀點。也可以根據其他方面或理由來對這些或那些優缺點進行反覆的爭辯，但這些理由，如同抽象推論的一切理由一樣，是次要的，非決定性的，或者取之於其他可能是更高的領域的。有人以爲，如果純粹由法律人組成的法院來行使司法權，比起有其他機關參加，原則上會做得一樣好，也可能更好些。但問題不在於這個可能性，因爲縱然這個可能性被提升爲蓋然性甚至必然性，它總存在著自我意識的權利，它將堅持它的要求，然而得不到滿足。

由於全部法律的性狀，對法和對法院審判程序的知識以及向法院起訴的可能性，就成爲某一等級的所有物，而這一等級更由於所用術語——對其權利在爭執中的那些人說來是一種外來語——之故，把自己組成一個排他性的團體。此時，市民社會成員中依靠自己的勞力和本身的知識和意志而獲得生活資源的人，不僅在屬於他們極端個人的和特有的事物方面，而且也在這些事物中實體性東西和理性東西——即法——的方面，都被排斥於門外；對那一等級說來，他們是被置於監護之下，甚至被置於一種農奴狀態中。他們誠然有權擺動兩條腿，親身跑去出庭，但這沒有多大價值，因爲如果他們的精神不是一起在那裡，也不在那裡使用他們自己的知識，他們所得到的法，對他們說來，只是外在的命運罷了。

第二二九節

在市民社會中，理念喪失在特殊性中，並分裂爲內外兩面。在司法中，市民社會回復到它的概念，即自在地存在的普遍物跟主觀特殊性的統一，不過主觀特殊性是存在於個別事件中，而普遍物是指抽象法而言。這一統一的現實化，在擴展到特殊性的全部範圍時，首先構成警察的職權，雖然這裡的合一是相對的；其次構成同業公會，這雖然是局限的、但是具體的整體。

補充（警察和同業公會的必然性）　在市民社會中，普遍性不過是必然性。在需要的關係中，只有法本身才是固定的東西。但是這個法只局限於一個範圍，它僅與所有權的保護有關。對這種意義的法說來，福利是一種外在的東西。可是在需要的體系中，這種福利是一個本質的規定。所以，普遍物——它首先只是法——必須擴展到特殊性的全部範圍。在市民社會中，正義是一件大事。好的法律可以使國家昌盛，而自由所有制是國家繁榮的基本條件。但是，因爲我是完全交織在特殊性中的，我就有權要求，在這種聯繫中我的特殊福利也應該增進。我的福利、我的特殊性應該被考慮到，而這是透過警察和同業公會做到的。

第三　警察[26]和同業公會

第二三〇節

在需要的體系中，每一個人的生活和福利是一種可能性，它的現實性既受到他的任性和自然特殊性的制約，又受到客觀的需要體系的制約。對所有權和人身的侵害，透過司法而被消滅了。但是在特殊性中的現實的法，既要求把阻撓任何一個目的的偶然性予以消除，以策人身和所有權的安全而不受妨害，又要求單個人生活和福利得到保證——即把特殊福利作爲法來處理，並使之實現。

一、警察

第二三一節

既然特殊意志依然是這個或那個目的賴以實現的原則，所以普遍物的保安權力首先局限於偶然性的範圍，同時它是一種外部秩序。

第二三二節

犯罪是作爲惡的任性的那種偶然性，普遍權力必須防止它或把它送交法院處理。除了犯罪以外，在本身合法的行動方面和在所有物的私人使用方面被容許的任性，也跟其他個別的人以及跟法院以外實現共同目的的其他公共機關發生外在聯繫。透過這一普遍的方面，私人行動就成爲一種偶然性，這種偶然性越出主體權力控制之外，而對別人造成或可能造成損害或不法。

第二三三節

這誠然只是一種損害的可能性；但結果竟於事絲毫無損，這一點卻不能同樣作爲一種偶然性。問題是這些行爲含有不法的方面，從而是警察監督和刑事審判的最後根據。

第二三四節

外部定在之間的各種關係構成理智的無限性，因此沒有任何自在的界限來劃清什麼是有害的和什麼是無害的；又從犯罪方面說，也沒有任何自在的界限來劃清什麼是有嫌疑的和什麼是沒有嫌疑的，什麼是應予禁止或監視的和什麼是不受禁止和監視、不啓人之疑、免予查詢和盤問，因而是容忍的。一切細節都是由風尚、整個國家制度的精神、當時狀態、目前危險等等來規定的。

補充（**警察的累贅**）　這裡無從提供任何固定的規定，也無從劃清絕對界限。在這裡，一切都是個人的事，主觀意見出現，國家制度的精神和當時的危險狀態應提供更詳盡的情況。例如在戰時，好多本來是無害的事被認爲有害的了。由於這一方面的偶然性和個人任性，警察有時招致人們的**厭惡**。當反思極爲發達時，警察會採取一種方針，把一切可能的事物都圈到它的範圍內來，因爲在一切事物中，都可找到一種關係使事物成爲有害的。在這種情況下，警察可能在工作上吹毛求疵，干擾個人的日常生活。儘管這是多麼惹人厭，然而畢竟無法劃出一條客觀的界線來。

第二三五節

當日常需要無限地繁複起來和交叉起來的時候，無論從**生產和交換**滿足需要的**手段**說——其實每個人都指望能順利地得到滿足——或是從盡可能減省就這方面的調查和洽商工作說，都會產生屬於**共同利益**的方面，其中一個人所做的事同時也爲了**大家**；此外，也會產生供共同使用的手段和設施。這些**普遍事務**和公益設施都要求公共權力予以監督和管理。

第二三六節

生產者和消費者之間的不同利益，可能發生衝突。誠然，正確的關係會在**整體**中自然而然地建立起來，然而，爲了平衡起見，需要進行一種凌駕於雙方之上的、有意識的調整工作。對個別事件進行這種調整的權利（例如規定日常生活必需品的價格）在於，完全普遍的、日常需要的商品向公眾陳列之後，就不是對個人本身供應，而是對作爲普遍買者的個人、對公眾供應；因此，公眾權利不應受到欺騙，以及對商品進行檢查，都可以作爲共同事務而由公共權力出面來進行管理，並予照料。至於大的工業部門，依賴國外情況和遠地配合，在這些工業部門工作並賴以生活的人，不可能對這些情況一目了然，因而尤其需要普遍的監督與指導。

附釋　跟在市民社會中工商業自由相反的另一極端就是由公共機關來供養全體，並規定全體的勞動，好比古代金字塔以及埃及和亞洲其他巨大工程的勞動那樣。這些巨大工程是爲公共的目的興建的，而不是以單個人出於特殊任性和特殊利益的勞動爲中介的。這種利益要求自由以對抗上級的調整，但是它愈是盲目地沉浸在自私的目的中，就愈加需要這種調整來使它回復到普遍物，並使危險的震蕩得以緩和，使衝突由於無意識的必然性而自動平復的間隔期間得以縮短。

補充（**警察照料**的任務）　警察的監督和照料，目的在於成爲個人與普遍可能性之間的中介，這種爲達成個人目的的普遍可能性是存在的。警察必須負責照顧路燈、搭橋、日常必需品價格的規定和衛生保健。在這一方面，現在流行著兩種主要看法：一種看法主張警察應對一切事物實行監督；另一種看法以爲警察在這裡沒有什麼可以規定的，因爲每個人會按照別人的需要來指導自己的行動。的確，個人必須有權用這種或那種方式謀生；但另一方面，公眾也有權要求必需的事物按照適當的方式去完成。雙方面都應當得到滿足，以及產業自由不得危害普遍福利。

第一三七節

現在如果分享普遍財富的可能性對個人是存在的，並得到公共權力的保證，那麼，由於這種保證必然是不完備的，這種可能性在主觀方面總是受偶然性的支配的，何況它又以技能、健康、資本等等爲其條件。

第一三八節

首先，家庭是實體性的整體，它的職責在於照料個人的特殊方面，它既要考慮到他的手段和技能，使能從普遍財富中有所得，又要考慮到他喪失工作能力時的生活和給養。但是，市民社會把個人從這種聯繫中揪出，使家庭成員相互之間變得生疏，並承認他們都是獨立自主的人。市民社會又用它自己的土地來代替外部無機自然界和個人賴以生活的家長土地，甚至使整個家庭的存在都依從它，而聽偶然性的支配。這樣，個人就成爲**市民社會的子女**，市民社會對他得提出要求，他對市民社會也可主張權利。

補充（**社會的義務**）當然，家庭應該照料個人的生活，但它在市民社會中是從屬的東西，它只構成基礎，它的活動範圍還不這麼廣泛。反之，市民社會才是驚人的權力，它把人扯到它自身一邊來，要求他替它工作，要求他的一切都透過它，並依賴它而活動。如果人在市民社會中是這樣一個成員，他對市民社會所得主張的權利和提出的請求，就應與他已往對家庭所主張的和提出的一樣。市民社會必須保護它的成員，防衛他的權利；同樣地，個人也應尊重市民社會的權利，而受其約束。

第二三九節

市民社會在它是普遍家庭這種性質中，具有監督和影響教育的義務與權利，以防止父母的任性和偶然性，因爲教育與兒童之成爲社會成員的能力有關，尤其教育不是由父母本人而是由別人來完成時是如此。其次，市民社會可以盡可能地舉辦公共教育機關。

補充（強制教育、強制種痘等等）　這裡很難在父母的權利與市民社會的權利之間劃分界限。父母通常以爲有關教育事宜他們有完全自由，他們願意怎麼做就可這麼做。對一切公共教育的主要抗拒，通常來自父母，正是他們才叫嚷並亂談老師和學校，因爲他們對老師和學校具有成見。儘管如此，市民社會有權在這種事情上，根據它幾經試驗的原則這樣來辦，即強制父母把他們的子女送進學校，讓他們種痘，如此等等。在法國正進行著爭論，有人主張教育應該自由，即聽從父母自便，也有人主張應該受國家的監督；這種爭論就是這裡所談的同一問題。

第二四〇節

同樣地，市民社會對揮霍成性，從而毀滅其自身及其家庭生活安全的那種人，有義務和權利把他們置於監護之下，不使揮霍而使追求社會目的和他本身的目的。

補充（禁治產）　雅典有過這種法律，規定每個公民必須陳報他的生活來源。現在大家認爲，誰也管不著這種事。每個人一方面固然是獨立的，但另一方面也是市民社會制度下的成員。既然每個人有權向市民社會伸手要求生活資源，市民社會也就必須保護他以免他自暴自棄。問題不僅僅在於防止餓死而已，更遠大的宗旨在於防止產生賤民。因爲市民社會對個人的給養負有責任，它就有權督促他自謀生活。

第二四一節

但是與任性一樣，偶然的、自然界的和外部關係中的各種情況（第二○○節），都可以使個人陷於貧困。貧困狀態一方面使他們對市民社會處於嗷嗷待哺的狀況中；另一方面，由於市民社會使他們失去了自然的謀生手段（第二一七節），並解散了家庭——廣義的家庭就是宗族——的紐帶（第一八一節），使他們在或多或少的程度上喪失了社會的一切好處：受教育和學技能的一般機會，以及司法、保健，有時甚至於宗教的慰藉等等。關於窮人的問題，普遍權力接替了家庭的地位，它不但顧到他們的直接匱乏，而且顧到他們嫌惡勞動的情緒。邪僻乖戾，以及從這種狀況中和他們所受不法待遇的感情中產生出來的其他罪惡。

第二四二節

貧困的主觀方面，以及一般說來，一切種類的匱乏——每個人在他一生的自然循環中都要遭遇到匱乏——的主觀方面，要求同樣一種主觀的援助，無論其出於特殊情況或來自同情和愛都好。這裡儘管有著一切普遍的設施，道德仍然大有用途。但是，因爲這種援助自身並在它的作用上依存於偶然性，所以社會竭力從貧困和它的救濟中去找出普遍物，並把它舉辦起來，使那種主觀援助愈來愈成爲沒有必要。

附釋　公共賑濟機關、醫院和路燈等等補充了偶然的佈施、義捐和聖像前燈燭的捐助等等。慈善事業本身除了這些以外，還有好多其他事情可做。如果它硬要把貧困的救濟只保留給同情的特殊性以及情緒和認識的偶然性，又如果由於有拘束力的普遍規定和戒律而它感到受損被辱，這是一種錯誤的觀點。相反地，如果留給個人獨立地依照他的特殊意見去做的事比之以普遍方式組織起來做的事愈是少，公共狀況應認爲愈是完美。

第二四三節

當市民社會處在順利展開活動的狀態時，它在本身內部[27]就在人口和工業方面邁步前進。人透過他們的需要而形成的聯繫既然得到了普遍化，以及用以滿足需要的手段的準備和提供方法也得到了普遍化，於是一方面財富的積累增長了，因爲這兩重普遍性可以產生最大利潤；另一方面，特殊勞動的細分和局限性，從而束縛於這種勞動的階級的依賴性和匱乏，也愈益增長。與此相聯繫的是：這一階級就沒有能力感受和享受更廣泛的自由，特別是市民社會的精神利益。

第二四四節

當廣大群眾的生活降到一定水準——作爲社會成員所必需的自然而然得到調整的水準——之下，從而喪失了自食其力的這種正義、正直和自尊的感情時，就會產生賤民，而賤民之產生同時使不平均的財富更容易集中在少數人手中。

補充（對生活資源的請求）　最低生活水準，即賤民的生活水準，是自然而然地形成的。可是這一最低限度在不同民族之間有著極大的差別。在英國，最窮的人相信他們也享有權利，這與其他國家所給予窮人的滿足有所不同。貧困自身並不使人就成爲賤民，賤民只是決定於跟貧困相結合的情緒，即決定於對富人、對社會、對政府等等的內心反抗。此外，與這種情緒相聯繫的是，由於依賴偶然性，人也變得輕佻放浪，害怕勞動，而像那不勒斯的遊民那樣。這樣一來，在賤民中就產生了惡習，他不以自食其力爲榮，而以懇擾求乞爲生並作爲他的權利。沒有一個人能對自然界主張權利，但是在社會狀態中，匱乏立即採取了不法的形式，這種不法是強加於這個或那個階級的。怎樣解決貧困，是推動現代社會並使它感到苦惱的一個重要問題。

第二四五節

如果由富有者階級直接負擔起來，或直接運用其他公共財產（富足的醫院、財團、寺院）中的資金，來把走向貧困的群眾維持在他們通常生活方式的水準上，那麼，窮人用不著以勞動爲中介就可保證得到生活資源；這與市民社會的原則以及社會上個人對他獨立自尊的感情是相違背的。反之，生活資源透過勞動（透過給予勞動機會）而獲得，生產量就會因之而增長。但是禍害又恰恰在於生產過多，而同時缺乏相應比數的消費者——他們本身是生產者。因此，不論前一種方法或後一種方法，禍害只是愈來愈擴大。這裡就顯露出來，儘管**財富過剩**，市民社會總是**不夠富足**的，這就是說，它所占有而屬於它所有的財產，如果用來防止過分貧困和賤民的產生，總是不夠的。

附釋　我們可以利用**英國**的例子來對這些現象做大規模的研究，並更詳盡地調查濟貧稅、無數財團、同樣無數的私人善舉等的結果，尤其是同業公會解散後所產生的結果。在英國，尤其在蘇格蘭，這些對付貧困，特別是對付喪失廉恥和自尊心（社會的主觀基礎），以及對付懶惰和浪費（賤民由此而生）等等最直接的手段，結果只是使窮人們聽天由命，並依靠行乞爲生。

第二四六節

市民社會的這種辯證法，把它——首先是這個特定的社會——推出於自身之外，而向外方的其他民族去尋求消費者，從而尋求必需的生活資源，這些民族或者缺乏它所生產過多的物資，或者在工藝等方面落後於它。

第二四七節

家庭生活的原則是以土地——固定的地基和土壤——爲條件。同樣地，對工業來說，激勵它向外發展的自然因素是海。追求利潤要透過冒險，於是工業在追求利潤的同時也提高自身而超出於營利之上。它不再固定在泥塊上和有限範圍的市民生活上，也不再貪圖這種生活的享受和欲望，用以代替這些的是流動性、危險和毀滅等因素。此外，追求利潤又使工業透過作爲聯繫的最巨大媒介物而與遙遠的國家進行交易，這是一種採用契約制度的法律關係；同時，這種交易又是文化聯絡的最強大手段，商業也透過它而獲得了世界史的意義。

附釋　河流不是天然疆界，這是近代人對河流的看法；其實應該說，河流和湖海是聯繫人群的。當荷累斯說（見Caina，《短詩集》I，3）：

——deus abscidit
Prudens Oceano dissociabili
Terras,——

〔上帝明智地把陸地分裂，隔以重洋。〕

他的思想是錯誤的。我們所可找到的證明，不僅限於總是居住著單一的種族或民族的江河流域，而且還有某些古代關係，例如希臘、伊奧尼亞與大希臘之間，不列塔尼與不列顛之間，丹麥與挪威、瑞典、芬蘭、利服尼亞之間等等的關係，這些關係，如果與沿海居民與內地居民之間的稀疏聯繫相對照，尤其明顯。

跟海洋的聯繫究竟有哪種文化手段，要了解這一點，不妨對照一下工業發達的民族與禁止航海的民族各自對海洋的關係，後者，例如埃及人和印度人，已經變得遲鈍了，並深深沉陷於最可怕和最可恥的迷信中，前者，例如奮發有爲的一切大民族，它們都是向海洋進取的。

第二四八節

這種擴大了的聯繫也提供了殖民事業的手段。成長了的市民社會都被驅使推進這種事業——零散的或系統的，並且由於這種事業，市民社會使其一部分人口在新的土地上回復到家庭原則，同時也爲本身在工業上創造了新的需要和開闢了新的勞動園地。

補充（殖民政策）　市民社會被驅使建立殖民地。單是人口增長就有這種作用。但是，尤其在生產超過了消費的需要時，就會出現一大批人，他們已不能透過自身的勞動來得到他們需要的滿足。零散的殖民事業尤其見之於德國。殖民者移居美國和俄國，而與祖國一直沒有聯繫，這種殖民對本國並無益處。第二種殖民事業與前一種完全不同，它是有系統的。它由國家主持，國家有意識地用適當的辦法來加以推進和調整。這種殖民方式在古代屢見不鮮，尤其發生於希臘。希臘的公民不從事艱苦勞動，卻致力於公共事務。所以，當人口增長到了可能發生供養上的困難時，青年們就被遣送到新的地帶，這些地帶或經特別選擇，或聽由人們去偶然發現。在近代，殖民地居民並不享有跟本國居民的同等的權利；於是從這種狀態中發生戰事，最後乃是解放，正如英國和西班牙的殖民地歷史所表明的。殖民地的解放本身經證明對本國有莫大利益，這正與奴隸解放對主人有莫大利益一樣。

第二四九節

警察的措施首先在使包含在市民社會特殊性中的普遍物得以實現和維持，它採取了**外部秩序和設施**的方式，以保護和保全人量的特殊目的和特殊利益，因爲這些目的和利益是存在於普遍物中的。其次，作爲最高指導，警察的措施又負責照顧超出這個社會範圍以外的利益（第二四六節）。因爲根據理念，普遍物是內在於特殊性的利益中的，而特殊性本身是把這個普遍物作爲它的意志和活動的目的和對象的，所以，**倫理性**的東西作爲內在的東西就**回到**了市民社會中；這就構成**同業公會**的規定。

二、同業公會

第二五〇節　農業等級由於它的家庭生活和自然生活的實體性，在其本身中直接具有它的具體普遍物。它在這種普遍物中生活著。普遍等級在它的規定中具有普遍物，並自爲地以普遍物作爲它的活動目的和它的基地。在它們兩者之間的等級即產業等級本質上集中於特殊物，因此，同業公會也主要是這一等級所特有的。

第二五一節　市民社會的勞動組織，按照它特殊性的本性，得分爲各種不同部門。特殊性的這種自在的相等，在組合中作爲共同物而達到實存；因此，指向它的特殊利益的自私目的，同時也就相信自己並表明自己爲普遍物，而市民社會的成員則依據他的特殊技能成爲同業公會的成員。所以同業公會的普遍目的是完全具體的，其所具有的範圍不超過產業和它獨特的業務和利益所含有的目的。

第二五二節　根據這一規定，同業公會在公共權力監督之下享有下列各種權利：照顧它內部的本身利益；接納會員，但以他們的技能和正直等客觀特質爲根據，其人數則按社會的普遍結構來決定；關心所屬成員，以防止特殊偶然性，並負責給予教育培養，使獲得必要的能力。總之，它是作爲成員的第二個家庭而出現的，至於一般市民社會則是一種比較不確定的家庭，因爲它與個人及其特殊急需比較疏離。

附釋　經營工商業者與短工不同，與準備單獨一次從事偶然勞務的人也不同。前者是一個行家，或要成為一個行家，他是組合的成員，這種組合不是為了從事單獨一次的偶然營利，而是為了他特殊生活的全部範圍或普遍物而成立的。

特權一詞，作為組成市民社會一部門的同業公會所享有的權利來說，與本來意義的，即語源學上的特權，殊有不同。後者是普遍法律的偶然例外，而前者只是法律上的規定，這種規定是包含在社會一個本質部門本身的特殊性的本性中的。

第二五三節

在同業公會中，家庭具有它的穩定基礎，它的生活按能力而得到了保證，這就是說，它在其中具有固定的財富（第一七〇節）。此外，這種能力和這種生活都得到了承認，因之同業公會的成員無須用其他外部表示來證明他的技巧以及他的經常收入和生活，即證明他是某種人物[28]。他屬於一個整體，而這種整體本身是普遍社會的一個環節，他又有志並致力於這種整體的無私目的，這些也都獲得了承認。因此，他在他的等級中具有他應有的尊嚴。

附釋　同業公會制度的成立，由於其財富有了保證，相當於其他領域中農業和私有制的實施（第二〇三節附釋）。

在對工商業階級的奢侈浪費——這與賤民的產生（第二四四節）有聯繫的——提起控訴時，不應忽視，除了其他原因之外（例如，勞動愈來愈機械化），這種現象還有倫理上的根據，已如上面所述[29]。如果個人不是一個合法同業公會的成員（唯有經認許後，組合才成爲同業公會），他就沒有**等級**尊嚴，並由於他的孤立而被歸結爲營利自私，他的生活和享受也變得不**穩定**了。因此，他就要用外部表示來證明他在本行業中所達到的成就，借使自己**得到承認**。這種表示是沒有限度的，因爲對他說來等級並不存在，他也談不上按他等級的方式來生活（因爲唯有合法組成並經承認的共同體才是在市民社會中**實存**的）。總之，他無從建立一種相當於他等級的、比較普遍的生活方式。

在同業公會中，對貧困的救濟喪失了它的偶然性，同時也不會使人感到不當的恥辱。又財富既須履行它對團體的義務，它就不能引起所有者的驕傲和別人的嫉妒。只有在同業公會中，正直才獲得其眞實的承認和光榮。

第二五四節

在同業公會中，個人發揮自己的技能從而謀求一切可以謀求的東西那種所謂**自然權利**所受到的限制，僅以其限制在其中被規定爲合乎理性的爲限，這就是說，它從自己意見和偶然性中，從自己危險和對他人的危險中，解放出來，並得到了承認和保證，同時又被提升爲對一個共同目的的自覺活動。

第二五五節

除了**家庭**以外，**同業公會**是構成國家的基於市民社會的第二個**倫理**根源。第一個根源即家庭在它的**實體**性統一中，含有主觀特殊性和客觀普遍性這兩個環節；甚至在第二個根源中，最初在市民社會中分解爲**在自身中**反思的需要和滿足的特殊性，以及**抽象**法的普遍性這兩個環節，以**內在**的方式統一起來了，結果，在這個統一中，特殊福利作爲法而出現並獲得了實現。

附釋　婚姻的神聖性和同業公會的尊嚴性是市民社會的無組織分子所圍繞著轉的兩個環節。

補充（**同業公會的價值**）　在近代，人們廢除了同業公會，這意味著個人應各自照顧自身。我們可以接受這點，但仍認爲個人謀生的義務並不因同業公會之故而有所變更。在現代國家的條件下，公民參加國家普遍事務的機會是有限度的。但是人作爲倫理性的實體，除了他私人目的之外，有必要讓其參加普遍活動。這種普遍物不是現代國家所能常提供他的，但他可以在同業公會中找到。我們前面已經看到[30]，在市民社會中個人在照顧自身的時候，也在爲別人工作。但是這種不自覺的必然性是不夠的，只有在同業公會中，這種必然性才達到了自覺的和能思考的倫理。當然，同業公會必須處在國家這種上級監督之下，否則它就會僵化，固步自封而衰退爲可憐的行會制度。但是，自在自爲的同業公會絕不是封門的行會，它毋寧是孤立工商業的倫理化，這種工商業被提升到這樣一個領域，在其中它獲得了力量和尊嚴。

第二五六節

同業公會局限的和有限的目的，在自在自爲的**普遍目的**及其絕對的現實中，具有它的眞理性。在警察的外部秩序中存在著的分立及其相對的同一，也是這樣。因此，市民社會的領域就過渡到**國家**。

附釋　城市是市民工商業的所在地，在那裡，反思沉入在自身中並進行細分。鄉村是以自然爲基礎的倫理的所在地。每個人在與其他法律人格的關係中並透過這種關係而保存自己。個人與家庭構成兩個依然是理想性的環節，從中產生出國家，雖然國家是它們的眞實基礎。

從直接倫理透過貫穿著市民社會的分解，而達到了國家——它表現爲它們的眞實基礎——這種發展，這才是國家概念的科學證明。由於國家是作爲結果而在科學概念的進程中顯現出來的，同時它又經證明爲眞實基礎，所以那種中介和那種假象都被揚棄了，而它自己成爲一種同樣的直接性。因此在現實中國家本身倒是最初的東西，在國家內部家庭才發展成爲市民社會，而且也正是國家的理念本身才劃分自身爲這兩個環節的。在市民社會的發展中，倫理性的實體達到了它的無限形式，這個形式在自身中包含著兩個環節：(1)無限區分，一直到自我意識獨立的自身內心的存在，(2)教養中所含有的普遍性的形式，即思想形式，透過這種形式，精神在法律和制度中，即在它的被思考的意志中，作爲有機的整體而對自身成爲客觀的和現實的。

第三章　國家

第二五七節

國家是倫理理念的現實——是作爲顯示出來的、自知的實體性意志的倫理精神，這種倫理精神思考自身和知道自身，並完成一切它所知道的，而且只是完成它所知道的。國家直接存在於風俗習慣中，而間接存在於個人的自我意識和他的知識和活動中。同樣地，個人的自我意識由於它具有政治情緒而在國家中，即在它自己的實質中，在它自己活動的目的和成果中，獲得了自己的實體性的自由。

附釋　家神是內部和下級的神；民族精神[31]（雅典娜）是認識自己和希求自己的神物；恪守家禮是感覺和在感覺中體現的倫理；至於政治德行是對自在自爲地存在的、被思考的目的的希求。

第二五八節

國家是絕對自在自爲的理性東西，因爲它是實體性意志的現實，它在被提升到普遍性的特殊自我意識中具有這種現實性。這個實體性的統一是絕對的不受推動的自身目的，在這個自身目的中自由達到它的最高權利，正如這個最終目的對個人具有最高權利一樣，成爲國家成員是個人的最高義務。

附釋　如果把國家與市民社會混淆起來，而把它的使命規定爲保證和保護所有權和個人自由，那麼個人本身的利益就成爲這些人結合的最後目的。由此產生的結果是，成爲國家成員是任意的事。但是國家對個人的關係，完全不是這樣。由於國家是客觀精神，所以個人本身只有成爲國家成員才具有客觀性、眞理性和倫理性。結合本身是眞實的內容和目的，而人是被規定著過普遍生活的；他們進一步的特殊滿足、活動和行動方式，都是以這個實體性的和普遍有效的東西爲其出發點和結果。

抽象地說，合理性一般是普遍性和單一性相互滲透的統一。具體地說，這裡合理性按其內容是客觀自由（即普遍的實體性意志）與主觀自由（即個人知識和他追求特殊目的的意志）兩者的統一；因此，合理性按其形式就是根據被思考的即普遍的規律和原則而規定自己的行動。這個理念乃是精神絕對永久的和必然的存在。現在如果問，一般國家或每個特殊國家以及它的法和使命的歷史上起源是或曾經是怎樣的；又如果問國家最初是從家長制關係，從畏懼或信任，還是從同業公會等等中產生出來的；最後如果問，這種法的基礎是怎樣地在意識中馬上被理解而鞏固下來的：是把它看作神物或實定法呢，還是把它看作契約和習慣呢，那麼，所有這些問題都與國家的理念無關。這裡，我們僅僅在談對國家的哲學上的認識問題，從這一觀點說，以上這些都是現象，是歷史上的事物。再從一個現實國家的權威說，如果這種權威有什麼根據的話，那麼這些根據是取之於國家有效的法的形式的。

哲學所考慮的僅僅有關所有這一切問題的內在方面，有關被思考的概念。盧梭在探求這一概念中做出了他的貢獻，他所提出的國家的原則，不僅在形式上（好比合群本能、神的權威），而且在內容上也是思想，而且是思維本身，這就是說，他提出意志作爲國家的原則。然而他所理解的意志，僅僅是特定形式的個人意志（後來的費希特亦同），他所理解的普遍意志也不是意志中絕對合乎理性的東西，而只是共同的東西，即從作爲自覺意志的這種個人意志中產生出來的。這樣一來，這些單個人的結合成爲國家就變成了一種契約，而契約乃是以個人的任性、意見和隨心表達的同意爲其基礎的。此外又產生其他純粹理智的結果，這些結果破壞了絕對的神物及其絕對的權威和尊嚴。因此之故，這些抽象推論一旦得時得勢，就發生了人類有史以來第一次不可思議的驚人場面：在一個現實的大國中，隨著一切存在著的現成的東西被推翻之後，人們根據抽象思想，從頭開始建立國家制度，並希求僅僅給它以想像的理性東西爲其基礎。又因爲這都是缺乏理念的一些抽象的東西，所以最終它們把這一場嘗試變成最可怕和最殘酷的事變。

爲了反對個人意志的原則，我們必須記住這一基本概念，即客觀意志是在它概念中的自在的理性東西，不論它是否被單個人所認識或爲其偏好所希求。我們又必須記住它的對立面，即知識和意志或自由的主觀性（這是包含在個人意志原則中唯一的東西），僅僅包含著合乎理性的意志的理念的一個環節，從而是片面的環節，這個意志所以是合乎理性的，就因爲它既是自在的又是自爲的。

把國家在認識中理解爲一個自爲的理性東西這種思想，還遭到另一種相反的看法，那就是把外部現象——匱乏的偶然性，保護的必要性，力量和財富等等——看作不是國家的歷史發展的環節，而是國家的實體。這裡，構成認識的原則的，同樣是個人的單一性，而且還不是這種單一性的思想，相反地是經驗單一性，並把注意力集中在它們的偶然特性，即它們的強弱貧富以及其他等等。這種奇思異想，即抹煞國家中絕對無限的和理性的東西並排斥思想對它內在本性的了解，的確沒有比哈勒先生在所著《國家學的復興》一書中表達得更純粹的了。我說純粹，其實在理解國家本質的一切嘗試中，不論所持原則是怎樣的片面和膚淺，理解國家本質的這種意圖本身總會關聯到思想，即普遍規定；可是哈勒先生不僅有意識地拋棄構成國家的合理內容，拋棄思想的形式，並且意氣用事，拼命攻擊它們。他在這部著作中闡述的原理所發生的廣大影響（正如哈勒先生所保證的），其一部分的確由於他故意在闡述中捨棄一切思想，而用整塊材料毫無思想地雕成一個整體。這樣一來，迷亂和混亂都消失了，而他的闡述所留給人們的印象便不致受到削弱。否則談到偶然的東西時又要夾雜地引證實體性的東西，談到單純經驗的和外部的東西時又要夾雜地記住普遍的和理性的東西，同樣地，在貧乏而空虛的領域中要想到更高的、無限的東西，這就不免於迷亂和混亂了。

正因爲如此，這部著作又是**首尾一貫**的。著者不是以實體性的東西、而是以偶然事物的領域作爲國家的本質，在這樣一種內容上的首尾一貫，正是存在於一種無思想性的完全不一貫中，這種無思想性表現爲顧前不顧後，並且會與它剛才所同意的東西的對立面，現在又相處無間了。[32]

補充（**國家的理念**）　自在自爲的國家就是倫理性的整體，是自由的現實化；而自由之成爲現實乃是理性的絕對目的。國家是在地上的精神，這種精神在世界上有**意識**地使自身成爲實在，至於在自然界中，精神只是作爲它的別物，作爲蟄伏精神而獲得實現。只有當它現存於意識中而知道自身是實存的對象時，它才是國家。在談到自由時，不應從單一性、單一的自我意識出發，而必須單從自我意識的本質出發，因爲無論人知道與否，這個本質是作爲獨立的力量而使自己成爲實在的，在這種獨立的力量中，個別的人只是些環節罷了。神自身在地上的行進，這就是國家。國家的根據就是作爲意志而實現自己的理性的力量。在談到國家的理念時，不應注意到特殊國家或特殊制度，而應該考量理念，這種現實的神本身。根據某些原則，每個國家都可被指出是不好的，都可被找到有這種或那種缺陷，但是國家，尤其現代發達的國家，在自身中總含有它存在的本質的環節。但是因爲找岔子要比理解肯定的東西容易，所以人們容易陷入錯誤，只注意國家的個別方面，而忘掉國家本身的內在機體。國家不是藝術品；它立足於地上，從而立足在任性、偶然事件和錯誤等的領域中，惡劣的行爲可以在許多方面破損國家的形象。但是最醜惡的人，如罪犯、病人、殘廢者，畢竟是個活人。儘管有缺陷，肯定的東西，即生命，依然綿延著。這個肯定的東西就是這裡所要談的東西。

第二五九節

國家的理念具有：

(一)**直接**現實性，它是作爲內部**關係**中的機體來說的個別國家——**國家制度或國家法**。

(二)它推移到個別國家對其他國家的**關係**——**國際法**。

(三)它是普遍理念，是作爲**類**和作爲對抗個別國家的絕對權力——這是精神，它在**世界歷史**的過程中給自己以它的現實性。

補充（**在獨立狀態中的個別國家**） 在現實中的國家本質上是個別國家，不僅如此，它是特殊國家。個別性與特殊性有別，個別性是國家理念本身的一個環節，至於特殊性則是屬於歷史的。國家本身各自獨立，它們之間的關係只能是一種外部關係，所以必須有第三者在它們之上，並把它們聯繫起來。現在這個第三者就是精神，它在世界歷史中給自己以現實性，並且是凌駕於國家之上的絕對裁判官。誠然，好幾個國家可以結成聯盟，並成立彷彿一個法院，而對其他國家行使其管轄權；也可能出現國家聯盟，例如神聖同盟；但是這些聯盟像永久和平[33]一樣始終是相對的和局限的。永遠肯定自己以對抗特殊物的唯一絕對裁判官，就是絕對精神，它在世界歷史中表現爲普遍物和起著作用的類。

第一　國家法

第二六〇節

國家是具體自由的現實；但具體自由在於，個人的單一性及其特殊利益不但獲得它們的完全發展，以及它們的權利獲得明白承認（如在家庭和市民社會的領域中那樣），而且一方面透過自身過渡到普遍物的利益，另一方面它們認識和希求普遍物，甚至承認普遍物作爲它們自己實體性的精神，並把普遍物作爲它們的最終目的而進行活動。其結果，普遍物既不能沒有特殊利益、知識和意志而發生效力並達至完成，人也不僅作爲私人和爲了本身目的而生活，因爲人沒有不同時對普遍物和爲普遍物而希求，沒有不自覺地爲達成這一普遍物的目的而活動。現代國家的原則具有這樣一種驚人的力量和深度，即它使主觀性的原則完美起來，成爲獨立的個人特殊性的極端，而同時又使它回復到實體性的統一，於是在主觀性的原則本身中保存著這個統一。

補充（現代國家）　在現代，國家的理念具有一種特質，即國家是自由依據意志的概念，即依據它的普遍性和神聖性而不是依據主觀偏好的現實化。在不成熟的國家裡，國家的概念還被蒙蔽著，而且它的特殊規定還沒有達到自由的獨立性。在古典的古代國家中，普遍性已經出現，但是特殊性還沒有解除束縛而獲得自由，它也沒有回復到普遍性，即回復到整體的普遍目的。現代國家的本質在於，普遍物是與特殊性的完全自由和私人福利相結合的，所以家庭和市民社會的利益必須集中於國家；但是，目的的普遍性如果沒有特殊性自己的知識和意志——特殊性的權利必須予以保持——就不能向前邁進。所以普遍物必須予以促進，但是另一方面主觀性也必須得到充分而活潑的發展。只有在這兩個環節都保持著它們的力量時，國家才能被看作一個肢體健全的和眞正有組織的國家。

第二六一節

對私權和私人福利，即對家庭和市民社會這兩個領域來說，國家一方面是外在必然性和它們的最高權力，它們的法規和利益都從屬於這種權力的本性，並依存於這種權力；但是，另一方面，國家又是它們的內在目的，國家的力量在於它的普遍的最終目的和個人的特殊利益的統一，即個人對國家盡多少義務，同時也就享有多少權利（第一五五節）。

附釋　上面第三節附釋已經指出，主要是孟德斯鳩在他的名著《論法的精神》中注意到，並企圖詳明地闡述關於私法也是依存於一定的國家性質的思想，並提出了部分只有從它對整體的關係中去考量這一哲學觀點。因爲義務首先是我對於某種在我看來是實體性的、是絕對普遍的東西的關係；權利則相反，它總是這種實體性的東西的定在，因而也是它的特殊性和個人的特殊自由的方面，所以這兩個要素在形式發展的階段上，是被分配在不同的方面或不同的人身上的。國家是倫理性的東西，是實體性的東西和特殊的東西的相互滲透，因此，在國家中，我對實體性的東西所負的義務同時是我的特殊自由的定在，這就是說，在國家中義務和權利是結合在同一的關係中的。但是其次，同時因爲在國家中，不同的環節達到它們獨特的形態和實在性，從而又因爲權利和義務的差別重新在這裡出現，所以它們一方面是自在地同一的，即在形式上是同一的，同時在內容上即各不相同。在私法和道德的領域，缺乏權利和義務彼此之間關係的現實必然性，因此只存在著在內容上抽象的等同，即在這些抽象領域中，如果對一個人說來是權利，對別人說來也應該是權利，對一個人說來是義務，對別人說來也應該是義務。權利和義務的那種絕對同一，只是在內容上的等同，即在規定上這個內容本身是完全普遍的，是義務和權利的唯一原則，即人類人身自由的原則。因此之故，奴隸沒有任何義務，因爲他們沒有任何權利，反之亦同（這裡姑且不談宗教上的義務問題）。

但是在具體的、在自身中發展著的理念中，它的各個環節發生了差別，同時它們的規定性也成爲不同的內容。在家庭中，兒子對父親所享有的權利，其內容與其所應盡的義務是不相同的，而公民對國君和政府所享有的權利，其內容也跟他們所應盡的義務不同。

權利與義務相結合那種概念是最重要規定之一，並且是國家內在力量之所在。

義務的抽象方面死抱住一點，即忽視並排斥特殊利益，認爲它不是本質的，甚至是無價值的環節。具體的考量，即理念，表明特殊性的環節同樣是本質的，從而它的滿足是無條件地必要的。個人無論採取任何方式履行他的義務，他必須同時找到他自己的利益，和他的滿足或打算。本於他在國家中的地位，他的權利必然產生，由於這種權利，普遍事物就成爲他自己的特殊事物。其實，特殊利益不應該被擱置一邊，或竟受到壓制，而應與普遍物符合一致，使它本身和普遍物都被保存著。個人從他的義務說是受人制服的，但在履行義務中，他作爲公民，其人身和財產得到了保護，他的特殊福利得到了照顧，他的實體性的本質得到了滿足，他並且找到了成爲這一整體的成員的意識和自尊感；就在這樣地完成義務以作爲對國家的效勞和職務時，他保持了他的生命和生活。從義務的抽象方面說，普遍物的利益僅僅在於把它所要求他的職務和效勞作爲義務來完成。

補充（作為主觀自由現實化的國家） 在國家中，一切繫於普遍性和特殊性的統一。在古代國家，主觀目的與國家的意志是完全一致的。在現代則相反，我們要求自己的觀點，自己的意志和良心。古人沒有這些東西——就其現代意義而言；對他們說來，最終的東西是國家的意志。在亞洲君主專制的統治下，個人在自身中沒有內心生活也沒有權能，至於在現代國家中人要求他的內心生活受到尊敬。義務與權利的結合具有兩個方面：國家所要求於個人的義務，也直接就是個人的權利，因爲國家無非就是自由的概念的組織。個人意志的規定透過國家達到了客觀定在，而且透過國家初次達到它的眞理和現實化。國家是達到特殊目的和福利的唯一條件。

第二六二節

現實的理念，即精神，把自己分爲自己概念的兩個理想性的領域，分爲家庭和市民社會，即分爲自己的有限性的兩個領域，目的是要超出這兩個領域的理想性而成爲自爲的無限的現實精神，於是這種精神便把自己這種有限的現實性的材料分配給上述兩個領域，把所有的個人當作群體來分配，這樣，對於單個人來說，這種分配就是以情勢、任性和本身使命的**親自選擇**爲中介的（第一八五節以及附釋）。

補充（職業選擇的自由） 在柏拉圖的《理想國》中，主觀自由還沒有被承認，因爲個人的職務是由官府來分配的。在許多東方的國家，這種分配決定於出生。但是必須得到重視的主觀自由要求個人進行自由選擇。

第二六三節

在精神的兩個環節即單一性和特殊性有其直接的和反思的實在性的這些領域中，精神顯現爲映現在它們中的客觀普遍性，顯現爲必然性中的理性東西的力量（第一八四節），即顯現爲前面仔細研究過的那些制度。

補充（國家對家庭和對市民社會的關係）　國家作爲精神把自己分爲它的概念的特殊規定、它的存在方式的特殊規定。這裡我們可以借用一個自然界的例子。神經系統是眞正的感覺系統。它是抽象的環節，即存在於它自身那裡，而具有與它本身同一的那個環節。但是現在對感覺的分析呈現出兩個方面，它是這樣劃分的，即每一面都顯得就是整個系統。第一是抽象的感觸，保持在自身那裡，在自身中的遲鈍運動，生殖，內部的自身營養，成長和消化。第二個環節是：這個在它自己身邊的存在，具有對自身差別的環節，即外向運動。這就是感受刺激性，感覺的外向運動。這構成一個特有的系統，並且有些低級動物只發展了這個系統，而在自身中缺乏感覺的有靈性的統一。如果我們把這些自然的關係與精神的關係相對比，那麼家庭可比之於感受性，市民社會可比之於感受刺激性。至於第三者即國家是自爲的神經系統，它自身是有組織的；但它只有在兩個環節，即家庭和市民社會，都在它內部獲得發展時，才是有生氣的。調整家庭和市民社會的規律，是反映在它們中的理性東西的制度。但是這些制度的根據和最後眞理是精神，它是它們的普遍目的和被知道的對象。家庭也是倫理性的，只是它的目的沒有被知道而已；至於在市民社會中，人的分立乃是起規定作用的東西。

第二六四節

構成群眾的個人本身是精神的存在物，所以本身便包含著各是一個極端的雙重要素，即具有自為的認識、自為的希求的單一性和認識實體、希求實體的普遍性。因而個人就能夠獲得這兩方面的權利，既然他們無論作為個別的人或作為實體性的人都是現實的，這樣一來，他們在這兩個領域中既能直接達到前一方面，又能間接達到後一方面，達到前一方面的手段是：在各種制度中，即在潛在於個人特殊利益的普遍物中獲得自己的本質的自我意識；達到後一方面的手段是：這些制度在同業公會的範圍內給他們以實現普遍目的的職業和活動機會。

第二六五節

這些法規構成特殊領域中的國家制度，即發展了和實現了的合理性，因此它們就構成鞏固的國家基礎，以及個人對國家的信任和忠誠的基礎；它們是公共自由的支柱，因為在這些制度中特殊自由是實現了的和合乎理性的，所以它們本身就是自由和必然性的結合。

補充（國家的目的）　前面已經指出，婚姻的神聖性和市民社會在其中表現為倫理性的那些制度，構成整體的穩定性，這就是說，普遍物同時就是每個人作為特殊物的事業。重要的是，理性的規律和特殊自由的規律必須相互滲透，以及個人的特殊目的必須與普遍目的的同一，否則國家就等於空中樓閣。個人的自信構成國家的現實性，個人目的與普遍目的的這雙方面的同一則構成國家的穩定性。人們常說，國家的目的在謀公民的幸福。這當然是眞確的。如果一切對他們說來不妙，他們的主觀目的得不到滿足，又如果他們看不到國家本身是這種滿足的中介，那麼國家就會站不住腳的。

第二六六節

但是，精神本身不僅作爲這種必然性和現象王國，而且作爲這種必然性的理想性和實在內容，都是客觀的和現實的；由此可見，這種實體性的普遍性是自爲的對象和目的，因此，上述的必然性同樣存在於自由的形態中。

第二六七節

理想性中的必然性就是理念內部自身的發展；作爲主觀的實體性，這種必然性是政治情緒；作爲客觀的實體性則不同，它是國家的機體，即眞正的政治國家和國家制度。

補充（作為制度的國家） 希求自身和認識自身的自由的統一首先作爲必然性而存在。在這裡，實體性的東西現在是作爲個人的主觀實存而存在。但是必然性的另一方式是機體，這就是說，精神是在自身中的過程，它在自身中組織起來，在自身中設定差別，透過這些差別而完成它的圓形運動。

第二六八節

政治情緒，即愛國心本身，作爲從眞理中獲得的信念（純粹主觀信念不是從眞理中產生出來的，它僅僅是意見），和已經成爲習慣的意向，只是國家中的各種現存制度的結果，因爲在國家中實際上存在著合理性，它在根據這些制度所進行的活動中表現出來——這種政治情緒一般說來就是一種信任（它能轉化爲或多或少地發展了的見解），是這樣一種意識：我的實體性的和特殊的利益包含和保存在把我當作單個的人來對待的他物（這裡就是國家）的利益和目的中，因此這個他物對我來說就根本不是他物。我有了這種意識就自由了。

附釋　愛國心往常只是指做出非常的犧牲和行動的那種志願而言。但是本質上它是一種情緒，這種情緒在通常情況和日常生活關係中，慣於把共同體看作實體性的基礎和目的。在日常生活經歷的一切情況中獲得證實的這種意識，隨後就成爲做出非常努力的那種志願賴以產生的根據。但是因爲人常常寧可忠勇而不願依法，所以他們容易說服自己，以爲自己既具有那種非常愛國心，便可不需要這種眞實情緒，或因缺乏這種眞實情緒而原諒自己。

其次，如果把這種愛國情緒看作這樣的東西：它可以自行開端，並且可以從主觀觀念和主觀思想中產生出來，那麼它就會與意見混淆起來，因爲根據這種見解，愛國情緒缺乏眞實根據或客觀實在性。

補充（對國家的情緒）　沒有教養的人喜歡論辯，好找岔子，因爲找岔子容易，而認識好的東西及其內在必然性是困難的。初受教養的人總是從找岔子著手，但是受到了完全教養的人在每一事物中看得到肯定的東西。在宗教方面，也同樣容易挑剔這個或那個是迷信，但是要理解迷信中的眞理，那是無限困難的事。所以表現在外的政治情緒應與人所眞實希求的有別；他們內心眞正希求這個事物，但是他們堅持細節，並好虛榮而希求了解得更好。人都具有這種信念：國家必須維持下去，只有在國家中特殊利益才能成立。但是習慣使我們見不到我們整個實存所依賴的東西。當有人夜裡在街上安全地行走時，他不會想到可能變成別的樣子，因爲安全的習慣已經成爲第二本性，人們確不反思，這正是特殊制度的作用。一般的看法常以爲國家由於權力才能維持。其實，需要秩序的基本感情是唯一維護國家的東西，而這種感情乃是每個人都有的。

第二六九節

政治情緒從國家機體各個不同的方面取得自己特定的**內容**。這一**機體**就是理念向它的各種差別的客觀現實性發展的結果。由此可見，這些被劃分的不同方面就是**各種不同的權力**及其職能和活動領域，透過它們，普遍物不斷地（因爲這些差別是**概念的**本性規定的）、**合乎必然性地創造著自己**，又因爲這一普遍物也是自己的創造活動的前提，所以也就**保存著自己**。這種機體就是**政治制度**。

補充（**國家的機體**）　國家是機體，這就是說，它是理念向它的各種差別的發展。這些不同方面就是各種不同的權力及其職能和活動領域，透過它們，普遍物不斷地、合乎必然性地創造著自己，又因爲這一普遍物正是自己的創造活動的前提，所以也就保存著自己。這種機體就是政治制度。它永遠導源於國家，而國家也透過它而保存著自己。如果雙方脫節分離，而機體的各個不同方面也都成爲自由散漫，那麼政治制度所創造的統一不再是穩固的了。這正與胃和其他器官的寓言相合。機體的本性是這樣的：如果所有部分不趨於同一，如果其中一部分鬧獨立，全部必致崩潰。用各種謂語和基本原理等等來評斷國家，那是無法做好工作的，國家必須被理解爲機體。同樣地，關於神的本性也無法用謂語來表白，我們毋寧在它的生活本身中默默地觀察它的生活。

第二七〇節

國家的目的就是普遍的利益本身，而這種普遍利益又包含著特殊的利益，它是特殊利益的實體，這一情況是國家的抽象的現實性或國家的實體性；但是它是國家的必然性，因爲它在概念中把自己分爲國家活動領域的各種差別，這些差別由於這一實體性也就形成了現實的鞏固的規定——各種權力；但是這種實體性就是精神，就是受過教養並且正在認識自身和希求自身的精神。因此國家知道它希求什麼，知道在它的普遍性中作爲被思考的東西的自己希求的對象；因此，國家是依照那已被意識到的目的和認識了的基本原理並且是根據那不只是自在的而且是被意識到的規律而行動的；又因爲國家活動的對象是現存的環境和關係，所以它是根據對它們的一定認識而行動的。

附釋　這裡正是談論國家對宗教的關係的適當場合，因爲近年來常常有人反覆地說宗教是國家的基礎，又因爲做出這種主張的人妄以爲國家學盡在於此。可是再沒有一種主張比這一種更適宜於製造這麼多的混亂，甚至把混亂提高到國家制度，提高到認識所應具有的形式了。首先，有一種說法看來是可疑的，說宗教主要是在公共災難、動亂和壓迫的時代爲人們所追求和提出的，人們指望從宗教中得到慰藉，以解除其所遭冤屈之痛苦，或得到希望，以補償其所受的損失。其次，如果認爲宗教勸告反對塵世利益，漠視現實界中的事態過程和當前事務，而國家則是在地上的精神，那麼依賴宗教看來不適宜於把國家的利益和事務提高到本質的重大目的；相反地，它會把國家的一切統治管理行爲都說成無足輕重的任性事物；這可能是人們在想像激情和非法暴力等等的目的在國家中占據統治地位時所用的語言，否則這種對宗教的依賴就是要想獨步天下，並要求制定和執行法律。如果說被壓迫者在宗教中找到了安慰之後就會捐棄對暴政的一切反感，這會被看作一種譏誚；同時，也不應忘記宗教可能採取一種形式，使人們受到迷信桎梏的最殘酷的束縛，使人類墮落到低於動物（例如埃及人和印度人就把動物看作比人類高一等的生物來崇敬的）。這種現象至少可以促使人們注意，不應籠統地談論宗教，相反地，倒是需要一種挽救的力量來反對某種形態的宗教，而這種力量是維護理性的和自我意識的權利的。

　　但是宗教和國家之間關係的本質，只有在回想到宗教的概念時才能加以規定。宗教以絕對眞理爲其內容，所以最高尙的情緒就是宗教情緒。作爲直觀、感情、表象式的認識，宗教集中其事務於上帝，上帝是不受限制的原理和原因，是萬物之所繫，所以宗教要求萬物都被放在這一關係上來理解，並在這一關係中獲得它們的確認、論證和證實。國家和法律以及義務，對意識說來，就在這種關係中獲得了最高的證明和最高的拘束力，其實，甚至國家、法律以及義務在它們的現實中都是被規定了的東西，它是向更高的領域即向它的基礎推移的（見《哲學全書》，第四五三節[34]）。正因爲如此，所以在宗教中有著這樣的場地，它使人們在一切變幻中和在現實的目的、利益、財產的消逝喪失中，意識到不變的東西、最高的自由和滿足。[35]現在，如果宗教就這樣構成了**基礎**，其中含有一般倫理性的東西，更正確些說，含有作爲神的意志的國家本性，那麼，它同時只是**基礎**罷了，這是它的本來面目。就在這裡，國家和宗教開始分道揚鑣。國家是神的意志，也就是當前的、**開展成爲**世界的現實形態和組織的地上的精神。

那些只抓住宗教的形式來對抗國家的人，其對待問題的態度，正像有些人一樣，在認識上始終只停留在本質上，而不願意從這種抽象前進以達到定在，他們還以爲這樣做是正確的，或者像另一些人（見上述第一四〇節附釋）一樣，只希求抽象的善，而聽憑任性去規定什麼是善的事物。宗教是對絕對物的關係，這種關係採取感情、表象、信仰等形式，在宗教包羅萬象的範圍內，一切都只是偶然的、轉瞬即逝。如果在對國家的關係上也堅持這種形式，以爲對國家說來這種形式是本質上規定者和有效的東西，那麼國家，作爲已經發展成爲具有鞏固地存在著的各種權力和規章制度的機體，將陷於動蕩不安和分崩離析。拿宗教的形式——這種形式把一切被規定的東西遮蓋起來，因而就成爲主觀的東西——來說，客觀的和普遍的東西，即法律，將不是被規定爲固定的和有效的，而是獲得了否定的東西的性質，其對人類行爲所發生的後果是：法律不是對公正的人制定的；你只要虔誠，你就可以做你願意做的一切事情。你可以聽從你自己的任性和激情的擺布，如果別人因而受到冤屈，就指示他們向宗教求得慰藉和希望，或竟唾棄他們並譴責他們爲無信仰的人。但是因爲這種否定的態度不僅限於一種內在情緒和觀點，而且還可轉向現實並在現實中肯定自己，所以就產生宗教狂熱，它像政治狂熱一樣，排斥一切國家設施和法律秩序，認爲它們是一些界限，拘束著內心生活和不適合心情的無限性的，同時它排斥私有制、婚姻、市民社會中的關係和勞動以及其他等等，認爲它們對愛和對感情的自由一無價值，可是對於現實生活和行動無論如何必須做出決定，所以就產生一種情況，與一般意志的主觀性認識自己爲絕對者時相同（第一四〇節），即人們依據主觀觀念——意見和任性的偏好——來決定。

但是，與蒙蔽在感情和表象的主觀性中的這種眞的東西來比，眞的東西是從內到外、從理性的想像到實在性的巨大躍進，全部世界歷史就在從事這一工作，並且透過這種工作，有教化的人類獲得了合理定在，即國家制度和法律的現實以及對它們的意識。那些求神拜佛和確信一切都直接存在於他們未經教養從而未達於成熟的意見中的人，對這項工作，即把他們的主觀性提高到對眞理的認識以及提高到對客觀權利和義務的知識，不感興趣，因此從他們那裡所能得到的，只是對一切倫理關係的破壞，愚昧無知和滅絕天理。以上種種乃是宗教情緒專拘泥於它的形式、因而反對現實和反對存在於普遍物即法律形式中的眞理、所必然產生的結果。畢竟這種情緒不是必然會這樣前進實現的。從它的消極觀點來說，它誠然可以保持爲一種內部的東西，適應著規章制度，並默認屈服而嘆息或忍受藐視而靜待。在現代，宗教心被誤導成一種論戰式的虔誠，不論這種論戰與一種眞的需要或是僅僅與未獲滿足的虛榮相聯繫的都好，總之這不是力量而是軟弱的表現。人們不下一番研究工夫來克制自己的意見和培養自己的意志使受紀律的支配，並由此把它提高到自願服從，而竟找最便宜的做法，即放棄對客觀眞理的認識。照這種做法，他們可以保持沮喪抑鬱的心境連同傲慢自負的態度，並主張手邊已有虔信方面的一切條件，來洞察國家制度和法律的本性，做出鑑定，並指陳它們應該和必須具有的性狀；因爲這是出於一顆至誠虔敬的心，所以是不可能錯誤和無可訾議的。一切意圖和主張既然都以宗教爲其基礎，就不能以爲它們膚淺或不正直而加以指責。

但是宗教如果是眞實的宗教，就不會對國家採取否定和論戰的方向，而會承認國家並予以支持；此外它還具有獨立的地位和表現。它的教化事業在於儀式和教義，爲此它需要地產和財產，同樣也需要立志爲教會服務的人，因此就發生國家和教會之間的關係。這一關係的規定是簡單的。依據事物的本性，國家應全力支持和保護教會使達成其宗教目的，這在它乃是履行一種義務；又因爲宗教是在人的內心深處保證國家完整統一的因素，所以國家更應要求它的所有公民都加入教會，並且不論哪一個教會，因爲其內容既然是與觀念的深處相關，所以不是國家所能干預的。一個組織完善的國家，從而是個強國，在這方面可以表示更寬大些，對觸及國家的一切細枝末節可以完全不問，甚至可以容忍那些根據宗教理由而竟不承認對國家負有直接義務的教會（當然這要看數量而定）；這是因爲國家已把這些教會成員交給市民社會使受其規律的約束，國家自己就滿足於他們用消極的辦法（好比用交換或代替的辦法）來完成對它的直接義務[36]。

但是因爲教會擁有財物，又奉行禮拜的儀式，因而有供職人員，它就從內心生活而進入塵世，從而進入國家的領域，這樣一來，它就直接受治於國家法律。宣誓和一般倫理性的東西，正如婚姻關係一樣，引起情緒的內在滲透和提高，這種情緒的內在滲透和提高透過宗教而獲得最深刻的證實。由於倫理關係本質上是現實合理性的秩序中的關係，所以，首先應該在這個秩序中肯定的是這個秩序所含有的法。隨後這些法所得到的教會方面的證實，只是屬於事情內部的、比較抽象的方面。

關於來自教會的其他表現，內比外占優勢，這在禮拜儀式和與之有聯繫的其他行動上——其中法的方面本身至少馬上顯得是國家的事——如此，其在教義上尤其如此（誠然，教會也曾主張其服務人員和財物免受國家權力的管轄，它們甚至越俎代庖，而對非教徒就宗教所與聞的事件，例如離婚事件、宣誓事件以及其他等等，行使其管轄權）。

警察方面對這些行動的監督，其範圍當然是不確定的，這是由於公共權力監督的本性使然，即使對其他完全民事行為來說它也是如此的（見上述第二三四節）。具有共同宗教信仰的人一旦合成一個教會或同業公會，它就受到國家最高警察權的一般監督。

但是教義本身則在良心中具有它的領域，它屬於自我意識的主觀自由的權利範圍，即內心生活的範圍，這樣一個範圍本身不構成國家的領域。可是國家也有一個教義，因為它的設施，它的一般法律價值和國家制度等等本質上都是採取作為法律的思想的形式而存在的。因為國家不是機械式的構造，而是具有自我意識的那種自由的合理的生活，倫理世界的體系，所以情緒和對包含在這種情緒中的原則的意識，就成為現實國家中的一個本質的環節。再者，教會的教義不僅是良心內部的事，作為教義它倒是一種外部表達，同時是一種內容的表達，而這種內容是跟倫理原則和國家法律最緊密地聯繫在一起，甚或直接牽涉到它們的。國家和教會或直接匯合或背道而馳的情形就發生在這裡。這兩個領域的差異會被教會推進到尖銳對立的地步，它會認為自身包含著宗教的絕對內容，而把一般精神的東西、從而把倫理性的要素視為它的一部，把國家則看作藉以達到非精神之外部目的的機械式鷹架；它又會自以為是神的王國，或至少限度是天國的進階和前院，而把國家看作塵世王國，即空幻的有限的王國；因而它又會認為自身是目的，而把國家看作僅僅是手段。因此在傳播教義方面就提出了跟這種企圖相聯繫的要求，即國家不僅應當保證教會在這方面的完全自由，而且應當無條件地尊重傳教本身，不問其性質如何，因為只有教會才有權做出這種規定。教會之提出這種要求，乃是根據擴大的理由，即一般精神要素是它的所有物。殊不知一般科學和各種知識也同樣屬於這一領域，並且和教會一樣，其本身構成一個整體，具有獨特的原理，於是也可以視爲自己具有教會所要求的那種地位，何況它比教會具有更充分的理由。這樣一來，科學也可以要求脫離國家而獨立，而把自身看作彷彿是目的，把國家看作爲科學服務的手段。

此外，對國家和宗教這一關係說來，下面的情況是無足輕重的，即無論教主和獻身於教會事業的人被驅使過著一種與國家隔絕的生活，因此僅僅其他成員受國家的支配，或者他們留在國家內部，而他們宗教的身分則除外（這種身分他們認爲是他們生活的一個方面），無論前一種或後一種情形，都是無足輕重的。首先必須注意，這樣一種關係是與國家的觀念相聯繫的，依照這種觀念，國家的使命在於保護與保全每個人的生命、財產和任性，但以不損害別人的生命、財產與任性爲限，所以國家只被視爲消除急難而成立的組織。這樣一來，更高的精神要素，自在自爲的眞理的要素，就這樣地作爲主觀宗教心或理論科學而被安置在國家的彼岸，而國家則作爲自在自爲的俗物，唯有尊敬這個要素，於是乎它的眞正倫理性的東西就完全喪失了。歷史上有過野蠻的時代和狀態，一切更高的精神東西都集中於教堂，而國家只是依據暴力、任性和激情的塵世統治，又那時，國家和宗教的那種抽象對立才是現實界的主要原則（見第三五八節[37]）。這些當然都應歸入歷史。但如果指說這種情況才眞實地符合理念，那樣一種處理辦法是太盲目和膚淺了。這一理念的發展毋寧證實下面一點才是眞理：作爲自由而合乎理性的那精神是自在地倫理性的，而眞實的理念是現實的合理性，正是這個合理性才是作爲國家而存在的。又這個理念同樣很清楚地指出，理念中的倫理性的眞理，對能思維的意識說來，是作爲經加工而具有普遍性的形式的那種內容——即作爲法律——而存在的。一般說來，國家知道自己的目的，它具有確定的意識，並依照基本原理來認識和實現這些目的。然而，誠如上面所說，宗教是以眞的東西、但只是作爲一種現成的內容爲其普遍對象，這種內容的基本規定不是透過思維和概念而被認識的。同樣地，個人對這一對象的關係是一種以權威爲基礎的義務，至於他本身的精神和心的證人，作爲在其中包含著自由這一環節的東西，乃是信仰和感覺。唯有哲學洞察才認識到教會和國家都以眞理和合理性爲內容，它們在內容上並不對立，而只是在形式上各有不同。因此，當教會著手傳播教義時（過去和現在都有著一些教會，它們只講究禮拜，另有一些則以禮拜爲主而以教義和更有教養的意識爲次），又當它的教義觸及客觀原理以及倫理性東西和理性東西的思想時，就在這種表達中教會直接過渡到國家的領域。拿國家來與教會在倫理性的東西、法、法律、制度等問題上的信仰和權威相比，與教會的主觀信念相比，國家倒是認識的主體：根據它的原則，它的內容本質上不再採取感情和信仰的形式，而是特定的思想。如果自在自爲地存在的內容採取宗教的形態而表現爲特殊內容，即教會——宗教團體——的獨特的教義，那麼，這些教義仍屬於國家領域之外（新教沒有專掌教義的僧侶，因爲新教根本無教士與非教士之別）。由於一般的倫理原理和國家秩序被引申到宗教的領域中去——它們不僅可以而且應該與宗教的領域發生關係——所以這一關係就給國家本身以宗教上的認證，這是一方面。另一方面，國家依然保持著自我意識即客觀合理性的權利和形式，它有權使這種形式發生效力，並肯定這種形式以對抗從主觀形態的眞理中所產生的主張，不問這些主張是如何地用確信的東西和權威把自己圍繞起來。由於國家在形式上是普遍物，而這種形式的原則本質上是思想，所以結果是：思想自由和科學自由都源出於國家（相反地，倒是一個教會把喬爾丹諾．布魯諾活活燒死，又因爲伽利略闡述了哥白尼的太陽系學說，乃逼迫他跪下求赦，如此等等[38]）。因此，科學也在國家的一邊有它的地位，其實，它具有與國家相同的形式上要素，它以認識爲其目的，而且是對被思考的客觀眞理和合理性的認識。能思考的認識當然也可能從科學的水準下降到意見和演繹推論，並且在把注意力轉向倫理論題和國家組織的同時，使自己與它們的基本原則對立起來而發生矛盾。正有些像教會爲它自己獨特的領域所提出的要求一樣，它也妄以爲這種意見是理性和主觀自我意識的權利，並且主張它在做出意見和建立信念時是自由而不受拘束的。關於這種知識的主觀性的原則，前面已經考量過（第一四〇節附釋）。這裡只須指出，一方面，正因爲意見只是意見，只是主觀內容，從而不問它如何地自恃自負，它本身是沒有眞實的力量和權力的，所以國家可以對它完全置之不理，正如畫家堅持他們色盤上的三種基本顏色，而不顧書本上說基本顏色有七種的知識。但是，另一方面，當這種有關壞的原則的意見把自己形成爲腐蝕現實的一種普遍定在時，國家必須反對它，以保護客觀眞理和倫理生活的基本原則，尤其如果不受制約的主觀性的形式主義想以科學出發點爲其基礎，竟使國家教育機關轉而反對國家，並鼓勵它們對國家提出一個像教會那樣的要求。同樣地，當教會要求不受限制的和無條件的權威時，國家面對著這種教會，大體說來，必須主張自我意識對自己的洞察、信念和一般思維——即什麼應作爲客觀眞理而有效的這種思維——的形式上權利。

還可以提一提國家與教會的統一，這一問題人們近來談得很多，並且把它作爲最高理想而提出的。如果國家和教會在本質上，即在原則和情緒的眞理上，是統一的，那麼，有了這種統一之後，它們在意識的形式方面的差別達到特殊實存，也同樣是本質的。在東方專制制度下，可以找到人們時常所希望的那種國家與教會的統一，但是這裡沒有國家存在，沒有表現爲法、自由倫理和有機發展的那種自我意識的形態，可是只有這種形態對精神說來才是有價値的。

其次，如果國家作爲精神的認識自身的倫理現實而達到定在，那麼，它的形式必然與權威和信仰的形式有所區別，而這種區別只有教會在它自身內部達到分立時才會出現。只有這樣，國家才超出特殊的教會而達到思想的普遍性，即它的形式上原則，並使這個普遍性達到實存。爲了認識這一點，不僅必須知道什麼是自在的普遍性，而且必須知道什麼是它的實存。因此，如果以爲教會的分立對國家說來是或曾經是一種不幸，那是大錯特錯了；其實只有透過教會的分立，國家才能成爲其所規定的東西，即自我意識著的合理性和倫理。並且從教會和思想各自的自由和合理性來說，這是它們所能遭遇到的最幸運的事。

補充（國家和宗教）　國家是現實的，它的現實性在於，整體的利益是在特殊目的中成爲實在的。現實性始終是普遍性與特殊性的統一，其中普遍性支分爲特殊性，雖然這些特殊性看來是獨立的，其實它們都包含在整體中，並且只有在整體中才得到維持。如果這種統一不存在，那種東西就不是現實的，即使它達到實存也好。一個壞的國家是一個僅僅實存著的國家，一個病軀也是實存著的東西，但它沒有眞實的實在性。一隻被砍下來的手看來依舊像一隻手，而且實存著，但畢竟不是現實的。眞實的現實性就是必然性，凡是現實的東西，在其自身中是必然的。必然性就在於整體被分爲概念的各種差別，在於這個被劃分的整體具有持久的和鞏固的規定性，然而這種規定性又不是僵死的，它在自己的分解過程不斷地產生自己。意識和思維本質上是屬於一個完善的國家的，因此，國家知道它所希求的是什麼，並且知道它就是某種被思考的東西。現在由於知識的場所是在國家中，所以科學的場所也只能在國家中而不是在教會中。但是儘管如此，在現代，人們反覆地談到國家必須從宗教中生長出來。國家是發展了的精神，並在意識的光照下展示它的各個環節。包含在理念中的東西顯現而進入客觀世界，這一點就使國家表現爲有限的東西。所以國家顯示自己爲塵世的領域，而宗教是無限性的領域。這樣一來，國家好像是次要的。又因爲有限的東西不能獨立存在，所以據說它需要宗教爲其基礎。凡是有限的東西都是沒有權能的，只有透過宗教它才成爲神聖的並附屬於無限的東西。但是這樣考量事物是極端片面的。誠然，國家本質上是塵世的和有限的，它具有特殊目的和特殊權力。但是國家是塵世的這一事實，僅僅是一個方面，也只有對遲鈍的知覺說來國家才是純粹有限的。其實，國家具有一個生動活潑的靈魂，使一切振奮的這個靈魂就是主觀性，它製造差別，但另一方面又把它們結合在統一中。在宗教王國也有差別和有限性。據說上帝是三位一體的，所以就有三個規定，而它們的統一才是精神。因此具體地掌握神的本性，也只是指透過差別來掌握它。因此，在神的王國也出現著有限性，正如在塵世王國一樣；至於說塵世精神即國家只是一種有限的精神，那是片面的說法，因爲現實性絕沒有不合乎理性的。當然，一個壞的國家僅僅是塵世的和有限的，但是一個合乎理性的國家自身是無限的。第二，據說國家必須從宗教中獲得它的論證。在宗教中，理念是內心深處的精神，但是，正是這同一理念採取國家的形式而給自己以塵世性，並替自己在知識和意志中獲得的定在和現實。現在，如果說國家必須建立在宗教的基礎之上，這可能指國家應該以合理性爲根據，並導源於合理性。但是，這句話也可以被誤解爲，如果人的精神受到了一種不自由的宗教的束縛，他就會被訓練成爲最聽話的人。可是基督教是自由的宗教，當然它可能轉變，即它如果感染著迷信，就會從自由轉向爲不自由。又如果這句話的意思是，個人必須具有宗教信仰，使其已受束縛的精神愈加便於受到國家的壓制，那麼這是壞的含義。又或者意思是，人們應該尊敬國家，尊敬這一整體，而他們是其中的肢體；要做到這點，當然最好是使他們對國家的本質有哲學的洞察；但如果缺乏哲學的洞察，宗教情緒也行，它能導致同樣的結果。正因爲如此，國家可能需要宗教和信仰。但是國家本質上仍然是與宗教有區別的，因爲國家所要求的東西，都是採取法律義務的形態；至於這種義務是出於怎樣的心情來完成的，那是無足輕重的。相反地，宗教的園地是內心生活。如果國家要按宗教樣式提出要求，它就會危害內心生活的權利；同樣地，如果教會要像國家那樣行動，施加刑罰，它就會蛻變爲一種暴虐的宗教。第三點區別是與上述有聯繫的，即宗教的內容是，而且始終是被蒙蔽著的，因此心情、感覺和表象才是它的地位藉以建立的基礎。在這個基礎上一切都具有主觀性的形式；相反地，國家則使自己現實化，並給自己的規定以固定的定在。現在，如果宗教心要在國家中像它慣於在自己基地上那樣地主張自己，它就會顚覆國家組織；因爲國家的各種不同機關可以在廣大範圍內各行其素，相反地，在宗教中，一切都關聯到整體。現在如果這一整體要掌握國家的一切關係，那它就會成爲狂熱。要求在每一特殊物中有整體，這只有破壞特殊物才能做到，因爲狂熱是不讓特殊差別自行發展的。當有人表示說：「法律不是對虔敬的人制定的。」這無非就是那種狂熱的說法。一旦虔敬心代替了國家，它就不能容忍被規定下來的東西而要把它毀滅。同樣與這一點相結合的是：虔敬心聽從良知和內心去決定，而不由根據來規定。這種內在性不會發展成爲根據，也不會對自己說明任何理由。因此，如果虔敬心被算作國家的現實，那麼一切法律都將被推翻，而主觀感情就成爲立法者。這種感情可能是赤裸裸的任性，究竟是否如此，唯有從行動中才能識別。但是這些行動由於成爲行動和戒律就採取了法律的形態，這恰恰與那種主觀感情是相牴觸的。這種感情的對象是神，而神也可使成爲規定者。但是神是普遍理念，它在這種感情中是不確定的東西，這種不確定的東西沒有成熟到可以規定在發展了的國家中存在的東西。恰恰是在國家中一切是固定的安全的這一事實，構成了反對任性和獨斷意見的堡壘。因此，宗教本身不應成爲統治者。

第二七一節

政治制度首先是國家組織和國家內部關係中的有機生命過程；在這種關係中，國家把自己區分爲自己內部的幾個環節，並發展它們，使它們能鞏固地存在。

其次，作爲個體性的國家是一種排外的單一體，因此，這種單一體要和其他單一體發生關係，從而使自己的差別和外部相適應，並根據這種規定使自己內部的各種差別鞏固地存在於它們的理想性中。

補充（文治武功）　正如有生機體的感受刺激性本身從某一方面說來是內在的東西，附屬於機體本身的東西，所以在這裡，對外的關係也就是對內的趨向。內部的國家本身是文治，對外則是武功，但是這種武功是國家本身中的一個特定的方面。現在，使這兩個方面處於均衡狀態乃是構成對國家的情緒方面的主要因素。時或像在羅馬皇帝和護衛軍時代那樣，文治完全消滅，而只依賴武功，時或像現代那樣，所有公民都有服兵役的義務，此時武功僅僅是文治的產物。

一、內部國家制度本身

第二七二節

只要國家依據概念的本性在本身中區分和規定自己的活動，國家制度就是合乎理性的。結果這些權力中的每一種都自成一個整體，因爲每一種權力實際上都包含著其餘的環節，而且這些環節（因爲它們表現了概念的差別）完整地包含在國家的理想性中並只構成一個單個的整體。

附釋　現代關於國家制度，與關於理性本身一樣，人們到處空談不休；在德國，這種空談尤其乏味，多虧這些人們相信唯有他們——他們甚至把其他一切人等，首先是政府，都排除在外——對於什麼是國家制度才最有了解。他們主張宗教和虔敬心是他們所有這些膚淺思想的基礎，因此認爲他們的說法具有無可反駁的根據。如果這種喋喋不休的空談所產生的後果，使具有理性的人不僅對理性、啓蒙、法等詞，而且對國家制度和自由等詞感到厭惡，並使人們對繼續參加討論政治制度問題會感到慚愧，那是不足爲奇的。但是至少人們可以希望這種嫌惡會發生作用，而使下面的信念變得更爲普遍，即對這些問題的哲學認識不可能從抽象推論、目的、根據和功利中，更不可能從心情、愛和靈感中，而只能從概念中產生；同時還可希望那些認爲神物無法理解、認爲對眞理的認識是徒勞無益的人，會感到必須約束自己，不多口舌。從他們心情中和他們的靈感中所產生出來的都是沒有經過消化的空談或者是宗教的啓迪，但無論是心情和靈感的產物，至少都不能得到哲學的重視。

在各種流行的觀念中間，應當提一提與第二六九節有關的國家權力的必然劃分。這是一個非常重要的規定，如果就其眞正的含義來說，它有理由可被視爲公共自由的保障。但是，正是那些認爲自己的話是出於靈感和愛的人，不知道也不願知道這一觀念，其實，恰恰是在這一觀念中存在著合乎理性的規定性那環節。這就是說，權力劃分的原則包含著差別這一本質的環節，實在合理性的環節。但是，抽象理智對這一原則所領會的是：一方面，在其中存在著各種權力彼此絕對獨立的規定，而這是錯誤的；另一方面，各種權力的相互關係是否定的，彼此限制的，而這種解釋是片面的。依據這一觀點，每一種權力都敵視和害怕其他權力，反對它們像反對邪惡一樣；它們的職能就在於彼此之間互相抗衡，並透過這種抗衡而造成一個普遍均勢，可是絕對不是促致一個有生命的統一。殊不知唯有概念在本身中的自我規定而不是任何其他的目的和功利，才是各種不同權力的絕對淵源，而且正因爲如此，國家組織自身才是理性的東西和永恆理性的圖像。

概念，然後以更具體的方式，理念，怎樣在自身中規定自己，從而設定它們的各個抽象環節，即普遍性、特殊性和單一性，可以從邏輯學——當然不是流行的邏輯學——中獲悉其詳。把僅僅否定的東西作爲出發點，把惡的意志和對這種意志的猜疑提到首位，然後依據這個前提狡猾地建築一些堤壩，從效用上說，只是爲了對抗一些相反的堤壩，所以需要這些堤壩；總之，以上種種在思想上就是否定的理智的特徵，在情緒上就是賤民觀點的特徵（見上述第二四四節）。

如果各種權力，例如通稱的行政權和方法權，各自獨立，馬上就會使國家毀滅，正如我們所見到的大規模地發生過的；不然的話，即如果國家本質上還保存著，一種權力使其他權力受其控制的鬥爭首先會促成統一，不論其性質如何，從而使國家的本質的東西和存在得到挽救。

補充（國家的合理性） 人們所必須希求於國家的，不外乎國家應是一種合理性的表現，國家是精神爲自己所創造的世界，因此，國家具有特定的、自在自爲地存在的進程。人們觀察自然界，反覆提到造物之巧，但是並不因而就相信自然界是比精神界更高級的東西。國家高高地站在自然生命之上，正好比精神是高高地站在自然界之上一樣。因此，人們必須崇敬國家，把它看作地上的神物，同時必須了解，如果理解自然界是困難的，那麼領會國家更是無限地困難。在現代，人們對於一般國家已經具有一定的直覺，而他們又是這樣大力從事於國家制度的討論和建立，這一點是非常重要的。但是事情並沒有因此結束。對待理性的事物還必須用直覺的理性，必須知道什麼是本質的東西，並且要明白觸目的東西未必是本質的東西。國家的各種權力固然必須加以區分，但是每一種權力本身必須各自構成一個整體，並包含其他環節於其自身之中。當人們談到這些權力各不相同的活動時，切忌陷於重大錯誤，以爲每一種權力似乎應該抽象而自爲地存在著的。其實，各種權力只應看作是概念的各個環節而被區分著。如果相反地各種差別是抽象而自爲地存在著的，那麼，分明是兩個獨立自主的東西就不可能形成統一，而必然要發生鬥爭，其結果，或者整體崩潰了，或者借助權力統一重新建立起來。例如在法國革命時，時而立法權吞噬了所謂行政權，時而行政權吞噬了立法權，這裡要提出好比某種調和的道德上要求，那是荒謬的。如果把事物讓心情去解決，當然可以省卻一切麻煩。但是，縱然倫理性的感情是必要的，它也不應當根據它本身來規定國家的各種權力。所以重要的是，由於各種權力的規定自在地是整體，所以各種權力在實存中就構成了整個概念。如果人們慣於談論三權即立法權、行政權和司法權的話，那麼其中第一種相當於普遍性，第二種相當於特殊性，但司法權不是概念的第三個環節，因爲概念固有的單一性是存在於這些領域之外的。

第二七三節

政治國家就這樣把自己分爲三種實體性的差別：

㈠立法權，即規定和確立普遍物的權力。

㈡行政權，即使各個特殊領域和個別事件從屬於普遍物的權力。

㈢王權，即作爲意志最後決斷的主觀性的權力，它把被區分出來的各種權力集中於統一的個人，因而它就是整體即君主立憲制的頂峰和起點。

附釋　國家成長爲君主立憲制乃是現代的成就，在現代世界，實體性的理念獲得了無限的形式。[39]世界精神這種深入到自身的歷史，或者這樣說也是一樣的，這種自由式的成長——在這一過程中理念把它的各個環節（僅僅是它的環節）從自身中釋放出來成爲各個整體，而且正因爲這個道理把它們包含在概念的理想統一中，因爲在其中存在著實在合理性——這種倫理生活眞實形成的歷史，乃是普遍世界史的內容。

古代把國家制度區分爲君主制、貴族制和民主制，這種區分是以尚未分割的實體性的統一爲其基礎的。這種統一還沒有達到它的內部劃分（一個在自身中發展了的機體），從而也沒有達到深度和具體合理性。因此，從那種古代的觀點看來，這種區分是眞實的和正確的；因爲對那種還是實體性的、而在自身中沒有發展到絕對展開的統一說來，差別本質上是一種外在的差別，它首先表現爲那些人的數量上（《哲學全書》，第八十二節[40]）的差別，據說實體性的統一是內在於這些人之中的。依據這種方式而屬於不同整體的這些形式，在君主立憲制中就降格爲各個環節；君主是單一的人，隨著行政權而出現了一些人，又隨著立法權而出現了多數人。但是諸如此類純粹數量上的差別，已如有人提到的，完全是膚淺的，並不表示事物的概念。現代有許多人談論君主制中的民主要素和貴族要素，這同樣是不適當的，因爲他們所設想的這些規定，既然發生在君主制中，就不再是什麼民主的和貴族的東西了。

有一些關於國家制度的看法，把國家從頭到尾表述爲抽象的東西，彷彿是它統治著和命令著；但在國家中爲首的究竟是一個人，多數人或一切人，這個問題被看作無足輕重，未予解決。

費希特在所著《自然法》（第一篇，第一九六頁）一書中說：「所有這些形式都是合法的，只要存在著監察制度（這是費希特發明的、用來對抗最高權力的抗衡力量[41]）就行，並且它們都可能在國家中創造和維持普遍的法。」

這樣一種觀點（連同上述監察制度的發明）源出於上面已經提到的那種膚淺的國家概念。當然，在頗爲簡單的社會狀態中，這些差別沒有多大意義，或根本沒有什麼意義。例如摩西在他的立法中規定，當人民要求一位國王時，一切制度可以不變，只是對國王添加一條戒律，規定他不得增添馬隊、嬪妃、金銀（《舊約全書》，申命記，第十七章，第十六節和第十七節）。

除此之外，在某種意義上，人們當然可以說，理念也對這三種形式（包括君主制在內，但取其限定的含義，即它與貴族制和民主制並列時所具有的含義）毫無軒輊。但理念的這樣對待它們，係出於跟費希特相反的意義，因爲，它們每一種對合乎理性地發展的理念（第二七二節）都不相符合，而理念也不能在它們任何一種中獲得它的權利和現實性。因此，如果問這三種形式中哪一種最可取，這種問題完全是多餘的；我們只能從歷史觀點來談這些形式。

但是這裡，如同在其他許多地方一樣，我們又必須承認孟德斯鳩在他對於這些政府形式的原則所做有名的陳述中表達的深刻見解。但是爲了承認這種陳述的正確性，切不可對這種陳述有所誤解。如所周知，他指出德[42]是民主制的原則，因爲，事實上這種國家制度是建立在情緒上，即在純粹實體性的形式上，而自在自爲地存在的意志的合理性就是採取這種形式還存在於民主制度中的。但孟德斯鳩往後談到，在十七世紀，英國提供了一幅美妙景象，說明由於領導人缺乏德，建立民主制的努力就變得軟弱無力；此外他又說，當德從共和國中消失時，野心侵入到能包藏它的心坎，貪婪主宰了每一個人，結果，國家成爲每一個人的戰利品，而它的力量也只在於少數公民的權力和一切人的恣情放蕩。關於孟德斯鳩的這種見解，必須指出，在一個比較發達的社會狀態中和在特殊性的權力已經發展而成爲自由的情況下，國家爲首者的德是不夠的，所需要的是另一種形式，即合乎理性的法律的形式而不是情緒的形式，這可使整體獲得力量而把自己團結起來，並賦予發展了的特殊性的力量以積極的和消極的權利。同樣還必須消除這種誤解，即德的情緒似乎是民主共和國的實體性的形式，因此認爲在君主制中這種情緒可以不必要，或根本不存在[43]；最後，也不得認爲德與在一個肢體健全的組織中的法律上規定的活動是互相對立和各不相容的。

貴族制以節制[44]爲其原則，這就使公共權力與私人利益在這裡開始分袂。同時它們又互相直接接觸，致使這種國家制度自身時刻有可能直接墮入暴政或無政府這種最殘酷的狀態中（可從羅馬史中見到），而毀滅自己。

孟德斯鳩認識到榮譽[45]是君主制的原則，從這一點可以自然而然地看出，他所指的不是一般家長制或其他古代制度，也不是建成爲客觀國家制度的那種組織，而僅僅是封建君主制，並且在這種制度中，內部國家法的關係被固定下來成爲個人和同業公會的合法私有權和各種特權。由於在這種國家制度中，國家生活建立在特權人格上，而且大部分爲了國家的鞏固存在所必須做的事，都繫於他們的偏好，所以這些服務就不是義務的客體，而是表象和意見的客體。這樣一來，維繫國家統一的便不是義務而是榮譽。

還有一個很容易發生的問題，即國家制度應由誰來制定？這一問題似乎很清楚，但經過仔細考量，馬上顯得毫無意義，因爲它假定著不存在任何國家制度，而只存在著集合一起的原子式的群氓。群氓怎能透過自身或別人，透過善、思想或權力而達到一種國家制度，那只得聽其自便了，因爲概念與群氓是根本風馬牛不相及的。

但是，如果這一問題假定著已經有國家制度存在，那麼，所謂制定只是指變更而言，而假定著一種國家制度，其本身就直接意味著變更只能依憲法所規定的程序行之。

總之，國家制度縱然隨著時代而產生，卻不能視爲一種製造的東西，這一點毫無疑問是本質的。其實，毋寧說它簡直是自在自爲存在的東西，從而應被視爲神物，永世勿替的東西，因此，它也就超越了製造物的領域。

補充（國家形式的片面性）　一般說來，現代世界是以主觀性的自由爲其原則的，這就是說，存在於精神整體中的一切本質的方面，都在發展過程中達到它們的權利的。從這一觀點出發，我們就不會提出這種無意義的問題：君主制與民主制相比，哪一種形式好些？我們只應該這樣說，一切國家制度的形式，如其不能在自身中容忍自由主觀性的原則，也不知道去適應成長著的理性，都是片面的。

第二七四節

精神只有認識了自身以後才是現實的，作爲民族精神的國家構成貫串於國內一切關係的法律，同時也構成國內民眾的風尚和意識，因此，每一個民族的國家制度總是取決於該民族的自我意識的性質和形成；民族的自我意識包含著民族的主觀自由，因而也包含著國家制度的現實性。

附釋　如果要先驗地給一個民族以一種國家制度，即使其內容多少是合乎理性的，這種想法恰恰忽視了一個因素，這個因素使國家制度成爲不僅僅是一個思想上的事物而已。所以每一個民族都有適合於它本身而屬於它的國家制度。

補充（國家制度的歷史制約性）　國家必須在它的制度中貫串著一切關係。例如拿破崙想要先驗地給予西班牙人一種國家制度，但事情弄得一團糟。其實，國家制度不是單純被製造出來的東西，它是多少世紀以來的作品，它是理念，是理性東西的意識，只要這一意識已在某一民族中獲得了發展。

因此，沒有一種國家制度是單由主體製造出來的。拿破崙所給予西班牙人的國家制度，比他們以前所有的更爲合乎理性，但是它畢竟顯得對他們格格不入，結果碰了釘子而回頭，這是因爲他們還沒有被教化到這樣高的水準。一個民族的國家制度必須體現這一民族對自己權利和地位的感情，否則國家制度只能在外部存在著，而沒有任何意義和價值。當然，往往可能有個別的人感到需要並渴望一種更好的國家制度，至於全體群眾一律都抱有這種觀念，那是另一回事，這只是後來才發生的。蘇格拉底的道德原則和內心生活原則是他那個時代的必然產物，但是要成爲普遍自我意識，那是需要時間的。

(一)王權

第二七五節

王權本身包含著整體的所有三個環節（第二七二節）：國家制度和法律的普遍性，作爲特殊對普遍的關係的諮議，作爲自我規定的最後決斷的環節，這種自我規定是其餘一切東西的歸宿，也是其餘一切東西的現實性的開端。這種絕對的自我規定構成王權本身的特殊原則，必須首先加以闡明。

補充（王權的概念）　我們從王權開始，即從單一性這一環節開始，因爲單一性包含著作爲整體的國家所具有的三個環節。自我是最單一的東西，同時也是最普遍的東西。在自然界中，初看起來也是有單一的東西的，但是實在性、非理想性和相互外在性並不等於閉關自守式的存在，相反地，雜多的單一性是共處並存的。至於在精神中，全部雜多的東西只是作爲理想性的東西和作爲一種統一而存在的。所以國家，作爲精神的東西，展示著它的所有一切環節，但是單一性同時是富有心靈的東西和生動活潑的原則，即主權，它包含著所有各種差別。

第二七六節

⑴政治國家的基本規定就是國家各個環節的實體性的統一，即國家各個環節的**理想性**，在這種統一中（甲）國家的各種特殊權力和職能既然消融，也被保存——它們被保存，只是說它們沒有獨立的權能，而只有整體理念所規定的那樣大的權能，它們來自整體的力量，它們是這個整體的流動部分，而整體則是它們的簡單的自我。

補充（**國家機體中各個環節的理想性**）　各個環節的這種理想性正像機體的生命一樣。生命存在於每個細胞中。在一切細胞中只有一個生命，沒有任何東西抵抗它。如果離開了生命，每個細胞都變成死的了。一切個別等級、權力和同業公會的理想性也是這樣，不論它們有多大的本能鞏固地和獨立地存在。這正如機體中的胃，它固然主張獨立，但同時被揚棄、被犧牲而轉入於整體。

第二七七節

⑵國家的特殊職能和活動是國家的主要環節，因而是國家**所特有**的；這些職能和活動與負責運用和實現它們的**個人**發生聯繫，但是和它們發生聯繫的並不是這些人的個人人格，而只是這些人的普遍的和客觀的特質；因此它們是以外在的和偶然的方式與這種特殊的人格本身相聯繫。所以國家的職能和權力不可能是**私有財產**。

補充（**官職的任命**）　國家的活動是與個人發生聯繫的。個人之所以有權處理國家事務，並不是由於他們天生的關係，而是由於他們的客觀特質。能力、才幹、品質都屬於一個人的特殊性。他必須受過教育和特殊職能的訓練。因此，官職既不可能出賣，也不可能繼承。從前法國的議會席位可以出賣，在英國軍隊裡，到一定等級爲止的軍官職位至今還可以出賣，但這在過去和現在都是與中世紀某些國家的國家制度相聯繫的，這些國家制度現在已經逐漸消失了。

第二七八節

上述兩個規定說明：國家的特殊職能和權力，無論在本身中或在個人的特殊意志中，都沒有獨立而穩固的基礎，它們的最後的根源是在國家的統一中，即在它們的簡單自我中。這兩個規定構成國家的主權。

附釋　這是對內的主權，主權還有對外的一面，詳見下述[46]。

在過去封建君主制度時代，國家對外確是享有主權的，可是對內，不但好比君主，連國家也不享有主權。一方面（參閱第二七三節附釋）是因爲國家和市民社會的各種特殊職能和權力劃入獨立的同業公會和自治團體，於是整體與其說是一個機體，還不如說是一個集合體；另一方面是因爲這些職能和權力是個人的私有財產，所以個人考慮到整體所應該做的，就決定於他們的意見和偏好。構成主權的理想主義是跟動物機體中的規定相同的，按照這個規定，所謂部分其實不是部分，而是肢體，是有機環節，它們的孤立和獨立乃是病態（見《哲學全書》，第二九三節[47]）。它又跟意志的抽象概念中（見下節附釋）的原則相同（這種原則上已述及——第七節），這種意志的抽象概念是自我相關中的否定性，從而是把自己規定爲單一性的那種普遍性。在這種普遍性中一切特殊性和規定性都被揚棄了。它是一切意志自我規定的絕對根據。爲了了解這一點，一般說來，必須對什麼是概念的實體和眞實的主觀性具有整個概念。

因爲主權是一切特殊權能的理想性，所以人們容易而且很慣常地發生誤會，把主權當作赤裸裸的權力和空虛的任性，從而把它與專制相混淆。但是專制就是無法無天，在這裡，特殊的意志（不論是君主的意志或人民的意志——Ochlokratie）本身就具有法律的效力，或者更確切些說，它本身就代替了法律；相反地，主權卻正是在立憲的情況下，即在法制的統治下，構成特殊的領域和職能的理想性環節。主權恰恰表示，每一個這樣的領域在自己的目的和行動方式方面，都不是獨立自主的和只管自己的東西，而是受整體的目的（這種目的通常都被籠統地稱爲國家的福利）規定和支配的東西。這種理想性以雙重性的形式表現出來。

在和平的情況下，特殊的領域和職能沿著完成自己的特殊事業的道路不斷前進，一方面，僅僅是事物發展的不自覺的必然性就使這些領域和職能的自私行爲反而促進它們自己的相互保存和整體的保存（見第一八三節）；另一方面，是來自上面的直接影響不斷地使它們返回實現整體的目的的道路，同時由於這種來自上面的影響，它們也就受到了限制（見行政權，第二八九節）並不得不直接促進這種保存。而在災難的情況下（不管這種災難是內部的還是外來的），主權的作用就在於把和平時期存在於自己的特殊性中的機體集中在主權的簡單概念中；主權並有責任犧牲這個一般說來是合法的環節以拯救國家，於是國家主權的理想主義就達到了自己特有的現實性（見下面第三二一節）。

第二七九節

主權最初只是這種理想性的普遍思想，它只是作爲自我確信的主觀性，作爲意志所具有的一種抽象的，也就是沒有根據的，能左右最後決斷的自我規定而存在。這就是國家中的個人因素本身，而國家本身也只有透過這種個人因素才能成爲一個單一的東西。可是主觀性只是作爲主體才眞正存在，人格只是作爲人才存在；而在已經發展到實在合理性這個階段的國家制度中，概念的三個環節中的每一個都具有其自爲地現實的獨特的形式。因此，整體的這一絕對決定性的環節就不是一般的個體性，而是一個個人，即君主。

附釋　任何科學的內在發展，即從它的簡單概念到全部內容的推演（否則科學至少不配稱哲學的科學）都顯示出這樣一個特點：同一個概念（在這裡是意志）開始時（因爲這是開始）是抽象的，它保存著自身，但是僅僅透過自身使自己的規定豐富起來，從而獲得具體的內容。例如，人格（在開始時，即在直接的法中，它還是抽象的）的基本環節透過自己的主觀性的各種形式發展了自身，並且在這裡，即在絕對的法中，在國家中，在意志的最具體的客觀性中，成了國家人格，成了國家的自我確信。它作爲至上者揚棄了簡單自我的一切特殊性，制止了各執己見相持不下的爭論，而以「我要這樣」來做結束，使一切行動和現實都從此開始。

但是，作爲無限的自我相關者的人格和主觀性，只有作爲人，作爲自爲地存在的主體，才更加無條件地具有眞理性（即自己最切近的直接的眞理性），而自爲的存在也正好就是單一體。國家人格只有作爲一個人，作爲君主才是現實的。人格表示概念本身，人同時還包含著概念的現實性，而且概念也只有當它這樣被規定的時候，才是理念，才是眞理。

所謂法人，即社會團體、自治團體、家庭，不管它本身如何具體，它所具有的人格都只是它本身的一個抽象的環節；人格在法人中達不到自己存在的眞理。國家則正是一個整體，概念的各個環節在其中都可按各自特有的眞理性達到現實性。

所有這一切規定，在這以前的全部論述中，就已單獨地並各按它們的形態加以探討；但是這裡所以還要重複一遍，就因爲在它們的特殊形態中，人們容易承認它們，但正當它們在它們眞實的地位上，不是孤立的而是依據它們的眞理性，即作爲理念的各個環節出現時，人們就會不再認識和理解它們了。

理智，即反思的理智的考量之所以最難理解君主這一概念，是由於它只限於做出零星的規定，因而只知道一些理由、有限的觀點和從這些理由做出的推論。因此，它把君主的威嚴不論從形式上說或從它的規定上說都敘述爲派生的；可是與此相反，君主這一概念不是派生的，而是絕對地起源於自身的。最符合這個概念的觀念，就是把君主權看成以神的權威爲基礎的東西，因爲這個觀念包含了君主權的絕對性的思想。但是大家都知道，關於這一點發生了種種誤解，而哲學考量的任務就在於理解這種神物。

只有人民對外完全獨立並組成自己的國家，才談得上人民的主權，大不列顛的人民是一個例子。但英格蘭、蘇格蘭、愛爾蘭、威尼斯、熱那亞、錫蘭等地的人民，則自從他們不再有自己的國王或自己的最高政府以後，就不再是有主權的人民了。

可見，如果只是一般地談整體，那也可以說國內的主權是屬於人民的，這與我們前面（第二七七節、第二七八節）所說的國家擁有主權完全一樣。但是人們近來一談到人民的主權，通常都認爲這種主權和君主的主權是對立的；這樣把君主的主權和人民的主權對立起來是一種混亂思想，這種思想的基礎就是關於人民的荒唐觀念。如果沒有自己的君主，沒有那種正是與君主必然而直接地聯繫著的整體的劃分，人民就是一群無定形的東西，他們不再是一個國家，不再具有只存在於內部定形的整體中的任何一個規定，就是說，沒有主權、沒有政府、沒有法庭、沒有官府、沒有等級，什麼都沒有。因爲在人民中出現了這種與組織和國家生活相關聯的要素，所以這種人民不再是在最一般的觀念上叫作人民的那種沒有規定性的抽象。

如果人民的主權是指共和制的形式，或者說得更確定些，是指民主制的形式（因爲共和制還指其他各色各樣的經驗混合制而言，它們本來都不屬於哲學考量的範圍），那麼我們上面（在第二七三節附釋中）已經做了必要的說明；此外，這一種觀念也就沒有談論的必要，因爲我們說的是已經發展了的理念。

如果一個民族被思考爲不是一個家長制的部落——既不想像它處於使民主制和貴族制成爲可能的一種未發展狀態中（見第二七三節附釋），也不想像它處於某種其他無組織的和無秩序的狀態中——而是一個內部發展了的、眞正有機的整體，那麼，在這樣一個民族中，主權是整體的人格；符合自己的概念而實際存在的這種人格就是君主其人。

在前面[48]所指出的、國家制度的形式分爲民主制、貴族制和君主制的階段上，從那種還沒有達到自己的無限劃分和深入到自身的、處於潛在狀態的實體性統一的觀點看來，意志的自我規定的最後決斷這一環節，在自己特有的現實性中，並不表現爲國家本身的內在的有機環節。誠然，在處於比較不發達形態中的那些國家裡，總得有爲首的人；或者他早已自爲地存在著，像在相應類型的君主制中那樣，或者像在貴族制尤其在民主制中那樣，政治家們和將軍們偶然地和根據情勢的特殊需要把自己提升到首腦的地位，因爲一切行動和現實的事都得由一個領導人做出統一的決斷來開始和完成的。但是，因爲這種做出決斷的主觀性，包含在尚未劃分的權力結合中，所以這種主觀性一方面就其產生和表現來說必然是偶然的；另一方面，它根本是服從某種別的東西的。因此，這種受制約的首領只有在自身之外才能找到純粹而明確的決斷，即一個外來的規定事物的命運。作爲理念的一個環節，這一決斷必然要達到實存，但是它的根源是在人類自由及其範圍之外，即在國家力所能及的範圍之外。

這裡就是下列需要的起源之所在，即需要向神諭，向神靈之聲（如蘇格拉底所說的）、從動物的內臟中、從鳥的飲食和飛翔等等求得有關國家大事和在國家緊急關頭時的最後決斷。當人類還沒有把握住自我意識的深處，還沒有從實體性統一的混沌狀態達到自爲存在的階段的時候，他們也就沒有力量在人類存在的內部去尋求這種決斷。我們可以在蘇格拉底的神靈之聲中（參閱上面第一三八節）看到，已往意志乾脆把自己移到它本身的彼岸，現在卻開始轉向自己內部，並在自己內部認識自己。這是認識自身的開始，從而是眞正自由的開始。理念的這種實在自由，正因爲它把自己所特有的、現在的、自我意識著的現實性給予合理性的每一個環節，所以也就把自我規定的最後確信——這種確信構成意志概念的頂峰——賦予單個的意識，作爲它的職能。可是這種最後的自我規定只有在它具有頂峰的地位，自爲地脫離和越出一切特殊化和制約的時候，才能歸入人類自由的領域；因爲只有這樣它才適合它的概念而成爲現實的。

補充（**君主其人**）　關於國家組織——這裡乃指君主立憲制而言——我們必須完全把理念固有的必然性放在腦子裡，其他一切觀點都必須使之消失。國家必須被看作一個建築學上的大建築物，被看作顯現在現實性中的那理性的象形文字。因此，一切有關純粹功利的東西、外部的事物等等，都應被排除於哲學的探討之外。國家是自我規定的和完全主權的意志，是自己的最後決斷，現在，觀念對這一點是容易理解的。比較困難的是把這個「**我要這樣**」作爲人來領會。這不等於說君主可以爲所欲爲，毋寧說他是受諮議的具體內容的束縛的。當國家制度鞏固的時候，他除了簽署之外，更沒有別的事可做。可是這個**簽署**是重要的，這是不可逾越的頂峰。人們可能說，有機的組織早已在雅典的完美民主制中存在著，但是我們馬上看到希臘人是從完全外部的現象——神論、祭神牲畜的內臟、鳥的飛翔——中得出最後決斷的。我們又看到他們把自然界當作一種權力來對待，這種權力在那裡公告和宣示，什麼是對人有益的。那時自我意識還沒有達到主觀性的抽象，還沒有了解到關於「我要這樣」這一決斷必須由人自己來宣示。這個「我要這樣」構成古代世界和現代世界之間的巨大差別，所以它必須在國家這一大建築物中具有它獨特的實存。可是不幸這一規定僅僅被視爲外部的和隨意的。

第二八〇節

(3)國家意志的這種最後的自我，抽象地說來是簡單的，所以它是**直接的單一性**；因此，其概念本身就包含著自然性的規定，因此，君主作爲這樣一個從其他一切內容中抽象出來的個人，天生就註定是君主尊嚴的化身，而這個個人被註定爲君主，是透過直接的自然的方式，是由於肉體的出生。

附釋　從純自我規定的概念到存在的直接性，從而到自然性的這種推移，帶有純思辨的性質，因而對這種推移的認識屬於邏輯哲學的範圍。可是大體說來這正是那種被公認爲意志的本性的推移，這種推移是內容從主觀性（想像中的目的）轉化爲定在的過程（第八節）。但是這裡所考量的理念和這種推移的獨特形式就是意志的純自我規定（簡單概念本身）直接轉變爲「這個」和自然的定在，而沒有特殊內容（行動中的目的）作爲中介。

在關於上帝存在的所謂本體論的證明中，正是這種從絕對概念到存在的轉化表示出理念在近代的深度，然而這種轉化在現代卻被當作不可理解的東西。其結果，人們放棄了對眞理的認識，因爲眞理只是概念和定在的統一（第二十三節）。由於理智的意識在自身中並不具有這種統一，而且停留在眞理的這兩個環節的分離之上，所以在這個問題上它還有可能承認對這種統一的信仰。但是關於君主的概念一般都認爲已經完全爲平庸的意識所了解，所以在這裡理智愈加停留在自己的分離看法，停留在自己的應聲蟲的聰明由此得出的結論之中。於是理智就否定了國家的最後決斷這一環節本身（即還在理性的概念中）與直接的自然性的聯繫。由此首先得出，這個聯繫是一種偶然性，而且由於理智主張這些環節的絕對分歧是合乎理性的，而這樣的聯繫是不合乎理性的，因此，又發生與此有關聯的、足以破壞國家理念的其他後果。

補充（君主的個體性）　人們時常反對君主，爲以透過了他，國家的一切事態都依存於偶然性，因爲君主可能受到惡劣的教養，也可能不夠資格占據國家的最高職位，所以說這樣的情況應該作爲一種合乎理性的情況而存在，那是荒謬的。殊不知這種說法的前提，即一切依存於特殊性的品質這一點是無意義的。在一個組織完善的國家中，問題僅在於作形式上決斷的頂峰[49]和對抗激情的自然堡壘。因此要求君主具有客觀特質是不正確的。君主只用說一聲「是」，而在𝔍上御筆一點。其實，頂峰應該是這樣的，即他品質的特殊性格不是有意義的東西[50]。君主的這種規定是合乎理性的，因爲它符合概念；但由於人們不容易了解它，所以他們往往見不到君主制的合理性。君主制本身必須是穩定的，至於君主除了這個最後決斷權之外所能有的其他東西，都是一些屬於特殊性的東西而不應該有什麼意義的。誠然，可能有某些情況，在這些情況下所出現的只是這種特殊性，那是因爲國家還沒有完全成長，或者它根本組織得不好。在一個有良好組織的君主制國家中，唯有法律才是客觀的方面，而君主只是把主觀的東西「我要這樣」加到法律上去。

第二八一節

意志的沒有根據的最後的自我，以及同樣沒有根據的、作爲賦予自然的規定的存在，這兩個環節處在不可分割的統一中——這種不爲任性所推動[51]的理念就是君主的偉大之處。這種統一包含著國家的眞正的統一，而國家的眞正的統一只有靠自己這種內在的和外在的直接性才不至降入特殊性的領域，降入特殊性的任性、目的、觀點的領域，才能避免御座周圍的派系傾軋和國家權力的削弱與破壞。

附釋　世襲權和繼承權構成正統性的根據，這不僅是一種實定法的根據，而且也是包含在理念中的根據。

由於王位世襲即自然的繼承有了鞏固的規定，就可預防在王位出缺時發生派系的傾軋。但這是一個方面，它很早以來而且正確地被提出作爲有利於王位世襲制的主張。可是，這一方面只是後果；如果把它變成了根據，那就會同時把君主的偉大之處拉下到抽象推論的領域，而忽視了它的眞實性格，即這種沒有根據的直接性和這種最後的自身存在；而且提出作爲根據的，不是內在於它的國家的理念，而是某種在他身外的東西，某種與它殊異的思想，好比國家或人民的福利之類。的確，從諸如此類的規定可以透過中名詞而得出王位世襲制的結論；但是這一規定也容許其他的中名詞、從而其他的結論。大家知道得很清楚，事實上，從人民福利曾經得出些什麼樣的結論來。

因此，唯有哲學才能思維地考量這個君主偉大之處的問題，因爲除了純以自身爲根據的無限觀念的思辨方法以外，一切其他探討方式都會自在自爲地取消君主偉大之處的本性的。

君主選舉制看來當然是最自然的想法，即最接近於膚淺的思想。因爲君主所應照料的是人民的事務和利益，所以誰應受託照料人民福利，就必須聽由人民選舉，只有透過這種委任才產生統治的權利。這種觀點，正如君主即國家最高官吏的觀念，君主與人民之間契約關係的觀念以及其他等等，是從多數人[52]的意志即偏好、意見和任性出發的。我們早已考量過[53]，這種規定在市民社會中被當作首要的東西，或更正確些說，希圖肯定自己爲唯一的東西；但它既不是家庭的原則，更不是國家的原則，總之，它是跟倫理的理念相對立的。

君主選舉制倒不如說是各種制度中最壞的一種，對理智說來這一點已可從這種制度的後果中得出。可是對理智說來，這些後果只是表現爲某種可能的和蓋然的東西，其實它們是這種制度本質上固有的。在君主選舉制的（這是從私人意志成爲最後決斷的那種關係的本性中產生的）條件下，國家制度就等於當選者的誓約，這就是說，等於使國家權力仰仗私人意志的恩賜，結果，各種特殊的國家權力變成了私有財產，國家的主權削弱而喪失了，終於國家內部發生瓦解並受到外界的摧毀。

補充（君主的理念）　如果要掌握君主的理念，那就不能滿足於說國王是上帝所任命的，因爲上帝創造萬物，其中也包括最壞的東西。即使從有用這一觀點出發，我們也走不到多遠，因爲總歸可以指出缺點來的。把君主看成實定法也同樣解決不了問題。我擁有財產，這是必然的，可是我占有這種特殊財產，那卻是偶然的；必須由某個人來占據國家最高職位這一權利，也同樣是偶然的，如果我們把這種權利作爲抽象的和實定的來考量的話。但是，這種權利是作爲被感到的需要，又作爲事物的需要而自在自爲地存在著的。君主在體力方面或智慧方面並不見得有什麼過人之處，可是千百萬人受其統治。現在如果說，人們願意接受那種違背他們利益、目的和意圖的君主統治，那是荒謬的，因爲人不至於愚蠢到如此地步。正是他們的需要，正是理念的內部力量，反對他們的表面意識而強使他們服從並使他們保持在這種關係中。所以，如果君主作爲首腦和國家制度的一部分而出現，那麼人們必然要說，一個被征服的民族在國家制度上跟國君不是同一的。一個在戰爭中被征服的省分所發動的起義與一個有良好組織的國家內部所發生的叛亂，是截然不同的兩回事。被征服者起義，目的不是反對他們的國君，他們也不犯內亂罪，因爲他們與他們主人間的聯繫不是理念的聯繫，不是國家制度內在必然性中的聯繫。這僅僅是一種契約，而不是政治結合。我不是你們的國君，我是你們的主人（Je ne suis pas votre prince, je suis votre maître），這就是拿破崙答覆愛爾福特的代表們的話。

第二八二節

君主主權產生赦免罪犯的權力，因為只有這個主宰一切的權力才有權實現這種化有罪為無罪，並用既往不咎的辦法消除犯罪的精神力量。

附釋 赦免權是對精神的尊嚴的一種最崇高的承認。

此外，這種權力是屬於較高領域的規定對較低領域的一種適用或反射。可是諸如此類的適用乃屬於特殊科學的範圍，而特殊科學所處理的對象是屬於經驗方面的（參閱第四二九頁注釋【35】）

屬於這樣一種適用的還有：把妨害國家或妨害國君主權、國君陛下和國君人身等行為歸屬於犯罪的概念下，這一點已見於上面（第九十五節到第一〇二節）所述。這些行為是最嚴重的罪行，對之定有特種程序等等。

補充（赦免和陛下） 赦免權免除刑罰，但不取消法。法毋寧是照舊存在的，被赦免的依然是一個罪犯。赦免並不宣稱他沒有犯過罪。取消刑罰也可透過宗教做到，因為精神可以在精神上化有罪為無罪。這既然是在塵世中實行的，所以赦免權專為陛下享有，而且也只能屬於他的沒有根據的決斷。

第二八三節

王權的第二個環節，就是特殊性或特定內容以及使特定內容從屬於普遍物的環節。這個環節一獲得特殊的實存，就表現爲最高諮議機關及其成員，他們把國家當前事務的內容，或把那種由於當前的需要而必須制定的法令的內容及其**客觀**方面（根據、有關的法律、情況等等），一併呈請君主裁決。任免負責這些事務的**人員**，是君主無限任性的特權，因爲這些人員是直接和君主本人接觸的。

第二八四節

因爲決定的**客觀方面**（對事務的內容和情況的了解，決定的法律根據和其他根據）必須有人**負責**，即有人證明其客觀性，因爲這些客觀方面可以成爲不同於君主個人意志本身的諮議的對象，所以，只有這些諮議機關及其成員才應該對此負責，而君主特有的尊嚴，即最後做決斷的主觀性，即對政府的行動不負任何責任。

第二八五節

王權的**第三**個環節所涉及的是自在自爲的普遍物，這種普遍物從主觀方面說就是**君主的良心**，從客觀方面說就是**整個國家制度和法律**；所以王權以其他環節爲前提，而其他的每一個環節也以王權爲前提。

第二八六節

王權、王位世襲制等等的**客觀保障**在於，這個領域具有不同於理性所規定的其他環節的現實性，同樣地，其他環節也各自具有其實質所規定的特殊的權利和義務。在合乎理性的機體中，每一部分在保存自己的同時，也把其他部分按其特點保存下來。

附釋　君主式的國家制度發展到把長子繼承的王位世襲制固定下來，是一種較近代的歷史產物。隨著這種發展，君主式的國家制度返回到它的歷史起源，即家長制，不過它具有較高級的規定，因爲君主現在是有機發展了的國家中的絕對頂峰。這一歷史產物對公共自由和合乎理性的國家制度說來是最重要的；但是，上面已經提到[54]，它雖然受到尊敬，卻常常沒有被很好地理解。因此，舊時的純粹封建君主制以及專制政體在歷史上表現爲交替不絕的叛亂、暴政、內戰、君主和朝代的沒落，以及由此產生的內部和外部的普遍破壞和毀滅。這些都是由於在這種制度下，國家事務的劃分，即把各種不同部門交給藩臣、高級武官等，只是機械式的，其差別不是規定和形式的差別，而是較小或較大權力的差別。因此，每一部門在保存自己的時候，只保存和創造自己，而不同時保存和創造其他部門；每一部門在自身中完全具有達到獨立自主的地位的一切環節。在有機的關係中，不是部分而是肢體互相發生關係，而且每一肢體在完成其本身的職能時，也保存了其他肢體，對每一肢體說來，保存其他肢體同時是它自我保存的實體性目的和結果。至於保障的問題，無論王位世襲制和一般王權的鞏固，或者正義和公共自由等等，都是透過各種制度而獲得保證的。人民的愛、品質、誓詞、權力等等固然都可以看作主觀的保障，但是談到國家制度時，問題卻完全在於客觀的保障，即各種制度，也就是有機交錯和相互制約的各個環節。所以，一般公共自由和王位世襲制是彼此相互保障、並處在絕對聯繫中的，因爲公共自由是合乎理性的國家制度，而王位世襲制乃是包含在王權概念中的環節，業如上述[55]。

㈡行政權

第二八七節

執行和實施國王的決定，一般說來就是貫徹和維護已經決定了的東西，即現行的法律、制度和公益設施等等，這和做決定這件事本身是不同的。這種使特殊從屬於普遍的事務由行政權來執行。行政權包括審判權和警察權，它們和市民社會中的特殊物有更直接的關係，並透過這些特殊目的來實現普遍利益。

第二八八節

在市民社會的範圍以內和在國家本身（第二五六節）的自在自爲的普遍物之外的特殊公共利益是由自治團體、其他職業與等級的同業公會（第二五一節）及其首腦、代表、主管人等等來管理的。一方面，他們經管的事務關係到這些特殊領域的私有財產和利益，並且他們在這方面的威信部分地建立在本等級成員和全體市民的信賴上；另一方面，這些集團必須服從國家的最高利益；因此，在分配這些職務時，一般採取有關人員的通常的選舉和最高當局的批准任命相混合的方式。

第二八九節

在這些特殊權利中維護國家的普遍利益和法制，把特殊權利歸入國家的普遍利益和法制之內，這都需要行政權的全權代表、擔任執行的國家官吏以及最高諮議機關（這些機關以委員會的形式組成）來照料，而這些人和機關都匯合起來，成爲和君主直接接接觸的最上層。

附釋 市民社會是個人私利的戰場，是一切人反對一切人的戰場，同樣地，市民社會也是私人利益跟特殊公共事務衝突的舞臺，並且是它們二者共同跟國家的最高觀點和制度衝突的舞臺。因特殊領域的合法性而產生的公會精神，本身潛在地轉變爲國家精神，因爲國家是它用來維護特殊目的的工具。這就是市民愛國心的祕密之所在：他們知道國家是他們自己的實體，因爲國家維護他們的特殊領域——它們的合法性、威信和福利。國家在政治情緒方面深入人心和強而有力的根源就在公會精神中，因爲在這裡特殊物是直接包含在普遍物之內的。

同業公會的事務由它本身的主管人員來管理時，往往沒有找到合適的辦法，因爲他們雖然認識和注意到同業公會的獨特利益和事務，但是對於這些利益和事務跟離開較遠的條件之間的聯繫，以及對於普遍的觀點，是認識和注意得很不夠的。此外，助長這一點的還有其他情況，例如，主管人員跟應是下屬者之間的私人密切接觸和其他平等關係，以及主管人員的各色各樣的依賴關係等等。但是這種私人利益的領域可以視爲留給形式上自由的環節的一種領域，它是個人特有的認識、特有的決定及其執行的角力場，也是無聊的激情和幻想的角力場，它們在其中各顯身手。因此遭到敗壞的和照料得不得當而比較艱苦的等等同業公會事務，從國家的更加普遍的事務看來，愈不重要，又諸如此類的瑣碎事務的艱苦而拙劣的管理愈是跟由此產生的自我滿足和私見直接發生關係，就愈加許可有上述各顯身手的情況。

第二九〇節

在行政事務中也有分工（第一八九節）。主管機關的組織有自己的形式的、但困難的任務——從下層（市民生活在這裡是**具體的**）來具體地管理市民生活，同時也把行政事務分爲一些**抽象的**部門，由特殊的主管機關這些不同的中心來管理；這些主管機關對下級的活動，也和最高行政權方面的情形一樣，又重新匯合起來，變得一目了然。

補充（**主管機關的體系**）　對行政權大有關係的主要一點是事務的劃分，行政權與普遍向特殊和單一的推移有關，而其事務也應劃分爲不同部門。但困難在於使這些部門在上級和下級重新匯合起來。例如，警察權和審判權誠然是各行其素，但在任何一件事中，它們終於相會。在這裡人們所採取的辦法，往往是任命一位國務總理、首相、部長會議主席，以集中領導於上級。但是這樣一來，可能一切都重新從上級和部長的權力出發，而國家事務，就像通常所說，成爲集權的了，因而在處理有關國家普遍利益的事務上，人們能達到最高度的簡省、速度和效率。這種統治制度是法國革命所首創，曾經拿破崙加工，而今天仍然存在於法國。其他方面，法國缺少同業公會和地方自治團體，即缺少特殊利益和普遍利益在其中相匯合的集團。當然，在中世紀，這種團體過於獨立自主，成爲國家中的國家，並頑強地作爲獨立存在的社團而行動。雖然這種情況是不應當有的，但畢竟應該肯定，國家的眞正力量有賴於這些自治團體。在這裡，政府碰到它所必須尊重的合法利益；由於行政只能增進這種利益，同時又必須監督它們，所以個人在行使他的權利時就獲得了保護，從而把他的私人利益跟整體的保存連結起來。近年來，人們總是求在上級方面組織起來，而且曾經把主要的努力用在這種組織工作上，至於整體的下級方面和群眾部分則聽其多少流於無組織狀態中，可是群眾部分也應成爲有組織的，這一點非常重要，因爲只有這樣，它才成爲力量，成爲權力，否則它只是一大堆或一大群分散的原子。合法的權力只有在各特殊領域的有組織狀態中才是存在的。

第二九一節

行政事務帶有*客觀*的性質，它們本身按其實體而言是已經決定了的（第二八七節），並且必須由*個人*來執行和實現。行政事務和個人之間沒有任何直接的天然的聯繫，所以個人之擔任公職，並不由本身的自然人格和出生來決定。決定他們這樣做的是客觀因素，即知識和本身才能的證明；這種證明保證國家能滿足它對普遍等級的需要，同時也提供一種使每個市民都有可能獻身於這個等級的唯一的條件。

第二九二節

因爲在這裡客觀因素不在於天才（如在藝術中），所以勢必有多得不可勝數的*人*適合於擔負這種職務，對這些人不能絕對地確定誰比誰高明。主觀方面，即從許多人中正是選出*這個*人來擔任官職和受權管理公共事務，這樣把個人和官職這兩個永遠沒有必然聯繫的方面聯繫起來，乃是國王這做最後決定和主宰一切的國家權力的特權。

第二九三節

君主國授予主管機關的特殊的國家職能，構成君主固有主權的*客觀*方面的一部分；這些職能的特定的差別也是由事物的本性產生的；正像主管機關的活動是履行職責一樣，它們的職能是擺脫了偶然性統治的權利。

第二九四節

奉詔（第二九二節）擔任一定官職的個人，以克盡職守為本人收入的來源（這是擔任官職的條件），這就是他地位中的實體性因素。由於這種實體性的地位，個人就獲得生活資料，保證他的特殊需要得到滿足（第二六四節），使他的處境和公職活動擺脫其他一切主觀的依賴和影響。

附釋 國家不指望任性的、隨意的服務（例如由遊蕩騎士行使審判權），正因為這些服務是隨意的和任性的緣故，而且又因為這種服務人員可能依據主觀見解履行其職責，正如任意怠忽職務並實現其主觀目的。在國家職務中，與遊蕩騎士相反的另一極端是：有些公務人員僅僅為了生計才擔任職務於是沒有眞實責任感、也沒有權利。

國家職務要求個人不要獨立地和任性地追求主觀目的，並且正因為個人做了這種犧牲，它才給予個人一種權利，讓他在盡職履行公務的時候，而且僅僅在這種時候追求主觀目的。於是也就從這方面建立了普遍利益和特殊利益間的關係，這種聯繫構成國家的概念和內部鞏固性（第二六〇節）。

又擔任公職不是一種契約關係（第七十五節），雖然這裡存在著雙方的同意和彼此的給付。任命公務人員，不是為了要他履行個別的偶然的職務，像受託人那樣，而是要他把他精神和特殊的實存的主要興趣放在這種關係中。同樣地，他所擔任而應履行的事務，按其特質來說，不是外在的也不僅僅是特殊的事物；作爲內在的東西，這種事物的**價值**跟它的外在性是不同的，它不會因爲所訂定的事項未獲履行而遭到損害（第七十七節）。其實，公務人員所應履行的，按其直接形式來說是自在自爲的價值。因此，由於不履行或積極違反（兩者都是違背職務的行爲）所發生的不法，是對普遍內容本身的侵害（參閱第九十五節關於否定的無限判斷），從而是侵權行爲，或者甚至於是犯罪行爲。

對特殊需要的滿足有了保證，就可以消除外部的匱乏，個人就不致因匱乏而玩忽職守以追求特殊需要的滿足。受權執行國家事務的人員得到普遍的國家權力的保護，可以免受其他主觀方面的侵害，免受被管轄者因私人利益等等受到與之對立的普遍利益的損害而產生的私人激情的侵害。

第二九五節

要使國家和被管轄者免受主管機關及其官吏濫用職權的危害，一方面直接有賴於主管機關及其官吏的等級制和責任心；另一方面又有賴於自治團體、同業公會的權能，因爲這種權能自然而然地防止官吏在其擔負的職權中夾雜主觀的任性，並以自下的監督補足自上的監督無法顧及官吏每一細小行爲的缺陷。

附釋　官吏的態度和教養是法律和政府的決定接觸到單一性和在現實中發生效力的一個點。公民的滿意和對政府的信任以及政府計畫的實施或削弱破壞，都依存於這一個點，這意思是說，感情和情緒容易把實施的**方式和方法**提高到等於應實施的**內容**本身，儘管這種內容本身可能是課稅。由於這種接觸是直接的、親身的，所以在這方面自上的監督[56]比較不能完善地達成它的目的。這種目的還可能遭到官吏共同利益的障礙，因爲他們會結成一個集團以對抗他們的下級和上級。這種障礙的消除，尤其在那些國家中，其制度在其他方面還多少是不完善的，使最高主權的干涉成爲必要而且合法的（例如，**腓特烈二世**對有名的磨坊主人阿諾爾德事件的干涉）。

第二九六節

然而，爲了使大公無私、奉公守法及溫和敦厚成爲一種**習慣**，就需要進行直接的**倫理教育和思想教育**，以便從精神上抵消因研究本部門行政業務的所謂科學、掌握必要的業務技能和進行實際工作等等而造成的機械性部分；同時，國家的**大小**也是一個主要的因素，因爲這個因素可以減輕家庭聯繫和其他私人聯繫所占的比重，也可以削弱和麻痺報復心、仇恨心和其他類似的激情。在爲大國的最高利益服務的過程中，這些主觀方面就自然而然地消失，同時服從普遍的利益、觀點和事業的習慣也會逐漸養成。

第二九七節

政府成員和國家官吏是**中間等級**的主要組成部分，全體民眾的高度智慧和法律意識就集中在這一等級中。這個等級之所以不致占據貴族的獨特地位，它的教養和才幹之所以不致變成任性和統治的手段，是有賴於主權自上而下和同業公會根據自己的權利自下而上所做的種種設施。

附釋　司法以一切個人的特有利益爲其客體，然而過去一個時期，它曾變成營利和統治的工具，這是由於法律知識被淹沒在淵博的學識和生疏的語言中，法律程序也被蒙蔽在錯綜複雜的形式主義中。

補充（中間等級的意義） 國家的意識和最高度的教養都表現在國家官吏所隸屬的中間等級中。因此中間等級也是國家在法制和知識方面的主要支柱。沒有中間等級的國家，因而還是停留在低級階段的。例如在俄國，一方面是一群農奴；另一方面是一批統治者。這個中間等級的形成，是國家的最重要的利益之一；但是只有在上述那種組織中，也就是比較獨立的一定的特殊集團擁有相當的權利，官僚界因而不敢胡作非爲的地方，才能做到這一點。按照普遍法而行動和這樣行動的習慣，就是這些本身獨立的集團形成一種對立勢力的結果。

㈢立法權

第二九八節

立法權所涉及的是法律本身（因爲法律需要進一步規定），以及那些按其內容來說完全具有普遍性的國內事務。立法權本身是國家制度的一部分，國家制度是立法權的前提，因此，它本身是不由立法權直接規定的，但是它透過法律的不斷完善、透過普遍行政事務所固有的前進運動的性質，得到進一步的發展。

補充（國家制度的發展） 國家制度本身是立法權賴以建立的、公認的、堅固的基礎，所以它不應當由立法權產生。因此，國家制度存在著，同時也本質地生成著，就是說，在它自身的形成中向前運動著。這種前進的運動是一種不可察覺的無形的變化。例如，德國各邦諸侯及其家庭的財富最初是私人財產，然後未經鬥爭也未遇到抵抗變成了國有土地，即國有財產。這種情況之發生，乃由於諸侯們感到有需要使財產完整不分，並要求邦和邦的各等級對它給予保障。這些保障與財產鞏固存在的方式和方法錯綜交織，致使諸侯對財產不再享有單獨處分的權利。又一類似的情形是，從前皇帝是法官，在帝國內巡迴審判。由於教養在單純外表上的進步，外部的理由使皇帝有必要把法官職務逐漸移交給別人去行使，結果，審判權力就從國君本身移轉到全體法官。因此，一種狀態的不斷發展從外表看來是一種平靜的察覺不到的運動。久而久之國家制度就變得面目全非了。

第二九九節

這些對象對個人來說，可以較確切地從兩個方面來規定：（甲）個人從國家那裡可以得到什麼，可以享受到什麼；（乙）個人應該給國家些什麼。第一方面包括一般的私法，包括自治團體和同業公會的權利以及一般的組織設施，而間接地（第二九八節）包括了整個國家制度。個人應給國家的東西只有折合爲**金錢**，即折合爲實物和勞務的現行普遍價值時，才能公平地規定，同時還按下列方式來規定，讓個人按自己的意志選擇他所能承擔的**特殊的**工作和勞務。

附釋　普遍立法權的對象應該是什麼，由行政機關來管理並由政府來調節的應該是什麼，大體上可以這樣區分：前一領域所包括的按其內容說來是完全普遍的，亦即法律的規定；而後一領域所包括的則是特殊的東西和**執行**的方法。但這種區分並不是完全固定的，因爲法律要成爲法律，而不成爲簡單的戒律（例如「不可殺人」，參閱第一四〇節附釋），它的內容就應該是**明確的**。法律規定得愈明確，其條文就愈容易切實地施行。但是規定得過於詳細，也會使法律帶有經驗的色彩，這樣，法律在實際執行過程中就不免要被修改，而這就會違背法律的性質。正是在國家各種權力的有機的統一中，同一個精神既建立了普遍物，又使這個普遍物具有一定的現實性，並加以實施。

初看起來會覺得奇怪，國家中有無數的才幹、產業、活動、才能，以及這些東西裡面所包含的無限多樣的、同時也和政治情緒相聯繫的活的財富，但國家卻不要求它們直接獻納，而只要求唯一的、表現爲金錢的財富。

保衛國家免受敵人侵犯的義務與另一些義務一起放在以下的幾節中去談。但在事實上，金錢並不是其他財富以外的一種特殊的財富，而是可以作爲實物[57]存在於外界的所有這些財富的普遍物。只有在這種最外在的階段上，義務才能有量的規定性，因而才能公平和均等。

在柏拉圖的理想國中，首腦人物把個人劃分爲不同的等級，並委以特殊的職責（參閱第一八五節附釋）。在封建君主國中，藩臣既必須擔負不固定的勞務，也必須根據自己的特點擔負固定的勞務，例如審判等等。在東方和埃及爲進行巨大工程等等而盡的義務，也有特殊的質等等。在所有這些情況下，都缺乏主觀自由的原則——個人的實體性活動（它在這些勞動中按內容來說本身就是某種特殊的東西），應該由個人的特殊意志來選擇。主觀自由的原則是一種權利，這種權利只有以普遍價值的形式來履行義務時才能實現。這也是引起這種轉化的原因。

補充（對國家的義務）　國家制度的兩個方面就是個人的權利和義務。而義務現在幾乎可以全部折合爲金錢，所以服兵役幾乎成了唯一的人身義務。從前，人們對個人的具體方面提出更多的要求，並且徵募他們各按其才幹來工作。國家向我們購買它所需要的東西，初看起來，這好像是抽象的、死板的、無情的，好像國家會因滿足於抽象的勞動而墮落下去。但是，現代國家的原則，就是個人所做的一切都要由自己的意志來決定。不過，透過金錢就能夠更加有效地達到公平合理。如果一切都以具體的才能爲標準，那麼，有才能的人就會比沒有才能的人繳納更重的稅。但是只有從每個人可以接受的那一方面來對待每個人，才是對主觀自由的尊重。

第三〇〇節

立法權是一個整體，在其中起作用的首先是其他兩個環節，即作爲最高決斷環節的君主權和作爲諮議環節的行政權。行政權具體地知道和概括地了解整體的各個方面和穩固地存在於整體中的現實的基本原則，尤其是熟悉國家權力的需要。最後一個環節就是等級要素。

補充（大臣和議會）　把政府成員從立法機關中排除出去，好比像制憲會議[58]那樣做法，這是對國家的一種錯誤觀點。英國的內閣大臣必須是國會議員，這是正確的，因爲參加政府的人員應該與立法權相聯繫而不是相對立。所謂權力獨立的觀念包含著根本錯誤，以爲獨立的權力仍然應該互相限制的。殊不知這種獨立會取消國家的統一，而統一正是所企求的第一件大事。

第三〇一節

等級要素的作用就是要使普遍事務不僅自在地而且自爲地透過它來獲得存在，也就是要使主觀的形式的自由這一環節，即作爲多數人的觀點和思想的經驗普遍性的公眾意識透過它來獲得存在。

附釋　「**多數人**」這一詞如指經驗普遍性而言，比流行慣用的「**一切人**」更爲正確，因爲如果說「**一切人**」首先至少不包括婦女兒童等等在內是不言而喻的，那麼，在談到某種完全不確定的東西時不應該使用「**一切人**」這個完全確定的詞，更是不言而喻的了。

在流行的意見中，關於人民、國家制度和等級有著不可勝數的歪曲誤謬的觀點和用法，如果要闡明它們，討論它們和糾正它們，那是徒勞無益的。平庸的意識慣於把等級的競爭看作必要的或有利的，這種看法主要是這樣：似乎人民的代表，甚至人民自己**一定最**了解什麼對他們最有利，似乎他們有實現這種最美好的東西的不可動搖的意志。就第一點而言，事實正好相反，因爲人民這個詞表示國家成員的特殊部分，所以人民就是**不知道自己需要什麼的那一部分人**。知道別人需要什麼，尤其是知道自在自爲的意志即理性需要什麼，則是深刻的認識和判斷的結果，這恰巧不是人民的事情。

我們稍加思索就會承認：各等級對普遍福利和公眾自由的保障，並不在於他們有獨到的見解，因爲國家的高級官吏必然對國家的各種設施和需要的性質具有比較深刻和比較廣泛的了解，而且對處理國家事務也比較精明幹練；所以，他們有等級會議，固然要經常把事情辦得很好，就是不要各等級，他們同樣能把事情辦得很好。各等級對普遍福利和公眾自由的保障，是部分地在於代表們的見解補充了高級官吏的見解，代表們的見解主要是針對遠離上級因而爲其視線所不及的那些官吏的活動，尤其是針對他們具體觀察到的比較迫切的和特種的需要和匱乏，部分地在於預期的多數人監督即公眾監督所起的作用，因爲這種監督事先就使官吏對公事和提出的草案專心致志，並完全以最純潔的動機加以貫徹執行。這種自我約束對各等級的成員本身也起同樣的作用。至於談到各等級實現普遍利益的超群出眾的**善良的意志**，我們在前面（第二七二節附釋）已經指出，政府好像是受邪惡的或不大善良的意志所支配這一假設是出於賤民的見解和否定的觀點。如果要以同樣的形式來反駁這種假設，首先就應該責難各等級，因爲它們都是由單一性、私人觀點和特殊利益產生的，所以它們總想利用自己的活動來達到犧牲普遍利益以維護特殊利益的目的。相反地，國家權力的其他環節從來就爲國家著想，並獻身於普遍的目的。這樣說來，全部保障都似乎是專門由各等級來提供的，其實國家的其他任何一種制度都和各等級一起來保障公共的福利和合乎理性的自由，其中的一些制度，如君主主權、王位世襲制、審判制度等所提供的保障甚至還要大得多。所以，等級概念的特殊規定應該到下述事實中去探求：普遍自由的主觀環節，即本書中稱爲市民社會的這一領域本身的見解和意志，透過各等級實**存於對國家的關係**中。這一環節是發展到整體的理念所具有的一個規定；決不能把這種內在的必然性同**外在的必然性**及有效性混同起來。在這裡，正如在其他場合一樣，這兩個結論是從哲學觀點中得出的。

補充（**政府對各等級的關係**）　政府對各等級的關係，在本質上不應當是敵對的，相信這種敵對關係不可避免，是一種令人喪氣的錯誤。政府並不是與其他黨派對立的黨派，似乎雙方都想爲自己力占上風、多奪東西。如果一個國家發生這樣的情況，那是一種不幸，而且決不能說是健康的。各等級所同意承擔的賦稅不應看作獻給國家的禮物，因爲同意承擔賦稅是爲了承擔者自身的福利。各等級的眞正意義就是：國家透過它們進入人民的主觀意識，而人民也就開始參與國事。

第三〇二節

各等級作爲一種中介機關，處於政府與分爲特殊領域和特殊個人的人民這兩個方面之間。各等級的使命要求它們既忠實於國家和政府的意願和主張，又忠實於特殊集團和單個人的利益。同時，各等級所處的這種地位和組織起來的行政權有共同的中介作用。由於這種中介作用，王權就不至於成爲孤立的極端，因而不致成爲獨斷獨行的赤裸裸的暴政；另一方面，自治團體、同業公會和個人的特殊利益也不致孤立起來，個人也不致結合起來成爲群眾和群氓，從而提出無機的見解和希求並成爲一種反對有機國家的赤裸裸的群眾力量。

附釋　最重要的邏輯眞理之一，就是作爲對立面而處於極端地位的特定環節，由於它同時又是居間者，因而就不再是對立面，而是一種有機的環節。有人主要是從各等級和政府相對立的觀點來看待各等級，以爲這就是各等級的本質地位。這種偏見非常流行，但是極其危險，所以在討論現在這個論題時，把這一方面提到首要地位就尤其重要。等級要素只是透過自己的中介作用才顯示出自己是一種有機的即納入整體的部分。因此，對立本身就被降格爲假象。如果這種對立由於得到了表現，因而不僅是一種表面現象，而且實際上還是一種實體性的對立，那麼，國家必然會招致滅亡。

對抗並不帶有這種性質這一標誌，由於事物的本性，產生於下列情況：互相衝突的各方面並不是國家機體的本質要素，而是一些比較特殊和瑣碎的事物，而且和這種內容有密切聯繫的情欲也變成了對主觀利益的偏私的和貪婪的追逐（如爭奪國家要職）。

補充（人民代表制的意義）　國家制度在本質上是一種中介關係。專制國家只有君主和人民，後者如果起作用的話，僅僅作爲破壞性的群眾而對國家組織起作用的。但當群氓進入國家而成爲有機部分時，他們就採取合法而有秩序的方法來貫徹他們的利益。相反地，如果不存在這種手段的話，那麼群眾的呼聲將總是粗暴的。因此，專制國家的暴君總是姑息人民而只拿他周圍的人來出氣。同樣地，專制國家的人民只繳納少數捐稅，而在一個憲政國家，由於人民自己的意識，捐稅反而增多了。沒有一個國家，其人民應繳納的捐稅有像英國那樣多的。

第三〇三節

普遍等級（或者更確切地說，在政府中供職的等級）直接由於它自己的規定，以普遍物爲其本質活動的目的；私人等級在立法權的等級要素中獲得政治意義和政治效能。所以，這種私人等級既不是簡單的不可分解的集合體，也不是分裂爲許多原子的群體，而只能是它現在這個樣子，就是說，它分爲兩個等級：一個等級建立在實體性的關係上，另一個等級則建立在特殊需要和以這些需要爲中介的勞動上（第二〇一節以下）。只有這樣，存在於國家內部的特殊物才在這方面和普遍物眞正地聯繫起來。

附釋　這是和另外一種流行的觀念相牴觸的，按照這種觀念，私人等級在立法權中被抬舉起來，得以參與普遍事務，但是在選舉自己的代表來執行這種職能的時候，或者甚至是在每一個人親自投票的時候，私人等級都必須透過單個人的形式表現出來。這種原子式的抽象的觀點在家庭和市民社會中就已經消逝了，因爲在那裡，單個的人只有作爲某種普遍物的成員才能表現自己。但是國家卻在本質上是由本身就構成了集團的那些成員所組成的，國家中的任何一個環節都不應該像無機的群體那樣行動。作爲單個人的多數人（人們往往喜歡稱之爲「人民」）的確是一種總體，但只是一種群體，只是一群無定形的東西。因此，他們的行動完全是自發的、無理性的、野蠻的、恐怖的。當我們聽到人們談論國家制度而談到人民這一無組織的集體的時候，我們預先就知道，除了一些籠統的話和歪曲的演詞以外，不可能指望聽到什麼別的東西。

以上述集團爲存在形式的各種共同體進入了政治領域，即進入最高的具體的普遍性領域的時候，竟有人想把這些共同體重新分解爲個人組成的群體。因而這種想法就把市民生活和政治生活彼此分割開來，並使政治生活懸在空中，因爲按照這種想法，政治生活的基礎只是任性和意見的抽象的單一性，從而就是一種偶然性的東西，而不是自在自爲的穩固而合理的基礎。

儘管在這些所謂的理論看來，市民社會的一般等級和政治意義上的等級是絕不相同的東西，但語言仍然保持了以前就存在的二者之間的結合。

第三〇四節

政治上的等級要素在其本身的規定中同時還包含著過去的領域中就已經存在的等級差別。它的地位最初是抽象的，就是說，對整個王權原則或君主制原則說來，是經驗普遍性的極端，這種經驗普遍性的地位對這一原則說來包含著一種適應的可能性，因而也包含著敵對的可能性。這種抽象的地位只是當它的中介作用得到存在時，才能成爲合乎理性的關係（即推論，參閱第三〇二節附釋）。從王權方面看，行政權（第三〇〇節）已經具有這種規定；同樣地，從各等級方面看，它們的某個環節必須使作爲中間環節而存在這一點成爲它的基本規定。

第三〇五節

在市民社會的各等級中有這樣一個等級，它所包含的原則本身就能夠構成這種政治關係，這就是自然倫理的等級，它以家庭生活爲基礎，而在生活資料方面則以地產爲基礎。所以，這個等級在它的特殊性方面具有以自身爲基礎的意志（這一點和君主要素相同）和君主要素所包含的自然規定。

第三〇六節

這個等級是爲了政治地位和政治意義按照比較確定的方式構成的，因爲它的財產既不依賴於國家的財產，又和職業沒有保障無關，和利潤的追逐及財產的任何可變性無關，因爲它的財產既不仰仗於行政權的恩寵，也不仰仗於群眾的青睞。它的**財產甚至不爲它自己的任性**所左右，因爲這一等級的成員都負有政治使命，他們不像其他市民一樣有權自由處理自己的全部財產，有權把財產一視同仁地在身後留給自己的子女。這樣，他們的財產就成爲**不可轉讓的長子繼承的世襲領地**。

補充（**長子繼承制**）　這個等級具有比較獨立的意志。總地說來，土地占有者等級分爲有教養的部分和農民等級。同時，和這兩部分對立的還有產業等級和普遍等級，前者依賴於人們的需要，並指向於滿足人們的需要，後者則完全依靠國家。長子繼承制可以使這一等級更有保障和更爲鞏固，但是這種制度只有在政治方面才有好處，因爲它所受到的犧牲具有政治目的——使長子能獨立生活。長子繼承制的根據是：國家不能光指望一定政治情緒的簡單的可能性，而必須依靠某種必然的東西。當然，政治情緒是和財產無關的，但二者之間又有某種必然的聯繫，因爲擁有獨立財產的人不會受外界環境的限制，這樣，他就能毫無阻礙地出來爲國家做事。在沒有政治制度的地方，建立和保護長子繼承制無非是給私人權利的自由戴上鎖鏈，所以長子繼承制或者必須和政治意義相結合，或者註定要滅亡。

第三〇七節

可見，實體性的等級中的這一部分的權利，一方面固然以家庭的自然原則爲基礎，但是這一原則同時又透過沉重的犧牲轉向**政治目的**方面，因此，爲這一目的所進行的活動就成了這一等級的主要使命，這一等級同樣也因此負有從事這類活動的使命，而且他們之所以有**權利**進行這類活動，只是由於他們的**出生**，並非取決於選舉的偶然性。所以這個等級占有兩個極端的主觀任性或偶然性之間的實體性的鞏固的地位，而且它（見上節）本身和王權這一環節有共同之處，同時在其他一切方面又與另一極端具有同樣的需要，分享同樣的權利，結果它就同時成爲王位和社會的支柱。

第三〇八節

構成等級要素的另一部分的是**市民社會的不穩定的**一面，這一部分只能透過**議員**來發表政見，從這表面看來似乎是由於它的成員眾多，而實質上則是它的使命和職業的性質造成的。由於這些議員是市民社會派出來的，所以就直接得出這樣一個結論：市民社會在派議員時是**以它的本來面目出現**

的，就是說，它不是一群原子式地分散的個人，不是僅僅爲了完成單一的和臨時的活動才一時湊合起來而事後則沒有任何進一步的聯繫的人們，相反地，它是一個分爲許多有組織的協會、自治團體、同業公會的整體，這些團體因此才獲得政治聯繫。正如第一等級有權不依靠選舉而出面（第三〇七節）一樣，這一等級也有權派出受君主召喚的議員，因此等級和等級會議的存在就獲得了合法的特殊的保障。

附釋　有人說，一切人都應當單獨參與一般國家事務的討論和決定，因爲一切人都是國家的成員，國家的事務就是一切人的事務，一切人都有權以自己的知識和意志去影響這些事務。這一看法是想給國家機體灌輸沒有任何合理形式（可是只有這種形式才能使國家成爲機體）的民主因素，它之所以這樣引誘人，是因爲它死抱住每一個人都是國家成員這種抽象的規定；而膚淺的思維就正是抓住抽象概念不放的。合乎理性的觀察即理念的意識是具體的，所以它符合眞正實踐的意義，而這種實踐的意義本身不外是合乎理性的意義，即理念的意義。可是這種理念的意義不應與事務成規和有限領域的眼界混同起來。具體的國家是分爲各種特殊集團的整體；國家的成員是這種等級的成員；他只有具備這種客觀規定才能在國家中受到重視。他的普遍規定都包含著雙重的因素。國家的成員是私人，而作爲能思想的人，他又是普遍物的意識和意志。但是這種意識和意志只有在充滿了特殊性（而這種特殊性就是特殊的等級及其規定）的時候，才不是空虛的，而是充實的和眞正有生氣的。換句話說，個人是類，但是他只有作爲最近的類才具有自己內在的普遍的現實性。

因此，他首先在他的同業公會、自治團體等（第二五一節）領域中達到他的對普遍物說來是現實的和有生氣的使命，這些領域的大門對他是開著的，他可以按照自己的才幹進入他有資格加入的任何一個領域，包括普遍等級在內。一切人都應當參與國家事務這一觀念所包含著的另一個前提，即一切人都熟悉這些事務，是荒謬的，儘管我們可以常聽到有人如此說。但是公共輿論（見第三一六節）替每個人開闢了一條道路，使他有可能表示對普遍物的主觀意見，以引起人們的重視。

第三〇九節

既然選派議員是爲了要議員們商討和決定普遍事務，所以選派議員的意義是：由於信任，這些能比選派者更好地理解普遍事務的個人才被推選出來；並且他們不會爲某一個自治團體或同業公會的特殊利益而反對普遍利益，而會在實質上維護這種普遍利益。因此，他們對選舉人的關係不是受一定指令約束的代理人的關係，並且這些議員的會議按其規定來說應該是有生氣的，議員們可以在這裡互通情況，彼此說服，並共同商討問題。

補充（議員和他的選民）　實行代表制含有這種意義，即同意並不是由一切人直接來表達，而應透過全權代表來表達，因爲在代表制之下，個人不再作爲無限的人而出現。代表制的基礎是信任，但是信任並不等於要本人親自投票。按多數票表決也和只有本人親自參加表決通過的決議本人才必須執行的原則相矛盾。我們信任某人，是因爲我們認爲他會高度理智地、心地純潔地把我們的事務看成他自己的事務。因此個別主觀意志這一原則消滅了，因爲我們所給予的信任是對一種事物、對一個人的原則，或一般地對他的品行道義、具體智能的信任。所以重要的是，凡進入等級要素的人應具有適應被邀參加處理普遍事務這種任務的品質、見解和意志。換句話說，問題不是個人作爲抽象的個人而發言，相反地，他應在處理普遍物的會議中使他的各種利益得以伸張。選民需要有使他們所派遣的議員執行和實現這一點的保障。

第三一〇節

由於獨立的財產已經在等級的第一部分中求得自己的權利，所以在以市民社會的變動不定的成分爲基礎的第二部分那裡，保障代表們具有符合這一目的的品質和情緒的，主要是他們在官府和國家的職位上實際管理事務時所獲得的和受過實踐檢驗的情緒、技能和關於國家和市民社會的設施和利益的知識，以及因此而發展起來並經過鍛鍊的官府和國家的智能。

附釋　向所謂人民方面要求這種保障時，關於自己的主觀意見總認爲這種要求是多餘的，甚至也許是侮辱性的。但是國家用來作爲自己的規定的是某種客觀的東西，而不是主觀的意見及其自信；對國家說來，個人只可能是他身上那種能夠客觀地加以認識和考驗的東西，國家應該特別加以注意的正是等級要素第二部分的這個方面，因爲這一部分的根源是在以特殊物爲目的的利益和職業方面，這裡正是偶然性、變化性和任性的表現場所。

外界的條件，即一定數量的財產，單獨地看來，顯得是片面性的極端，正好像選民赤裸裸的主觀信任和意見是另一個片面性的極端。這兩者都是抽象的概念，它們與討論國家事務所必要的和第三〇二節指出的各種規定中所包含的具體特質，形成一個對照。

除此以外，在選舉自治團體和協會的首腦人物和其他職員時，財產這一特質有可以發生作用的場合，尤其如果好多這些事務的管理是義務職，或直接與等級事務有關而其成員是不取任何報酬的。

第三一一節

議員既然由市民社會選派，這種選派就還有這樣一層意思，即議員們熟悉並親身體驗到市民社會的特殊的需要、困難和利益。按照市民社會的本性，議員是由市民社會中各種同業公會選派出來的（第三〇八節），而且這種簡單的選派方式又不致遭到抽象和原子式觀念的破壞，所以議員的選派就直接實現著上述觀點的要求，而選派者的選舉不是完全多餘的，就是拿意見和任性當兒戲。

附釋　在社會生活每一特殊的重要部門（如商業、工業等等）的議員中都有切實了解並親身參加這一部門的個人，這顯然是很有意義的；如果主張無定形的不確定的選舉，這一重要情況就會被偶然性所支配。但是所有這些部門都和其他部門一樣有權選派代表。如果議員被看作代表，那麼只是當議員不是個別的人和某種不確定的群眾的代表，而是社會生活的某一重要領域的代表，是這一領域的巨大利益的代表的時候，這一點才具有有機的合乎理性的意義。這樣看來，代表制的意義就不在於一個人代替另一個人，而在於利益本身真正體現在自己的代表身上，正如代表體現自己的客觀原質一樣。

關於許多單個的人所進行的選舉，還可以指出一點：特別是在大國裡，由於選民眾多，一票的作用無足輕重，所以不可避免地要有人對自己的投票抱漠不關心的態度，而且有投票權的人雖然讚揚這種權利並對其推崇備至，但卻不去投票。這樣一來，這種制度就會造成和它本身的規定相反的結果，而選舉就會被少數人、被某一黨派所操縱，從而被那種正好應當加以消除的特殊的偶然的利益所操縱。

第三一二節

等級要素所包含的兩個方面（第三〇五節，第三〇八節）中的每一方面都會使諮議發生特殊的變化；此外，這些環節中有一個環節在這一領域的內部，同時也就是在現有的要素間，執行中介的特殊職能[59]，由此可見，這個環節也應該獲得分立的存在，所以等級會議必須分爲**兩院**。

第三一三節

透過這種分立，不僅能因多次的**審議**而更好地保證各種決定的周密完善，也不僅能消除一時的情緒所造成的偶然性，以及按多數票決定所能造成的偶然性，而且（這正是主要的）在這種分立的情況下，等級要素就不大會採取直接反對政府的立場；如果中介環節也站在第二等級這一邊，那麼這個等級的意見就更有分量，因爲這樣一來，它的意見就顯得更加公正，而與這種意見相反的意見則被抵消了。

第三一四節

等級制度的使命並不在於，它**自在地**使國家事務的討論和決定做得特別好，它不過對這方面有所補助而已（第三〇一節）。其實，它的特殊使命在於，透過它參加對普遍事務的了解、討論和決定，其不參與國家行政的市民社會成員的**形式的**自由這一環節就達到了它的權利。所以，等級會議議事紀錄的公布，首先使普遍事務的知識普及。

第三一五節

開放這種認識的機會具有更普遍的一面，即公共輿論初次達到真實的思想並洞悉國家及其事務的情況和概念，從而初次具有能力來對它們做出更合乎理性的判斷。此外，它又因而獲悉並學會尊重國家當局和官吏的業務、才能、操行和技能。議事紀錄的公布使這些才能獲得巨大的發展機會和高度榮譽的表現場所同時也是對個人和群眾自恃自負的又一種治療手段，而且還是對他們的一種——可以說是最重要的一種——教育手段。

補充（公開性的價值）　等級會議的公開是一個巨大的場面，對公民說來具有卓越的教育意義。人民大部分從這裡獲知他們利益的眞實性質。有一種照例流行的看法，以爲一切人早已知道什麼是對國家有利的，在等級會議中只不過把它道出而已，但是事實剛好相反。足以示範的操行、才能、技能在這裡才初次發揮出來。部長們當然是厭惡這種會議的，他們必須運用機智和辯才來應付在這裡對他們所進行的攻擊。但會議的公開畢竟是在一般國家事務方面教育大眾的最重要手段。凡是等級會議是公開的那個民族，比之沒有等級會議或會議不公開的那些民族，在對國家關係上就顯出更有一種生動活潑的氣象。唯有把它們的每一個步驟都公開，兩院才能跟公共輿論的前進步伐一致；很顯然的，某人在家裡與他妻子和朋友所一起想像的是一回事，在大會中所發生的，即一個睿智卓識把另一個吞噬，是另一回事。

第三一六節

個人所享有的形式的主觀自由在於，對普遍事務具有他特有的判斷、意見和建議，並予以表達。這種自由，集合地表現為我們所稱的公共輿論。在其中，絕對的普遍物、實體性的東西和眞實的東西，跟它們的對立物即多數人獨特的和特殊的意見相聯繫。因此這種實存是經常存在的自相矛盾，知識成爲現象，不論本質的東西和非本質的東西一同直接存在著。

補充（公共輿論的價值） 公共輿論是人民表達他們意志和意見的無機方式。在國家中現實地肯定自己的東西當然須用有機的方式表現出來，國家制度中的各個部分就是這樣的。但是，無論那個時代，公共輿論總是一支巨大的力量，尤其在我們時代是如此，因爲主觀自由這一原則已獲得了這種重要性和意義。現時應使有效的東西，不再是透過權力，也很少是透過習慣和風尚，而確是透過判斷和理由，才成爲有效的。

第三一七節

因此，公共輿論不僅包含著現實界的眞正需要和正確趨向；而且包含著永恆的實體性的正義原則，以及整個國家制度、立法和國家普遍情況的眞實內容和結果。這一切都採取常識的形式，這種常識是以成見形態而貫穿在一切人思想中的倫理基礎。在這個內在的眞理進入意識並表現爲一般命題而達到觀念的同時——不論爲了自己，或是爲了支持有關公共事務、規章制度、國內黨派關係和所感到的需要等方面的具體論辯——一切偶然性的意見，它的無知和曲解，以及錯誤的認識和判斷也都出現了。由於這裡所考慮的是獨特觀點和獨特認識的意識，所以意見愈是獨特，它的內容就愈惡劣；因爲凡其內容完全是特殊的和獨特的那些東西都是惡劣的。相反地，合乎理性的東西是絕對普遍的東西，而獨特的東西才是意見所賴以自吹自擂的東西。

附釋　因此下列兩種說法不應看作是出於不同的主觀觀點。人們一方面說：天視自我民視，天聽自我民聽（Vox populi, dox aei）；另一方面，例如亞里奧斯多[60]又說：

Che'l Volgare ignorante ogn' un riprenda
E parli più quel che meno intenda.

〔無知庶民責斥每一個人，
他對所了解得最少的東西卻談得最多。〕

這兩種情況在公共輿論中一併存在。由於在公共輿論中眞理和無窮錯誤直接混雜在一起，所以決不能把它們任何一個看作的確認眞的東西。看來很難區別什麼是認眞的東西，事實上確是如此，要是我們拘泥於直接表達成爲公共輿論的那些字句的話。但是由於實體性的東西是公共與論的內在東西，所以只有它才是的確認眞的東西。可是實體性的東西是不能從公共輿論中找到的；正因爲它是實體性的東西，所以只有從它本身和在它本身中來識別。不論人們在表示意見時是多麼地慷慨激昂，也不論在提出主張時或攻擊和爭辯時是如何地嚴肅認眞，這些都不是關於實際問題的標準。但是這種意見決不會被人說服，而承認它的認眞嚴肅根本不是什麼認眞嚴肅的東西。

一位偉大的天才[61]曾經提出一個公開徵求答覆的問題：「是否允許欺騙人民？」必須答說，人民在他們實體性的基礎、精神的本質和特定性質方面，是不受欺騙的，但是關於人民獲得這方面的知識的方式，以及關於按這種方式來判斷他們的行動和事件等等，他們卻受自己的欺騙。

補充（言論自由）　現代世界的原則要求每一個人所應承認的東西，對他顯示爲某種有權得到承認的東西。此外，每一個人還願意參加討論和審議。如果他盡了他的職責，就是說，發表了他的意見，他的主觀性就得到了滿足，從而他會儘量容忍。在法國，一直顯得言論自由要比默不作聲危險性少得多，因爲後面一種情形，怕的是人們會把對事物的反對意見扼在心頭，至於論爭則可使他們有一個出口，而得到一方面的滿足，何況它又可使事物更容易沿著本身的道路向前推進。

第三一八節

因此，公共輿論又值得重視，又不值一顧。不值一顧的是它的具體意識和具體表達，值得重視的是在那具體表達中只是隱隱約約地映現著的本質基礎。既然公共輿論本身不具有區別的標準，也沒有能力把其自身中實體性的東西提高到確定的知識，所以脫離公共輿論而獨立乃是取得某種偉大的和合乎理性的成就（不論在現實生活或科學方面）的第一個形式上條件。這種成就可以保得住事後將爲公共輿論所嘉納和承認，而變成公共輿論本身的一種成見。

補充（偉大人物和公共輿論）　公共輿論中有一切種類的錯誤和眞理，找出其中的眞理乃是偉大人物的事。誰道出了他那個時代的意志，把它告訴他那個時代並使之實現，他就是那個時代的偉大人物。他所做的是時代的內心東西和本質，他使時代現實化。誰在這裡和那裡聽到了公共輿論而不懂得去藐視它，這種人絕做不出偉大的事業來。

第三一九節

公開發表的自由——報刊是它的工具之一，其接觸面比口述廣得多，可是在生動活潑方面比口述差——想要說話以及把話說了那種刺激性的衝動的滿足，一方面，由於警察法規和制度防止並處罰其越軌行動而直接得到保證；另一方面，又由於它的不足爲患而間接得到保證，其所以不足爲患，主要在於憲法的合理和政府的鞏固，其次在於等級會議的公開。後者之所以能使言論自由不足爲患，乃因爲有關國家利益的純潔的和成熟的見解都在會議中盡情吐露，致使別人再也沒有多大意義的東西可說，尤其使他們不再有這種看法：似乎他們的這種發言有特殊重大意義和特殊作用。最後，言論自由還由於人們對於膚淺而可憎的發言很快地和不可避免地表示漠不關心和予以藐視而得到保證。

附釋　有人說出版自由是要說就說，要寫就寫的自由，這樣一個定義相當於把一般自由看成要做什麼就做什麼的自由。

這種說法表明思想完全未經教化，還是粗魯的和膚淺的。此外，按事物的本性來說，形式主義在言論自由這一論題上沒有比在任何其他地方更爲頑固不化、不可理解的了。其實，它的對象是最輕浮的、最特殊的、最偶然的意見，其內容和語調是各色各樣無窮無盡的。除了它直接誘致竊盜、殺害、叛亂等等之外，還含有詭譎的、有修養的表達方式。這種表達方式本身是十分籠統而不確定的，但同時隱藏著完全確定的意義，或者引起未經切實明示的種種後果，而這些後果既無從確定是由它所引起的，也無從確定是包含在它那個表達方式中的。素材和形式的這種不確定性，使法律在這些問題上無從達到其所必要的確定性。結果，由於犯過、不法和侵害在這裡都採取了最特殊的和最主觀的形態，所以判決也就成爲一種完全主觀的決斷。此外，侵害行爲指向別人的思想、意見和意志，而這些就是構成侵害行爲達到現實性的要素。可是這個要素乃屬於別人自由的範圍，所以一種行動應否認爲實際發生損害的行爲，應由別人來決定。

因此，我們可以批評法律，一方面說它們是不確定的；另一方面說它們使人們有可能創造一些表達的語調和格式，藉以規避法律，或認爲法官的裁判是主觀決斷。其次，我們還可以反對把表達作爲侵害行爲來處理，因爲它不是一種行爲，而只是一種意見和思維，或者是清談罷了。因此在主張內容和形式都是赤裸裸的主觀性這同一口氣中，我們一方面要求單純的意見和清談不受處罰，因爲它們是不重要的和無意義的；另一方面則要求對這種意見——由於它是個人的，特別是精神財產——和對這種清談——由於它是這種個人財產的表達和使用——予以高度尊敬和重視。

可是損害個人名譽，誹謗、詬罵、侮辱政府及其首長和官吏，特別是君主本人，嘲弄法律，唆使叛亂等等，都是各種不同程度的犯罪和犯過，這點乃是而且始終是實體性的東西。諸如此類的行爲透過其藉以表達的要素所達到的較高度的不可確定性，並不消除它們的那種實體性質；因此，它只產生這種後果，即這些行爲的主觀基礎，也決定著反應的本性和形態。正是犯行的這種基礎，使主觀性的觀點和偶然性等在反應中成爲必然的東西，不論這種反應是對犯罪的警察上預防或是眞正的刑罰。在這裡，形式主義照例注重利用外界現象的個別方面，和從這些方面所汲取的抽象觀念，從事爭辯，來否認事物的實體性質和具體本性。

至於各種科學，如果是眞正科學的話，根本不會出現在意見和主觀觀點的基地上，同時各種科學的闡明並不在於語調巧妙、指桑罵槐、半呑半吐、閃爍其詞，而在於明晰地、確定地和公開地道出其意義和含義，因之它們不屬於公共輿論的範疇（第三一六節）。

除此以外，我們上面已經提到，觀點及其表達藉以成爲實施的行爲而達於現實存在的這個要素，就是別人的智力、原則和意見；既然如此，那麼行爲的這一個方面，即它們對個人、社會和國家（參閱第二一八節）的眞正作用和危險性，也以這些行爲發生在哪種性質的基地上爲轉移，例如，落在火藥堆裡的一顆火星比掉在硬地上的一顆火星危險得多，掉在硬地上的一顆火星是會無形消失的。

因此，正如科學的表達是在它的素材和內容中獲得它的權利和保證一樣，不法的表達也可能在它自身所招致的藐視中獲得一種保證，或者至少獲得容忍。這種行爲就其自身說同樣是法律上應受處罰的罪行，但是其中一部分可以算作這樣一種憤慨的非難，即內在的無能感覺到自身受別人占優勢的才能和德行的壓迫，於是不得不表示這種非難，以求在這種優勢面前肯定自己，並使自己的虛無性重新獲得一種自我意識。這就像羅馬士兵對他們大將軍們所爲的、一種比較無傷大雅的非難。羅馬士兵由於他們經歷艱苦的服役和紀律，尤其由於他們的姓名沒有列入凱旋榮譽中，所以在凱旋遊行時歌唱諷刺曲，使自己跟這些大將軍們保持一種平衡。前一種惡劣的可憎的非難因受人蔑視而喪失其效果，因此，正如引起大眾圍看的把戲一樣，它只限於無意義的戲謔和包含在它內部的自我譴責。

第三二〇節

主觀性的最外部表現是鬧意見和爭辯。這種主觀性在希求肯定自己的偶然性、從而也就毀滅自己的同時，使鞏固存在的國家生活陷於瓦解。但是**主觀性**在它的對立物中即在那種與實體性的意志同一的主觀性中，才達到眞正現實性，這種主觀性構成王權的概念，它作爲整體的**理想性**。到目前我們闡述的階段爲止，還沒有達到它的權利和定在。

補充（**國家主觀性的理想化**）　我們前次已經把主觀性作爲君主這一國家首腦來考量[62]。它的另一方面是公共輿論中的任意表達，這是它的最外部的表現。君主的主觀性是自在地抽象的，但它應該是一種具體的東西，這樣它才是瀰漫於整體中的理想性。國家在和平時期，市民生活的一切部門都穩固地存在著，但是它們這種彼此並立而各別的存在，是源出於整體的理念的。源出於整體的理念這一事實也必然要作爲整體的理想性而**顯現**出來。

二、對外主權

第三二一節

對內主權（第二七八節）就是這種理想性，意思是精神及其現實性——即國家——的各個環節按其**必然性**而獲得了發展，並作爲國家的肢體而穩固地存在著。但是精神在自由中是**無限否定的自我相關**，同樣地，在本質上它是**自爲的存在**，這種自爲的存在把現存的差別**納入自身**中，從而它是排他性的。就這種規定說，國家是具有**個體性**的，這種個體性本質上就是個人，而現實的直接的個人就是國君（第二七九節）。

第三二二節

個體性作爲排他性的自爲的存在，表現爲它對別國的關係，其中每個國家對別國來說都是獨立自主的。現實精神的自爲的存在在這種獨立性中達到了它的定在，所以獨立自主是一個民族最基本的自由和最高的榮譽。

附釋　一個集體如果已經構成一個多少是獨立自主的國家並具有自己的中心，而說這個集體願意喪失這個中心和它的獨立，以便與其他一個集體組成一個整體，說這種話的人對於集體的本性和一個獨立民族所具有的自尊感就知道得很少。因此，國家在歷史上最初出現的權力就是這種獨立本身，縱然它是完全抽象的、還沒有獲得進一步的內部發展。所以，例如家長、酋長等個人占據最高地位，正是符合這種原始現象的。

第三二三節

國家的這種否定的自我相關，在定在中表現爲一個國家對另一個國家的關係，並且似乎否定的東西是一種外在的東西[63]。因此這種否定關係的實存就具有事故的形態，以及與外來的偶然事變錯綜交織的形態。但是這種否定關係是國家最特有的環節，國家的現實無限性，其中一切有限的東西都達到了理想性。正是在這個環節中，國家的實體——即對抗一切單一和特殊，對抗生命、財產及其權利，以及對抗其他集團的那國家的絕對權力——使這些有限東西的虛無性出現在定在和意識中。

第三二四節

把個人的利益和權利設定爲瞬即消逝的環節這個規定，同時是**肯定的**東西，即肯定個人的**絕對**個體性而不是個人的偶然和易變的個體性。因此，這種關係以及它的承認就成爲個人的實體性的義務，他有義務接受危險和犧牲，無論生命財產方面，或是意見和一切天然屬於日常生活的方面，以保存這種實體性的個體性，即國家的獨立和主權。

附釋　有一種很誤謬的打算，在對個人提出這種犧牲的要求這一問題上，把國家只看成市民社會，把它的最終目的只看成個人**生命財產**的安全。其實，這種安全不可能透過犧牲**應獲得**安全的東西而達到；情形剛剛相反。

本節所述也包含**戰爭**的倫理性的環節。戰爭不應看成一種絕對罪惡和純粹外在的偶然性，從而說它本身具有偶然的根據，不論其爲當權者或民族的激情，不公正的事由，或任何其他不應有的事都好。本性是偶然的東西才會遭到其他偶然的東西，而這種命運正是必然性。一般說來，概念和哲學會使純粹偶然性這種觀點消失，而在表現爲**假象**的偶然性中識別其本質，即必然性。有限的東西，如生命**財產**，被設定爲偶然的東西，那是**必然的**，因爲這就是有限東西的概念。從一方面看，這種必然性具有自然力的形態，因而一切有限的東西都遲早必死，從而是暫時性的。但是在倫理性的實體即國家中，自然被奪去了這種力量，而必然性也就上升爲自由的作品，即一種倫理性的東西。至於那種暫時性則成爲**所希求**的消逝，作爲有限東西的基礎的否定性也成爲倫理性的本質所特有的實體性的個體性。

戰爭是嚴肅對待塵世財產和事物的虛無性的一種狀態——這種虛無性通常是虔誠傳道的題目。因此，在戰爭這一環節中，特殊物的理想性獲得了它的權利而變成了現實。戰爭還具有更崇高的意義，透過戰爭，正如我在別處表示過的[64]。「各國民族的倫理健康就由於它們對各種有限規定的凝固表示冷淡而得到保存，這好比風的吹動防止湖水腐臭一樣；持續的平靜會使湖水發生相反的結果，正如持續的甚或永久的和平[65]會使民族墮落」。

可是，這個只是哲學觀念，或如人們所慣說的，是天意的辯護，而實際的戰爭還需要他種辯護，關於這一點，容待下述[66]。

在戰爭中即在一種對外的偶然關係中所含有而顯露出來的理想性，與國家內部各種權力成爲整體的有機環節這一理想性是相同的。這在歷史現象中是以各種不同形態表現出來的，其中一種就是幸運的戰爭防止了內部的騷動，並鞏固了國家內部的權力。其他現象也能說明這一點。例如一國人民由於不願意忍受或竟害怕對內主權，結果被另一國征服，他們愈是不能首先對內把國家權力組織起來，他們爭取獨立的事業就愈難有成功和光榮的希望（爲了怕死而他們的自由死亡了）。又不依靠武裝力量而用其他方法來保障它們自主的那些國家（例如與鄰邦相比小得不相稱），可以根據一種內部國家制度而鞏固地存在，這種國家制度，就其本身而言，是不能保證對內對外和平的。

補充（永久和平）　在和平時期，市民生活不斷擴展；一切領域閉關自守，久而久之，人們墮落腐化了，他們的特異性也愈來愈固定和僵化了。但是健康需要軀體的統一，如果一切部分各自變成僵硬，那就是死亡。永久和平這一要求往往是作爲一種理想而被提出的，人類似乎必須全力以赴。例如康德曾建議成立一個國君聯盟來調停國與國間的爭端，人們打算把神聖同盟成爲這樣一種制度。可是國家是個體，而個體性本質上是含有否定性的。縱使一批國家組成一個家庭，作爲個體性，這種結合必然會產生一個對立面和創造一個敵人。由於戰爭的結果，不但人民加強起來，而且本身爭吵不休的各民族，透過對外戰爭也獲得了內部安寧。當然，戰爭造成財產上的不安全，但是這種實際不安全不外是一種必然的運動。我們聽到許多傳道者在說教壇上講世俗事物是不安全的、虛空的和變幻無常的，可是不論我們如何受到感觸，每個人都這樣想：「我至少會保持著自己的東西。」但當這種不安全是以手持光彩煥發的利刃的驃騎那種形態出現，而且眞要是幹起來的時候，預言一切這種情況而令人傷感的那種說教，就轉而咒罵征服者。儘管如此，當事物的本性要求時，戰爭還是會發生的；種子又一次發芽了，在嚴肅的歷史重演面前，饒舌空談終於成爲啞口無言。

第三二五節

由於爲國家的個體性而犧牲是一切人的實體性的關係，從而也是一切人的普遍義務，所以這種關係，作爲理想性的唯一的方面以對抗鞏固地存在的特殊物的實在性，同時就成爲一種特殊關係，而獻身於這種特殊關係的人自成一個等級，以英勇著稱。

第三二六節

國與國間的爭議可以它們關係中任何一個特殊方面爲其對象。戮力保衛國家的特殊等級的主要使命也就在於應付這種爭議。如果國家本身，它的獨立自主，陷於危殆，它的全體公民就有義務響應號召，以捍衛自己的國家。如果在這種情況下，動員全國力量，放棄本身內部生活而全力對外作戰，防禦戰就轉化爲征服戰。

附釋　國家武裝力量之成爲常備軍，以及負有衛國使命的特殊職業之成爲一個等級，都是一種必然性，正如其他特殊環節、利益和職業之各成爲一個身分或等級——婚姻身分、產業等級、政治等級、公務人員等級等等——也都是一種必然性一樣。在各種根據上往返徘徊的抽象推論考量了設置常備軍還是比較有利或有害這一問題以後，結果竟斷定後者爲是，這是因爲事物的概念總比事物個別的和外在的方面難於捉摸，又因爲在市民社會的意識中，特殊性的利益和目的（費用及其後果，更沉重的賦稅等等）要比絕對必然的東西被抬舉得更高，結果，後者僅僅被看作前者的手段。

第三二七節

英勇本身是形式的德，因爲它是從一切特殊目的、財產、享受和生命中抽出的那自由的最高抽象；但是這種外在現實方式的否定性和作爲完成英勇行爲的那種捨身取義，就其本身說，不具有精神性質；內心情緒可能是這種或那種英勇行爲的理由，而它的實際結果也可能不爲自己而只是爲著別人。

補充（英勇）　軍人等級是負責保衛國家的普遍性的等級，它有義務使在它本身中自在的理想性達到實存，即有義務犧牲自己。英勇誠然是各種各樣的。動物和強盜的膽量，爲榮譽的英勇和騎士式的英勇，都還不是英勇的眞實形式。有教化民族的眞實英勇在於準備爲國犧牲，使個人成爲只是多數人中的一個。在這裡，重要的不是個人的膽量，而是在於被編入普遍物中。在印度，五百個人戰勝了兩萬個人，其實這兩萬個人不是都膽怯的，但是他們就沒有這種情緒與別人結合，戮力一致。

第三二八節

作爲情緒的英勇，它的固有價值包含在眞實的絕對的最終目的即國家主權中。這種最終目的的現實性，作爲英勇的作品，是以個人現實性的犧牲爲其中介。因此這種形態包含著極端尖銳的矛盾：犧牲自己，然而這卻是它的自由的實存！個體性具有最高的獨立性，然而同時它的實存在外部秩序和服務的機器中起作用；一方面，絕對服從和放棄私見與爭辯，就是要做到沒有頭腦；另一方面，要最強烈地、廣泛地做到鎮定和當機立斷；對個人施加最敵對而且是親身的行動，然而他對他們，作爲個人說來，毫無冤仇，甚且不無好感。

附釋　冒生命的危險當然比光怕死要高明，但還是屬於單純否定的東西，它本身既沒有規定，也沒有價值。肯定的東西即目的和內容才給予這種勇敢以意義。強盜和殺人犯以犯罪爲其目的，冒險家以他私見所想像的爲其目的，如此等等，他們都有那種拼命的膽量。

現代世界的原則，即思想和普遍物，給英勇以更高的形態，因爲英勇的表達看來更加機械式了，它不是這一特殊人的活動，而只是某一整體的一肢的活動。同樣地，它看來不是指向個人，而是指向一個敵對的整體，這就使個人勇敢成爲一般的無人稱的勇敢。現代世界的原則就因而發明了槍炮，這種火器的發明把英勇的個人形態轉變爲較抽象的形態，乃非偶然。

第三二九節

國家的對外趨向在於它是一個個別主體，因此，它對別國的關係屬於王權的範圍。正因爲這個緣故，王權而且只有王權才有權直接統率武裝力量，透過使節等等維持與其他國家的關係，宣戰媾和以及締結條約。

補充（國君） 幾乎所有歐洲國家，其王權都屬於個人形式的最高當局，他以處理對外關係爲職責。在採行等級會議制的國家，可以發生這樣一個問題：宣戰媾和是否應該由各等級來決定才對，無論如何，特別有關經費事項它們將保持對戰與和的決定發生影響，例如，在英國不可能進行不得人心的戰爭。但如果以爲國君和內閣比較國會更易受激情的支配，因而企圖把戰與和的決定歸國會掌握，那就必須指出，往往整個民族可能比它的國君更爲興奮激動。在英國，有過好多次全體人民逼著要進行戰爭，並且在一定程度上強迫部長們這樣做。畢特之所以能得人心[67]，正因爲他知道怎樣迎合全國人民當時的意向。只是後來[68]人民才冷靜下來，開始意識到戰爭是無用的和不必要的，並且也沒有考慮到經費就開始作戰的。除此以外，國家不是只與另一個國家而是與許多國家發生關係，這些關係錯綜複雜，微妙之至，只有最高當局才能加以處理。

第二　國際法

第三三〇節

國際法是從獨立國家間的關係中產生出來的，因此國際法中**自在自爲**的東西保存著**應然**的形式，因爲它的現實性是以享有**主權的各個不同意志**爲依據的。

補充（**國際法**）　國家不是私人，相反地，國家是自在的、完全獨立的整體自身，所以它們之間的關係與單純道德的和私法的關係有別。人們往往要從私法的和道德的觀點來看待國家，殊不知私人的地位是這樣的；他們處於法院管轄之下，而法院使自在的法成爲實在。至於國與國之間的關係的確也應該自在地合乎法，但在塵世中，自在存在的東西還應該擁有權力。由於現在還沒有任何權力來對國家做出裁判，決定什麼是自在的法，並執行這種裁判，所以就國與國之間的關係說，我們必須一直停留在應然上。國與國之間的關係是獨立主體間的關係，它們彼此訂約，但同時凌駕於這些約定之上。

第三三一節

作爲國家的民族，其實體性的合理性和直接的現實性就是精神，因而是**地上**的絕對權力。由此可見，一個國家對其他國家來說是擁有主權和獨立的。它有權首先和絕對地**對其他**國家成爲一種主權國家，即獲得其他國家的**承**認。但同時這種權能只是形式上的，而要求承認國家，如果僅僅因爲它是一個國家，那麼其要求是抽象的。事實上，它究竟是不是這樣一種自在自爲地存在的東西，這一點要決定於它的內容，即國家制度和一般狀況；而承認既包含著形式與內容這兩者的同一，所以它是以其他國家的觀點和意志爲依據的。

附釋　不與他人發生關係的個人不是一個現實的人（第七十一節和其他各節[69]），同樣地，不與其他國家發生關係的國家也不是一個現實的個體（第三二二節）。一個國家的正統性，或更確切些說，由於國家是對外的，所以也是王權的正統性，一方面是一種完全內部的關係（一個國家不應干涉其他國家的內政）；另一方面，同樣是本質的，它必須透過別國的承認才成爲完善的。但是這種承認要求一項保證，即別國既應承認它，它也應同時承認別國，就是說尊重別國的獨立自主，因此，一國內部發生的事，對別國說來不是無所謂的。

例如關於游牧民族，或一般說來，關於任何一個具有低級文化的民族，可以發生這樣一個問題：在哪種程度上它可以被看成一個國家。宗教觀點（如往昔在猶太民族和各回教民族那裡）可能引起一個民族和其他民族間更高程度的對立，這種對立排除了承認所必要的一般的同一。

補充（實存的力量）　當拿破崙在康普福米歐和平會議[70]前表示：「法蘭西共和國不需要承認，正如太陽不需要承認一樣。」這句話的含義，不外指事物實存的力量；這種力量已經保證了承認，更不用人們明白表示。

第三三二節

國家在相互對待中的直接現實性，分爲各色各樣的關係，它們由雙方獨立的任性來規定，從而具有一般契約形式的性質。可是這種契約的素材，就其種類說，要比在市民社會中的少得不可以數計，因爲在市民社會中個人在很多方面相互倚賴，而各個獨立國家主要是自給自足的整體。

第三三三節

國際法與實定條約的特殊內容有別，它是國家間應該絕對有效的普遍的法；國際法的基本原則在於，條約作爲國家彼此間義務的根據，應予遵守。但是因爲它們之間的關係以主權爲原則，所以在相互關係中它們是處於自然狀態中的。它們的權利不是由被組成爲超國家權力的普遍意志來實現，而是由它們特殊意志來實現的。因此，國際法的那種普遍規定總是停留在應然上，而實際情況也正是合乎條約的國際關係與取消這種關係的相互更替。

附釋　國家之間沒有裁判官，充其量，只有仲裁員和調停人，而且也只是偶然性的，即以爭議雙方的特殊意志爲依據的。康德的想法是要成立一種國際聯盟，調停每一爭端，以維護永久和平。這種聯盟將是被每個個別國家所承認的權力，旨在消弭紛爭，從而使訴諸戰爭以求解決爭端成爲不可能。康德的這種觀念以各國一致同意爲條件，而這種同意是以道德的、宗教的或其他理由和考慮爲依據的，總之，始終是以享有主權的特殊意志爲依據，從而仍然帶有偶然性的。

第三三四節

由此可見，如果特殊意志之間不能達成協議，國際爭端只有透過戰爭來解決。但在各國極廣大的範圍內和它們人民所建立的多方面的關係中，可以很容易和大量發生各種損害，至於哪些損害應看成切實破壞條約或損害國家的主權與榮譽，這一點其本身依然是無法確定的。其所以如此，因爲國家可以把每一細小事件都看成涉及它的無限性和榮譽；當一個強有力的個體性愈是經過內部長期和平而被驅使向外尋求和製造活動的題材時，它愈會有這種感受。

第三三五節

除此以外，國家作爲一般精神的東西，不以僅僅注意實際上已發生的損害爲限。相反地，它還具有對這種損害的表象，認爲別國對它有急迫的危險，同時它還會上下盤算蓋然性的大小，推測別國的意圖，如此等等，這些都構成紛爭的原因。

第三三六節

由於各國都是以作爲特殊意志的獨立主體相互對待（條約的有效性就是以此爲依據的），又由於整體的特殊意志完全以它自身的福利爲內容，所以福利是國家在對別國關係中的最高法律；如果我們想到國家的理念正在於揚棄其自身中的法（作爲抽象的自由）和福利（作爲充實抽象自由的特殊內容）的對立，而對國家的最初承認（第三三一節）也正與國家是一種具體的整體有關，尤其見得福利是國家在對別國關係中的最高原則。

第三三七節

國家的實體性的福利，就是作爲一個特殊國家在它特定利益和狀態中以及同樣特殊的對外情況中（包括特殊條約關係在內）的福利。所以政府屬於一種是特殊智慧的事而不是普遍天意的攝理（參閱

第三三四節附釋）。同樣地，在對其他國家關係中的目的，以及替戰爭和條約正義性辯解的原則，也不是一種普遍的（博愛的）思想，而是它的**特定的和特殊的**、實際受到侵害或威脅的福利。

附釋　有一個時期，人們好談道德和政治的對立，並要求後者適合前者。這裡只須一般地指出，國家福利具有與個人福利完全不同的合法性。倫理性的實體，即國家，直接在具體而不是抽象的實存中獲得它的定在，即它的權利。它的行動和行徑的原則，只能是這種具體實存，而不是被看作道德戒律的許多普遍思想中的任何一種思想。在這種所謂對立中政治總是所謂不法的那種觀點，乃是建立在對道德、對國家本性和對國家跟道德觀點的關係的那膚淺觀念之上的。

第三三八節

國家彼此都承認爲國家這一事實，即使在那無法無天而由權力和偶然性支配一切的**戰爭狀態**中，也仍然是**一種紐帶**，在這種紐帶的聯繫中，它們彼此都算作自在自爲地存在的東西。因此在戰爭中，戰爭本身被規定爲一種應該消逝的東西。所以戰爭包含著下列國際法規定，即和平的可能性應在戰爭中予以保存，尊重使節，即其一例；又一般說來，戰爭的矛頭不得指向內部制度、和平的家庭生活與私人生活，也不得指向私人。

補充（**現代的作戰**）　因而，現代戰爭的進行方式是人道的，人與人之間沒有刻骨仇恨，個人的敵意，充其量在前哨出現著。但是在軍隊——作爲軍隊來說——中，敵愾是某種模糊的東西，在一方尊重他方的義務時，敵愾就應讓出它的地位。

第三三九節

除此以外，在戰爭中國家彼此之間的關係（例如，關於戰俘問題），以及在和平時期一國對從事私人交易的他國人民所特許的權利等等，主要以國際**慣例**爲依據，國際慣例是在一切情況下被保存著的、行爲的內在普遍性。

補充**（歐洲的國際法）** 歐洲各民族根據它們立法、習慣和文化的普遍原則組成一個家庭。在戰爭狀態中國際法上的行動也根據這一原則而有所修改，否則一切都將受互相爲非作惡的心理所支配。國與國之間的關係是搖擺不定的，也沒有裁判官來調整這種關係，唯一最高裁判官是普遍的絕對精神，即世界精神。

第三四〇節

國家在它們的相互關係中都是**特殊物**，因此，在這種關係中激情、利益、目的、才德、暴力、不法和罪惡等內在特殊性和外在偶然性就以最大規模和極度動蕩的嬉戲而出現。在這種表演中，倫理性的整體本身和國家的獨立性都被委之於偶然性。由於各民族作爲**實存著**的個體只有在它們的特殊性中才具有其客觀現實性和自我意識，所以**民族精神**的原則因爲這種特殊性就完全受到了限制。各民族在其相互關係中的命運和事跡是這些民族的精神有限性的辯證發展現象。從這種辯證法產生出**普遍精神**，即世界精神，它既不受限制，同時又創造著自己；正是這種精神，在作爲**世界法庭**的**世界歷史**中，對這些有限精神行使著它的權利，它的高於一切的權利。

第三　世界歷史

第三四一節

普遍精神的定在的要素，在藝術中是直觀和形象，在宗教中是感情和表象，在哲學中是純自由思想，而在世界歷史中是內在性和外在性全部範圍的精神現實性。世界歷史是一個法院，因爲在它的絕對普遍性中，特殊的東西——即在現實中形形色色的家神、市民社會和民族精神——只是作爲理想性的東西而存在，在這個要素中，精神的運動就在於把這一事實展示出來。

第三四二節

其次，世界歷史不是單純權力的判斷，就是說，它不是盲目命運的抽象的和無理性的必然性。相反地，由於精神是自在自爲的理性，而在精神中理性的自爲存在是知識，所以世界歷史是理性各環節光從精神的自由的概念中引出的必然發展，從而也是精神的自我意識和自由的必然發展。這種發展就是普遍精神的解釋和實現。

第三四三節

精神的歷史就是它自己的行爲，因此精神僅僅是它所做的事，而它的行爲就在於把自己，在這裡是作爲精神，變成它自己意識的對象，並在對自己解釋自己中把握自己。這種把握是它的存在和原則，完成這一把握同時也就是它的外化和過渡。從形式上來表達，重新把握這種把握的精神，或者這樣說也是一樣，由外化返回到自身的精神，比起它自己處在前一階段的把握時是更高階段的精神。

附釋 這裡發生了人類的完善性和教育的問題。主張這種完善性的人猜測到精神的本性的某些東西，因爲它的本性就是以知道你自己爲它存在的規律，並且——由於它把握到它自己是什麼——比起曾經構成它的存在的那種形態是一種更高的形態。但是，對那些拒絕接受這種思想的人說來，精神一直是一個空洞的字眼，而歷史則是偶然的，所謂單純人類努力和激情的淺薄嬉戲。即使他們在這方面也談到天意和神的計畫，並表示對一種更高的權力具有信仰，然而他們的觀念始終不獲實現，因爲他們明白表示，神的計畫對他們說來是一種不可認識和不可理解的東西。

第三四四節

在世界精神所進行的這種事業中，國家、民族和個人都各按其特殊的和特定的原則而興起，這種原則在它們的國家制度和生活狀況的全部廣大範圍中獲得它的解釋和現實性。在它們意識到這些東西並潛心致力於自己的利益的同時，它們不知不覺地成爲在它們內部進行的那種世界精神的事業的工具和機關。在這種事業的進行中，它們的特殊形態都將消逝，而絕對精神也就準備和開始轉入它下一個更高階段。

第三四五節

正義和德行、不法、暴力和罪惡、才能及其成就、強烈的和微弱的情欲、過錯與無辜、個人生活和民族生活的華美、獨立、國家和個人的幸與不幸，所有這些都在已知現實性的領域中有其一定的意義和價值，並在其中找到它們的判決和正當性，雖然只是部分的正當性。世界歷史則超出於這些觀點之上。世界歷史的每一個階段，都保持著世界精神的理念的那個必然環節，而那個環節就在它的那個階段獲得它的**絕對權利**，至於生活在那個環節中的民族則獲得幸運與光榮，其事業則獲得成功。

第三四六節

歷史是精神的形態，它採取事故的形式，即自然的直接現實性的形式。因此，它的發展階段是作爲**直接的自然原則**而存在的。由於這些原則是自然的，所以它們是相互外在的多元性；因而它們又是這樣地存在著，即其中每個歸屬於**一個民族**，成爲這個民族的**地理學上和人類學上**的實存。

第三四七節

這種環節作爲**自然**原則所歸屬的那個民族，在世界精神的自我意識的自我發展進程中，有執行這種環節的使命。這個民族在世界歷史的這個時期就是**統治的民族**；它在世界歷史中**創立了新紀元**，但**只能是一次的**（第三四六節）。它具有絕對權利成爲世界歷史目前發展階段的擔當者，對它的這種權利來說，其他各民族的精神都是無權的，這些民族連同過了它們的時代的那些民族，在世界歷史中都已不再算數了。

附釋　一個世界歷史性民族的特殊歷史，一方面包含著它的原則的發展，即從它幼年潛伏狀態起發展到它全盛時期，此時它達到了自由的倫理性的自我意識進而窺普遍歷史；另一方面，它包含著衰頽滅亡的時期，其實，衰頽滅亡標誌著在這個民族中出現了一個作爲純粹否定它自己的更高原則。這種情況指出，精神過渡到了那個更高原則，而**另一**個民族獲得了世界歷史的意義。從這一新時期開始，先前那個民族就喪失了它的絕對利益。誠然，那時它也會積極地接受更高原則，並按這個原則把自己組織起來。但是它對待這個原則，好像對待養子一樣，缺乏內在的生氣和活力。它可能喪失其獨立，也可能作為一個特殊國家或一批國家而繼續存在或苟延殘喘，並偶然地捲入各種各樣的內部事業和對外戰爭中。

第三四八節

居於一切行動也包括世界歷史性行動在內的頂點的是**個別的人**，他們是使實體性的東西成為現實的那種主觀性（第二七九節附釋）。他們是世界精神的實體性事業的活的工具，所以是直接跟這種事業同一的；但是這種事業又躲避著他們，所以它不可能是他們的客體和目的（第三四四節）。因此他們雖然完成了這種事業，但是他們既得不到同時代人的**崇敬**和愛戴（同節）、也得不到後世輿論的**崇敬和愛戴**。相反地，他們在這種輿論中只是由於他們事業的主觀形式而享受到一部分**不朽光榮**。

第三四九節

一個民族最初還不是一個國家。一個家庭、游牧民族、部落、群體等等向國家狀態過渡，一般說來，就是理念採取民族**形式**的實在化。如果沒有這種形式，民族作為倫理性的實體——它**自在地**存在著——就缺乏客觀性來為自己和為別人在法律——即被思考的規定——中獲得一種普遍物或普遍的定在，因而這個民族就不會被承認。由於它沒有客觀的合法性和自為地固定的合理性，所以它的獨立只是形式的而不是具有主權的。

附釋　即使普通觀念也不會稱家長制是一種國家制度，不會稱在這種狀態中的民族是一個國家，或它的獨立是具有主權的。因此在現實歷史開始以前的情況，一方面是毫無利害感覺的愚昧的天眞；另一方面是爲獲得形式上承認而鬥爭的勇氣和復仇的勇氣（參閱第三三一節和第五十七節附釋）。

第三五〇節

理念的絕對權利出現在以婚姻和農業爲起點（見第二〇三節）的法律規定和客觀制度中，不論理念的這種現實化表現爲上帝的立法和恩賜或是權力和不法都好。這種權利就是**英雄**創建國家的**權利**。

第三五一節

本於上述同一規定，文明民族可以把那些在國家的實體性環節方面是落後的民族看作野蠻人（如游牧民族對待狩獵民族，以及農業民族對待前兩者等等）。文明民族意識到野蠻人所具有的權利與自己的是不相等的，因而把他們的獨立當作某種形式的東西來處理。

附釋　因此，在這種情況下所發生的戰爭和爭端，是爭取對一種特定價值的承認的鬥爭，這一特徵給這些戰爭和爭端以世界歷史的意義。

第三五二節

各種具體理念，即各種民族精神，在**絕對的普**遍性這一具體理念中，即在世界精神中，具有它們的眞理和規定；它們侍立在世界精神王座的周圍，作爲它的現實化的執行者和它的莊嚴的見證和飾物而出現。作爲精神，它不外是它的積極運動，以求絕對知道自己，從而使它的自我意識從自然直接性的形式中解放出來，而達到它自己本身；所以在它解放過程——世界歷史的王國——中，這種自我意識形成的原則計有四個。

第三五三節

精神在最初作爲直接的啓示中，以實體性精神的形態爲原則，這種形態是同一性的形態，在這種形態中，個別性依然沉沒在它的本質中，而且還沒有得到獨立存在的權利。

第二個原則是這種實體性精神的知識，因此這種精神既是積極的內容和充實，又是作爲精神的活的形式的、自爲的存在。這一原則就是美的倫理性的個體性。

第三個原則是能認識的自爲的存在在自身中的深入，以達到抽象的普遍性，從而成爲在同一過程中被精神所丟棄的、客觀世界的無限對立面。

第四種形態的原則是精神的上述那種對立的轉化，它接受它的眞理和具體本質在它的內心生活中，並同客觀性融成一片。回復到最初實體性的這種精神，就是從無限對立那裡返回的精神，它產生和認識它的這種眞理，即思想與合乎規律的現實世界。

第三五四節

按照這四個原則，世界歷史可分爲四種王國：(1)東方的、(2)希臘的、(3)羅馬的、(4)日耳曼的。

第三五五節

(1)東方王國

這第一個王國是從家長制的自然整體中產生的、內部還沒有分裂的、實體性的世界觀，依照這種世界觀，塵世政府就是神權政治，統治者也就是高級僧侶或上帝；國家制度和立法同時是宗教，而宗教和道德戒律，或更確切些說，習俗，也同時是國家法律和自然法。個別人格在這莊嚴的整體中毫無權利，默默無聞。外部自然界或者是直接的神物，或者是神的飾物，而現實的歷史則是詩篇。朝著風俗習慣、政府國家等不同方面發展起來的差別，不成爲法律，而成爲在簡單習俗中笨重的、繁瑣的、迷信的禮儀，成爲個人權力的和任性統治的偶然事件，至於等級劃分則成爲自然凝固起來的世襲種姓。因此在東方國家，其內部沒有固定的東西，凡是鞏固的東西都已成爲化石了；只有在它的對外運動中，它才有生氣，而這種運動也會成爲原始的怒吼與破壞。它的內部安靜是一種私生活的安靜，在衰弱疲憊中的沉陷。

附釋　在國家形成中還是實體性的自然精神性這一環節，是每個國家在歷史上的絕對出發點的形式。在《論自然國家的沒落》一書（著者斯圖爾博士，一八一二年柏林出版）中著者就各個特殊國家，從歷史上精深博奧地指出並證明這個環節，這一部著作替合乎理性地考察國家制度的歷史以及一般歷史鋪平了道路。它同時指出主觀性和自我意識著的自由的原則是日爾曼民族的原則。但是它的論述僅限於自然國家的沒落，因而只談到下列一點爲止：或者這一原則表現爲流動不居和人類的任性與敗壞，或者在它的特殊形態中表現爲心情，總之，它沒有發展到自我意識著的實體性的客觀性，即有機的法制。

第三五六節

(2)希臘王國

這種王國具有有限東西與無限東西的那種實體性的統一，但它只是作爲神祕的基礎而被排擠在模糊的記憶中、在洞穴中和在傳統的畫像中。這種神祕的基礎是從區分自身爲個別精神性的精神中和在知識的光輝照耀下產生出來的，並經中和與變形而成爲美，成爲自由而明朗的倫理性，所以就在這種規定中，出現了個人的個體性這一原則，但它還不是關閉在自身中，而是保持在它的理想的統一中的。其結果，整體分解爲一批特殊的民族精神，但是一方面，意志的最後決斷並不屬於自爲地存在的那種自我意識的主觀性，而是屬於在這種主觀性之上和之外的一種權力（參閱第二七九節附釋）；另一方面，對特殊需要的滿足還沒有被納入自由中，而是專屬於奴隸等級的事。

第三五七節

(3)羅馬王國

在這種王國中各種差別的劃分完成了，倫理生活無限地分裂爲私人的自我意識和抽象的普遍性這兩個極端。這種對立從貴族制的實體性的直覺跟採取民主制形式的自由人格的原則相對立這一點開始，然後發展起來，前者這一方面成爲迷信和冷酷的、貪婪的權力的伸張，後者這一方面則墮落爲賤民。最後，整體的分解終於造成普遍災禍和倫理生活的毀滅；民族個體性消亡在一種萬神廟的統一中，一切單個人降格爲私人，他們一律平等，並且都具有形式的權利，只有把自己推進到驚人地步的那種抽象任性才把他們聯繫起來。

第三五八節

(4)日耳曼王國

精神本身和它的世界一起喪失而陷於無窮苦難[71]，以色列民族就是準備受這種痛苦的民族。由於這種情況，被逼退回自身中的精神，就在它的絕對否定性的極端上，即在自在自爲地存在的轉捩點上，把握住它的這種內部性質的無限肯定性，就是說，把握住神的本性與人的本性統一的原則，客觀眞理與自由——表現在自我意識和主觀性內部的客觀眞理與自由——的調和。負有使命完成這種調和的就是北歐日耳曼民族的原則。

第三五九節

這個原則的內在性就是一切矛盾的調和與解決，但這種調和與解決還是抽象的，存在於信仰、愛和希望等感覺中。隨後這種內在性舒展它的內容，使這種內容上升爲現實性和自我意識著的合理性，上升爲根據自由人的心情、忠誠和協作的塵世王國，這種王國在它這種主觀性中同時是自爲地存在的粗魯的任性和野蠻習慣的王國。同這種王國相對照的是彼岸世界，即理智的王國，它的內容誠然是原則的精神的上述那種眞理，但這種眞理還沒有經過思考，因而是隱藏在野蠻的觀念中的。這種彼岸世界是凌駕於實際心情之上的精神力量，它是作爲一種強制性的可怕的力量來對待這種心情的。

第三六〇節

這兩個王國[72]互有差別，但它們同時根源於單一的統一和理念。在這裡它們的差別達到了絕對對立。在它們的殘酷鬥爭中，精神王國從它天國的實存，在現實中和在觀念中，降爲地上的現世，平庸的塵世；至於塵世王國則把它抽象的自爲存在建成爲思想，建成爲那種合乎理性的存在與認識的原則，即法與法律的合理性。這樣一來，它們的矛盾也就自在地消失成爲無精髓的形態了。事實的王國蛻去了它的野蠻性和不法任性，至於眞理的王國則蛻去了彼岸性色彩和它的偶然權力，於是眞實的調和就成爲客觀的了，這種調和把國家展示爲理性的形象和現實。在國家中自我認識在有機發展中找到它的實體性的知識和意志的那現實性；在宗教中它找到它自己這種眞理——作爲理想本質——的感情和表象；而在哲學科學中它找到對這種眞理的那種自由的而被理解的認識，它認識到這種眞理在它相互補充的各種表現中，即在國家、在自然界和在理想世界[73]中，原是同一物。

◆本篇注釋◆

【1】這兩個整體分別在下面第一四四～一四五節和第一四六～一四七節中說明。——譯者

【2】古希臘悲劇作家索福客儷所編的悲劇《安悌果尼》中的主角；正確引文，參閱本書第一六六節附釋。——譯者

【3】第三版，第二二〇節以下和第三六六節以下。——拉松版

【4】第三版，第一五〇節。——譯者

【5】《新約全書》，馬太福音，第十九章，第八節。——譯者

【6】參閱本書第二七〇節附釋第二個腳注。——譯者

【7】索福客儷，西元前四九六—前四〇六年，古希臘悲劇作家。——譯者

【8】《精神現象學》，第二八二頁以下，第三〇九頁以下。——拉松版

【9】參閱第一九九節以下和第二五三節。——譯者

【10】參閱本書第一八〇節。——譯者

【11】婚姻當事人雙方是其他兩個權威。——譯者

【12】市民法上的繼承稱hereditas，裁判官法上的繼承稱bonorum possessio。——譯者

【13】第三版，第一一五節以下，第一三一節以下。——拉松版

【14】關於這一點，參閱《精神現象學》，教育及其現實性的王國（哲學叢書，第一一四卷，第三一〇頁以下）。——拉松版

【15】諾克斯的英譯本指為第五十九節。——譯者

【16】亞當．斯密，一七二三～一七九〇年：《原富》，倫敦一七七六年版。約翰．巴蒂斯特．塞伊，一七六七～一八三二年：《政治經濟學概論》，巴黎一八〇三年版。大衛．李嘉圖，一七七二～一八二三年：《論政治經濟學與賦稅原理》，倫敦一八一七年版。——拉松版

【17】參閱本書第二〇九節附釋。——譯者

【18】關於本節和下節中的思想運動，參閱第四十八節，第四十九節和第七十一節。——譯者

[19] 喬治・弗里德里希・克勞伊澤爾，一七七一～一八五八年，一八〇四年以後擔任海德堡大學教授，著有《古代民族特別是希臘人的象徵研究與神話學》一書。——拉松版

[20] 西羅馬帝國華倫丁第三大帝，四二五～四五五年。——譯者

[21] 黑格爾反對薩維尼的著作《論當代立法與法學的使命》。——拉松版

[12] 一八一六年牙買加奴隸法規定無論如何不得使奴隸所挨受的鞭打一天超過三十九下。——譯者

[23] 參閱本書第九十六節和第三一九節兩節的附釋。——譯者

[24] 參閱本書第二五八節腳注。——譯者

[25] 尤其是本書第一一九節。——譯者

[26] 原文Polizei，在黑格爾的用語中，指廣義的內務行政而言，除了軍事、外交財政以外，其他一般內政都包括在內。——譯者

[27] 關於市民社會的對外擴張，參閱本書第二四六節。——譯者

[28] 參閱本書第二〇七節補充。——譯者

[29] 參閱本書第一八四節，第一八五節和第二四三節。——譯者

[30] 參閱本書第一八四節補充。——譯者

[31] 參閱本書第一六三節和第一六六節兩節的附釋。——譯者

[32] 上面引證的那本書，就由於所揭示的性質，是一部別出心裁的著作。著者的不滿情緒就其自身說來可能有它高貴之處，因為它是被上述錯誤理論——首先是由盧梭提出的——以及主要是實行這種理論的嘗試所燃起的。然而哈勒先生為了挽救自己，卻投入另一相反的方面，他排棄一切思想，因此在他那部萬分仇恨一切法律和立法以及一切依正式手續和法律程序制定的法的著作中，就談不到內容的問題。對法律和依法律程序制定的法的仇恨是一個口號，這個口號顯露出瘋狂、低能和善良意願的偽善，並使人們絲毫不爽地認識到這些東西的本來面貌，不論它們披上什麼外衣。

像哈勒那樣的別出心裁，始終是值得注意的一種現象。讀者如果還沒有看過他那本書，我願意引證書中某些東西作為樣品。哈勒先生首先提出了他的主要原理（第一卷，第三四二頁以下）：「就跟在無生命世界中大欺小、強凌弱等等一樣，在動物世界、然後也在人類中重新出現著同一規律，不過採取了較高尚的形態（的確往

往也採取不高尚的形態？）」，「這就是上帝永恆不變的定則：有更大權力的人進行統治，必須統治，而且將永遠統治」。從這一點並從下述中就可看出，這裡所稱權力究竟具有怎樣的含義了。它不是指正義的和倫理性的東西的權力，而是指偶然的自然暴力。然後，哈勒先生進一步又根據其他理由來點綴他的原理（第三六五頁以下）。他說自然界的驚人的明智，作了這樣的安排：恰恰是自身的優越感難以抗拒地使個性成為高貴品質，並有利於對付屬下所最必要的那些德行的發展。他利用了在教室中應用的修辭學上的推敲而問道：「在科學的領域，到底是強者還是弱者更會濫用權威和信任，以遂其卑鄙自私的目的，並糟蹋輕信受欺的人；在法學家中間，難道法學大師們不就是些訟師和狡辯者嗎，他們愚弄抱著希望而輕信的當事人，顛倒黑白，混淆是非，濫用法律使成為不法的工具，使仰求他們保護的人傾家蕩產，并像餓鷹那樣地攫食無辜的綿羊。」如此等等。這裡哈勒先生忘記了，他堆砌這些辭藻正是為了支持他的命題，即有更大權力的人的統治乃是上帝的永恆定則（兀鷹攫食無辜的綿羊就是根據這個定則的）；同時，具有法律知識而掌握更大權力的人們把仰求他們保護的輕信的人當作弱者而加以掠奪，他們這樣做因而也是完全正確的。可是，把那裡的兩種思想結合起來，而其實根本連一種思想都沒有，這將是一種過分的要求。

哈勒先生敵視法典，那是不用說的。據他看來，國家的法律一方面是根本「用不著的，因為根據自然規律，這些法律是不言自喻的」，如果人們從來就安於這種基本思想，即一切東西都是不言自喻的，那麼自從有了國家以來，人們就可節省用在立法和修訂法典方面，以及現在還用在這些方面和用在研究實定法方面的許多力量。「另一方面，法律本來不是供給私人的，而是作為對下級法官的指令，使他們能明瞭高級法院的意志的。此外，司法權（第一卷，第二九七頁；第二卷，第一部分，第二五四頁，以及其他各處）不是國家的一種義務，而是一種善舉。即有更大權力的人所給予的援助，而且僅僅是補充性的。在保證權利的各種手段中間，它不是最完善的，毋寧說，它是不可靠的和無把握的。這種手段是我們近代法學家所留給我們的唯一的一種。他們把其他三種從我們手裡奪去了，而正是這些手段使我們能最迅速和最可靠地達到目的，並且它們與司法權不同，乃是友好的自然所給予人們，以保障他們法律上的自由的。」這三種手段就是（你猜是什麼？）：「⑴自己遵守自然規律，並以自然規律教育自己；⑵對不法行為加以反抗；⑶溜之大吉，如果找不到其他救濟的話。」（比之友好的自然，法學家們畢竟是多麼不友好啊！）「但是大慈大悲的自然所給予每個人的神的自然規律（第一卷，第二九二頁）是：尊敬你的每一個同儕」（其實根據著者的原則，應該這樣說：「尊敬不是你的同儕，而是有更大權力的人」）；「對不傷害你的人不加傷害；不要求別人所不欠你的東西」（但是他所欠的是什麼呢？）；「是的，還要多些：愛你周圍的人，並儘量使你對他們有用」。應該培植這種規律，這會使立法和國家制度成為多餘的。值得一看哈勒先生怎樣說明這一問題，即已經從事這種培植之後，為什麼還會在世界上出現立法和國家制度呢？

在第三卷，第三六二頁以下，著者談到「所謂民族自由」，即民族國家的法律和憲法。經法律規定的每一種權利，從其詞的這種廣義來說，就是一種自由。關於這些法律，書中有一段這樣說：「它們的內容通常是極其沒有意義的，雖然在書本中人們還對諸如此類的文獻上的自由，給予很大價值。」當我們隨後發覺著者所說的，是指德意志帝國各等級，英吉利民族（如大憲章，「但已很少有人讀，又由於所用詞句古老久廢，更少有人懂」權利法案等等）和匈牙利民族等等的民族自由，我們才不勝驚訝地知道，一向被認為十分重要的這些成果，卻是一些毫無意義的東西；又在這些民族中，法律僅僅具有書本上的價值，然而這些法律對人所穿的每一件衣服，所吃的每一塊麵包，都曾進行協作，現在每天、每小時仍在生活一切方面進行協作。

再引證一番，哈勒先生把普魯士普通法典說得特別壞（第一卷，第一八五頁以下），因為虛假哲學的錯誤（至少還不是康得的哲學，哈勒先生對它是最惱火的）經證明對這一法典發生了不可思議的影響，尤其因為其中牽涉到國家、國家財富、國家目的、國家元首、元首和公務人員的義務等等問題。最使哈勒先生怒惱的是這種權利，即「為了償付國家開支，而對私人財產、工商業和生產消費課以賦稅，因為這樣一來，由於國家財富被認定為不是國君的私有物而是國有財產，國王本身便不再有自己的東西了；至於普魯士公民亦同，不論身體和財產，都不再屬於他們自己所有，全體臣民都是法定農奴，因為他們不得逃避對國家的服務。」

除了所有這些不可思議的粗草東西以外，我們還可找到他的一種最滑稽的感觸。哈勒先生描寫，他對自己的發現興高采烈，難以筆述（第一卷，前言）。「這樣一種歡樂，只有愛真理的朋友，當他苦心研究之後，確信他彷彿（真對啊，彷彿！）找到自然界的主意、神本身的語言時，才能感覺到」（其實，神的語言把它所啓示的東西與自然界和自然人的主意，區別得十分明顯）。他又描寫說：「他是怎樣地在拍案驚嘆中幾乎暈倒，歡樂的眼淚是怎樣地奪眶而出，生氣勃勃的宗教心又怎樣地從今起在他心裡油然而生。」其實，哈勒先生本於宗教心，也就是神的最嚴峻的刑庭，應當痛哭流涕，因為人所能遭到的最嚴峻的刑罰，莫過於跟思維和合理性這樣地遠離，對法律這樣地不尊敬，又對於國家的義務和公民的權利以及國家的權利和公民的義務都由法律來規定是多麼重要和神聖的這一點，這樣地忽視，竟致把荒誕的東西來偷換神的語言。

[33] 參閱本書第三二四節和第三三三節。——譯者

[34] 第三版，第五五三節和第五五四節。——拉松版

[35] 宗教如同認識和科學一樣，以具有不同於國家的獨特形式為其原則，因此，它們出現在國家中，一方面，是作為教育和思想的手段，另一方面，由於它們本質上是自身目的，從這方面說來，它們是具有外部定在的。國家的原理在適用上對這兩個方面都有關係。在一部有關國家的完備而具體的論著中，必須同時考量以上那些領域，以及文藝、純粹自然關係和其他等等在國家中所處的關係和所具有的地位。但本書所論述的，僅以在它的特殊領域中根據它的理念來闡述的那種國家原理為限，所以關於其他領域的原理以及國家的法對它們的適用，只能附帶論及。

[36] 教友派的教徒和再洗禮論者等等可以說僅僅是市民社會的積極成員；作為私人，他們與別人處於純粹私人交往中，甚至在這種情況下他們也可免於宣誓。他們以消極的方式完成對國家的直接義務。其中最重要義務之一，即保衛國家免受敵人攻擊這一點，是他們率直地加以拒絕的，這裡可以允許他們提供別種給付作為交換。對於諸如此類的教派說來，國家才真正是寬容的；其實，他們既然不承認對國家所應履行的義務，他們自無權主張為國家的成員。從前有過這麼一回事，當美國國會竭力推動廢除販運黑奴時，南方某州的一個議員確切中肯地答覆說：「承認我們的黑奴，我們承認你們的教友派教徒。」

國家只有透過它的其他力量才能忽視和忍受這種反常狀態，而它主要是依靠風俗習慣的力量和它的各種制度內在合理性的力量，來減少和克服反常狀態和國家嚴格主張它自身權利之間的差別的。儘管可能有形式上的法對猶太人拒不賦予甚至民事方面的權利，因為他們自身不僅是一種特殊教派，而且應視為屬於一個異國民族，但是根據這個或其他觀點所發出的叫囂，卻忽視了一點，即猶太人首先是人，而人不是僅僅表面的、抽象的質（第二〇九節附釋），並且是下列事實的基礎，即透過所賦予的民事權利，他產生了一種在市民社會中以法律上人格出現的自尊感，以及從這個無限的、自由而不受一切拘束的根源，產生了所要求的思想方法上和情緒上的平等化。猶太人因分散而被人譴責，但國家以法排斥他們，而使這種分散狀態維持下去，所以這事理應歸咎和責備國家，因為這樣做，國家就誤解了自己的原則、客觀制度及其權力（參閱第二六八節附釋末段）。這種排斥猶太人的主張，雖自以為非常正確，但經驗已經證明其為極端愚蠢，相反地，現在各國政府的處理方法卻

證實為既明智又大方。

【37】諾克斯的英譯本指為第三五九節。——譯者

【38】拉普拉斯著《談談宇宙的體系》，第五篇，第四章——「伽利略（借助於望遠鏡）在獲得了新的發現（金星的光的形態等等）並予公布時，他說明這些發現確鑿地證明了地球是運轉的。但這個運轉的觀念被一次紅衣主教會議宣布為異端邪說，而這個觀念的最著名辯護人伽俐略被宗教法庭傳訊，並被迫撤回這個觀念，免遭重大牢獄之災。一個有天才的人對真理的熱情是最強烈的熱情之一。伽利略透過他親身的觀察，對地球的運轉具有確信，他在一個很長時期考慮寫作一部新的論著，要把一切有利證明在其中詳加闡明。但是同時為了避免受到追訴——他險些成了追訴的犧牲者——他選擇了這樣的傳達方式，即用了個人的對話來闡明這些證明。我們很清楚地看到，有利的一方是屬於哥白尼宇宙係辯護人的那一方。但是伽利略既沒有在對話人中間做出決定，而且還儘量給予托萊米派所提出的異議以極大的分量。他原可期望安享殘年，不受干擾，何況他的高齡和工作都應該使他享有這種權利的，可是在他七十歲那年，他又一次被宗教法庭傳訊，繫於獄中，並被迫第二次撤回他的意見：不然的話，他就要作為邪說重犯者而被處規定的刑罰。他被迫在否認的誓詞上簽字，措辭如下：『本人名伽利略，年七十歲，親自到法庭，雙膝下跪，雙目注視神聖福音書，雙手按捺書上，並本於正直的心和真實信仰，發誓否認、憎恨、詛咒地球運轉的學說，這是不合理的、錯誤的、異端的學說等等。』看這是怎樣一種景象！一位可尊敬的白髮老人，以畢生之力從事於自然界的研究，而著有聲譽，卻下跪發誓，作違背良心的證言，而否認他所確鑿證明的真理。宗教法庭終於宣判他有罪，並處以無期徒刑。一年之後，由於佛羅倫薩大公爵的斡旋，他被釋放。他死於一六四二年。歐洲人士同聲哀悼。他的工作成績照耀著歐洲，可憎恨的法庭對這樣一位偉大人物所下的判決引起了全歐洲人士的公憤。」

【39】參閱本書第一四四節。——譯者

【40】第三版，第一三二節。——拉松版

【41】參閱黑格爾：《關於處理自然法的各種科學方法》，載《哲學評論》，第二卷，第二部分，杜平根，一八〇二年，第五十二頁以下（《全集》，第一卷，第三八五頁以下）。——拉松版

【42】參閱孟德斯鳩：《法意》，第三章，第三節。——譯者

【43】參閱孟德斯鳩著《論法的精神》，第三章，第五節。——譯者

【44】參閱同上，第三章，第四節。——譯者

【45】參閱同上，第三章，第七節。——譯者

【46】參閱本書第三二一節以下。——譯者

【47】第三版，第二七一節。——譯者

【48】參閱本書第二七三節附釋。——譯者

【49】在第一版的補充中，這裡馬上接著說：「而人們只需要一個人做君主，他說一聲『是』，而在 ℑ 上御筆一點。」——拉松版

【50】在第一版的補充中，缺少一段，從這裡起馬上接著說：「至於君主除了這個最後決斷權……」——拉松版

【51】黑格爾並不認為君主是從來不受其自身任性的支配的，關於這一點參閱本書第二八三節。此際，黑格爾指君主推動國家機器運轉，而其本身則不受推動。——譯者

【52】參閱本書第三〇一節附釋。——譯者

【53】在本書第三篇第二章「市民社會」這一章中，參閱例如第一八三節和第二〇六七節。——譯者

【54】參閱本書第二七九節和第二八一節兩節的附釋。——譯者

【55】參閱本書第二八〇節。——譯者

【56】誠如黑格爾在巴伐利亞所經歷的（《黑格爾的來往信札集》，第一卷，第一三〇頁；參閱庫諾．費舍著《黑格爾的生平、著作和學說》，第二版，第九十二頁。——拉松版

【57】參閱本書第四十二節以下。——譯者

【58】指法國。——譯者

【59】參閱本書第三〇四節。——譯者

【60】或如歌德所說：

群眾是令人起敬的打仗能手，

但是可憐得很，他們不善於判斷。

【61】腓特烈大帝為一七七八年柏林學院論文獎金擬定一個題目「S’il peut êre utile de tromper un peuple?」（「欺騙人

民是否可能有用？」）（哈爾納克：「普魯士學院史」，袖珍版，第三三一頁以下）。另參閱歌德短詩「既詐而偽」。這一問題早在古代提出，到了十八世紀人們偏愛做肯定的答覆。——拉松版

【62】參閱本書第二七九節以下。——譯者

【63】參閱《哲學全書》，第九十六節到第九十八節。——譯者

【64】黑格爾，《關於處理自然法的各種科學方法》，載《哲學評論》，第二卷，第二部分，第六十二頁（《全集》，第一卷，第三七三頁）。

【65】指康德的建議而言，一七九五年他寫了一篇短文《永久和平論》。——譯者

【65】參閱本書第三三四節到第三三七節，又第三四三節。——譯者

【67】一七九三年。——譯者

【68】一七九七年。——譯者

【69】例如第四十節。關於承認參閱第三四九節附釋。——譯者

【70】一七九七年拿破崙第一次義大利戰役結束時。——譯者

【71】指由於耶穌釘死於十字架上而造成的大苦難。——譯者

【72】指中世紀的教會和中世紀的帝國而言。——譯者

【73】藝術、宗教和哲學的世界。——譯者

譯後記

本書譯文是依據拉松編德文版《黑格爾全集》第六卷，參考格洛肯納編德文版《黑格爾全集》第七卷（黑氏逝世百年紀念版）和諾克斯的英譯本譯出的。

本書第三編第三章第二六一節至第三一三節的正文以及其中一部分的附釋和補充，馬克思在《黑格爾法哲學批判》一文中曾逐節加以引用。這一部分我們基本上採用了《馬克思恩格斯全集》第一卷中文本中的譯文。

拉松版將書中各節的補充全部附在卷末，翻閱殊感不便，現仍依照格洛肯納版分別列在各該節之後。這些補充原由其門人從聽講筆記等材料中整理加上的，馬克思亦嘗作爲黑格爾的言論加以引用。

黑格爾這書的內容涉及範圍很廣，除了法以外，包括道德、經濟和政治等。像他的其他著作一樣，在這書中也可發現不少有價值的東西。但比起其他著作來更傾向於保守方面，尤其關於國家的一章是如此。關於這些問題在馬克思和恩格斯的經典著作中早有定論，這裡可不詳述。

本書的序言、導言、第一、第二兩篇由范揚譯出，第三篇由張企泰譯出，並經過我們兩人交換校訂。因爲水準的限制，譯文錯誤之處，尚希讀者指正。

譯者

黑格爾年表

年代	生平記事
一七七〇年	八月二十七日，生於德國西南部符騰堡公國斯圖加特城。
一七七七年	進拉丁學校學習古典語文。
一七八〇年	進文科中學，愛好希臘悲劇，喜歡植物學、物理學。
一七八一年	母親病故。
一七八五年	讀《伊利亞特》、亞里斯多德《倫理學》。
一七八七年	撰寫《論希臘人和羅馬人的宗教》。
一七八八年	・撰寫《古代詩人的某些特徵》、《論希臘、羅馬古典作家的著作給我們的若干教益》。 ・夏季中學畢業。 ・考取圖賓根新教神學院。
一七八九年	爆發法國大革命，積極參加活動。
一七九〇年	・進行哲學學士論文答辯。 ・謝林與黑格爾、荷爾德林同住一個寢室。
一七九一年	春末仲夏病假返家，期間讀林奈著作，萌發對植物學的興趣。
一七九二年	開始撰寫《人民宗教與基督教》至一七九四年止，未終篇。
一七九三年	・進行神學論文答辯。 ・神學院畢業。 ・前往瑞士伯爾尼，在施泰格爾家當家庭教師。

年代	生平記事
一七九四年	・暫停寫《人民宗教與基督教》。 ・在書信中批評雅各賓專政。
一七九五年	・日内瓦一遊、撰寫《耶穌傳》。 ・撰寫《基督教的實證性》（一九九六年四月二十九日完稿）。
一七九六年	・撰寫《德國唯心主義最早的系統綱領》。 ・辭去施泰格爾家庭教師工作，返鄉小住。
一七九七年	在美國法蘭克福商人戈格爾家任家庭教師。
一七九八年	・出版從法文翻譯、評注法國吉倫特黨人、律師卡特（一七四八～一八一三）《關於瓦德邦（貝德福）和伯爾尼城先前國法關係的密信》（匿名）。 ・撰寫《基督教精神及其命運》和《論符騰堡公國内政情況，特別是關於市議會之缺陷》。
一七九九年	・父親去世。 ・評述詹姆斯・斯圖亞特《政治經濟學原理》。 ・撰寫《基督教及其命運》。
一八〇〇年	・撰寫《體系札記》、《基督教的權威性》。 ・撰寫《德國法制》。
一八〇一年	・辭去戈格爾家庭教師工作，離開法蘭克福到耶拿。 ・發表《費希特哲學體系與謝林哲學體系的差異》。

年代	生平記事
	・擔任耶拿大學編外講師。 ・在《愛爾蘭根文獻報》上，發表《論布特維克哲學》。 ・在耶拿第一次會見歌德。
一八〇二年	・和謝林合辦《哲學評論雜誌》出版，第一期刊出《論哲學批判的本質及其與哲學現狀的關係》與《普通人類理智如何理解哲學——對克魯格先生的著作的分析》 ・《懷疑論和哲學的關係》刊於《雜誌》第一卷第二期。 ・《論信仰與知識，或主體性的反思哲學》刊於《雜誌》第二卷第一期。 ・撰寫《倫理體系》。 ・《論自然法的科學研究方法》刊於《雜誌》第二卷第二期。
一八〇三年	接歌德從魏瑪送來徵求意見的文稿。
一八〇四年	・應耶拿礦物學會聘為鑒定員。 ・加入威期特伐侖自然研究會成為正式會員。 ・撰寫《邏輯、形而上學、自然哲學》。
一八〇五年	・得到歌德力薦，由私講師晉升為副教授。 ・撰寫《精神現象學》。 ・從符騰堡當局得到批准：可在外邦正式領受職務。
一八〇六年	・《精神現象學》完稿。 ・拿破侖軍隊進占耶拿。

年代	生平記事
一八〇七年	・擔任海德堡物理學會名譽會員。 ・非婚生子路德維希（一八〇七～一八三一）誕生。 ・《精神現象學》出版。 ・應《班堡日報》之聘，擔任編輯，直到一八〇八年十一月。發表《誰在抽象思維？》
一八〇八年	在紐倫堡任文科中學校長（直到一八一六年十月），為高年級講哲學，為中年級講邏輯，兼教古典文學和高等數學。
一八〇九年	・撰寫《哲學入門》（一八一一年完稿）。 ・發表學年年終演講。
一八一〇年	・為中年級講邏輯，為低年級講法律、倫理、宗教。 ・柏林大學創立。 ・給中高年級講宗教學。
一八一一年	・紐倫堡元老院議員卡爾・封・圖赫爾之女瑪麗（一七九一～一八五五）允婚。 ・撰寫《邏輯學》。
一八一二年	・《邏輯學》（即《大邏輯》）第一部分出版。 ・女兒誕生後夭亡。 ・謝林來訪，不談哲學。 ・起草關於中學哲學教學的意見書。

年代	生平記事
一八一三年	・長子卡爾誕生。 ・《邏輯學》第一卷第二部分出版。
一八一三年	任紐倫堡市學校事務委員會督導。
一八一四年	次子伊曼努爾誕生。
一八一五年	遊慕尼黑，會見謝林。
一八一六年	・《邏輯學》第二卷出版。 ・辭去文科中學校長職務，到奧地利、法國、荷蘭度假。 ・《邏輯學》第二卷出版。 ・遷居海德堡，任教海德堡大學。
一八一七年	・《評雅可比著作》第三卷發表。 ・《哲學全書》出版。 ・《評（一八一五～一八一六）符騰堡王國等級議會的辯論》刊於《海德堡文獻年鑑》第六十七～六十八、七十三～七十七期。
一八一八年	・普魯士國王任命黑格爾為柏林大學教授。 ・辭去海德堡大學教職，去柏林大學任教。 ・在魏瑪歌德處作客。 ・在柏林大學發表就職演說。

年代	生平記事
一八一九年	撰寫《法哲學原理》。
一八二〇年	・與叔本華展開動物行為是否有意識的爭論。 ・任勃蘭登堡科學考試委員會委員。 ・遊德勒斯登旅行。 ・《法哲學原理》出版。
一八二三年	荷蘭學者組織「和睦社」吸收為社員。
一八二六年	・發表《論宗教改革者》刊於《柏林快郵報》第八、九期。 ・在家和友人聚會商議開展學術活動，籌備出版《科學評論年鑑》雜誌。
一八二七年	・黑格爾主編《科學評論年鑑》創刊。第一期發表評洪堡《論摩訶羅多著名詩篇〈薄伽梵歌〉》一文。 ・《哲學全書》第二版出版。
一八二八年	・《年鑑》（第五十一～五十四期、第一〇五～一一〇期）發表《關於佐爾格的遺著和書信》文章。 ・發表評哈曼著作的文章。刊於《年鑑》第七十七～八十期、第一〇九～一一四期。
一八二九年	・刊於《年鑑》第十～十一期、第十三～十四期、第三十七～四十期、第一一七～一二〇期。發表評匿名作者《論黑格爾學說，或絕對知識與現代泛神論》和評匿名作者《泛論哲學並專論黑格爾〈哲學全書〉》兩篇論文。

年代	生平記事
	・發表評論舍爾《與基督信仰認識相似的絕對「知」與「無知」泛論》一文。刊於《年鑑》第九十九～一〇二期、第一〇五～一〇六期。 ・遊布拉格和卡爾期巴德，最後一次會見謝林。 ・當選為柏林大學校長，用拉丁文發表就職演說。
一八三〇年	・普魯士科學院通過院士時，由於物理學家、數學家的反對，黑格爾未能進入普魯士科學院。 ・《哲學全書》第三版出版。 ・柏林大學改選校長，黑格爾發表演說。
一八三一年	・威廉三世授予三級紅鷹勳章。 ・發表《論英國改革法案》部分章節刊於《普魯士國家總匯報》第一一五、一一六、一一八期，後被迫未能全文發表。 ・在克勞次貝格修訂《邏輯學》。 ・評A．奧勒特《理想實在論》的第一部分刊於《年鑑》第一〇六～第一〇八期。 ・評J．格雷斯《論世界歷史分期與編年之基礎》一文刊於《年鑑》第五十五～五十八期。 ・撰寫《邏輯學》第二版序言。 ・修訂《精神現象學》三十餘頁，並寫第二版序言。 ・感染霍亂，終止修訂《精神現象學》。 ・病逝於柏林寓所，葬於柏林市中央區。 ・馬海奈克、舒爾茨等七人組成故友遺著編委，蒐集著作手稿、學生聽講筆記、來往信札，編輯出版《黑格爾全集》。

譯名對照表

二劃

人（Person / Mensch）

人民福利（salut du peuple）

人格減等（capitis diminutio）

人間（Mensch）

三劃

下決心（sich entschliessen）

女兒（filia）

四劃

中名詞（medios terminos）

公罪（crimina publica）

氏族（gens）

五劃

主人（domini）

主婦（matrona）

代替物（res fungibili）

出於不知（αγιοῶν）

出庭（in judicio stare）

巧妙地（Callide）

市民法上的所有權（dominium Quiritarium）

用益（Utile）

由於無知（οὐχ εἰδώς）

六劃

任世界毀滅（pereat mundus）

多數人（oi πολλoi）

有產者（bourgeois）

有篷車（arcera）

自我確信（Gewissheit）

自身原因（causa sui）

自然添附（accessio naturalis）

行為（actio）

七劃

私罪（private）
良心（animi sententia）
良心（Gewisen）

八劃

使用借貸（commodatum）
兒子（filius）
命運（fatum）
所有權（proprietas）
拋棄（derelinquire）
法規大全（Corpus Juris）
物（res）
物的交付（traditio rei）
知道你自己（Γνῶνι σεατ όν）
門楣光輝（splendor familiae）
非代替物（res non fungibilis）

九劃

契約（cautio）
契約（ontractus）
要式移轉物（res mancipi）

十劃

家系（stirps）
家畜的繁殖（foetura）
消費借貸（mutuum）
神父（Révérend Père）
租賃（locatio, conduction）
缺陷（ἁμαρτα）
能力（potential）
財產占有（possessio bonorum）

十一劃

寄託（depositum）
略式移轉物（nec mancipi）

設定的存在（Gesetztsein）

十二劃

無用（inutilis）
無形約束（pactum）
舒適的（comfortable）
裁判官法上的所有權（Bonitarium）
買賣（emtio, venditio）

十三劃

間接故意（dolus indirectus）
債（Obligatio）
《義務論》（*De Officiis*）
誠實（Honestum）
資產占有（Bonorvm possessio）
馱獸（jumentum）

十四劃

僱傭契約（locatio operae）
實際無限的東西（infinitum actu）
對物的權利（jus ad rem）
福利（salut du peuple）

十五劃

震驚（Erbeben）

十六劃

奮起（Erheben）
戰利品（peculium castrense）
戰顫（Erzitterung）
激怒（Erbiterung）
諷刺（Ironile）

十七劃

擬制（fictio, *ὑπόχριαις*）
禮節（Decorum）

十八劃

願正義實現（fiat justitia）

二十劃

繼承（hereditas）

二十三劃

顯然不利（laesio enormis）

經典名著文庫069

法哲學原理

Grundlinien der Philosophie des Rechts

作　　者 —— 黑格爾（G. W. F. Hegel）
譯　　者 —— 范揚、張企泰
發 行 人 —— 楊榮川
總 經 理 —— 楊士清
總 編 輯 —— 楊秀麗
文庫策劃 —— 楊榮川
本書主編 —— 劉靜芬
責任編輯 —— 林佳瑩、何舜如
封面設計 —— 姚孝慈
著者繪像 —— 莊河源
出 版 者 —— 五南圖書出版股份有限公司
地　　址 —— 台北市大安區 106 和平東路二段 339 號 4 樓
電　　話 —— 02-27055066（代表號）
傳　　眞 —— 02-27066100
劃撥帳號 —— 01068953
戶　　名 —— 五南圖書出版股份有限公司
網　　址 —— https://www.wunan.com.tw
電子郵件 —— wunan@wunan.com.tw
法律顧問 —— 林勝安律師事務所　林勝安律師
出版日期 —— 2020 年 9 月初版一刷
2022 年 10 月二版一刷
定　　價 —— 640 元

國家圖書館出版品預行編目資料

法哲學原理 / 黑格爾 (G. W. F. Hegel) 著 ; 范揚 , 張企泰譯 . --
二版 -- 臺北市 : 五南圖書出版股份有限公司 , 2022.10
面 ; 公分 . -- (經典名著文庫 ; 69)
譯自 : Grundlinien der Philosophie des Rechts
ISBN 978-626-343-159-1(平裝)

1.CST: 黑 格 爾 (Hegel, Georg Wilhelm Friedrich, 1770-1831)　2.CST: 學術思想　3.CST: 法律哲學

580.1　　111012242